国家社科基金
GUOJIA SHEKE JIJIN HOUQI ZIZHU XIANGMU
后期资助项目

内蒙古牧区
社会发展研究

仁钦 著

天津出版传媒集团

天津人民出版社

图书在版编目（CIP）数据

内蒙古牧区社会发展研究 / 仁钦著. -- 天津 : 天
津人民出版社, 2023.6
ISBN 978-7-201-18377-0

Ⅰ.①内… Ⅱ.①仁… Ⅲ.①牧区—社会发展—研究
—内蒙古 Ⅳ.①F327.26

中国国家版本馆CIP数据核字(2023)第089640号

内蒙古牧区社会发展研究
NEIMENGGU MUQU SHEHUI FAZHAN YANJIU

出　　版	天津人民出版社	
出 版 人	刘　庆	
地　　址	天津市和平区西康路35号康岳大厦	
邮政编码	300051	
邮购电话	（022）23332469	
电子信箱	reader@tjrmcbs.com	

责任编辑　岳　勇
美术编辑　汤　磊

印　　刷　北京虎彩文化传播有限公司
经　　销　新华书店
开　　本　710毫米×1000毫米　1/16
印　　张　26.75
插　　页　1
字　　数　360千字
版次印次　2023年6月第1版　　2023年6月第1次印刷
定　　价　86.00元

目　录

绪　论

一、研究价值

中华人民共和国成立以来,经济体制经历了两次历史性的重大转变:一次是中华人民共和国成立初期,由新民主主义经济向社会主义计划经济的转变;一次是党的十一届三中全会之后,由社会主义计划经济向社会主义市场经济的历史性重大转变。在重大历史性转变的历程中,特别是改革开放以来,中国社会主义建设各项事业取得了前所未有的、举世瞩目的开创性成就。尤其是党的十八大以来,以习近平同志为核心的党中央高举深化改革旗帜,继续深化经济体制改革和进一步完善市场经济,综合国力有了大大的增强,人民生活水平有了空前的提高,形成了中国模式和"中国经验"。

我国不仅幅员辽阔,而且是由 56 个民族组成的大家庭,经济类型也多种多样,主要有农区、牧区、林区等。其中,我国牧区的 90% 以上是在少数民族聚居地区,少数民族牧区面积占全国国土总面积的 40% 左右,一直以来畜牧业生产是牧区各族人民赖以生存与发展的主体经济。例如,20 世纪五六十年代,牧区少数民族人口有约 300 多万人,从事畜牧业生产的蒙古族、藏族、哈萨克族、柯尔克孜族、塔吉克族等少数民族人口有 200 多万人,拥有的牲畜占全国牲畜总数的 30%。[①]

牧区畜牧业不仅是我国国民经济的重要组成部分,而且对整个国民经济发展起了重大的作用。第一,为农业和运输业提供了动力。20 世纪五六十年代的农业和运输业的主要动力是役畜。以 1957 年农业为例,全国 16.8 亿亩耕地中除了机耕面积 1.7% 和部分人力挖的山坡外,90% 以上的耕地是依靠畜力耕种。据 1957 年统计,畜牧业为全国农业上使役的耕畜达 5251.9 万头,为全国交通运输专用的役畜达 73.7 万头。第二,为轻工业、手工业提

---

① 民族事务委员会党组:《关于少数民族牧区工作和牧区人民公社若干政策的规定(草案)的报告》(1963 年 1 月 14 日),内蒙古档案馆藏,资料号:11—17—374。

供了原料,为城乡人民提供了肉、乳等副食品。据不完全统计,1949—1957年畜牧业为工业提供的主要原料有牛皮2751.5万张、羊皮10363万张、绵羊毛27.6万吨,以及大量的牛奶、兽骨、肠衣等;第一个五年计划期间宰杀供肉用的牛、羊等38.335万头(只)。第三,为国家增加了资金积累,换取外汇。例如,第一个五年计划的前四年,屠杀税、牲畜交易税和牧区牧业税收入共达19.17亿元;畜产品出口所换取的外汇,每年平均等于379万吨钢材的价值。第四,增加了人民收入,改善了农牧民生活。据国家统计局资料,第一个五年计划的前四年,畜产品总值每年平均62.4亿元,占农副业平均总产值的11.5%。①

牧区是我国少数民族人口最集中的地区,蕴藏着巨大的食物生产潜力和大量的动植物资源与可再生资源,同时与蒙古国、俄罗斯等12个国家接壤(我国62%的边境线在牧区)。牧区的和谐稳定直接关系我国民族团结和国家安全,并且是我国生产安全的重要屏障。其中,内蒙古牧区是我国最重要的畜牧业生产基地,拥有7880万亩草原,占全国草原总面积的22%。同时,内蒙古牧区14个边境旗以3370公里的国境线同蒙、俄等邻国接壤,不仅是我国北疆安全屏障,还是祖国北方生态安全屏障。

1947年5月1日,内蒙古自治政府在王爷庙(今乌兰浩特市)成立,1949年12月改称内蒙古自治区人民政府。关于内蒙古自治区成立的重大意义,中国社会科学院学部委员、研究员郝时远先生指出:

> 内蒙古自治区的成立,是中国共产党依据马克思列宁主义的基本原理,结合中国民族问题的实际,在把握中国统一的多民族国家历史国情的基础上,在长期的理论和实践中,开创的具有中国特色的解决民族问题之路。②

内蒙古自治区是在中国共产党领导下建立的第一个民族自治地方,创造了我国实施民族区域自治制度的范例。党中央历来重视内蒙古工作,始终寄予厚望——内蒙古自治区成立之初,毛泽东同志称赞内蒙古:开始创造自由光明的历史;改革开放之后,邓小平同志谈到内蒙古:那里有广大的草原,人口又不多,今后发展起来很可能走进前列;进入新时代,习近平总书记

---

① 民族事务委员会党组:《关于少数民族牧区工作和牧区人民公社若干政策的规定(草案)的报告》(1963年1月14日),内蒙古档案馆藏,资料号:11—17—374。

② 郝时远:《中国共产党怎样解决民族问题》,江西人民出版社2018年版,第69页。

强调：做好内蒙古的改革、发展和稳定工作，具有重要国内国际意义。①

自内蒙古自治政府成立以来，在党中央的坚强领导下，在党的民族政策照耀下，谱写了繁荣发展的新篇章。正如中国社会科学院学部委员、研究员郝时远先生所指出：

> 在新中国成立之前，这片草原热土为中国特色解决民族问题的正确道路奠定了基础，新中国基本制度之一，民族区域自治在这里率先起航；这片草原热土为新中国建立后牧区社会变革创造了"三不两利"政策，为全国少数民族地区民主改革指明了因地制宜、慎重稳进的工作方法；这片草原热土，在1960年举国遭受天灾饥荒的困难之时，向来自江南华东地区的3000孤儿展开了草原母亲宽厚的胸膛，用甘甜的乳汁哺育他们茁壮成长。淳朴的牧民视这些孤儿为"国家的孩子"，失去父母的孤儿称这片草原热土是"再生之地，血乳之源"，这就是"中华民族一家亲"在内蒙古各族普通百姓心目中的境界。②

尤其是在一系列的牧区变革和发展的历程中、在全国各少数民族牧区中走在最前列，各项事业取得了开创性的成就，祖国北疆呈现出亮丽风景线，创造了新中国牧区工作史上众多第一个和宝贵的经验，在少数民族地区社会变革中起到了引领作用。

本书以1947年内蒙古牧区民主改革至1984年内蒙古牧区实施"畜草双承包"责任制，内蒙古牧区人民公社体制结束为时段，探讨内蒙古牧区民主改革、社会主义改造、人民公社化及其巩固与建设、改革开放初期畜牧业经营管理体制改革的一系列牧区社会变革中的重大史实。

（1）在内蒙古牧区民主改革期间（1947—1952年），自治区党委和政府从内蒙古的自然条件、社会状况、经济特点等实际情况出发，实施了牧区民主改革的一系列方针与政策：制定实施了废除一切封建所有制和特权，发展畜牧业生产，改善牧民生活的民主改革政策；确定、贯彻了"依靠劳动牧民，团结一切可能团结的力量，从上而下地进行和平改造和从下而上地放手发动群众，废除封建特权，发展包括牧主经济在内的畜牧业生产"的牧区民主改革的总方针；执行了"牧场公有，自由放牧""不斗、不分、不划阶级，牧工牧主两利"政策。

---

① 《内蒙古日报》官方微信2019年6月21日。
② 郝时远：《守望好内蒙古这片热土》，《人民日报》2017年8月9日第19版。

上述方针、政策的贯彻落实,成功地实现了内蒙古牧区民主改革,不仅使牧民群众发挥了发展畜牧业生产的积极性,而且也使牧主发挥了发展畜牧业生产的积极性,使农民畜牧业生产得到恢复和发展。

(2)在1953—1958年内蒙古牧区社会主义改造过程中,继续执行"三不两利"政策的同时,又一次创造性地制定实施了"政策要稳、办法要宽、时间要长"(简称"稳、宽、长")原则。同时,依据内蒙古牧区阶级状况及其变化和畜牧业生产的特殊性以及牧主经营的重要性,制定与实施了对牧主进行社会主义改造的方针政策:一方面,对牧区牧主阶级划分是在党内掌握形式进行的;另一方面,对牧主经营进行类似对国家资本主义的改造方法改变为国家所有制,组织牧主加入公私合营牧场,制定对牧主入公私合营牧场的牲畜价款每年支付定息的政策。这些方针政策与原则的实施,不仅平稳地完成了内蒙古牧区社会主义改造,而且发挥了广大牧民以及牧主发展畜牧业生产的积极性以及丰富了他们从事畜牧业生产的经验,促进了牧区畜牧业生产的发展,为内蒙古牧区社会的长期稳定与和谐奠定了坚实的基础。

(3)在内蒙古牧区人民公社化运动中,出现了平均主义、"共产风"问题和公社供给制、"瞎指挥"风、强迫命令、"一平二调"等问题。在20世纪60年代国民经济调整期间,对牧区人民公社的规模与体制进行了调整,并执行按劳分配的原则和建立生产责任制。各项方针、政策及措施的实施,纠正了"大跃进"运动和人民公社化运动中发生的问题,使内蒙古牲畜生产得到稳定的发展,牧民收入得到增加。同时为国家提供的大量的牲畜和畜产品,支援了国家经济建设和其他省区,书写了"三千孤儿入内蒙""克服困难捐牲畜"的历史佳话。

(4)中国共产党十一届三中全会之后的改革开放,推进了社会主义现代化建设,中国经济建设等各项事业保持持续快速发展,取得了世界瞩目的成就。特别是党的十八大以来,以习近平同志为核心的党中央,持续推动经济体制改革,不断完善市场经济,综合国力不断加强,人民生活水平大幅提高,经济发展的质量和效益持续向好,不但成功实现了自身的发展,还形成了中国模式和中国方案。

在改革开放历史进程中,内蒙古牧区在全国五大牧区中率先创造性地落实了以"草畜双承包"责任制为核心的一系列的经济体制改革,形成了适应牧区特点的畜牧业经营管理体制。"草畜双承包"责任制的实施和落实,既打破了分配上的"大锅饭",又打破了草原管理使用上的"大锅饭",结束了持续20余年的牧区人民公社制度,调动和激发了农牧民的积极性,生产获得迅速发展;通过畜牧业的基础设施建设和草原基本建设,扭转了靠天养畜的局面,走上了建设养畜的道路;牧民生活得到了明显改善和提高;整个牧区呈现了政治稳定、民族团结、人民安居乐业的繁荣景象。

在当今"一带一路"建设的推进中,内蒙古等西部地区、边疆地区正在发生前所未有的区位大变局:"边缘"正在转变为开放发展的"前沿","边疆"正在成为内外联通的"中心"。①因此,深入、系统地探究内蒙古牧区变革和发展的历史脉络及其成功经验,对深化认识"三牧"的特殊性和重要性,可提供镜鉴。内蒙古是我国最重要的畜牧业生产基地,畜牧业现代化发展所蕴含的牧业、牧区、牧民问题,不仅关涉内蒙古各民族守望相助、共同团结奋斗和共同繁荣发展、筑牢北疆安全稳定和生态屏障大局,而且内蒙古作为模范自治区需要继续为全国民族自治地方提供成功经验,其中包括牧区现代化发展经验,对于"建设亮丽内蒙古,共圆伟大中国梦"具有极为重大的意义。另一方面,本课题的研究,不仅弥补中国牧区工作史研究的缺失,而且为中国几大牧区(如青海、新疆、西藏)的同类课题提供可供参考的研究思路和范式,丰富"中国经验"研究。

二、研究现状概述

(一)关于内蒙古牧区民主改革具有代表性的研究成果

主要有庆格勒图:《内蒙古牧区民主改革运动》[《内蒙古社会科学》(汉文版)1995年第6期],有关"三不两利"政策的研究成果,主要有仁钦:《"三不两利"政策の歴史的背景に関する考察》([日]《中国研究論叢》第16期,2016年),阳吉玛:《略议制定"三不两利"政策的客观依据》(《内蒙古师范大学报》1989年第4期增刊),管秀廷:《内蒙古牧区民主改革"三不两利"政策的确立》(《兰台世界》2014年12月上旬),崔树华、雪岩:《试论内蒙古牧区民主改革运动中的"三不两利"政策》(《前沿》2002年第12期),吴海山:《"三不两利"政策和"稳、宽、长"原则的历史意义——纪念乌兰夫诞辰10周年》(《内蒙古师范大学学报》2017年第1期),[日]高明杰:《もう一つ脱構築の歴史過程——内蒙古自治政府の「三不两利」政策をめぐって》,(《国际问题研究所纪要》第129期,2007年);政治思想史视角的研究成果,有闫茂旭:《路径选择视角下的内蒙古牧区民主改革——以锡林郭勒盟为中心考察》(《广播电视大学学报》2009年第4期),庆格勒图:《中华人民共和国建国前后内蒙古的民主建政》(《内蒙古大学学报》2002年第4期)和《建国初期绥远地区的民主建政》(《内蒙古大学学报》1999年第4期),达布希拉图:《探析乌兰夫牧

---

① 郝时远:《中国共产党怎样解决民族问题》,江西人民出版社2018年版,第304页。

区民主改革思想的启示》(《广播电视大学报》2007年第4期);关于牧主经济的研究成果有仁钦:《内モンゴルの牧場主の社会主義的改造の検討》(〔日〕《日本とモンゴル》第50卷第2期,2016年)。

其中,庆格勒图在《内蒙古牧区民主改革运动》中,就牧区民主改革出发点和目的的问题,指出,民主改革必须从牧区的阶级关系、畜牧业经济和畜牧业生产的特点出发,既要改革牧区生产关系,又要发展畜牧业生产。同时,分析了所存在的问题及其原因。最后,从政治、经济(包括牧主经济)、牧民生活等方面论述了牧区民主改革意义。吴海山在《"三不两利"政策和"稳、宽、长"原则的历史意义——纪念乌兰夫诞辰10周年》中指出,"三不两利"政策和"稳、宽、长"原则的意义,是实事求是、从实际出发、因地制宜的典范,并为牧区工作提供了有益经验。仁钦在《内モンゴルの牧場主の社会主義的改造の検討》中,在分析对牧主主要采取公私合营牧场形式进行改造和实施定息政策的基础上,指出了对牧主进行社会主义改造的意义:把带有资本主义性质的牧主个体经济改造成为社会主义性质的经济,发挥了牧主发展畜牧业生产的积极性及其从事畜牧业生产的作用,丰富和积累了内蒙古牧区工作的成功经验。

上述研究成果中,综合性研究成果虽然论及了内蒙古牧区民主改革的背景、内容及其成就,但由于篇幅所限和占有资料关系,仅止于一般性概述,并且不全面翔实。其他研究成果,或者从政策制定视角,或者从政治思想视角,或者从牧主经济改革视角对内蒙古牧区民主改革进行一定程度的阐述,缺乏全面性与系统性。总之,上述研究成果,关于内蒙古牧区民主改革前的背景没有能够从内蒙古牧区社会特征、阶级状况及剥削形式、畜牧业经济特点与牧主经济特殊性等方面全方位进行论述,关于牧区民主改革方针政策及其形成与完善进程、意义与经验也没有进行详尽的考察。

(二)关于内蒙古牧区社会主义改造的研究成果

主要专论有仁钦:《内蒙古畜牧业社会主义改造经验教训初探》(《中国民族学》2017年第19期),仁钦:《内モンゴルの牧畜業の社会主義的改造の再検討》(〔日〕《アジア経済》第12期,2008年),王德胜:《论"稳、宽、长"原则》[《内蒙古大学学报》(哲学社会科学版)1998年第5期],庆格勒图《内蒙古畜牧业的社会主义改造》(《中国共产党与少数民族地区的民主改革和社会主义改造》下册,中共党史出版社2001年版)等。

其中,仁钦在《内蒙古畜牧业社会主义改造经验教训初探》中,从内蒙古畜牧业社会主义改造的背景、进程、进展特征和社会主义改造期间的畜牧业生产发展状况及其要因等方面进行探讨与分析,并从贯彻农牧结合和质量并重的畜牧业生产方针、基本建设和技术措施、思想认识等方面总结内蒙古畜牧业社会主义改造经验教训。王德胜在《论"稳、宽、长"原则》中指出，"稳、宽、长"原则，既符合党在社会主义过渡时期总路线、总方针，同时也符合内蒙古牧区实际，确保了内蒙古畜牧业社会主义改造的成功完成。

这些论著对内蒙古牧区社会主义改造的背景、过程及其意义进行了阐述，但是未能透彻地论述内蒙古畜牧业社会主义改造的国际国内历史背景，也没有阐明牧区社会主义改造进展特征，更没有能够详细考察与论证内蒙古畜牧业社会主义改造过程中出现的一些问题及其要因，以及解决问题具体措施与效果等。还有一些细节性的问题，例如，在内蒙古牧区社会主义改造过程中，阶级划分问题为什么在党内掌握？对牧主社会主义改造为什么实施定息政策？这一政策怎样执行的，其结果如何？等等。

（三）关于内蒙古牧区人民公社化研究成果

有韩柱：《人民公社时期内蒙古自治区牧区畜牧业经营管理评价及其启示》（《农业考古》2014年第4期），张宇等：《内蒙古"大跃进"和人民公社化运动始末》（中共内蒙古自治区委员会党史研究室编：《"大跃进"和人民公社化运动·内蒙古卷》，中共党史出版社2000年版），仁钦：《内モンゴルの牧畜業地域における人民公社化に関する一考察》（［日］《言語·地域文化研究》第16期，2010年），仁钦：《"大躍進"期の内モンゴルの放牧地開墾問題と人口問題》（［日］《現代中国研究》第25期，2009年），仁钦：《内モンゴルの牧畜業における"三面紅旗"政策に関する研究》（［日］《中国研究月報》第2期，2008年）。关于60年代内蒙古牧区人民公社调整的研究成果，主要有薛智平：《内蒙古畜牧业经济的调整》（中共内蒙古自治区党委党史研究室编：《六十年代国民经济调整·内蒙古卷》，中共党史出版社2001年版），郑广智：《回顾国民经济调整时期的经验教训》（中共内蒙古自治区党委党史研究室编：《六十年代国民经济调整·内蒙古卷》，中共党史出版社2001年版）。此外，《内蒙古自治区经济发展概要》《内蒙古蒙古民族的社会主义过渡》《内蒙古自治区史》《当代内蒙古简史》等相关章节中有一些阐述。

其中，韩柱在《人民公社时期内蒙古自治区牧区畜牧业经营管理评价及其启示》中，分析了人民公社时期内蒙古牧区畜牧业管理各项制度。张宇等在《内蒙古"大跃进"和人民公社化运动始末》中，概述了包括牧区人民公社在内的整个内蒙古人民公社化运动过程。薛智平在《内蒙古畜牧业经济的调整》中，阐述了"大跃进"运动和人民公社化与内蒙古畜牧业生产发展状况的关系，阐述了内蒙古畜牧业经济领域诸多调整措施，阐述了内蒙古畜牧业的稳定发展，有力地支援了处于暂时困难和调整时期的国家建设。郑广智在《回顾国民经济调整时期的经验教训》中，首先概述了内蒙古自治区国民经济进行调整的原因，其次阐述了国民经济调整的成果，最后总结了应该吸取的教训：生产关系的变革和完善，必须适应生产力的状况；坚持以经济建设为中心，才能正确处理社会主义时期的主要矛盾；只有按经济规律办事，才能使国民经济沿着持续、快速的轨道发展；只有发扬民主、加强党的集体领导，才能避免决策上的失误，充分体现人民群众的利益要求。

但是以往研究没有能够以具体实例来分析、考察内蒙古牧区人民公社化过程中出现的具体问题及其解决问题的具体措施等。

（四）关于改革开放以来的内蒙古牧区工作，从20世纪80年代开始就引起了国内外学者的关注

理论方面的研究成果主要有郝时远主编：《民族研究文汇——民族理论篇》（社会科学文献出版社2009年版），达林太、郑易生著：《牧区与市场——牧民经济学》（社会科学出版社2010年版），内蒙古自治区党委宣传部编：《内蒙古自治区改革开放30周年理论研讨会文集——思想解放天地宽》（内蒙古人民出版社2009年版），等。

政策方面的研究成果主要有郝时远等主编：《当代中国游牧业政策与实践》（社会科学文献出版社2013年版），盖志毅：《新牧区建设与牧区政策调整——以内蒙古为例》（辽宁民族出版社2011年版），敖仁其等：《牧区政策与制度研究——以草原畜牧业生产方式变迁为主线》（内蒙古教育出版社2009年版），王晓毅：《市场化、干旱与草原保护政策对牧民生计的影响：2000—2010年内蒙古牧区的经验分析》（《中国农村观察》2016年第1期），盖志毅等：《改革开放30年内蒙古牧区政策变迁研究》（《内蒙古师范大学学报》2008年第9期），等等。其中，盖志毅等在《改革开放30年内蒙古牧区政策变迁研究》中，从产业政策、产权政策两个方面阐述了改革开放30年内蒙古牧区政策变迁，指出改革开放30年间牧区政策和农牧政策的差异性不够，甚至有些时候牧区照搬了农区的经验。进一步具体指出，"双权一制"就是教条地照搬农村的做法，脱离了内蒙古牧区的实际，它违背了内蒙古牧区畜牧业经济发展的客观规律。

问题与对策方面的研究成果主要有额尔敦布和、恩和：《内蒙古草原荒漠化问题及其防治对策研究》（内蒙古大学出版社2002年版），达林太、郑易生：《真过牧与假过牧——内蒙古草地过牧问题分析》（《中国农村经济》2012年第5期），王关区等：《内蒙古牧区经济发展的成效、问题及其对策》（《北方经济》2016年第11期），栗林等：《内蒙古农村牧区经济发展存在问题与对策》（《畜牧与饲料科学》2014年第12期），乌云娜、格日乐图：《浅谈内蒙古新

巴尔虎左旗牧民增收问题》(《农家参谋》2017年第23期),闫志辉:《内蒙古锡林郭勒盟退化、沙化草地现状及治理对策》(《草原与草业》2014年第2期),[日]阿部治平:《内モンゴル牧畜業における新スルク制の登場と問題点》(《モンゴル研究》第7期,1984年),等等。

经营管理方面的研究成果主要有:代琴、杨红:《草原承包经营制度功能间的矛盾与草原"三权分置"的法权构造》(《中国农村观察》2019年第1期),塔米尔:《边疆地区蒙古族的畜牧业合作化生产——以新巴尔虎右旗巴尔虎蒙古族为个案》(《中国边疆史地研究》2018年第4期),张瑞荣等:《牧户加入牧民专业合作社的影响因素研究——以内蒙古牧区为例》(《中央民族大学学报》2018年第2期),孔德帅、胡振通:《牧民草原畜牧业经营代际传递意愿及其影响因素分析——基于内蒙古自治区344个嘎查的调查》(《中国农村观察》2016年第1期),乌日陶格套胡等:《新牧区建设与牧业产业化发展研究——以内蒙古自治区为例》(人民出版社2015年版),敖仁其:《牧区新型合作经济组织初探》(《内蒙古财经学院学报》2011年第2期),达林太、刘湘波:《内蒙古牧区牧民的现实需求与牧区合作》(《北方经济》2009年第11期),包文忠、王焕平:《深化牧区改革完善草地管理制度》(《中国草业》1997年第4期),夏日:《以草原畜牧业经营管理方式变革推动农牧区第二次改革》(《实践》2002年第4期),等等。

总结与回顾方面的研究成果主要有内蒙古农牧业厅:《内蒙古自治区农牧业改革开放40年》(《北方经济》2018年第12期),蔡常青主编:《内蒙古70年繁荣发展的经验与启示——守望相助团结奋斗》(内蒙古人民出版社2017年版),包玉山:《内蒙古草原畜牧业的历史与未来》(内蒙古人民出版社2003年版),额尔敦布和等:《内蒙古草原畜牧业的可持续发展》(内蒙古大学出版社2011年版),巴图巴根:《农村牧区工作文集》(内蒙古人民出版社2006年版),郝益东:《草原畜牧业生产力的新飞跃——内蒙古实施畜牧业"双增双提"战略的回顾与展望》(《中国农村经济》1999年第8期),等等。

调查报告方面的研究成果主要有王晓毅:《环境压力下的草原社区——内蒙古六个嘎查村的调查》(社会科学文献出版社2009年版),内蒙古社会科学院牧区发展研究所课题组:《内蒙古牧区草牧场"三权分置"试点调查报告——以鄂托克前旗为例》(《北方经济》2018年第Z1期),乌仁格日乐:《畜牧业生产方式转变的经济学研究——基于内蒙古自治区牧区调查数据》(《内蒙古财经大学学报》2017年第5期),文明等:《新型草原畜牧业经营主体发展现状及对策研究——以内蒙古牧区培育新型畜牧业经营主体为例》(《黑龙江畜牧兽医》2016年第7期),郭勤积:《内蒙古牧区专业合作经济组织发展情况调查》(《现代农业》20016年第10期),鄂云龙等:《牧业生产责任制的一种新形式——关于新巴尔虎左旗"牲畜作价归户"的调查》(《内蒙古社会科学》1984年第1期),艾云航:《深化牧区改革加快草原畜牧业发展——内蒙古牧区改革与发展调查》(《北方经济》1995年第5期),等等。

关于以具体地区为研究对象的主要有《新时期农村牧区变革:呼伦贝尔盟卷》(内蒙古人民出版社1999年版),《新时期农村牧区变革:兴安盟卷》(内蒙古人民出版社1997年版),《新时期农村牧区变革:包头市卷》(内蒙古人民出版社1997年版),王兴贵:《巴林右旗社会主义新时期农村牧区变革》(巴林右旗档案馆1995年版),等等。

仁钦的系列论文:《关于二十世纪八十年代内蒙古牧区牧民浩特》[《内蒙古大学学报》(蒙古文版)2019年第3期],《改革开放初期の内モンゴルの牧畜業地域社会の実態》([日]《愛知大学国際問題研究所紀要》第153期,2019年),《内蒙古畜牧业"草畜双承包"责任制论析》(STUDIES IN INNER ASIAN HISTORY AND CULTURE,No.4,2018),《试论内蒙古牧区草牧场完全承包制》[《内蒙古社会科学》(蒙古文版)2018年第2期],《论内蒙古牧区"双权一制"》[《内蒙古大学学报》(蒙古文版)2018年第2期],《乌兰毛都公社畜群大包干责任制初探》(《中国民族学》2020年第1期)。

其中,达林太、郑易生:《牧区与市场——牧民经济学》(社会科学文献出版社2010年版)阐述了内蒙古草原牧区的历史变迁,论述了市场化进程给牧区带来的影响、牧区和牧民面临的问题和挑战,分析与展望了牧区与牧民的未来之路。仁钦在系列论文中,主要利用第一手档案资料及相关文献史料、调查资料立于史学视角,用历史学实证研究方法,研究对象地区从小范围的牧民浩特,到大范围的整个内蒙古牧区,对改革开放初期畜群大包干责任制、"草畜双承包"责任制、"双权一制"等一系列责任制的实施过程进行了系统探讨,在指出所取得的成就的同时,分析了存在的问题及其原因。

上述论著,从理论、政策、问题与对策、经营管理、总结回顾、调查报告、实证研究等方面,对改革开放以来内蒙古牧区工作进行了论述和阐述。但是历史学视角的、总结经验教训的实证研究成果少之又少,更没有立于牧区社会变革中的创造与典范视角,总结内蒙古牧区工作成功经验的研究成果。

另外,包玉山、额尔敦扎布:《内蒙古牧区发展研究》(内蒙古大学出版社2011年版),乌日陶格套胡等:《内蒙古自治区牧区经济发展史研究》(人民出版社2018年版),内蒙古自治区畜牧业厅修志编史委员会编著:《内蒙古畜牧业发展史》(人民出版社2018年版),内蒙古自治区畜牧厅《内蒙古畜牧业发展简史》[(蒙古文版),内蒙古人民出版社1962年版],郝维民主编:《内蒙

古通史——第七卷（四）》（人民出版社2012年版），小林弘二《二十世紀の農民と革命と共産種具運動——中国における農業集団化の生成と瓦解》（日本勁草書房1997年版），澤井充生等：《周辺を生きる少数民族》（日本勉誠出版2015年版），仁钦《現代中国の民族政策と民族問題——辺境としての内モンゴル》（日本集广舍出版社2015年版）等著作的有关章节中，不同程度地涉及本课题的研究内容。

还有，从社会变迁、社会问题、经济交融、文化交融等方面的社会学、人类学视角的研究成果主要有色音：《蒙古游牧社会变迁》（内蒙古人民出版社1998年版），那顺巴雅尔等：《内蒙古牧区社会变迁研究》（内蒙古大学出版社2011年版），潘守永等：《社会文化变迁与当代民族关系——东北、内蒙古地区研究报告》（中央民族大学出版社2009年版），斯平主编：《内蒙古社会发展与变迁》（内蒙古大学出版社1991年版），等等。

综观上述论著，从不同的角度、不同程度论及了内蒙古牧区民主改革、牧区社会主义改造、牧区人民公社化、改革开放之后的承包责任制的相关内容，为本课题研究奠定了基础。但是前人研究也有一定的局限：①前人研究成果，因史料不够翔实、篇幅的限制等原因，对相关问题的分析、论证没有能够充分展开，处于比较粗浅的阶段，尚待进一步深入、细致、系统、全面地进行探讨、分析与论证及扩展。②在研究时段方面，多呈现断裂状态；在研究内容方面，多呈现分散状态，未能将内蒙古牧区民主改革至党的十一届三中全会以后改革开放初期的内蒙古牧区社会变革的重大史实联系到一起，缺乏连贯性。③未能系统地总结内蒙古牧区民主改革至改革开放初期间的内蒙古牧区社会变革历程中所积累了成功经验及启示。

三、研究思路与创新点

本书基于前人与笔者的研究成果，将研究对象主体设置于1947年至1984年期间的内蒙古牧区，梳理与分析国内外与本课题密切相关的以往研究成果，并参考其具有代表性的主要观点和结论。主要运用内蒙古档案馆、科尔沁右翼前旗档案馆、扎鲁特旗档案馆等馆藏汉文、蒙古文档案文献史料、内蒙古牧区各地民间所藏第一手文献史料，进行田野调查，采集相关亲历者、亲见者、亲闻者的口述史料，并档案文献史料进行堪比。同时参考民族学、人类学、社会学等相关学科的研究理论和方法。

本书正文由五章组成。第一章，概述清末以来内蒙古地区社会变迁历程，在考察内蒙古牧区社会之特点尤其是分析牧区阶级状况及剥削形式、牧区传统畜牧业经济的特点、牧主经济所固有的特殊性等社会历史背景的基础上,探讨了"三不两利"政策的创造、实施及其意义;第二章主要考察了牧区畜牧业社会主义改造的进展特征及所采取的因地制宜的"稳、宽、长"、牧主定息、牧区阶级划分党内掌握等特殊政策及其实效;第三章论析了内蒙古牧区人民公社化的实现及其巩固建设与调整;第四章主要考察了改革开放之后的内蒙古牧区从大包干制度到在全国五大牧区中率先创造性地落实"草畜双承包"责任制的历程及其意义;第五章系统总结了牧区民主改革、社会主义改造、60年生态环境治理建设和人民公社调整、改革开放初期内蒙古牧区工作的经验与启示。

本书创新之处体现在:

(1)新视角:既往研究成果,对牧区社会变迁及牧区工作进行考察的不少。但本文立于内蒙古牧区变革中的政策创造以及在全国牧区变革中的引领作用的视角,论述内蒙古自治政府成立至改革开放初期各个时期所取得的开创性成就及其意义,弥补和丰富了学术界关于这一课题缺乏系统性、创新性研究的缺失。

(2)新问题、新观点:在前人研究的基础上,提出了一些新的见解、观点。例如:①对以往学者几乎没有论及的内蒙古牧区社会主义改造进程中的党内掌握阶级划分问题以及对牧主实施的定息政策,笔者进行了分析与论证,提出了自己的新观点。②指出了杰尔格勒领导的科右前旗乌兰毛都努图克试点改革试点工作中吸取的经验教训,对制定内蒙古牧区民主改革"三不两利"政策的形成,提供了极为有益的提案。③指出了内蒙古畜牧业在社会主义改造和牧区人民公社化进程中,对牧主实施的定息政策的依据在于牧主经济特殊性和畜牧业生产的特点。

(3)新史料:首次系统地利用前人未曾利用或未能充分利用的各级(自治区、盟、旗、苏木、嘎查、生产队、巴嘎、公私合营牧场)档案馆、档案局所藏翔实的第一手档案史料、调查资料、内部资料,以及自治区、盟、旗级系统的统计资料。

(4)新推进:全面、系统、深入细致地分析、探讨了内蒙古牧区变革历程中的政策创造和牧区畜牧业的开创性成就的同时,总结了其历史经验与启示;论证、揭示了实事求是、因地制宜推动内蒙古牧区社会发展的基本要求;展示了内蒙古作为模范自治区在牧区变革与发展中的典范事例。

第一章　"三不两利"政策创造与牧区民主改革的成功实现

在内蒙古进行民主改革,尤其是牧区民主改革,无论是对于中国共产党还是刚刚成立的内蒙古自治政府,都是一个系统的课题。本章从近代以来内蒙古地区社会变迁和社会特点,内蒙古牧区的阶级状况与剥削形式,以及畜牧业经济的特点和牧主经济的特殊性等方面,在考察内蒙古牧区民主改革的历史背景的基础上,探讨内蒙古牧区民主改革方针、政策的创造性的制定、实施及其完善,论述内蒙古牧区民主改革的实现及其促进内蒙古畜牧业生产发展和"三不两利"政策向其他少数民族地区推广,使全国少数民族地区成功地实现了民主改革的重大意义。

第一节　内蒙古牧区民主改革的社会历史背景

一、近代以来内蒙古地区的社会变迁

蒙古族是中国境内一个民族,历史上是一个英勇强悍富于战斗性的民族,曾是统一的强大民族。蒙古族近代以来遭到封建势力、北洋军阀和国民党反动派以及日本帝国主义的统治和压迫,在相当长的时期内处于不统一状态,阻碍了内蒙古社会的进步与蒙古族的觉悟和繁荣。历史上的帝国主义、封建主义、大汉族主义对蒙古族进行统治与压迫的目的,在于奴役、削弱以及消灭蒙古族。各时期反动异族统治者对内蒙古的基本政策,虽然因时代各异而有些不同,但基本上是一致的。①异族的长期统治压迫,也导致了

①　(1)勾结利用怀柔蒙古族封建阶层,以统治压迫蒙古族内部;(2)提倡与利用宗教,麻痹蒙古族人民革命觉悟,削弱蒙古族的战斗精神;(3)分裂人民,镇压革命,挑拨制造蒙汉矛盾,加深民族隔阂仇视;(4)经济上的掠夺与文化上的同化[《乌兰夫同志在内蒙古干部会议上总结报告提纲》(1948年7月30日),内蒙古自治区档案馆编:《中国第一个民族自治区诞生档案史料选编》,远方出版社1997年版,第105—106页]。

历史上蒙古族不断反抗异族的斗争。例如,有伊克昭盟的"独贵龙"运动①、1943年事变②、哲里木盟的嘎达梅林起义③,等等。

由于蒙古族长期处于异族侵略压迫下,使内蒙古游牧经济不能自然顺畅地发展,以致内蒙古社会经济发展在民主改革前形成复杂的形态:①农业经济;②游牧经济和一小部分原始性的狩猎经济;③过渡时期经济,即半农半牧经济与一小部分地方半农半猎经济。这样复杂的经济形态,构成了封建性和半封建性的内蒙古社会经济与不同形式的封建性和半封建性的剥削制度。④内蒙古地区社会在汉族和蒙古族人口结构、经济区域类型、蒙古族经济形态方面发生了变化。

首先,内蒙古地区的汉族和蒙古族人口结构发生了变化。清朝中期以后,国内外反动统治者,在"借地养民"⑤"移民实边"⑥"移民殖边"⑦"开拓移民"⑧等掩盖和借口下,进行了移民开垦。另一方面,蒙古王公在旧中国官府压迫下,被迫放垦以及与汉商结合进行私垦。其结果,内蒙古草原大量被开垦的同时,内蒙古地区的汉族人口快速增长,由19世纪初期的1000000人增长到1912年的1550000人,1947年的4695000人,占内蒙古总人口的百分比也由46.5%分别增长到64.5%、83.6%。同时,内蒙古蒙古族人口占内蒙古总人口的百分比由19世纪初期的47.9%减少到1912年的34.5%、1947年的14.8%(参见表1—1)。内蒙古地区增长的汉族人口中的绝大多数是来自相

---

① "独贵龙"是圆形的意思。群众起来集体反抗封建压迫,为防备被查到带头人,将参加者名单排写成圆形。1858年,乌审旗爆发了以巴拉吉尔等三人为首的"独贵龙"运动,反抗王公官吏的贪赃枉法,之后发展到伊克昭盟各旗,又由反抗封建压迫发展到反抗民族压迫。20世纪20年代的"独贵龙"运动,就有新的民族民主革命的性质。

② 1943年3月26日,伊克昭盟乌审旗爆发了反抗国民党军驻伊克昭盟守备司令官陈长捷强行大量开垦草原的事件,遭到国民党军的血腥镇压。

③ 1929—1031年,哲里木盟科左中旗梅林(官衔)嘎达率领群众举行武装起义,反抗达尔罕王出卖草原,勾结东北军阀张作霖在该旗开垦,遭到张作霖的武装镇压,嘎达英勇牺牲。

④ 《乌兰夫同志在内蒙古干部会议上总结报告提纲》(1948年7月30日),内蒙古自治区档案馆编:《中国第一个民族自治区诞生档案史料选编》,远方出版社1997年版,第105—106页。

⑤ 即雍正二年(1724)清政府允许内地汉族灾民到内蒙古卓索图盟一带垦殖的措施。

⑥ 1901年,西方列强强迫清朝签订《辛丑条约》,清朝政府为筹措"庚子赔款",以移民实边为名,在内蒙古放垦蒙旗土地,招内地汉族农民入内蒙古耕种,搜刮押荒银和田赋,以济财政窘迫。

⑦ 北洋军阀和国民党政府沿袭清朝政府对蒙政策,继续强占土地牧场,招内地农民垦种,既获地权又得地利。

⑧ 1931年九一八事变后,日本帝国主义侵占中国东北和内蒙古东部地区,日本派遣开拓团进行殖民,大量日本移民涌入,强占牧场,开垦土地。

邻省区的汉族农民。

表1—1　19世纪初期—1963年内蒙古蒙汉人口及占 全内蒙古人口的比率

时期	全国人口 （万人）	蒙古族人口（万人） 比率（%）	汉族人口（万人） 比率（%）
19世纪初期	215.0	103.0（47.9）	100.0（46.5）
1912年	240.3	82.9（34.5）	155.0（64.5）
1937年	463.0	86.4（18.7）	371.9（80.3）
1947年	561.7	83.2（14.8）	469.5（83.6）
1949年	608.1	83.5（13.7）	515.4（84.8）
1953年	758.4	98.5（12.9）	649.3（85.6）
1957年	936.0	111.6（11.9）	811.2（86.7）
1960年	1191.1	121.4（10.2）	1049.8（88.1）
1963年	1215.4	134.6（11.1）	1061.1（87.3）

资料来源：宋迺工主编：《中国人口·内蒙古分册》，中国财政经济出版社1987年版，第50—68页；内蒙古统计局：《辉煌的五十年1947—1997》，中国统计出版社1997年版，第100—101页；内蒙古统计局：《辉煌的内蒙古1947—1999》，中国统计出版社1999年版，第526—527页。

其次，经上述近代以来汉族和蒙古族人口结构的变化，至内蒙古牧区民主改革时，内蒙古地区农业人口已经达到4913000人，占内蒙古地区总人口的87.4%。[①]随之，内蒙古地区由基本上是单一的牧业地区转变为农业区、牧业区、半农半牧区并存的状态。20世纪40年代末，内蒙古农业地区有32个旗县，半农半牧区有21个旗县，纯牧区只剩下21个旗（参见表1—2）。

表1—2　20世纪40年代末内蒙古农业、牧业、半农半牧区

农业区（32个旗、县）	
呼伦贝尔盟	突泉县、额尔古纳旗（今额尔古纳市）、布特哈旗、阿荣旗、莫力达瓦旗达斡尔族自治旗、鄂伦春旗自治旗、喜桂图旗（今牙克石市）
昭乌达盟	林西县、宁城县、喀喇沁旗、赤峰县
哲里木盟	通辽市、开鲁县
锡林郭勒盟	多伦县

————————

① 《内蒙古农牧业资源》编委会：《内蒙古农业资源》，内蒙古人民出版社1966年版，第116页。

乌兰察布盟	丰镇县、凉城县、兴和县、和林格尔县、清水河县、托克托县、武川县、卓资县、察右前旗、商都县
伊克昭盟	准格尔旗、达拉特旗、东胜旗
巴彦淖尔盟	临河县、五原县、杭锦后旗
呼和浩特市	土默特旗
包头市	固阳县
半农半牧区(21个旗)	
呼伦贝尔盟	科右前旗、科右中旗、扎赉特旗
昭乌达盟	巴林右旗、巴林左旗、阿鲁科尔沁旗、克什克腾旗、翁牛特旗、敖汉旗
哲里木盟	库伦旗、科左中旗、科左后旗、扎鲁特旗、奈曼旗
锡林郭勒盟	太仆寺旗、镶黄旗
乌兰察布盟	察右中旗、察右后旗、四子王旗
包头市	乌拉特前旗
牧区(21个旗、浩特)	
呼伦贝尔盟	新巴尔虎左旗、新巴尔虎右旗、陈巴尔虎旗、鄂温克族自治旗
锡林郭勒盟	东乌珠穆沁旗、西乌珠穆沁旗、阿巴嘎旗、苏尼特右旗、苏尼特左旗、正蓝旗、正镶白旗、锡林浩特、二连浩特
乌兰察布盟	达尔罕茂明安联合旗
伊克昭盟	鄂托克旗、杭锦旗、乌审旗
巴彦淖尔盟	阿拉善左旗、阿拉善右旗、额济纳旗、乌拉特中后联合旗

资料来源:《内蒙古农牧业资源》编委会编:《内蒙古农牧业资源》,内蒙古人民出版社1965年版,第296—306页。

同时,内蒙古地区农业发展过程中有其如下的特点:

一是农业经济发展是从与汉族毗连地带发展起来的。在内蒙古,农业经济的发展各地是不平衡的,半农半牧经济与半农半猎的存在,正是内蒙古游牧经济与原始游猎经济向农业经济发展之过渡阶段。

二是内蒙古蒙古族农业发展的历史很短,农民农耕技术粗糙、落后,产量低,在与汉族农民竞争过程中往往失去土地,逐渐向北移动,原来的蒙古族地主也逐渐走向贫困和破产。

三是汉族农民移入开垦耕种,发展了内蒙古地区的农业经济,但同时也随着经济的发展,汉族人口逐渐增加,内蒙古大部分地方形成了蒙汉杂居地区。

四是内蒙古经济发展是比较落后的,对内地经济存在一定程度的依赖性。内蒙古地区农业经济的发展,已使内蒙古社会经济与中国各地经济密切联系起来。这种社会经济密切关系,不可分离。因此,便决定了内蒙古革命和中国革命之密切关系,使内蒙古革命成为中国革命不可分离的一部分。[①]

最后,蒙古族经济形态的转变。内蒙古蒙古族牧民在汉族农民移入和农业经济发展的影响下,呈现出由原来的游牧经济走向农业经济发展的趋势,蒙古族牧民由畜牧业生产转向农业生产。到1949年,从事农业的蒙古族人已占内蒙古蒙古族总人口的2/3。[②]这是与内蒙古蒙古族长期受异族统治分不开的,其发展是一种被压迫、被侵略的惨痛的历史。[③]对上述这一历史过程,1947年4月24日,乌兰夫在人民代表大会作的政治报告中,作了如下的阐述:蒙古族是英勇而伟大的民族,它有着轰轰烈烈的革命史。从成吉思汗以后,蒙古族一直受清代大汉族主义的压迫。历史证明,蒙古族的命运是最悲惨的。明末清初,蒙古社会的经济形式主要以畜牧为主,清代时,在内蒙古各地执行大汉族主义的政策,实行移民开垦、借地养民政策,使得蒙古的政治、经济形式起了很大的变化。清代之后,北洋军阀、国民党、日本法西斯的统治形式虽然不同,但其压迫蒙古族的基本政策是一样的。

从清代到"八一五",内蒙古的社会有很大的变动。仅在未开垦处蒙古人实行畜牧业,蒙古本身的土地上大部分还是汉系同胞居住,蒙古的社会从畜牧业发展到农业,不是蒙古社会本身的变迁,而是由于大汉族主义把很多的蒙古地区开垦成农业地区。这样使得畜牧经济形式转变为农业生产经济形式,大部分蒙古人都开始了农业生产,内蒙古由此出现了农业生产形式。[④]

二、民主改革前的内蒙古牧区社会

(一)内蒙古地区社会特征

如前所述,近代以来内蒙古社会发生转变的同时,社会性质是半殖民地半封建社会,全国其他地区没有什么异样。但是因其地域、历史、民族等方面的特征,有其特殊性,主要表现为以下几点:

---

① 《乌兰夫同志在内蒙古干部会议上总结报告提纲》(1948年7月30日),内蒙古自治区档案馆编:《中国第一个民族自治区诞生档案史料选编》,远方出版社1997年版,第106—107页。

② 宋廼工主编:《中国人口·内蒙古分册》,中国财政经济出版社1987年版,第59页。

③ 《乌兰夫同志在内蒙古干部会议上总结报告提纲》(1948年7月30日),内蒙古自治区档案馆编:《中国第一个民族自治区诞生档案史料选编》,远方出版社1997年版,第106页。

④ 《4月24日在人民代表大会上乌兰夫主席作政治报告》(1947年),内蒙古档案馆藏,资料号:11—1—32。

第一，内蒙古地区社会经济中，农业经济所占的比例大，从事农业的农民占地区总人口（2000000人）的3/4；牧业占重要的地位，从事牧业的牧民占总人口的1/5；从事工业的工人人数很少。

第二，蒙古族从事农业的历史比较短，经营农业的技术落后、经验缺乏；土地制度是封建所有制，蒙古族农民和汉族农民一样，受封建势力的压迫和剥削。

第三，作为生产资料的草牧场，虽然是内蒙古牧区全社会共有，但是实质上被封建势力所占有。

第四，在资本主义工业下蒙古族有人数极少的资本家和几千名产业工人，工人们在外国资本家或汉族资本家的工矿企业中做工。①

（二）内蒙古牧区阶级状况

从内蒙古牧区阶级状况来看，民主改革前，内蒙古牧区社会制度是游牧的封建社会，封建制度统治广大牧民。封建制度主要是政治上的封建特权，经济上的超经济剥削和宗教负担。王公、贵族、牧主、旅蒙商等是内蒙古牧区的剥削阶级，劳动牧民是被剥削、被压迫阶级。

王公、贵族、牧主和上层僧侣等封建势力利用封建特权，其最主要的标志是占有草牧场和大量的牲畜。占牧区总人口百分之几的王公、封建牧主和庙仓占有20%左右的牲畜，占总人口90%以上的劳动牧民占有80%左右的牲畜。②

牧区的主要统治阶级和剥削阶级牧主阶层的形成情形有两种。其一，封建世袭佐领，通过封建特权对劳动牧民进行剥削，成为牧主。其二，有一部分牧主是主要靠自身的劳动，增加牲畜数量而成为牧主。牧主拥有大量的牲畜。例如，据1948年调查，呼伦贝尔盟新巴尔虎左旗新宝力格苏木共有牧户384户，其中有牧主17户，平均每户占有2000头（只）以上，共占有80000多头（只），占牲畜总数的50%以上。③

例如，据1947年典型调查，锡林郭勒盟苏尼特左旗130户牧户中，贫困户有80户，占牧户总数的61%，贫困户共有牲畜1938头（只），占牲畜总数

① 《内蒙古蒙人中有没有阶级》（1947年6月），内蒙古党委政策研究室、内蒙古自治区农业委员会编印：《内蒙古畜牧业文献资料选编》第二卷（上册），呼和浩特1987年版，第6页。

② 《关于内蒙古畜牧业生产与社会主义改造若干政策问题——王铎同志在西北地区民族工作会议上的汇报》1961年7月24日，内蒙古党委政策研究室、内蒙古自治区农业委员会编印：《内蒙古畜牧业文献资料选编》第二卷（下册），呼和浩特1987年版，第17页。

③ 呼伦贝尔盟史志编辑办公室编：《呼伦贝尔盟牧区民主改革》，内蒙古文化出版社1994年版，第5页。

15.5%；富裕牧户共有9户，占总户数的7%，共有牲畜3779头（只），占牲畜总数的42%。① 可知，占牧户总数多数的贫困户，占有很少数的牲畜，而占总户数极少数的富裕牧户，占有大量的牲畜。贫困户由于占有少量牲畜，难以维持生活。为此，贫困牧民只能揽放富裕牧业户、牧主的牲畜或代放僧侣的牲畜，以获取微薄的收入，即劳动一年只能得到1—2头牛或1—2匹马，甚至毫无所得。所以因受封建势力的压迫和剥削而日趋贫困的牧户迫切要求消除封建剥削，增加收入，解决生活问题。

再如，据1946年调查，呼伦贝尔盟鄂温克族自治旗、新巴尔虎左旗、新巴尔虎右旗，占总户数71%的牧民仅占有绵羊总数的2.1%；新巴尔虎左旗嘎拉布尔苏木，占总户数24.8%的牧主和富牧，占有总牲畜的86.6%。②

同时，内蒙古牧区封建统治压迫和剥削是非常严重的。王公、贵族、大牧主、寺院倚仗封建特权，强迫牧民无偿劳役，进行超经济剥削和征收苛捐杂税。

例如，解放前，锡林郭勒盟西乌珠穆沁旗牧民总人口为16000人，占人口总数1/8的成年牧民2000人为王府、衙门无偿服劳役。其中有"胡雅克"（守边人）、"霍洛沁"（打扫棚圈工）、"格希古日沁"（采集羊粪砖的人）、"胡得"（王府小吏）、兵士、放牧人、接羔人、挤奶人、伙夫、"夏"（值勤的）人、"排搭"（仪仗队）人、摔跤手，等等。这些无偿劳役的时间，一般最短是几天，较长的有半年甚至有常年的不等。牧民在服役期间的衣、食、住、行，都自理自备。但是牧主、封建官吏、僧侣等不承担这些劳役和兵役。③

另外，征收名目繁多的赋税。例如，锡林郭勒盟西乌珠穆沁旗顿达郭勒苏木，每年向旗和苏木上缴银洋3600元，大畜1300头（只），50块毡子，150斤黄油，300车干牛粪。④

（三）内蒙古牧区剥削形式

王公、旅蒙商、上层僧侣、牧主，都是牧区的剥削者，对劳动牧民进行多种剥削，只是剥削手段各有不同而已。王公主要靠封建特权进行超经济剥削；旅蒙商主要靠商业资本进行不等价交换；上层僧侣主要靠群众的献仪

---

① 锡察行政委员会：《关于开展锡盟群众工作决定》（1947年9月12日），内蒙古档案馆藏，资料号：11—1—18。
② 浩帆主编：《内蒙古蒙古族的社会主义过渡》，内蒙古人民出版社1987年版，第112页。
③ 赵真北：《总结内蒙古牧区民主改革的经验》，内蒙古自治区政协文史资料委员会：《"三不两利"与"稳宽长"回忆与思考》（内蒙古文史资料第59辑），呼和浩特2006年版，第89页。
④ 赵真北：《总结内蒙古牧区民主改革的经验》，内蒙古自治区政协文史资料委员会：《"三不两利"与"稳宽长"回忆与思考》（内蒙古文史资料第59辑），呼和浩特2006年版，第90页。

（布施）及对其消耗后剩余的牲畜的占有进行剥削；牧主主要靠占有较多的牲畜，进行雇工和放"苏鲁克"剥削。

在民主改革之前，内蒙古牧区畜牧业生产上主要有以下几种剥削形式：

一是雇用"萨尔沁红"（挤奶者）。牧主或寺庙仓雇用"萨尔沁红"，为他们挤奶、剪羊毛，仅给一些牛奶，其余的肉食和粮食的费用都由"萨尔沁红"自己负责。所以"萨尔沁红"通过拉盐、拉柴等副业收入维持生计。①

二是放"苏鲁克"。"苏鲁克"，蒙古语意为畜群。放"苏鲁克"，牧主、庙仓、商人将牲畜租给牧户放牧，收取一定的租额。例如，根据调查，昭乌达盟巴林左旗乌苏伊南村"苏鲁克"情况是："苏鲁克"户放牧奶牛，每年每头奶牛向牧主交3—5斤黄油（一般每头奶牛所产牛奶能制成黄油9斤）；犍牛不收取租额；母牛所生牛犊归牧主；羊皮分配比例是牧主七，"苏鲁克"户三；羊生双羔时，"苏鲁克"户一只，牧主一只。②

三是雇佣牧工。雇佣牧工放牧牲畜是牧主经营畜牧业主要形式。一般牧工一人放牧牲畜的数量为牛100头，羊200—300只，工资为1头四岁牛，牧主提供衣食供给吃穿。③

四是租佃牛车剥削。例如，昭乌达盟翁牛特左旗白音汗苏木，贫困牧户向牧主、僧侣庙仓或商人租一辆牛车拉柴火，每月可拉三车，每车柴火搞副业可挣3万—4.5万元（旧币，1955年3月1日开始发行第二套人民币，新币与旧币的兑换比率为1:10000，也就是1万元第一套人民币兑换新币1元。1955年3月1日之前为旧币，以下同），但50%作为租金交给车主。再从牛车主所需费用来看，每月所费资本为：每月2条车用绳子，计0.1万元，3—4两麻油，计0.02万元，牛绳消耗0.025万元，其他车上消耗0.2万元，共计最多0.345万元，除消耗外净得1.8万元多；租户方面，得2万元左右，两个月穿一双鞋，三个月穿一套皮衣（打柴是很费的）。由此可见，车牛主全不费力，净收巨利，租户如果鞋子皮衣都要新买，连本也不够了。④

当牧工的一年只能挣1头3岁牛，接放"苏鲁克"的只能得到部分牛奶和

① 《内蒙古蒙人中有没有阶级》（1947年6月），内蒙古党委政策研究室、内蒙古自治区农业委员会编印：《内蒙古畜牧业文献资料选编》第二卷（上册），呼和浩特1987年版，第7页。

② 《内蒙古蒙人中有没有阶级》（1947年6月），内蒙古党委政策研究室、内蒙古自治区农业委员会编印：《内蒙古畜牧业文献资料选编》第二卷（上册），呼和浩特1987年版，第8页。

③ 《内蒙古蒙人中有没有阶级》（1947年6月），内蒙古党委政策研究室、内蒙古自治区农业委员会编印：《内蒙古畜牧业文献资料选编》第二卷（上册），呼和浩特1987年版，第8页。

④ 《内蒙古蒙人中有没有阶级》（1947年6月），内蒙古党委政策研究室、内蒙古自治区农业委员会编印：《内蒙古畜牧业文献资料选编》第二卷（上册），呼和浩特1987年版，第8页。

羊毛,牧工劳动一年几乎一无所得,这样的统治、剥削制度严重地束缚着生产力的发展,加上帝国主义的侵略,反动统治的压迫,奸商的不等价交换,使牧区的经济走向破产的道路。解放时内蒙古牧区的经济非常衰落,生产技术特别落后,全区牲畜由1936年的938万头,到1946年下降到751万头,减少了20%。[①]人口下降,疾病多发,整个牧区人民处在贫病交迫的状态中。

此外还有旅蒙商剥削。旅蒙商的不等价交换,无疑是牧民贫困化的原因之一。旅蒙商还勾结王公、上层僧侣合股经营,倚仗他们的权势更残酷地剥削牧民。他们对赊欠以翌年收羊羔计算,收到的幼畜不及时带走,待长为成畜才收走,让牧民无偿放牧,3年获息高达670%,这种高利贷在内蒙古牧区解放初还存在。据有关资料介绍,1940年张家口仅12家商号在内蒙古牧区放债5580元(伪蒙币,币值0.27元可买1斤白面),而张家口有200多家旅蒙商,其他各地还有大批旅蒙商,其债权数合起来是个庞大的数字,几乎所有的牧民或多或少都欠债。如乌兰察布盟四子王旗牧民负债额相当于每年交易额的三成至四成。因此,旅蒙商视牧区为"开不尽的金矿"。[②]

在这种剥削基础上,一方面是拥有大量牲畜、土地的蒙奸、恶霸、地主以及牧主,他们对佃户、青户、雇工、牧工、萨尔沁红、"苏鲁克"户残酷剥削。另一方面,广大贫困农牧工人,则终年耕种、放牧、挤奶、剪毛,结果吃不饱。由于历史的、社会的、宗教的、政治的原因,累积有大量财富的王公、贵族、上层僧侣、新兴军阀官僚政客,他们或者把财富埋藏起来,或者任意挥霍,并不注意发展经济事业,于是贫穷的蒙古族,世世代代都是贫穷的,甚至连维持生存都不可能,这也成了内蒙古人口减少的一个原因。

在日本帝国主义统治时期,内蒙古畜牧业生产遭到了极其严重的破坏。帝国主义侵略者勾结了蒙奸与封建上层,在草原上肆无忌惮地进行掠夺。牧民们的马匹几乎全部被赶走当作军马,尤其在1939年、1941年、1942年、1943年日寇掠夺最严重的时期,据呼伦贝尔盟陈巴尔虎旗调查,平均一年内被掠夺的马匹竟占马匹总数的37.5%。[③]

在国民党反动派统治时期,对畜牧业的摧残更是变本加厉,尤其是反动军队对牧民所进行的公开、猖狂、直接的掠夺,给内蒙古畜牧业生产带来了难以估计的损失。仅以乌兰察布盟为例,该盟在解放前平均每年都要遭到

---

① 《关于内蒙古畜牧业生产与社会主义改造若干政策问题——王铎同志在西区地区民族工作会议上的汇报》(1961年7月24日),内蒙古党委政策研究室、内蒙古自治区农业委员会编印:《内蒙古畜牧业文献资料选编》第二卷(下册),呼和浩特1987年版,第17页。
② 赵真北:《试述内蒙古牧区的民主》,《档案与社会》2004年第1期,第52页。
③ 程海洲、张秉铎:《内蒙古畜牧业》,内蒙古人民出版社1957年版,第14页。

反动军队掠夺20次以上,其中1937年一次掠夺乌拉特中旗、乌拉特前旗30000—40000只羊。[①]

内蒙古自治政府成立之前,由于帝国主义和国内反动统治的残酷压迫、掠夺以及封建制度的长期摧残,给内蒙古牧区各族人民造成了严重的灾难,使牧区畜牧业生产日趋衰落。

例如,呼伦贝尔盟新巴尔虎左旗,1939年有牲畜584794头(只),到1945年解放时只有287978头(只),减少了50.8%;1949年伊克昭盟达拉特旗黄河畔村19户牧民牲畜与抗日战争前比较,牛减少了50%,马减少了89%,羊减少了29%。[②]

再如,据调查,新巴尔虎左旗新保利格苏木384户,1931年有羊132195只,马13828匹,牛13118头,骆驼753峰。如以1931年为100,到1945年已经有显著下降,羊为76491只,下降57.86%;马4894匹,下降35.59%;牛11491头,下降8.67%;骆驼421峰,下降55.91%。[③]

此外,有些地区牲畜头数因受战争与国民党掠夺的影响损失很大,直至1948年底也很少增殖,有的尚未停止下降。如以察哈尔盟[④]明安旗为例,1948年马繁殖328匹,相比减少744匹,相较亏690匹。牛繁殖4235头,减少3324头,相较增911头。绵羊繁殖15134只,减少1782只,相较增13352只。山羊繁殖5998只,减少3285只,相比增长2700只。[⑤]

王公、贵族、大牧主依靠政治上的特权与经济上的优势,强迫人民做无偿劳动等剥削压迫相当严重。例如,役使贫困人民做饭、拾牛粪、放牧牲畜等差使,而且王公、贵族、大牧主大都蓄养家奴。上层僧侣在各种宗教形式掩盖下索取牲畜以及钱财,过着寄生生活。这样,王公贵族、大牧主、上层僧侣成为锡林郭勒盟地区社会封建势力,压迫剥削人民大众。这也是人民大众贫困的社会根源。所以广大牧民迫切要求政治上、经济上的翻身,解决生活上的困难。

① 程海洲、张秉铎:《内蒙古畜牧业》,内蒙古人民出版社1957年版,第15页。

② 《中央人民政府政务院批转民族事务委员会第三次(扩大)会议关于内蒙古自治区及绥远、青海、新疆等若干牧区畜牧业生产的基本经验》(1953年6月15日),内蒙古党委政策研究室、内蒙古自治区农业委员会编印:《内蒙古畜牧业文献资料选编》第一卷,呼和浩特1987年版,第7—8页。

③ 《略谈牧业地区工作中的几个问题》(1949年5月1日),《内蒙古日报》1949年5月1日。

④ 1936年设立,1958年撤销,辖区划归锡林郭勒盟。

⑤ 《略谈牧业地区工作中的几个问题》(1949年5月1日),《内蒙古日报》1949年5月1日。

(四)内蒙古牧区畜牧业经济的特点和牧主经济的特殊性

内蒙古牧区畜牧业经济因依赖自然条件及其变化,经受不住自然灾害的破坏,也容易受到人为的破坏,所以有不稳定性、脆弱性等特点。另一方面,放牧畜群不能过于分散,也不能过集中,还必须有合理的、稳定的畜群结构。牲畜的增长主要靠其自身繁殖,一旦遭到破坏,其恢复比较难、所需时间也比较长。例如,据呼伦贝尔盟东新巴尔虎旗新保利格苏木的调查,在通常情况下,羊繁殖率为44.47%,牛繁殖率为20.16%,马繁殖率为18.51%;羊成活率为82.6%,牛成活率为93.2%,马成活率为92.08%;羊实际繁殖率为35.57%,牛实际繁殖率为18.9%,马实际繁殖率为18.04%。[①]

牲畜如遭到不可抗拒的暴风、暴雨、大雪、畜疫、狼害等自然灾害,就损失严重。例如,1947年冬锡林高勒盟因遭受大雪灾而损失惨重,多数牧户损失了1/3的牲畜,严重的损失超过1/2的牲畜。再如,据呼伦贝尔盟牧业四旗调查,1948年仅因狼害损失的牲畜达9843头(只),约占牲畜总数的1/40。[②]可知,自然灾害对畜牧业生产有重大的影响。

另外,牧主对牧民的剥削不同于封建上层、僧侣和旅蒙商的重利盘剥。牧主经营畜牧业生产,发展畜牧业生产,其剥削手段没有像王公、寺庙、旅蒙商那样种类繁多,剥削量也少于王公、寺庙、旅蒙商的剥削量。牧民贫困化的主要根源不在于牧主剥削,但一些牧民难以脱贫的重要原因在于牧主的剥削。王公、贵族是牧区所有剥削阶级的总代表,他们利用封建特权的超经济剥削是束缚生产力的桎梏。劳动牧民无法逃脱王公、商人、宗教势力的剥削。所谓牧主是从地主一词套过来的名称,名称的套用带来政策的照搬。实际上所说的牧主正是指巴音(牲畜的富有者),而巴音却类似富农,与地主在实质上有很大的不同。牧主及其所占有的牲畜比重不大,被牧主剥削的牧民所占比重也同样不大。以锡林高勒盟东巴嘎旗北半部(今阿巴嘎旗东北部)1948年阶级为例:牧主28户,占2.6%,占有牲畜(以羊为单位,下同)比例为17.6%,户均969只;富牧27户,占2.5%,占有牲畜比例为9.9%,户均567只;中牧268户,占24.9%,占有牲畜比例为34%,户均216只;贫牧658户,占60.9%,占有牲畜比例为21.1%,户均50只。[③]

这完全是套用农村阶级、阶层划分的,牧主、富牧合计占总户数的5.1%,同农村地主、富农所占的比例大体相当,而占有牲畜比例仅为27.5%,大大低

---

① 《略谈牧业地区工作中的几个问题》(1949年5月1日),《内蒙古日报》1949年5月1日。

② 《略谈牧业地区工作中的几个问题》(1949年5月1日),《内蒙古日报》1949年5月1日。

③ 赵真北:《总结内蒙古牧区民主改革的经验》,内蒙古自治区政协文史资料委员会:《"三不两利"与"稳宽长"回忆与思考》(内蒙古文史资料第59辑),呼和浩特2006年版,第101页。

于地主、富农占农村土地70%—80%的比例。①

从这些实际出发,在牧区从经济上划为牧主、牧民两个阶级。牧民(包括僧侣)中划3个阶层,即富裕牧民、不富裕牧民、贫困牧民比较适宜。在社会主义改造初期,富裕牧民占总户数的20%左右,占有牲畜约40%;贫困牧民、不富裕牧民占总户数的80%左右,占有牲畜不到50%;另有庙仓牲畜约5%。牲畜占有量分散不集中。

牧主的剥削方式主要靠雇工,也放"苏鲁克"。大多数的牧主同牧工的关系为自愿的雇佣关系。有些牧主对牧工歧视、虐待、刁难、不给或克扣工资,或以养子、义弟(妹)为名终身奴役。

牧主除雇工、放"苏鲁克"外,自己也参加劳动。他们有足够的生产工具;适应游牧的能力高于牧民,但毕竟处在很低的生产力水平,不可能有效地抵御自然灾害;他们的规模经济适度,经济效益高,但由于是游牧方式的生产,自营的规模不大(一般是马、牛,或许有骆驼和羊各一群),也一般不托人分设营地经营,而对扩大规模经营的牲畜采用"苏鲁克"方式,又是一种倒退;他们由于处在封建社会,势力不强大,政治上向封建王公靠近,但又受他们的剥削压迫,同时牧主不可能超脱封建制度对其社会"普照的光",对牧民的剥削带有一定程度的封建性。牧主本来在发展生产中可采取较进步的经营方式,但由于上述原因和旅蒙商、宗教上层从他们的剥削中再分配,其生产的扩大有限,未能在牧区占到统治地位,如果牧主经济占了统治地位,牧区的生产力定有相当发展。

上述特点,说明牧主经济其经营方式是雇佣劳动,带有资本主义性质,也有一定封建性的剥削。所以不应改变其所有制,只能改革其剥削方式。其理由有如下两个方面:

其一,民主革命的任务是反对封建制和封建剥削,而不是反对资本主义式的剥削。我们经过废除封建特权,实行自由放牧,保障了牧民对草原的使用权,为各阶层人民发展畜牧业提供了最基本的物质保障。牧民获得生产、劳动的自由,牧区的生产力基本得到解放。封建主对牧民的剥削只是为了生活享受,而不是为了创造财富,剥削来的牲畜也大部分被消耗,没有聚集多少生产资料,无牛羊可"还家"。即便是对王公等封建上层的一些牲畜,也只能变牧民的无偿劳动为有偿劳动,而不宜没收,否则不利于对他们的团结,还会引起社会动荡。

---

① 赵真北:《总结内蒙古牧区民主改革的经验》,内蒙古自治区政协文史资料委员会:《"三不两利"与"稳宽长"回忆与思考》(内蒙古文史资料第59辑),呼和浩特2006年版,第101页。

其二,牧主经济带有资本主义的性质,封建剥削废除后,他们的牲畜和生产工具作为资本投入,保留其"正当"剥削,同雇工构成劳资关系。这是符合当时生产力水平的,对发展畜牧业是大有好处的。把牧主当成地主改变其所有制,没收其牲畜分给牧民,不是民主革命的任务,因为:①以牧主占有比重不大的牲畜满足多层剥削造成的60%—70%的贫困牧民的要求是不可能的。在贫困地区是这样,在牲畜较多的区也是这样。如果按牧主占1%左右,并给牧主留下合理数量的牲畜计算,贫困牧民就分不到多少牲畜。②庙仓经济的"苏鲁克"是来自牧民的献仪,又让牧民放牧的牲畜。将迷信的供物没收,再分给群众,显然与宗教政策相抵触而且要脱离群众,它虽是剥削,也不宜没收分配。③牧主怕分斗,有意放松管理,造成损失和大量消耗或人为地控制牲畜增加;分到牲畜的牧民特别是赤贫户要杀卖一些牲畜维持生活,加上怕牧主反攻倒算,有些人抓紧消耗;一般牧民怕成为牧主被分斗,不敢多发展牲畜或也扩大消耗。①

对牧主的分斗政策,不仅剥夺了牧主剥削贫困牧民的手段,而且使一部分贫困牧民失去了劳动对象。如果损失的仅仅是牧主占有10%多一点的牲畜那也好办,有一两年就能够恢复;严重的是影响到广大牧民发展生产的积极性,无法使本已遭到破坏的畜牧业尽快恢复和发展。②

总之,内蒙古自治政府成立之前,由于帝国主义和国内反动统治的残酷压迫、掠夺以及封建制度的长期摧残,给内蒙古牧区各族人民造成了严重的灾难,使牧区畜牧业生产日趋衰落。例如,呼伦贝尔盟新巴尔虎左旗,1939年有牲畜584794头(只),到1945年解放时只有287978头(只),减少了50.8%。③再如,据调查,新巴尔虎左旗新保利格苏木384户,1931年有羊132195只,马13828匹,牛13118头,骆驼753峰。如以1931年为100,到1945年已经有显著下降,羊为76491只,下降57.86%;马4894匹,下降35.59%;牛11491头,下降8.67%;骆驼421峰,下降55.91%。④

①　赵真北:《总结内蒙古牧区民主改革的经验》,内蒙古自治区政协文史资料委员会:《"三不两利"与"稳宽长"回忆与思考》(内蒙古文史资料第59辑),呼和浩特2006年版,第104页。

②　赵真北:《总结内蒙古牧区民主改革的经验》,内蒙古自治区政协文史资料委员会:《"三不两利"与"稳宽长"回忆与思考》(内蒙古文史资料第59辑),呼和浩特2006年版,第104页。

③　《中央人民政府政务院批转民族事务委员会第三次(扩大)会议关于内蒙古自治区及绥远、青海、新疆等若干牧区畜牧业生产的基本经验》(1953年6月15日),内蒙古党委政策研究室、内蒙古自治区农业委员会编印:《内蒙古畜牧业文献资料选编》第一卷,呼和浩特1987年版,第7—8页。

④　《略谈牧业地区工作中的几个问题》(1949年5月1日),《内蒙古日报》1949年5月1日。

第二节 "三不两利"政策创造与内蒙古牧区民主改革

一、内蒙古牧区民主改革的基本任务和基本政策

内蒙古自治政府成立之后,为了推动民族繁荣和社会发展,开始着手社会经济制度改革。自从1945年11月内蒙古自治联合会成立,就决定在内蒙古各地发动群众清算蒙奸恶霸,在农业地区进行减租减息,以削弱封建剥削。1947年10月,内蒙古共产党工委和内蒙古自治政府根据《中国土地法大纲》和党在农村土改的总路线、总政策,结合内蒙古地区的民族、社会、经济、阶级关系等诸方面的特征,制定了在内蒙古农业区彻底消灭封建剥削,平分土地的民主改革的基本政策和方针。主要内容有:

(1)内蒙古境内土地为蒙古族所公有;

(2)废除内蒙古封建的土地占有制度;

(3)废除一切封建阶级及寺院占有土地所有权;

(4)废除封建阶级的一切特权(政治特权、不负担公民义务、强迫征役、无偿劳动等);

(5)蒙古族人民信教自由,僧侣不许有公民以外的特权;

(6)废除奴隶制度,一切奴隶均宣告完全解放,永远脱离与奴隶主的一切关系,享有完全平等的公民权;

(7)废除一切乡村中土改前的债务,但贫雇中农与商业买卖间的债务不在废除之列;

(8)牧区实行放牧自由,按照盟旗行政区划,草原牧场一切牧民放牧自由;

(9)农业区实行耕者有其田,原来一切封建地主占有土地收归公有,然后与乡村其他土地统一平均,按人口分配给全体人民。凡分得土地即归个人所有,并承认其自由经营与特定条件下出租的权利,但仍保留蒙古族土地公有权(中农保留原有土地、决不平分,但可补进土地);

(10)一切乡村中的蒙汉及其他民族人民分得同等土地,均有土地所有权,并保留蒙古族的土地公有权。土改后其他民族一律不纳蒙租①,但自治

---

① 蒙租:解放前,内蒙古地区汉族佃农向蒙古族封建主、小土地出租户交纳的少量地租,以及封建王公、总管报垦蒙地机关领取的押荒银和租银的统称。

政府应与蒙古族人有同等公平负担及公民义务。[①]

依据这些方针、政策,在内蒙古农业区实行了土地改革,使得农村中无地少地的农民都得到了土地、牲畜、房屋、农具等,实现了耕者有其田,农民已经成为农村中的主人,旧的农村面貌焕然一新,内蒙古农业区社会发生了重大变化:①打垮了封建制度,消除了地主在农村的统治。②若干旧的习惯得到改造,懒汉、赌博、吸大烟都在逐渐消失,农民的生产情绪有了大大提高。③蒙汉民族人民不仅在自治运动与解放战争中亲密团结、并肩作战,并且蒙汉劳动人民的民族关系在土改中更加得到改善;内蒙古经过自治运动、解放战争和土改运动之后,蒙汉民族关系起了变化,经济、政治上获得分配土地、参加政权等方面的平等权利,开始了新的民族关系。④翻身农民文化教育水平提高,大批贫雇农子弟入学。[②]

1947年11月,内蒙古党委和内蒙古自治政府决定在牧区进行民主改革,并制定了牧区民主改革的基本政策:①草牧场为蒙古族所公有,废除草牧场封建所有制;②废除封建阶级的一切特权;③保护牧场,放牧自由,在牧民与牧主两利的前提下,有步骤地改善牧民的经济生活,发展畜牧业。[③]

同时,内蒙古党委和内蒙古自治政府根据牧区的阶级结构和畜牧业经济特点,确定了"依靠劳动牧民,团结一切可能团结的力量,废除封建特权,发展包括牧主经济在内的畜牧业生产的内蒙古牧区民主改革"的牧区民主改革的总方针。[④]

这里所指的依靠劳动牧民,主要是贫困的和不富裕的牧民,但劳动牧民是包括富裕牧民在内的。之所以这样,有以下三个方面原因:

第一,富裕牧民占人口的20%左右并占有牲畜的30%—40%,是一个不可忽视的部分。他们不论在劳动力方面,或在占有的牲畜方面,都在牧区畜牧业生产中占有很重要的地位,他们的牲畜,主要是他们自己劳动的成果。

第二,他们中的大多数在解放初期还是不富裕的牧民和贫困牧民(据锡林郭勒盟的调查统计,1955年有富裕牧民2846户,其中的1510户,即53.1%在1951年还都是不富裕的牧民和贫困牧民),他们中有很多人是解放后翻

① 《云泽在内蒙古干部会议上的总结报告提纲》(1948年7月30日),内蒙古自治区档案馆编《中国第一个民族自治区诞生档案史料选编》,远方出版社1997年版,第113—114页。
② 《云泽在内蒙古干部会议上的总结报告提纲》(1948年7月30日),内蒙古自治区档案馆编《中国第一个民族自治区诞生档案史料选编》,远方出版社1997年版,第113—114页。
③ 《东北局书记高岗在内蒙古干部会议上的讲话》(1948年8月3日),内蒙古自治区档案馆编:《中国第一个民族自治区诞生档案史料选编》,远方出版社1997年版,第133页。
④ 内蒙古自治区畜牧业厅修志编史委员会编著:《内蒙古畜牧业发展史》,内蒙古人民出版社2000年版,第66页。

身的牧民,响应了党的号召,在国家的扶助下,辛勤劳动富裕起来的,他们中的多数是拥护社会主义的。

第三,提出"依靠劳动牧民",比之"依靠贫困牧民"的提法,可以避免发生错觉,否则有人会认为"穷光荣"而不积极发展生产。①

上述政策构成牧区民主改革基本任务的完整内容,是一个彻底废除牧区封建特权、完成民主改革的革命纲领。1947年11月,内蒙古共产党工作委员会在兴安盟召开群众工作会议,专门研究农村土地改革和牧区民主改革问题,确定了工作任务,部署了大政方针,安排了方法步骤。

二、乌兰毛都努图克民主改革试点和"三不两利"政策的形成与完善

1947年11月,内蒙古共产党工作委员会在兴安盟召开群众工作会议后,内蒙古牧区的民主改革运动在兴安盟、呼伦贝尔盟、锡林郭勒盟和察哈尔盟等地区广泛展开。

兴安盟牧区民主改革始于科尔沁右翼前旗(以下简称科右前旗)乌兰毛都、扎赉特旗胡尔勒、科右中旗杜尔基、代钦塔拉4个努图克。其中,乌兰毛都努图克②为内蒙古自治区牧区民主改革试点单位。兴安盟科右前旗(当时

---

① 《关于内蒙古畜牧业生产与社会主义改造若干政策问题——王铎同志在西北地区民族工作会议上的汇报》(1961年7月24日),内蒙古党委政策研究室、内蒙古自治区农业委员会编印:《内蒙古畜牧业文献资料选集》第二卷(下册),呼和浩特1987年版,第23—24页。

② 1946年3月,乌兰毛都努图克公所成立,建立了新生的革命政权。1947年7月1日,乌兰毛都努图克公所改称乌兰毛都努图克政府,辖15个嘎查,55个自然屯,包括今大石寨、阿力得尔苏木大部和乌兰毛都牧区4个苏木、乡。其中,乌兰毛都嘎查辖白音花、敖包、白音居日和、套海、努图克屯、前巴日嘎森、后巴日嘎森、白音扎拉嘎8个自然屯;勿布林嘎查辖达布胡尔、敖力斯台、西勿布林、沙布台、东勿布林、高林艾里、阿日扎拉嘎7个自然屯;满族屯嘎查辖塔林白辛、希日根、昂础鲁、阿其郎இ、哈日岗干、满族屯6个自然屯;阿林一合嘎查辖套海、新屯、景阳、兴隆、宝河、五家子、德伯斯站、阿日林一合8个自然屯;翁胡拉嘎查辖小海力森、双恩、大海力森3个自然屯;好田嘎查辖好田、好田阿木斯尔(沟口)、白音敖包、白音海力森、哈滨苏5个自然屯;都沁套海嘎查辖都沁套海、双哈达、呼和哈达、协林、沙纳营子5个自然屯;阿林扎拉嘎辖勿布林扎拉嘎西、佟包家屯、贺斯格沙日嘎、王家屯、宝日毕力策尔、赖家屯、沃很础鲁、础胡日森、中勿布林扎拉嘎、勿布林扎拉嘎大屯10个自然屯;要得力嘎查辖要得力、少仍、查干毕力其尔3个自然屯;合力木嘎查辖合力木、哈甲木甲2个自然屯。1956年3月,从乌兰毛都努图克划出忙罕、大石寨、都沁套海、阿林扎拉嘎等嘎查建立忙罕努图克。1958年9月,撤销忙罕努图克,建立东方红公社,1959年改称大石寨人民公社。1958年12月,将阿力得尔、树木沟并入乌兰毛都努图克,成立乌兰毛都人民公社。1984年3月,科尔沁右翼前旗对人民公社进行体制改革,乌兰毛都公社改称乌兰毛都苏木。由于乌兰毛都公社面积过大,村屯分散、生产点多,交通不便等客观因素,经自治区人民政府批准,将乌兰毛都苏木改为努图克(相当于区),并划分为乌兰毛都苏木、勿布林苏木、桃合木苏木、满族屯满族乡4个苏木和一种种畜场。

称西科前旗)共辖11个努图克,大部分是农区,少部分是半农半牧区,纯牧区只有乌兰毛都努图克。乌兰毛都努图克是内蒙古牧区最早进行民主改革的地区之一,是科尔沁右翼前旗唯一的以牧业为型的地区,蒙古族占90%以上,主要从事畜牧业生产。

民主改革开始后的1947年12月,科尔沁右翼前旗人民政府旗长杰尔格勒,遵照内蒙古自治区人民政府主席、土改工作委员会主任乌兰夫同志的指示,率领土地改革工作组来到乌兰毛都努图克,开始了牧区民主改革试点工作。杰尔格勒兼任团长,由60名干部组成土改工作团到达乌兰毛都,首先在满族屯图布台扎拉嘎开展了"牧区土改"试点工作。满族屯工作队由时任乌兰毛都努图克党支部副书记的额尔敦达赉担任队长,成员由都日波、道布勤舍楞、官其格、巴特尔等7人组成;勿布林扎拉嘎工作队由白音满都呼担任队长,成员由石乌力吉、博彦和什克等组成;合力木工作队由巴音都楞担任队长,成员由毕力格巴图、僧格嘎日布等组成。[①]

满族屯工作队成员住在满族屯一带"三大巴音"之一的道德宝家中。道德宝拥有上千匹马和成群牲畜,是当时满族屯最大的牧主,在牧民中有较高的威望。因小时在索伦私塾读过书,加之其弟弟(工作队成员官其格)的影响,他拥护共产党的主张,比较开明。虽然还没有具体的"牧区土改"政策,工作队来到满族屯后宣传党的土改政策,发动群众,首先劝说群众将在日伪时期得到的猎枪和弹药上缴政府。但是因乌兰毛都努图克靠近边疆,交通不便,当土地改革的热潮席卷而来时,伪满时期为日寇卖命的特务、警察和反动僧侣等旧势力残余开始坐立不安,逃到人烟稀少、偏僻闭塞的乌兰毛都避风,这场重大的改革面临着非常复杂的斗争局面。相继发生了妄图颠覆新生革命政权的"土匪前德门叛乱阴谋"和"满族屯叛乱"。

(一)土匪前德门叛乱阴谋

1948年2月2日,乌兰毛都努图克保卫大队破获了以前德门为首的叛乱阴谋。首先,抓获了叛乱分子成员之一的布日古德,据对其审讯交代,阴谋叛乱计划如下:叛乱时间定为1948年2月9日(大年三十);参加暴乱人数为40人,首领为前德门;多次秘密会议,部署暴乱的行动计划。首先由布日古德带头,把努图克武器弹药库打开,干掉保管人员哈斯额尔顿,把武器分给暴乱的参加者,然后包围努图克政府,杀掉阿木尔门都、巴干那二人;暴乱成

---

① 图雅主编:《科尔沁文化的摇篮乌兰毛都草原》,远方出版社2011年版,第30页。

功之时,和土匪图鲁格其汇合,攻打八路军、共产党。[①]

　　乌兰毛都努图克政府研究决定2月2日晚逮捕叛乱分子头目前德门。根据前德门交代的40名参加暴乱人员的名单,2月3—4日,乌兰毛都努图克基干队战士们分头行动,捕获了企图参与叛乱的40人。2月5日,对叛乱分子的审讯结束之后,召开了全努图克群众大会,批斗了阴谋暴乱分子,对前德门、贾金柱、布日古德等6名罪大恶极分子判处死刑。其余从犯根据轻重分别处理,对上当受骗的群众,进行说服教育后放回原地。这次镇叛斗争极大地鼓舞了牧民群众,有力地打击了一小撮反动分子,为牧区民主改革的深入进行打开了新局面。[②]

(二)满族屯叛乱

　　粉碎乌兰毛都叛乱阴谋之后,当时的主要任务是春节期间的安全工作。1948年春节前夕,乌兰毛都努图克满族屯老头队队长宝力道向科右前旗自卫队队长齐振荣汇报了乌兰毛都努图克满族屯要发生武装叛乱的消息。齐振荣连夜启程前往乌兰浩特向宋振鼎(科右前旗工委书记)和杰尔格勒(科右前旗旗长)汇报了这个重要情况。宋振鼎当即决定派杰尔格勒前往满族屯平定叛乱。

　　1948年2月9日,发生了满族屯叛乱。在以德其格瞎子、鲁江葛根、查干巴拉(反动牧主)等为首的反动分子的欺骗、裹胁下,在满族屯纠结了200多人(包括一部分被迫加入叛乱的牧主和牧民),800多匹马,准备外逃。事件发生后,在内蒙古共产党工委和自治政府的领导下,科右前旗工委和旗政府立即组成了以杰尔格勒为总指挥的平叛队伍,经过布格勒古围歼战、喇嘛乡战斗、胡斯图岭激战、胡硕头激战、高特的战斗,彻底平定了满族屯叛乱。[③]

　　满族屯事件发生后,乌兰毛都牧区一度处于混乱状态。在平息事件中争取来的160多人及其家属在思想上还存在顾虑,对牧区民主改革采取观望态度。这个时候如果照搬农区的土地改革政策,势必造成更大的混乱。原本乌兰毛都牧区民主改革这一推翻封建统治特权的重大改革,面临着复杂的斗争局面:

　　(1)牧区民主改革尚未有可以借鉴的经验,处于摸索试点阶段。

---

①　阿木尔门都:《乌兰毛都满洲屯平叛始末》,中共兴安盟党史办公室编:《兴安党史通讯》1983年第1期,第2页。

②　阿木尔门都:《乌兰毛都满洲屯平叛始末》,中共兴安盟党史办公室编:《兴安党史通讯》1983年第1期,第2页。

③　阿木尔门都:《乌兰毛都满洲屯平叛始末》,中共兴安盟党史办公室编:《兴安党史通讯》1983年第1期,第2页。

（2）就当时科右前旗及邻近旗局势来说，已相继发生了妄图颠覆新生革命政权的"巴拉格歹惨案"①和"索伦惨案"。②

（3）科右前旗及邻旗农区土地改革中由于工作过激，有些地方偏离了党的政策，出现了扩大化等"左"的现象。

在这样的背景下反动旧势力煽动蛊惑了200多人参加外逃。因此这一事件的发生给当时的牧区民主改革工作以深刻的教训。为了使乌兰毛都恢复和发展生产，处理满族屯事件的善后问题，上级决定派杰尔格勒在乌兰毛都蹲点，开始牧区改革试点。在工作中，杰尔格勒注重调查研究，密切联系人民群众，在乌兰毛都满族屯嘎查他挨家挨户地访问牧民，也到牧主家了解情况，认真听取群众对牧区民主改革有什么意见和要求，有什么疑虑，富裕牧户和牧主是怎么看牧改的，各界人士有哪些议论，有什么动态，等等。群众对他都能说出自己的想法和他们所知道的情况，经过一段时间的调查摸底，他了解了有关牧区民主改革的情况和问题。

在此基础上，杰尔格勒从有利于人民群众的根本利益、有利于发展生产的要求的实际出发，创造性地提出了以下的思路和做法：

第一，乌兰毛都努图克牧区民主改革，必须从牧区当地和畜牧业生产实际情况出发。不能照搬农业区土地改革做法，对牧主不进行阶级斗争，不进行评分牲畜，使民主改革有利于发展牧区畜牧业生产，有利于改善牧民的生活。他提出，乌兰毛都努图克5000多人，牲畜有20000多头（只），如果按人口平均分畜每人只有4.5头（只），吃都不够吃，谈不上发展牧区畜牧业生产。结果只能是分光吃净，牧区畜牧业生产将遭受不应有的损失，牧民群众生活得不到改善。

第二，畜牧业是脆弱的经济，经不起自然灾害和人为的折腾。他指出，在牧区的一切政策措施，都应当适应畜牧业经济的发展规律，而不应违背经济规律。他认为，牧主掌握了一定的畜牧业生产劳动技能，具备丰富的抗灾

① 1946年9月23日和11月5日，在科右前旗巴拉格歹努图克政府所在地——兴安镇发生了两起地主分子勾结土匪，袭击努图克政府的反革命流血事件。减租减息工作团和努图克的5名干部、战士惨遭杀害，5人负伤，新生的革命力量遭到严重破坏。这两起事件，被称为"巴拉格歹惨案"。

② 1946年10月8日，索伦（当时的喜扎嘎尔旗）也发生了"索伦惨案"。反动地主武科甲与旗教导团叛徒乌毕力格勾结，纠结日伪残渣、地痞流氓、土匪组成的反革命武装。叛乱发生后，旗长兼自卫军教导团团长唐永作、旗公安局局长鲍永吉、公安队长宝音乌力吉、参谋长阿兴嘎、副团长吉格木德、政治教导员那германде、公安队指导员布舍冷7名军政干部惨遭毒手，壮烈牺牲（额尔敦仓：《记忆中的索伦平叛》，《科右前旗文史资料》第二辑，第66页）。

保畜的经验,是发展畜牧业生产的宝贵财富,可以利用,牧主也参加一定的生产劳动,这些都不同于农区的地主。另外,牲畜是认群认圈的,分到别的畜群、圈里,一夜之间也是会跑到原来的畜群和圈里去的。因此,斗牧主、分牲畜的做法是不符合畜牧业生产经济规律的。

第三,提高牧工劳动报酬。旧"苏鲁克"制度中的牧工报酬,一般是1个牧工1年只有只有1头牛、5只羊。他提出要废除旧"苏鲁克"制,实行新"苏鲁克"制,要提高牧工报酬,改善牧民生活。工作组研究提出的牧工报酬是:1个牧工1年要得到5头牛、25只羊的报酬,牧工与牧主之间羊羔按"四六"分成。这种办法,既使牧工增加收入,改善了生活,又有利于畜牧业生产的发展。

第四,牧区民主改革改中可以划定一些牧主,但内部掌握,不予公布,一律不分不斗。工作中拟出划定牧主的标准是:拥有牲畜2000头(只)以上,剥削率在70%以上。乌兰毛都努图克内部划了17户牧主,并动员这些牧主实行新"苏鲁克"制度,帮助贫困牧民发展生产,使牧民得到实惠,牧主也愿意接受这种办法。①

上述杰尔格勒的思路,是牧区民主改革中的一大创举,为其后的推行"不分、不斗、不划阶级,牧工牧主两利"政策奠定了基础。杰尔格勒把自己的牧区民主改革想法和时任科右前旗工委书记宋振鼎交换了意见,未能取得一致。之后向乌兰夫做了汇报,乌兰夫仔细听取了杰尔格勒的汇报,并表示个人同意他的意见,但内蒙古工委还要做认真研究。

1948年3月,在乌兰浩特召开内蒙古工委兴安盟地区群众工作团团长会议。会议由乌兰夫主持,王铎、奎壁、哈丰阿、特木尔巴根等领导参加了会议,昭乌达盟的有关负责人也应邀出席了会议。杰尔格勒在会上介绍了乌兰毛都努图克进行民主改革试点工作情况。乌兰夫在会议上明确指示,牧区民主改革要从稳定牧区形势,恢复与发展畜牧业生产出发,不能采取农区的做法,对牧主不斗不分,采取适当措施,提高牧工工资。② 会后,在解放区的牧区广泛展开。但是在内蒙古牧区的民主改革实践中,一些地区没有从牧区的经济、阶级关系等特点出发,而是照搬农业区土地改革的做法,提出"牧者有其畜"的口号,对牧主进行划阶级,对牧主进行了斗争,并且平分了牧主的牲畜。

例如,1948年6月,锡林郭勒盟苏尼特左旗等6个旗,在民主改革过程

---

① 门德:《忆杰尔格勒光辉业绩片段》,《科尔沁右翼前旗文史资料》第三辑,中国炎黄文化出版社2010年版,第7—9页。

② 孙家珍:《"三不两利"政策的制定与实施》,中共兴安盟党史办公室编《兴安党史文集》1,1993年版,第262—263页。

中,提出"有怨报怨,有仇报仇"和"牧者有其畜"等口号,公开划阶级、斗牧主,没收牧主财富;哲里木盟提出"彻底消灭封建,打垮地主与牧主,平分土地与牲畜"的口号;昭乌达盟的一些旗县,大张旗鼓地在牧区划阶级、斗牧主,平分牲畜。[1]

再如,察哈尔盟提出"牧主的牲畜一律没收""清算与没收庙产"的口号,在划分阶级时执行了以政治条件为主,连续三年佐级以上官吏者,按当时的阶级提高一级;以牲畜数为标准,提出拥有5头牛者一般都是中农,雇佣一个人者即是富牧等错误政策。其结果,扩大了打击面,正白旗、镶白旗、明安旗、正蓝旗被划为牧主、富牧者,分别占总户数的21.2%、14.8%、15.8%、19.5%,分别占总人口的25.2%、15.5%、20.6%、21.7%。[2]

上述执行政策上出现的这些"左"的偏差,给内蒙古牧区带来了极大的影响。

其一,在政治上造成了消极后果。即贫困农牧民孤军奋斗,并造成思想上的混乱,将一部分基层群众也划到了封建营垒去,基层群众对党和自治政府产生怀疑,不敢接近革命干部,给革命工作的开展造成困难,不利于新区工作开展。封建势力乘机造谣惑众,使民主改革遇到了很大的阻力。

其二,平分牲畜在经济生活和畜牧业生产方面造成了严重损失。牧主、富牧大量宰杀牲畜,一般牧民不精心饲养牲畜,使牲畜损失很大;人们怕牲畜多了再平分,抱着满足现状的态度,不能很好地经营牲畜,任其死亡丢失;有的牧民怕牲畜再平分,就将牲畜卖掉买回不需要的东西,直接影响牲畜的繁殖。[3]例如,1947年7月至1948年11月,察哈尔盟的牛、马、羊、骆驼,分别减少了37.8%、26.1%、40.5%、13.7%(见表1—3)。

表1—3　1947年7月至1948年11月察哈尔盟牲畜减少情况

单位:%

旗	牛	马	羊	骆驼
正蓝旗	36.20	44.4	42.4	15.3
正白旗	43.20	16.9	36.2	11.5
明安旗	23.60	23.5	25.6	16.0

---

[1]　内蒙古自治区畜牧业厅修志编史委员会编著:《内蒙古畜牧业发展史》,内蒙古人民出版社2000年版,第68页;郝维民主编:《内蒙古自治区史》,内蒙古大学出版社1991年版,第40页。

[2]　浩帆主编:《内蒙古蒙古族的社会主义过渡》,内蒙古人民出版社1987年版,第122页。

[3]　浩帆主编:《内蒙古蒙古族的社会主义过渡》,内蒙古人民出版社1987年版,第123页。

镶白旗	34.0	19.9	35.5	12.0
镶黄旗	52.1		63.1	
平均	37.8	26.1	40.5	13.7

资料来源:浩帆主编:《内蒙古蒙古族的社会主义过渡》,内蒙古人民出版社1987年版,第123页。

再如,昭乌达盟在1946年有牲畜1430000头(只),到1948年减少到930000头(只),损失了500000多头(只),占原有牲畜1/3。[1]在兴安盟科右前旗和昭乌达盟牧改试点中,出现了斗封建上层、牧主和乱打滥杀等"左"的错误。[2]

鉴于上述问题,1948年5月至6月初,中共呼伦贝尔盟工作委员会组织了牧区社会阶级结构的调查组,进入新巴尔虎左旗嘎拉布尔苏木进行全面调查。该苏木有57户,308人,牲畜60000余头(只)。其中,富裕牧民7户,58人,牲畜18200头(只),占全苏木牲畜总头数的30%多,雇佣牧工23人;中等牧民24户,116人,平均每户6人,占有牲畜9800头(只),占苏木牲畜总头数的16.33%,平均每户400余头(只),春季雇临时工1—2人;贫困牧民19户,95人,占有牲畜7000余头(只),每户平均占有30头(只),占有的牲畜少,需要向牧主、富牧出卖劳动力,生活贫困;雇牧5户,28人,常年当牧工;牧主2户,平均占有牲畜11510头(只),占苏木牲畜总数的38.4%,平均雇佣牧工23人。[3]可见,在呼伦贝尔盟牧区阶级结构中,中牧、富牧的比例大,牧主和贫牧的比例小。

在上述调查的基础上,1948年7月23日至8月3日,在哈尔滨召开内蒙古党委干部会议。第一,会议明确了内蒙古消灭封建剥削的基本内容:内蒙古境内土地为蒙古族所公有;废除内蒙古封建的土地占有制度;废除一切封建阶级及寺院占有土地所有权;废除封建阶级的一切特权(政治特权、不负担公民义务、强迫征役、无偿劳动等);蒙古族人民信教自由,僧侣不许有公民以外的特权;废除奴隶制度,一切奴隶均宣告完全解放,永远脱离与奴隶主的一切关系,享有完全平等的公民权;废除一切乡村中土改前的债

---

[1] 郝维民主编:《内蒙古自治区史》,内蒙古大学出版社1991年版,第40页。

[2] 赵真北:《总结内蒙古牧区民主改革的经验》,内蒙古自治区政协文史资料委员会《"三不两利"与"稳宽长"回忆与思考》(内蒙古文史资料第59辑),呼和浩特2006年版,第96—97页。

[3] 呼伦贝尔盟史志编辑办公室编:《呼伦贝尔盟牧区民主改革》,内蒙古文化出版社1994年版,第168—169页。

务,但贫、雇、中农与商业买卖间的债务不在废除之例;畜牧区内实行放牧自由,按照盟旗行政区划,该区内草原牧场一切牧民放牧自由;农业区实行耕者有其田,原来一切封建地主占有土地收归公有,然后与乡村其他土地统一平均,按人口分配给全体人民。凡分得土地即归个人所有,并承认其自由经营与特定条件下出租的权利,但仍保留蒙古族土地公有权(中农保留原有土地、决不平分,但可补进土地);一切乡村中的蒙汉及其他民族人民分得同等土地,均有土地所有权,并保留蒙古族的土地公有权。土改后其他民族所有土地一律不纳蒙租,但对自治政府应与蒙古族人有同等公平负担及公民义务。①

第二,会议指出:没有清楚地认识到游牧区经济的特殊性、落后性与游牧区群众觉悟性差异,游牧区提出1948年也要消灭封建的方针是错误的,这助长了下面工作中"左"的倾向,至于有些有牧区实行平分牲畜的结果,乃至破坏游牧区经济基础更是不对的。②

第三,会议进一步提出了其后牧区民主改革的政策:①废除封建特权,适当提高牧工工资,改善放牧制度;②除罪大恶极的蒙奸恶霸经盟级以上政府批准可以没收其牲畜财产由政府处理外,一般大牧主一律不分不斗;③实行民主改革,有步骤地建立民主政权,发展游牧区经济。③

第四,关于上述偏向与错误的原因,会议指出:①对土改工作准备不够,没有根据我们主观力量,即没有根据干部的条件及群众觉悟,采取稳重有步骤的工作,土改开始后没有下乡,没有和干部研究材料,深入了解情况,没有规定适合内蒙古情况的具体政策,缺少预见,没有防止偏向,及时纠正偏向。②没有很好地研究东北地区的经验,内蒙古地区的经验也未总结,因此缺少方法来指导运动前进,而是乱搬乱套,跟着其他地方运动走的。③各地党组织是慢慢地统一在内蒙古党委领导下,干部思想作风的统一与步调一致,需要一个过程,因此在土改工作上也表现出了各地步调不一致,党委掌握缩短这个过程是不够的。但应指出,领导上开始多注意上层斗争,少注意各地工作也是原因。各地向党委报告少,未能使各地实况经常反映上来也是缺点。

---

① 《乌兰夫同志在内蒙古干部会议上总结报告提纲》(1948年7月30日),内蒙古自治区档案馆编:《中国第一个民族自治区诞生档案史料选编》,远方出版社1997年版,第112—113页。

② 《乌兰夫同志在内蒙古干部会议上总结报告提纲》(1948年7月30日),内蒙古自治区档案馆编:《中国第一个民族自治区诞生档案史料选编》,远方出版社1997年版,第115页。

③ 《乌兰夫同志在内蒙古干部会议上总结报告提纲》(1948年7月30日),内蒙古自治区档案馆编:《中国第一个民族自治区诞生档案史料选编》,远方出版社1997年版,第115页。

④内蒙古地区干部少,老干部共240人,一般的经验少,很多同志急于把工作做好,在工作中不从具体情况出发,有时主观地搬别处的一套,新干部则是跟着走,有时自搞一套,对党在内蒙古工作的慎重缓进的方针体会不够,在平分土地期间"左"的情绪很高。

第五,会议总结:在领导作风、干部思想作风上,存在着不够深入了解情况与粗枝大叶的严重的主观主义作风,以及工作中的盲目性、急躁性、自发性、迎合性等缺点。许多缺点并不只是存在于平分土地运动中,而且在其他时候、其他工作中也存在。①

1950年月,召开锡林郭勒盟、察哈尔盟工作会议。乌兰夫在会议上,就牧区工作指出:"基本的中心任务是发展畜牧业,改善人民生活,任何一项工作离开这一中心就是错误。经济繁荣了,才能改善人民生活。"②

在其后的内蒙古牧区实践中纠正了"左"的偏差,逐步加以完善,形成了"放牧自由"基础上的"不斗不分、不划阶级,牧工牧主两利"的牧区民主改革的基本政策,保证了牧区民主改革沿着正确的方向发展。

实施"自由放牧"政策,是为了废除内蒙古牧区封建特权,发展牧区畜牧业生产。其主要内容有:废除王公、贵族、牧主等封建势力对内蒙古牧区草牧场的霸占,内蒙古牧区所有草牧场归内蒙古族所公有,所有牧民在本盟、旗境内自由放牧;总结经验,改善牧区放牧方法;根据各地生产条件和特点以及群众觉悟,依据群众的意愿,放牧方式可选择分群、合群、轮放、专放、游牧、定居等。③ 可见,"自由放牧"政策是反对牧区封建特权与反对强迫命令的政策,是有计划、有领导地发展畜牧业生产的政策。无领导的放任自流、乱牧与强迫命令,不根据群众意愿等都是与自由放牧政策精神不相容的。这一政策在民主改革初期废除封建特权中起到了极大的作用,在反对强迫命令、正确发展生产中,仍然具有积极意义。

保护牧区牧主经济,对牧主实施"不斗、不分、不划阶级"的政策,是根据内蒙古牧区畜牧业经济的特殊性、牧主经济的性质与特点等制定的。这是因为,第一,牧主经济既有封建性质,又有资本主义性质。即利用封建特权

---

① 《乌兰夫同志在内蒙古干部会议上总结报告提纲》(1948年7月30日),内蒙古自治区档案馆编:《中国第一个民族自治区诞生档案史料选编》,远方出版社1997年版,第117页。

② 《云主席在锡察工作会议上的讲话摘要》(1950年1月24日),内蒙古档案馆藏,资料号:11—4—7。

③ 《蒙绥牧区进一步发展畜牧业经济的几个政策问题——高增培同志在第一次牧区工作会议上的报告》(1953年12月20日),内蒙古党委政策研究室、内蒙古自治区农业委员会编印:《内蒙古畜牧业文献资料选集》第二卷(上册),呼和浩特1987年版,第84—85页。

残酷地压榨广大牧民,其性质是封建的;在经营方面主要靠雇佣劳动力,带有资本主义性质。第二,近代以来,内蒙古牧区经济长期处在衰败状态,一般牧民的畜牧业生产遭受破坏的同时,牧主经济也同样遭到破坏。所以保护和发展牧主经济,不分不斗,既适合于牧区实际情况也有利于牧区畜牧业生产的发展。因为进行一切改革,都是为了解放生产力、发展生产力。"不划阶级",不是牧区没有阶级,是因为划阶级不利于牧区畜牧业生产的发展。

在贯彻落实"不分不斗"政策过程中,对于牧区的贫困牧民采取了调整牧工工资、组织互助、发放贷款、发给救济款等办法。经过这些办法,使贫困牧民能从发展生产中,逐步由贫穷走向富裕。事实证明,这些社会政策是正确的,凡是执行得好的地方,都已经收到实效。①

对牧主实施"不分、不斗、不划阶级"政策,牧主经济得到发展。这在当时畜牧业经济落后的情况下,对发展牧区畜牧业生产,繁荣牧区经济是有利的。从经济方面看,牧区的经济结构,除了牧主经济外,还有社会主义的国营经济、个体经济以及个体牧民逐步组织起来的互助合作经济。这些经济成分都在迅速发展,由于国家的扶助,其发展将大大超过牧主经济的发展。牧主经济虽然有发展了,但在整个内蒙古牧区经济中所占的比重减少了。

"牧工牧主两利"政策中,内蒙古牧区牧工与牧主之间一般采用两种形式,即工资的形式——"苏鲁克"的形式。具体有五种办法:牧工和牧主自行议定;牧工和牧主双方协商,政府领导或仲裁;牧工和牧主代表协商规定标准;人民政府规定统一标准;人民代表会议通过决议。②

这五种办法中,第一种办法在工作基础不好的地区,常常不能做到两利,牧工吃亏的多。第二、第三种办法比较合理,但也需要有组织领导工作才能贯彻。第四种办法与第五种办法同样有两个缺点:一个是统一的硬性的规定,过多地干涉了牧工、牧主之间的自愿和"两利"的关系,容易犯主观主义和强迫命令的错误。另一个是全盟范围太大,生产情况等条件都不同,不容易执行。

在执行工资政策过程中,也曾发生过一些问题。例如,因实施工资标准与"苏鲁克"分配标准的范围过大,不完全符合每个地区的实际情况而牧主

---

① 《蒙绥牧区进一步发展畜牧业经济的几个政策问题——高增培同志在第一次牧区工作会议上的报告》(1953年12月20日),内蒙古党委政策研究室、内蒙古自治区农业委员会编印:《内蒙古畜牧业文献资料选集》第二卷(上册),呼和浩特1987年版,第87页。

② 《蒙绥牧区进一步发展畜牧业经济的几个政策问题——高增培同志在第一次牧区工作会议上的报告》(1953年12月20日),内蒙古党委政策研究室、内蒙古自治区农业委员会编印:《内蒙古畜牧业文献资料选集》第二卷(上册),呼和浩特1987年版,第87—88页。

不执行。为此,发生了强迫牧主执行或牧工对牧主进行斗争的现象。再如,牧工工资依然很低,牧主支付牧工工资时,以次牲畜充好牲畜,以小牲畜顶大牲畜。[①]对此,内蒙古党委对牧区"牧工牧主两利"政策的原则和具体问题做了具体规定:

①"牧工牧主两利"政策的基本原则是保障牧工合理报酬,承认牧主对其牲畜及其他财产的私有权。②工资标准与"苏鲁克"分配标准是在既有的基础上进行调整,根据各地区的生产、劳动调价和牧工技术,分配标准因地而异。③反对不顾客观现实条件,规定过高或过低的牧工工资。④加强党强对牧工、牧主两利关系的仲裁工作。⑤明确规定牧工、牧主双方共同遵守的权利、义务和待遇等。[②]

通过上述规定,进一步完善了"不分、不斗、不划阶级,牧工牧主两利"政策。同时内蒙古牧区各地并把旧的"苏鲁克"制度变为新的"苏鲁克"制度。例如,以乌兰察布盟为例,新"苏鲁克"制度规定:畜毛和奶食归"苏鲁克"户,成活羊羔的25%归"苏鲁克"户;锡林郭勒盟新"苏鲁克"制度规定:100只母羊给牧主50只羊羔,其余归"苏鲁克"户;呼伦贝尔盟新"苏鲁克"规定:"苏鲁克"户分得羊羔的40%—50%。[③]这样,使得牧民的牲畜得到发展,牧主的牲畜也同样得到发展。

第三节　内蒙古牧区民主改革的成功实现及其意义

一、内蒙古牧区"三不两利"政策的推行

在内蒙古牧区民主改革进程中,1948年9月开始推行"三不两利"政策。即牧主实施了"不分、不斗、不划阶级"政策的同时,执行了"牧工牧主两利"政策,具体实行新的工资条例和新的"苏鲁克"制度。

---

① 《蒙绥牧区进一步发展畜牧业经济的几个政策问题——高增培同志在第一次牧区工作会议上的报告》(1953年12月20日),内蒙古党委政策研究室、内蒙古自治区农业委员会编印:《内蒙古畜牧业文献资料选集》第二卷(上册),呼和浩特1987年版,第89页。

② 《蒙绥牧区进一步发展畜牧业经济的几个政策问题——高增培同志在第一次牧区工作会议上的报告》(1953年12月20日),内蒙古党委政策研究室、内蒙古自治区农业委员会编印:《内蒙古畜牧业文献资料选集》第二卷(上册),呼和浩特1987年版,第87页。

③ 《蒙绥牧区进一步发展畜牧业经济的几个政策问题——高增培同志在第一次牧区工作会议上的报告》(1953年12月20日),内蒙古党委政策研究室、内蒙古自治区农业委员会编印:《内蒙古畜牧业文献资料选集》第二卷(上册),呼和浩特1987年版,第88页。

（一）推行"三不两利"政策事例：以库伦苏木、乌兰苏木为例

乌兰察布盟察右中旗库伦苏木和乌兰苏木是蒙古族集中居住的以经营牧业为主的地区。库伦苏木为纯牧业苏木，总面积399.5平方公里，当年有牧户300多户，人口1100多人，其中蒙古族813人，分7个嘎查，草场面积为40000多公顷，全苏木牲畜总头数为12100头（只），其中70%集中在7户牧主中。无畜户占到半数以上，他们以包放"苏鲁克"为主要生计。乌兰苏木只有那日斯太嘎查为牧区，有四个自然村，当时有牧户70多户，270人，其中蒙古族230人，草场面积为10000多公顷，牲畜总头数为1400头（只）。牧主4户，占有绝大部分牲畜和林草地，这4户牧主以雇佣放牧为主要经济手段，一般一户牧主常年雇佣2个放羊工，一个自然村，一群牛雇佣1个牧工。①

民主改革中，执行"三不两利"政策，以利于畜牧业迅速恢复和发展生产为主要目的，对旧的"苏鲁克"制进行了改革，全面推行了新的"苏鲁克"制。新"苏鲁克"制的内容大体为：①牧工和牧主之间签订"苏鲁克"合同，一般定期为两到三年。②牧工为牧主放牧"苏鲁克"，各种牲畜所产的仔畜，按照比例进行分配，成活羔羊的50%归牧工所有，成活马驹、牛犊的45%归牧工所有。春秋两季的羊毛、奶食、牛羊粪（牧区的主要燃料）由牧工来支配。③修棚围圈、贮备草料以及必备的牧养工具由牧工承担。④在放牧"苏鲁克"期间，因人力不可抗拒的灾情疫病或其他原因造成牲畜损失的，经嘎查委会认定后，不追究牧工的责任，但因经营无方、管理不善造成损失的可由牧工负责。②

在推行新"苏鲁克"制的同时，对雇工的待遇也做了彻底的改革，牧羊人每只羊每年2元，并包伙食、住宿，饭菜质量应基本和雇主一样；牧牛人每头牛每年3元，因一般几户雇佣一个牧牛人，所以放牛人根据牛的数量实行派饭制，伙食标准和牧羊人一样，放马、驼的工资和放牛一样。新"苏鲁克"制和旧"苏鲁克"制有着本质的区别，它在一定程度上体现了"按劳分配、多劳多得"的原则。穷困牧民在没有一点资本和生产资料的情况下，只要经营牧主的畜群或为牧主雇佣付出劳动，就可得到一定的报酬，经过几年的劳作，也可积累一定的资产，改变自己的贫困状况。对于牧主来说虽然大大减少了对牧工的剥削量，但其资本（牲畜）的所有权并没有改变，而

---

① 《察右中旗牧区民主改革调查报告》，内蒙古自治区政协文史资料委员会编：《内蒙古文史资料集萃（第九卷）：农村牧区改革》，中国文史出版社2017年版，第74页。

② 《察右中旗牧区民主改革调查报告》，内蒙古自治区政协文史资料委员会编：《内蒙古文史资料集萃（第九卷）：农村牧区改革》，中国文史出版社2017年版，第74页。

且还有相当丰厚的积累，真正体现了牧工、牧主两利的原则。[1]

（二）牧工牧主情况的变化：以察哈尔盟为例

察哈尔盟[2]在解放前雇工放牧形式有三种：牧主的羊、马全部由雇工放牧；中等牧民多数是合群雇工，少数是自己放牧（所谓雇工只是羊群雇工，其他牲畜自牧多是散牧不管）；寺庙的牲畜及少数牧主牲畜放旧"苏鲁克"。

牧工工资有如下几种：放羊200只以上者每月1只羊，牧主管饭，夏季给"少部农"（毡斗篷）1件，冬季给"塔哈"（2张山羊皮斗篷）1件；放马300匹以上者每年1头3—4岁牛；中等牧民合群放牧时所雇牧工工资，放羊300只以上者每月1只羊或2只小羊，毡皮、头蓬各1件。但牧工放牧中发生丢失或狼害牲畜的情况时由牧工工资赔偿。在政治上牧主对牧工的压迫也是很残酷的。例如，随便打骂、扣留工资、开除等。[3]

放"苏鲁克"每年得30%—50%羊毛、奶食，每年定量地向牧主交黄油和奶食，每户牧主住地有2户以上的贫雇牧民给牧主无偿劳役，男子放牧，女子给牧主做针线、挤奶、伺候牧主等。[4]

1949年察哈尔盟解放后，经过几年的社会民主改革，封建特权已经废除。同时，大力贯彻了"自由放牧，增畜保畜"和"三不两利"政策，保护了牧工利益，提高了牧工待遇，改善了牧民生活，取得了一定成就，但是工资仍然很低，需要有计划、有步骤地提高牧工工资。牧民的生活水平日益提高，中等牧民占据多数，随之雇工也增多了。1953年，雇工形式有以下几种：牧主单独雇工、一般牧户合群雇工（占多数）、互助组内少数的雇工。工资数额很不平衡，各地不一致，随季度升降不一，综合起来大致有以下三种：

第一，正镶白旗及其他大部分地区，放牧羊200只以上的牧工每月工资为1.5只2岁绵羊（折合款15万元），牧工饮食由牧主负担；放牧羊300—500只的每月工资为2只2岁或3岁绵羊（折合款20万元）。实际上放牧200只以上的牧工工资，除牧工本身日常消耗54万元外尚余125万元，能

① 《察右中旗牧区民主改革调查报告》，内蒙古自治区政协文史资料委员会编：《内蒙古文史资料集萃（第九卷）：农村牧区改革》，中国文史出版社2017年版，第74—75页。

② 旧盟名，位于内蒙古自治区中部地区，1936年2月设立百灵庙蒙政会，1946年7月由内蒙古自治运动联合会领导，1947年5月归内蒙古自治政府管辖，下设正蓝、正白、镶白、镶黄、明安、商都、太仆寺左、太仆寺右8旗。1958年9月撤销察哈尔盟，归锡林郭勒盟。

③ 中国共产党锡林郭勒盟盟委会：《察哈尔盟牧工牧主两利政策资料》（1953年8月5日），内蒙古档案馆藏，资料号：11—7—67。

④ 中国共产党锡林郭勒盟盟委会：《察哈尔盟牧工牧主两利政策资料》（1953年8月5日），内蒙古档案馆藏，资料号：11—7—67。

够养活1口人;放牧300只羊以上者,除牧工日常消耗外实得年工资185万元,能够养活2口人。①

放牧牛在牧区多是冬、春两季,放牧120头以下者每头每月莜面1斤(每斤莜面折合款800元),牧工饮食由牧主负担,年计实际工资除牧工本人日常消耗54万元外,剩余约62万元,能够养活0.5—1口人;有的牧主负担吃穿,牧工每年实际得到1头3岁牛(折合款70万元),放牧150—200匹马,用牧工2人,每人每年工资为2匹骟马(每匹价值220万元),除牧工本人日常消耗外,剩余约86万元,能够养活1人。②

第二,放牧马200—300匹,用牧工2人,吃住自己负责,每人每年工资为大小马各1匹(折合款300万元),除牧工日常消耗136万元外实得工资166万元;放牧120头牛,牧主负担牧工吃穿,工资为每头牛每月1.5斤莜面,年计得莜面2160斤。③

第三,放牧100头以上牛,吃穿牧主负担,牧工每年实际工资为1头3—4岁牛(折合款70万元);只放牧冬春两季,负责200—300只羊,吃穿由牧主负担,牧工每年工资为12只2岁羊(折合款约100万元)。这类在富牧中较多,但在整个牧区中占少数。④

(三)"牧工、牧主两利"政策执行情况——以锡林郭勒盟为例

锡林郭勒盟根据"结合反官僚主义斗争检查社会政策的指示"及干部训练班讨论牧区生产政策反映的材料,牧工牧主两利政策执行情况如下。

1.各旗牧工工资标准

(1)苏尼特右旗

放牧羊工资:200—300只,每月工资25万元;300—800只每增加100只增加工资5万元,800—1000只,每增加100只增加工资6万元;1000—1200只,每增加100只增加7万元。牧工的饮食、骑马、鞍具、雨衣等由牧主提供。

放牧马工资:100—200匹,每月每匹白天放牧0.21万元,夜间放牧0.23万元;201—450匹,每月每匹白天放牧0.21万元,夜间放牧0.25万元;451—

---

① 中国共产党锡林郭勒盟盟委会:《察哈尔盟牧工牧主两利政策资料》(1953年8月5日),内蒙古档案馆藏,资料号:11—7—67。

② 中国共产党锡林郭勒盟盟委会:《察哈尔盟牧工牧主两利政策资料》(1953年8月5日),内蒙古档案馆藏,资料号:11—7—67。

③ 中国共产党锡林郭勒盟盟委会:《察哈尔盟牧工牧主两利政策资料》(1953年8月5日),内蒙古档案馆藏,资料号:11—7—67。

④ 中国共产党锡林郭勒盟盟委会:《察哈尔盟牧工牧主两利政策资料》(1953年8月5日),内蒙古档案馆藏,资料号:11—7—67。

600匹,每月每匹白天放牧0.2万元,夜间放牧0.23万元。牧工的饮食、骑马、鞍具、雨衣等由牧主提供。

放牧牛工资:50—80头,每月每头4500元;81—100头,每月每头0.4万元;101头以上每月每头0.35万元。

放牧骆驼工资:40峰以下,每月每头0.7万元;41—60峰,每月每峰0.65万元;61峰以上每月每峰0.6万元。牧工的饮食、骑马等由牧主提供。[1]

(2)苏尼特左旗

放牧马工资:200—249匹,每匹每月0.4万元;250—299匹,每匹每月0.34万元;300—349匹,每匹每月0.3万元;350—399匹,每匹每月0.29万元;400—449匹,每匹每月0.27万元;450—499匹,每匹每月2500元;500匹以上,每匹每月2300元;200匹以下,双方自愿规定。牧工饮食等由自己负责。

放牧羊工资:200只,每月工资20万元;200—550只,每增100只增加工资10万元。牧工饮食、骑马由牧主供给。

放牧骆驼工资:40峰以下,双方自愿规定;40峰以上每峰每月0.6万元。牧工饮食自理,骑马由牧主提供。

放牧牛工资:每头每月0.35万元,牧工饮食自理,骑马由牧主提供。[2]

(3)西部联合旗(今阿巴嘎旗)

放牧羊工资:200只每月30万元,每增加100只增加工资5万元,增加1只0.05万元。牧工饮食、骑马、雨衣等由牧主供给。

放牧马工资:100匹每月80万元(2人),白天35万元,夜间45万元,每增加100匹增加工资15万元,每增加1匹0.1万元。牧工饮食、马鞍等自备,骑马、雨衣、皮衣由牧主提供。

放牧牛工资:50头每月25万元,每增加1头增加0.1万元,牧工饮食、骑马由牧主提供。

放牧骆驼工资:每峰每月1万元,牧工饮食自理,骑马由牧主提供,不提供骑马每峰增加3000元。

杂工工资:牧工为牧主接羔30只(4—5天),每天工资0.7万元和30只

---

① 《锡林郭勒盟执行牧主牧工两利政策的情况及今后意见的报告》(1953年),内蒙古档案馆藏,资料号:11—7—67。

② 《锡林郭勒盟执行牧主牧工两利政策的情况及今后意见的报告》(1953年),内蒙古档案馆藏,资料号:11—7—67。

母羊及羊羔的春毛。[1]

(4)东部联合旗(今东乌珠穆沁旗和西乌珠穆沁旗)

放牧羊工资：以6个月计算,500只以下工资为大绵羊6只；500—1000只,工资为大绵羊6只、2岁羊6只；1500只,工资为大绵羊12只。羊群计算方法：200只以上按500只计算,500只以上按1000只计算,1000只以上按1500只计算。

放牧马工资：和放羊工资同,计算方法是150匹以下按500只羊的工资计算；150—300匹按1000只羊的工资计算；300—500匹按1500只羊计算。牧工的饮食、骑马、雨衣、达哈等由牧主提供。

杂工工资：每个月25万—30万元,吃住牧主提供。在1500只羊群里保育70只仔畜,工资为35只羊的春毛；在1000只羊群里保育62只仔畜,给30只羊的春毛。[2]

2.锡林郭勒盟各旗牧工工资执行情况

各旗规定的牧工工资标准一般偏高,从1952年下半年之后各旗又以"政府规定,人代会通过"的方式,将偏高、烦琐的牧工工资标准,作为法令硬性贯彻,并采取一些措施。例如,苏尼特右旗清算以往未付工资,东部联合旗部分苏木、巴嘎组织牧工会和干部帮助算账。因此,在执行"牧工牧主两利"政策方面造成了比较严重的偏差和混乱：牧主不愿雇工,或采取各种方法克扣牧工工资,随意解雇牧工；因牧工工资标准烦琐,中等牧户无劳动力或劳动力不足以及合群轮放、雇人放牧的牧工对工资不满。[3]

造成上述情况的主要原因之一,是锡林郭勒盟及各旗领导对正确贯彻"牧工牧主两利"政策以利发展牧业生产的重要性认识不足,在干部中进行政策教育不够。因而干部普遍存在所谓"阶级观点",在牧工很快有牲畜"发财"的思想支配下,造成了政策上的偏差。主要原因之二,是对"牧工牧主两利"的社会政策没有认真研究与请示,只以"政府规定,人代会通过"的简单方式作为法令硬性贯彻,很少要求和考虑牧主方面的意见,牧主有意见也没有提出的机会,造成牧主对政策不满。再加上对政策交代不清,控制不严,

---

[1] 《锡林郭勒盟执行牧主牧工两利政策的情况及今后意见的报告》(1953年),内蒙古档案馆藏,资料号：11—7—67。

[2] 《锡林郭勒盟执行牧主牧工两利政策的情况及今后意见的报告》(1953年),内蒙古档案馆藏,资料号：11—7—67。

[3] 《锡林郭勒盟执行牧主牧工两利政策的情况及今后意见的报告》(1953年),内蒙古档案馆藏,资料号：11—7—67。

工资标准又不具体,这一情况的不利影响涉及很多牧户。[①]

3."牧工牧主两利"政策执行问题的纠正

正确贯彻"牧工牧主两利"政策的前提必须是执行有利于牧区增产保畜、发展牧业经济的总方针,即一方面必须贯彻适合于牧区"不分、不斗、不划阶级",允许牧主经济存在和发展的政策,纠正偏高工资标准;另一方面又必须反对无偿劳役制度及牧主采取各种方式克扣工资、随意解雇以及在精神和生活上虐待牧工的现象。具体做法如下:

(1)盟、旗党政领导加强对干部和群众进行"牧工牧主两利"政策的宣传教育,经常在执行此政策方面进行调查研究。

(2)政府不统一规定牧工工资标准。根据地区不同、劳动力不同、劳动强度不同,各旗工资标准由牧工、牧主自行商定,一般以苏木为单位,由牧工、牧主代表协商工资标准,政府派人参加进行政策领导,确定后监督执行。个别或特殊情况由牧工和牧主自行协商订立合同。

(3)发生工资纠纷及违法侵犯人权财产行为,由政府出面仲裁、调节并酌情处理,个别恶霸牧主依法予以惩办。

(4)牧区原有互助互济关系不作劳资关系处理。在执行办法上,首先在盟集调旗、苏木干部进行政策教育,深刻说明"牧工、牧主两利"政策对发展牧业生产的重要意义。其次结合基层选举中苏木召开的人民代表大会,明确交代政策。最后各旗注意加强领导,吸取经验,加强调查研究,定期检查此项政策的执行情况。[②]

二、民主改革期间牧区畜牧业的发展和牧民生活水平的提高

(一)内蒙古牧区发展畜牧业措施

在内蒙古牧区民主改革期间,内蒙古各级党委和政府在思想、组织、防灾等方面采取诸多措施,取得了显著效果。

1.通过各种会议,宣传党和政府发展畜牧业生产的方针、政策,纠正了干部群众关于畜牧业的认识、思想方面存在的问题

例如,兴安盟科右前旗乌兰毛都努图克通过做好思想工作,动员牧主自觉为政府做贡献。工作团对牧主进行宣传教育工作,动员他们把剥削来的东西还给劳动者。牧主们很乐意接受这种形式,主动拿出奶牛、乘马、肉用

---

① 《锡林郭勒盟执行牧主牧工两利政策的情况及今后意见的报告》(1953年),内蒙古档案馆藏,资料号:11—7—67。

② 《锡林郭勒盟执行牧主牧工两利政策的情况及今后意见的报告》(1953年),内蒙古档案馆藏,资料号:11—7—67。

羊分给自家牧工,把蒙古包、炕毡等物品以及积攒多年的金银财宝交给工作团处理。工作团和努图克干部将这些物品分给贫困牧民,并将银元拿到王爷庙兑换成现金从乌兰浩特购入粮食分给贫困牧户,解决了当地群众缺粮问题。①

2.进行了如下的抗灾、牲畜预防和防灾互助工作,减少了牲畜损失

(1)打狼是牧区防狼害的重要措施。例如,据统计,呼伦贝尔盟牧区四旗在民主改革期间共打狼7279只。因狼害损失的牲畜由1949年11561头(只),1952年减少到6874头(只)。②再如,兴安盟科右前旗乌兰毛都努图克,在1950年春季至1952夏季期间的打狼运动中共消灭659只狼,基本上实现了消灭狼的计划,大大减少了狼害。1949年前1000—2000只羊的牧群每年因狼害至少损失30—50只羊。通过打狼运动,不仅基本上消除了狼害,而且纠正了过去的明知狼是有害的动物,但认为其是"天狗"而不打,受到狼害则认为是"破财"的迷信思想,打狼成为牧民群众的经常性工作之一。③

(2)积极地进行了牲畜防疫注射。例如,1948年至1952年期间,呼伦贝尔盟牧区四旗进行防疫注射的牲畜达4196819头(只)。据统计,新巴尔虎左旗死亡牲畜由1948年21289头(只),减少到1952年的15380头(只),死亡牲畜占牲畜总数的百分比由6.93%,下降到2.64%。④再如,科右前旗乌兰毛都努图克1949—1952年间进行了4次牛疫注射,90%以上的牲畜得到了防疫注射,并对80%的牲畜做了1次牛蹄疫注射,大大减少了牲畜畜疫死亡率。1951年秋季在牧场曾发生过4次炭疽,因采取了及时报告、封锁、隔离、注射等措施,当即消除,没有蔓延,三个嘎查只损失16只羊、25头牛、2匹马。同时,通过防疫措施提高了牧民对牲畜防疫的认识。在实施防疫措施之前,发生牛疫时,牧民群众认为是不可抗拒的天灾,不懂得或不会预防和治疗,认为"剩多少,算多少"。⑤

---

① 孙家珍:《"三不两利"政策的制定与实施》,中共兴安盟党史办公室编《兴安党史文集》1,1993年版,第264页。

② 内蒙古东部区党委:《内蒙东部区1950年畜牧业生产初步总结》(1951年1月10日),内蒙古档案馆藏,资料号:11—4—19。

③ 乌兰毛都努图克公所:《科右前旗几年来的牧业生产发展情况》(1952年),科右前旗档案馆藏,资料号:67—8—4。

④ 内蒙古东部区党委:《内蒙东部区1950年畜牧业生产初步总结》(1951年1月10日),内蒙古档案馆藏,资料号:11—4—19。

⑤ 乌兰毛都努图克公所:《科右前旗几年来的牧业生产发展情况》(1952年),科右前旗档案馆藏,资料号:67—8—4。

（3）积极组织了防灾互助活动，减少了因灾害损失的牲畜。[1]同时，改进了牲畜饲养管理办法，进行了分群放牧，提高了成活率。例如，新巴尔虎右旗分群的母羊成活率由1948年的91%，提高到1952年93%。其中，新保力格苏木第七巴嘎羊群成活率由1951年的93.5%，提高到1952年的96.3%。[2]

（4）内蒙古牧区各地因地制宜地制定了放牧制度。以兴安盟科右前旗乌兰毛都努图克为例，制定实施了如下的放牧制度：定居放牧大部分是小牧民，牧畜不多，劳动力不足，由于没有"套包"或"蒙古包"、车辆等原因，不能出场放牧经营；中等以上的牧民都能游牧，牲畜多的可以分为2—3个"套包"；互助合作，即中等牧民、牲畜较少的牧民将自己的牧畜集中到一起，抽出一定的畜力和物力组织出场；雇工放牧，即大中牧户多数雇主自己参加劳动外，因人力不足而雇工经营；有的小户牧民将自己的牲畜放到大中户牧民的牧群中，每逢忙季时以打圈、接羔、拉打羊草等方式帮忙，不讲工资；有的中小牧户把牧畜放到大牧户牧群中合牧经营，但因牲畜少可得半工资，吃穿均有大牧户供应50%；有3—5户牧民组织出场经营，每户抽出1名劳动力经常劳动于"套包"。[3]

（5）在"自由放牧"政策指导下，由各盟、旗统一调整与调剂牧场，克服了过去旗和旗、苏木和苏木之间界限的障碍，充分利用了过去未能完全利用的草牧场。再如，兴安盟科右前旗乌兰毛都努图克调剂了牧场、草场等。夏初牧场为：乌兰毛都——希然达坝以东，要得力——西日根沟口以东，满族屯——查干达坝以北，阿其郎图沟，勿布林——乌兰河防火站以南至沙仁台沟，翁胡拉、合力木——桃合木沟；接羔点为：乌兰毛都——雅满础鲁图，要得力——乌申一合沟，满族屯——乌申一合、塔日布嘎、特门沟，合力木——阿义根宝力格、桃合木沟，翁胡拉——桃合木沟，勿布林——乌兰河；草场为：乌兰毛静——雅满础鲁图，要得力——要得力沟，满族屯——塔日布嘎、乌布尔巴日、特门沟，勿布林——乌兰河、沙仁台沟，翁胡拉——桃合木沟；冬季草场为：视各嘎查情况，到好仁、居力特（今归流河镇）、义勒力特、察尔森、巴拉格歹、哈拉黑、宝门、阿力得尔努图克和扎旗呼尔勒、宝力根花。[4]

---

① 内蒙古东部区党委：《内蒙东部区1950年畜牧业生产初步总结》（1951年1月10日），内蒙古档案馆藏，资料号：11—4—19。

② 内蒙古东部区党委：《内蒙东部区1950年畜牧业生产初步总结》（1951年1月10日），内蒙古档案馆藏，资料号：11—4—19。

③ 乌兰毛都努图克公所：《科右前旗几年来的牧业生产发展情况》（1952年），科右前旗档案馆藏，资料号：67—8—4。

④ 图雅主编：《科尔沁文化的摇篮乌兰毛都草原》，远方出版社2012年版，第58页。

3.组织了季节性互助组(防灾、接羔)、常年互助组和合群放牧、牧区牧业生产互助组,对畜牧业生产起到了重要的作用,尤其是在战胜自然灾害,减少牲畜损失方面作用凸显

例如,呼伦贝尔盟新巴尔虎右旗,在防灾互助未普遍组织以前的1949年中过冬死亡牲畜12000头(只),1950年组织防灾互助组,抵制风雪灾害,保护了牲畜,在六次风雪灾害中只损失了全旗牲畜的0.8%。[①]该旗在1951年的一年中损失牲畜仅有700头(只)。[②]同时,组织人力、物力解决用具和劳动力不足的困难,合理分工提高劳动效率,合作经营副业生产等方面也起到了重要作用。[③]

(二)民主改革期间内蒙古牧区畜牧业生产的发展

首先,从内蒙古全区来看,牧区牲畜由1947年的4000000头(只),发展到1952年的8350000头(只);全区牲畜由1946年的7500000头(只),发展到1952年的15000000头(只),增长了一倍多。[④]其中,实行"三不两利"政策较早的东部区四盟,从1948年到1952年,牲畜增长了109.3%。[⑤]

其次,以盟、旗单位来看,呼伦贝尔盟牧区4旗牲畜由1946年的645955头(只),增加到1953年的1272572头(只)。其中,鄂温克旗牲畜由37612头(只)增加到143937(只),陈巴尔虎旗牲畜由19729头(只)增加到1953年的161091头(只),新巴尔虎左旗牲畜由376605(只)增加到1953年的711039头(只),新巴尔虎右旗牲畜由212009(只)增加到602197头(只)。1948—1952年期间牲畜头(只)增加了120.90%。[⑥]

再次,以苏木、努图克为单位来看,例如,新巴尔虎左旗塔日根诺尔苏木经过民主改革,牲畜由原来1945年的63297头(只),增加到1953年的

---

① 《东部区牧业生产互助合作情况——东部区牧业生产座谈会议参考资料(一)》(1952年9月15日),内蒙古档案馆藏,资料号:11—6—92。

② 《中央人民政府政务院批转民族事务委员会第三次(扩大)会议关于内蒙古自治区及绥远、青海、新疆等若干牧区畜牧业生产的基本经验》(1953年6月15日),内蒙古党委政策研究室、内蒙古自治区农业委员会编印:《内蒙古畜牧业文献资料选编》第一卷,呼和浩特1987年版,第19页。

③ 《东部区牧业生产互助合作情况——东部区牧业生产座谈会议参考资料(一)》(1952年9月15日),内蒙古档案馆藏,资料号:11—6—92。

④ 《关于内蒙古畜牧业生产与社会主义改造若干政策问题——王铎同志在西北民族工作会议上的汇报》(1961年7月24日),内蒙古党委政策研究室、内蒙古自治区农业委员会编印:《内蒙古畜牧业文献资料选编》第二卷(下册),呼和浩特1987年版,第14—15页。

⑤ 王铎:《回顾牧区民主改革与"三不两利"政策》,《实践》1987年第15期,第22页。

⑥ 呼伦贝尔盟统计局:《国民经济统计资料(1946—1975)》,内部资料,第268页。

106833头(只)。（见表1—1）。再如,乌兰察布盟达茂联合旗第三努图克,据调查,1949—1953年间该努图克牲畜头(只)数增长了50%—100%。其中,该努图克牧民吉木亚的牲畜头(只)数,1949—1953年间牲畜头(只)数增长了511%;牧民宁计,在1949—1953年间畜头(只)数增长了220%。[1]

表1—4　塔日根诺尔苏木牲畜情况统计表
单位:头(只)

年份	总数	牛	马	骆驼	绵羊	山羊
1945	63297	8365	2100	119	47322	5391
1946	47583	6555	1994	132	36254	2648
1947	45957	6298	2092	168	34808	2591
1948	76124	8474	2840	225	61326	1361
1949	74369	7968	2787	250	58921	4443
1950	77687	9295	2769	271	60240	5114
1951	87178	9483	3104	307	68929	5355
1952	10255	10520	3567	374	80708	6086
1953	106833	11282	3894	420	84590	6645

资料来源:《塔日根诺尔苏木民主改革始末》,呼伦贝尔盟史志编辑办公室编:《呼伦贝尔盟牧区民主改革》,内蒙古文化出版社1994年版,第49页。

最后,以巴嘎为单位来看,以呼伦贝尔盟新巴尔虎右旗达来诺尔苏木第三巴嘎为例,该巴嘎的牲畜由1945年的10254头(只),增加到1952年的8614头(只)。[2]再如,呼伦贝尔盟陈巴尔虎旗巴莎哈达苏木哈顿和硕巴嘎的牲畜由1948年的1217头(只),增加到1952年的4935头(只);人均牲畜由1945年5—6头(只),增加到22.5头(只)。[3]再如,伊克昭盟鄂托克前旗报乐浩晓苏木巴彦补拉、乌兰才登两个巴嘎的牲畜由1949年的8288头(只),增

---

[1] 《达茂联合旗第三努图克(即原茂明安旗)牧民生活情况调查报告》(1953年9月10日),内蒙古档案馆藏,资料号:11—7—70。

[2] 《新巴尔虎右旗达来诺尔苏木第三巴嘎经济情况典型调查报告》(1952年1月17日),呼伦贝尔盟史志编辑办公室编:《呼伦贝尔盟牧区民主改革》,内蒙古文化出版社1994年版,第261—263页。

[3] 《中央人民政府政务院批转民族事务委员会第三次(扩大)会议关于内蒙古自治区及绥远、青海、新疆等若干牧区畜牧业生产的基本经验》(1953年6月15日),内蒙古党委政策研究室、内蒙古自治区农业委员会编印:《内蒙古畜牧业文献资料选编》第一卷,呼和浩特1987年版,第14页。

加到1955年的13629头(只)。①一般牧民牲畜头(只)数增加的同时,牧主的牲畜头(只)也有了增加。例如,呼伦贝尔盟新巴尔虎左旗牧主毛拉玛的牲畜,由1945年的700头(只),增加到1952年的2100头(只)。②

(三)民主改革期间牧民生活水平的提高

经过内蒙古牧区民主改革,使畜牧业得到恢复和发展,牧民收入增加,生活水平提高。

例如,乌兰察布盟达茂联合旗第三努图克1953年仅羊毛羊绒收入达344795900元,人均收入达616799元。牧工每月月薪15—34万元(旧币,以下同。1955年中国人民银行发行第二套人民币,新币与旧币兑换比例为1:10000),除去所有费用后每月纯收入在15万—20万元。随之,该努图克文化教育事业也有了新的发展,不仅建立了一所小学(1950年建),而且牧民也能参加各种文化学习班进行学习。③

再以呼伦贝尔盟牧区四旗为例,首先,牧民的购买能力有了提高。据统计,新巴尔虎左旗全旗旗牧民购买粮食量由1950年的440060斤,增加到1951年的604399斤,人均购买粮食由1950年的47斤多,增加到1950年的65斤多;全旗购买布类由1950年的109685尺,增加到1951年的157197尺,人均购买布类由1950年的11.99尺,增加到1951年的17尺多。④其次,贫困牧民和中等牧民的收入增加,而且富裕牧民和牧主的收入也有增加。据调查,1948—1952年,新巴尔虎右翼旗赤贫户占总户数的比例由0.21%减少到0.07%,中等牧户占总户数的比例由54.00%增加到67.08 %;富裕牧户和牧主占总户数的比例由2.87%增加到8.97%。⑤最后,呼伦贝尔盟牧区四旗牲畜及畜产品收入,由1949年的15188万元增加到1950年的431918万元,

①　中共伊克昭盟委牧区调查工作组:《鄂托克旗乐浩晓苏木巴彦补拉、乌兰才登巴嘎畜牧业生产发展情况的调查报告》(1955年6月6日),内蒙古档案馆藏,资料号:11—9—89。

②　《中央人民政府政务院批转民族事务委员会第三次(扩大)会议关于内蒙古自治区及绥远、青海、新疆等若干牧区畜牧业生产的基本经验》(1953年6月15日),内蒙古党委政策研究室、内蒙古自治区农业委员会编印:《内蒙古畜牧业文献资料选编》第一卷,呼和浩特1987年版,第14页。

③　《达茂联合旗第三努图克(即原茂明安旗)牧民生活情况调查报告》(1953年9月10日),内蒙古档案馆藏,资料号:11—7—70。

④　中共呼纳盟地委会:《呼纳盟几年来牧业生产总结和今后意见》(1952年8月29日),内蒙古档案馆藏,资料号:11—6—96。

⑤　乌兰夫:《内蒙古自治区畜牧业的恢复发展经验》(1953年1月1日),《内蒙古日报》1953年1月1日。

1951年的927946万元。①

再如，据昭乌达盟翁牛特旗七努图克召克图嘎查调查，牧区民主改革前，74户牧户中贫困牧民37户、富裕牧民1户，经民主改革贫苦户减少到22户，富裕牧民增加到33户。②

从内蒙古全区牧区概况来看，内蒙古中东部地区牲畜由1947年的3605000头（只），发展到1952年的7913200头（只），年均增长14%；内蒙古西部地区牲畜由1949年的4761700头（只），增加到1952年的7538300头（只），年均增长16.5%；内蒙古全区牲畜由1949年的10075951头（只）增加到1952年的16019000头（只），总增长62.9%。③牧民人均购买力由1951年的43.3万元，增加到1952年的50.6万元，1953年的312万元。④同时，为国家提供了大量的牲畜和畜产品。据不完全统计，1948—1952年间，为国家提供牲畜7082000头（只），皮张1480000张，毛绒20990000多公斤。⑤

小　结

民主改革前的内蒙古牧区有其独特的社会特征、地区特征和民族特征；牧区的阶级状况以及剥削形式也和其他的一般地区不同；牧区畜牧业经济和牧主经济也有其特殊性。根据这些背景，内蒙古党委和政府制定、实施了"承认内蒙古的牧场为蒙古族所公有，废除封建的牧场所有制；废除封建阶级的一切特权，废除奴隶制度；牧区实行保护牧民群众，保护牧场，放牧自由，在牧民与牧主两利的前提下，有步骤地改善牧民的经济生活，发展畜牧业"的牧区民主改革的基本政策；执行了"依靠劳动牧民，团结一切可能团结的力量，从上而下地进行和平改造和从下而上地放手发动群众，废除封建特

---

① 陈炳宇：《迈向"人畜两旺"的呼纳盟牧区》，《内蒙古日报》1952年5月6日。

② 《翁牛特旗建立十二个畜牧业生产使牲畜大为发展起来》（1955年9月20日），内蒙古党委政策研究室、内蒙古自治区农业委员会编印：《内蒙古畜牧业文献资料选编》第二卷（上册），呼和浩特1987年版，第158页。

③ 内蒙古自治区畜牧业厅修志编史委员会编著：《内蒙古畜牧业发展史》，内蒙古人民出版社2000年版，第95页。

④ 《内蒙古自治区畜牧业的恢复发展及经验》，《内蒙古日报》1953年1月1日；《呼伦贝尔盟人民政府四年来各项基本总结和1954年施政方针任务的报告》（1954年），内蒙古档案馆藏，资料号：11—8—166。

⑤ 内蒙古自治区畜牧业厅修志编史委员会编著：《内蒙古畜牧业发展史》，内蒙古人民出版社2000年版，第96页。

权,发展包括牧主经济在内的畜牧业生产"的牧区民主改革的总方针。

在牧区民主改革过程中,总结了由于一些地区对牧区的实际情况研究不够,没有从牧区的经济特点和阶级关系的特点出发,而是照搬农业区土地改革的做法,错误地提出"牧者有其畜""牧主的牲畜一律没收""清算与没收庙产"等口号,进行划阶级,斗牧主,平分牲畜的"左"的错误及其影响与教训。在此基础上,开创性地制定、实施了使牧工的生活得到改善,保存牧主经济"不斗不分、不划阶级,牧工牧主两利"的牧区民主改革的政策,顺利地实现了牧区民主改革。

值得一提的是,为什么对牧主的经济剥削,只能采用限制的政策,不是剥夺它的政策?其原因可归纳为以下几点:①反封建的民主改革主要任务是废除封建特权、超经济的剥削,不是反对一般的剥削。②畜牧业经济有极大的脆弱性,分、斗牧主,分牲畜必然要使生产遭受破坏,在个别地区发生分斗,严重破坏生产带给我们的教训,充分说明了这一点。③牧主占有的牲畜不十分多,不集中,单用分配牧主牲畜的办法不能满足贫困牧民的要求。④牧主经济在当时还有一定的积极性,保护和发展它,在民主革命时期不是有害而是有利。⑤牧主经济的经营方式是雇佣劳动,剥削牧工的剩余劳动,带有一定的资本主义性质,但是能够通过提高牧工工资("苏鲁克"分红)的办法,也能够利用牲畜不像土地一样,可以繁殖增加的特点,可以从牧主经济的发展中获得牲畜,改善牧工生活和为牧工建立发展生产的条件。⑥国家有力量帮助贫困牧民发展生产,用贷款、贷畜的办法使一部分贫困牧民有了牲畜,1949—1954年对牧区的贷款达750万元,其中母畜、种畜贷款占55%,使12700多户牧民得到383000多只母畜。[①]

内蒙古牧区的民主改革,解放了牧区生产力,调动了牧区各阶层人民的积极性,使生产迅速地得到恢复和发展。最值得借鉴的经验和启示:第一,内蒙古牧区民主改革,必须从内蒙古牧区和畜牧业生产的实际出发,落实党的路线和方针、政策;第二,更为重要的是,必须同内蒙古牧区独特的、固有的地区特点、民族特点和经济特点与发展规律以及实际情况结合起来,必须因地制宜地开创新路,其他地区经验应该注意吸取,但不能照搬,不能生搬硬套;第三,适合内蒙古牧区实情的方针、政策,能够调动农牧民群众的生产积极性,能够促进生产的发展;反之,就影响牧民的生产积极性的发挥,就阻

---

① 《关于内蒙古畜牧业生产与社会主义改造若干政策问题——王铎同志在西北地区民族工作会议上的汇报》(1961年7月24日),内蒙古党委政策研究室、内蒙古自治区农业委员会编印:《内蒙古畜牧业文献资料选集》第二卷(下册),呼和浩特1987年版,第20页。

碍畜牧业生产的发展;第四,畜牧业是牧区人民赖以生存和发展的核心、根本产业。所以必须始终把畜牧业摆在牧区经济中的首要位置,消除"重农轻牧"思想及其影响。

民主改革的结果,不仅使牧民发挥了发展牲畜的积极性,而且也使牧主有了发展畜牧业的积极性,使内蒙古牧区畜牧业生产得到了稳步的发展。不仅使内蒙古的畜牧业生产快速恢复和发展,而且牧区牧民生活得到改善和提高,同时也支援了解放战争和国家经济建设。更为重要的是为新疆、西藏等其他少数民族地区的社会改革提供了宝贵的经验和借鉴。例如,"三不两利"政策,经中央人民政府批准后,向全国其他各少数民族地区广泛推行,使全国少数民族地区成功地实现了民主改革。①

---

① 《中央人民政府政务院批转民族事务委员会第三次(扩大)会议关于内蒙古自治区及绥远、青海、新疆等地若干牧区畜牧业生产的基本总结》(1953年6月15日),蒙古党委政策研究室、内蒙古自治区农业委员会编印:《内蒙古畜牧业资料选编》第一卷,呼和浩特1987年版,第7—26页。此文由中央人民政府政务院1953年188次会议通过,于1953年9月9日公布实施。

第二章　内蒙古牧区社会主义改造的顺利完成

　　1953年,我国开始了农业、手工业、资本主义工商业等各个领域的社会主义改造。农业社会主义改造至1956年基本结束,而少数民族地区牧区畜牧业社会主义改造到1958年末基本结束(除西藏)。社会主义改造建立起来的牧业生产合作社[①]为其后的人民公社提供了前提,奠定了基础。在少数民族牧区社会主义改造中,内蒙古牧区社会主义改造最早,开始于1953年[②],结束于1958年。在这一进程中,根据内蒙古牧区的历史特征、民族特征,在继续执行"三不两利"政策的同时,又一次创造性地制定实施了"稳、宽、长"原则。同时,依据内蒙古牧区阶级状况及其变化和畜牧业生产的特殊性以及牧主经营的重要性,制定与实施了对牧主经营进行类似对国家资本主义的改造方法改变为国家所有制的政策,组织牧主加入公私合营牧场,对牧主加入公私合营牧场的牲畜价款每年支付定息。成功地完成了内蒙古牧区社会主义改造,使牧区畜牧业生产得到了持续、稳定的发展,为内蒙古牧区社会的长期稳定与和谐发展奠定了坚实的基础。

第一节　内蒙古牧区畜牧业社会主义改造的政策原则

一、内蒙古牧区社会主义改造社会历史背景

　　经过1949—1952年的国民经济恢复后,我国的国民经济形成五大类:

---

①　牧业合作社:生产工具集体所有,报酬与收益按出资和劳动进行分配的组织。根据其实施方法和收益分配方法,牧业生产合作社分为初级合作社和高级合作社。初级合作社是半社会主义性质的集体组织,它仍然保留了生产资料私有制的因素,实行牲畜入社,统一经营,产品统一分配。社员除按劳动工分得到劳动报酬外,入股的牲畜也能得到一定的畜股报酬。高级合作社是完全按"按劳分配"原则的社会主义集体经营组织。

②　青海、新疆的畜牧业社会主义改造分别始于1955年、1956年。

国营经济、互助合作经济、个体经济、国家资本主义经济、私人资本主义经济。[①]因此,实现各领域的社会主义改造已成为党在社会主义过渡时期的重要任务。其中,实现民族地区各领域的社会主义改造是党在社会主义过渡时期民族问题方面的总任务的重要组成部分。即消除历史上遗留下来的各民族间事实上的不平等,各民族共同过渡到社会主义社会。[②]

内蒙古自治区第一个五年计划的基本任务之一,是积极组织互助合作,发展农牧业生产,支援国家社会主义建设。[③]逐步实现内蒙古畜牧业社会主义改造,成为党在过渡时期内蒙古牧区工作的中心任务,同时也成为党在过渡时期民族问题方面的任务的根本工作。[④]过渡时期内蒙古畜牧业生产的主要任务是:扶助贫困农民,保护和发展包括牧主经济在内的畜牧业生产,增加牲畜头数、提高畜产品质量。[⑤]

因此,内蒙古党委做出指示:仍须深入宣传与贯彻党和政府既定的牧区和半农半牧区的各项工作方针,消除群众顾虑,积极稳步推进,从群众中总结行之有效的各种先进经验,贯彻落实行之有效的具体措施,积极开展爱国增产保畜竞赛,培养、评选、奖励增产保畜模范,提倡与实行定居游牧,在已定居下来的牧区提倡轮牧和选种牧草及蔬菜等,并且要适应牧区特点;对于牧民间的各种互助合作以及牧民牧主间的"苏鲁克",必须积极提倡,稳步推行。对贫困牧民,基本上以奖励和扶助发展生产的办法来解决其困难。[⑥]

乌兰夫在庆祝"五一"暨内蒙古自治区成立六周年干部大会报告中指出:保证上述任务完成的关键是劳动问题。所以各级领导必须结合中心工作,通过总结与检查工作,把反对官僚主义,反对命令主义,反对违法乱纪的

---

① [日]山内一男等:《中国经济の転換》,岩波书店,1989年,第4—5页。

② 《在过渡时期党的总路线总任务的照耀下为进一步发展牧区经济改善人民生活而奋斗——乌兰夫同志在第一次牧区工作会议上的讲话》(1953年12月28日),内蒙古党委政策研究室、内蒙古自治区农业委员会编印:《内蒙古畜牧业文献资料选集》第二卷(上册),呼和浩特1987年版,第109页;《贯彻民族政策,批判大汉族主义》,《人民日报》1953年10月10日。

③ 乌兰夫:《十年来的内蒙古》,《内蒙古自治区成立十周年纪念文集》,内蒙古人民出版社1957年版,第9页。

④ 《内蒙古党委关于第三次牧区工作会议向中央的报告(1956年6月21日),内蒙古党委政策研究室、内蒙古自治区农业委员会编印:《内蒙古畜牧业文献资料选集》第二卷(上册),呼和浩特1987年版,第203页。

⑤ 《进一步建设内蒙古——乌兰夫主席在自治区成立六周年干部大会上的讲话》,内蒙古自治区人民政府办公厅编:《内蒙政报》1953年第5期,第2页。

⑥ 《进一步建设内蒙古——乌兰夫主席在自治区成立六周年干部大会上的讲话》,内蒙古自治区人民政府办公厅编:《内蒙政报》1953年第5期,第2页。

斗争搞好。在此基础上做到：①全体干部学习党的民族政策，并将党的政策、方针同内蒙古的实际相结合，进行经济建设和开展各项工作；②加强政治思想领导，强调集中统一和整体观念，反对分散主义；③检查工作是领导的工作方法的重要内容之一，没有检查就没有领导，各级领导干部要经常下去检查工作，深入调查研究，确实掌握情况，反对高高在上，不了解下情的一般化领导；④纠正过去只工作而不总结经验的偏向，各级领导，尤其自治区人民政府各部门与各领导干部，要认真总结一下过去的工作，究竟有什么成功经验和失败教训，进一步提高领导水平；⑤自治区人民政府各部门，应该切实依据中央决定，积极地研究出与当前内蒙古新形势相适应的领导方法、工作制度以及与之相适应的组织机构，以胜利完成各项繁重的工作任务。①

在进行牧区社会主义改造前，内蒙古畜牧业生产的经营形式主要有牧民个体经济、牧主经济和寺庙经济。其中，占牧区人口90%的牧民占有牧区牲畜总数的80%以上。②所以个体牧民经济的社会主义改造是牧区畜牧业社会主义改造的主要内容。占人口总数1%左右的牧主占有牧区牲畜总数的10%左右，就其性质来看属于资本主义性质。牧主虽然占人口总数的1%左右，但对牧区有一定的影响，与牧民群众有联系。③

二、"三不两利"政策的继续实施

《中共中央关于农业生产互助合作的决议（草案）》（1951年12月15日）和《中国共产党中央委员会关于发展农业合作社的决议》（1951年12月16日）中规定了农业生产互助组的性质、形式、原则、方针以及解释了由互助组到初级合作社，再到高级合作社的道理，开始了农业社会主义改造。在毛泽东《关于农业合作化问题》（1955年7月31日）的报告之后，迎来了全国农业

---

① 《进一步建设内蒙古——乌兰夫主席在自治区成立六周年干部大会上的讲话》，内蒙古自治区人民政府办公厅编：《内蒙政报》1953年第5期，第3—4页。

② 《在过渡时期党的总路线总任务的照耀下为进一步发展牧区经济改善人民生活而奋斗——乌兰夫同志在第一次牧区工作会议上的讲话》（1953年12月28日），内蒙古党委政策研究室、内蒙古自治区农业委员会编印：《内蒙古畜牧业文献资料选集》第二卷（上册），呼和浩特1987年版，第115—116页。

③ 《在过渡时期党的总路线总任务的照耀下为进一步发展牧区经济改善人民生活而奋斗——乌兰夫同志在第一次牧区工作会议上的讲话》（1953年12月28日），内蒙古党委政策研究室、内蒙古自治区农业委员会编印：《内蒙古畜牧业文献资料选集》第二卷（上册），呼和浩特1987年版，第125页；《内蒙古党委农牧部对阶级情况的分析和划分阶级的参考意见》（1956年2月），内蒙古党委政策研究室、内蒙古自治区农业委员会编印：《内蒙古畜牧业文献资料选集》第二卷（上册），呼和浩特1987年版，第176页。

合作社化运动的高潮。

　　内蒙古农业合作社化在土地改革到1956年期间，经历了组织互助组、初级合作社、高级合作社的进程。随之，内蒙古畜牧业合作社化运动也拉开了序幕。1953年12月7—30日，召开中共内蒙古、绥远分局第一次牧区工作会议，根据党在过渡时期总路线和总任务，检查牧区过去的工作，讨论在牧区如何具体贯彻党在过渡时期的总路线。

　　会议首先明确了内蒙古牧区进行社会主义改造的必要性，确定了对个体牧民和牧主经济进行社会主义改造的方针。其次，会议指出了牧民个体经济过渡到社会主义集体经济主要是通过互助合作道路，执行保存牧主经济的"三不两利"政策，恰当地解决牧工、牧主关系，采取改造旧"苏鲁克"的措施。①再次，会议根据党在过渡时期总路线和总任务，检查牧区过去的工作中如何具体贯彻党在过渡时期总路线及取得的成就和存在的问题。在此基础上指出，在牧区发扬社会主义改造应该贯彻首先着重发展畜牧业经济的政策，改造其落后的经营方式，在发展过程中发扬社会主义改造的精神，在改造的方法步骤上应该十分谨慎、稳步前进。最后，会议进一步具体提出了内蒙古畜牧业社会主义改造的具体方法：①利用相当长的时间，通过互助合作的方式，把个体牧民经济改造成为社会主义集体所有制经济；②关于对牧主经济的社会主义改造，继续实施"不斗、不分、不划阶级，牧工牧主两利"政策，调整牧工与牧主关系，达到"两利"。对牧主经济主要采取类似国家资本主义改造的办法，稳步地将其改造成为国家所有制或集体所有制经济。②

　　在牧区畜牧业社会主义改造进程中，对牧主继续实施"不斗、不分、不划阶级，牧工牧主两利"政策的要因，主要有以下几点：其一，内蒙古牧区的牧主虽然只占牧区人口的1%左右，但是占有的牲畜占牧区牲畜总数的20%左右，并且在牧区群众中还有一定的影响力，与牧民群众有密切联系。③其二，牧主经济在政治上对牧民进行封建压迫具有封建性的同时，在经济上主要

---

①　《乌兰夫同志在第一次牧区工作会议上的讲话——在过渡时期党的总路线总任务的照耀下为进一步发展牧区经济改善人民生活而奋斗》（1953年12月28日），内蒙古档案馆藏，资料号：11—7—64。

②　《中共中央绥蒙分局关于第一次牧区工作会议向华北局、党中央的报告》（1954年1月26日），内蒙古党委政策研究室、内蒙古自治区农业委员会编印：《内蒙古畜牧业文献资料选集》第二卷（上册），呼和浩特1987年版，第139—140页。

③　《乌兰夫同志在第一次牧区工作会议上的讲话——在过渡时期党的总路线总任务的照耀下为进一步发展牧区经济改善人民生活而奋斗》（1953年12月28日），内蒙古档案馆藏，资料号：11—7—64。

靠雇工对牧民进行剥削又具有资本主义性质。通过牧区民主改革，消除了牧主的一切封建特权。因此，具有资本主义性质的牧主经济就成为我国新民主主义经济的组成部分之一。其三，在近代以来的社会变迁历程中，牧主经济和牧民个体经济一同遭到了国内外帝国主义和封建势力的掠夺、压迫和剥削，同样遭受严重的破坏和损失。其四，畜牧业经济的特殊性使其基础极不稳定，主要靠天然草原，牲畜的繁殖也依靠自然繁殖，牲畜的饲养更需要群牧，分散放牧会给畜牧业生产带来破坏性的影响。

三、"稳、宽、长"原则的制定及其实践

在进行社会主义改造之前，内蒙古牧区牧业生产中牧民自愿组织了季节性互助组（防灾互助组和接羔互助组）、常年互助组。1952年，内蒙古牧区共有牧业生产互助组689个（其中常年互助组10个，季节性互助组679个），参加互助组的牧户共有4625户，占牧区总户数的6.84%。[①]

组织牧区劳动牧民的互助来发展生产是党在牧区的一项既定政策。因为组织互助组有益于战胜自然灾害，减少因自然灾害而遭受的损失，同时也有益于克服、解决劳动力不足和生产工具短缺的困难。[②]所以组织互助组是当时牧区劳动人民克服苦难、发展生产、走向富裕的道路，是使生产落后的个体牧民逐步走向集体化的道路，是使牧区逐步过渡到社会主义的必经之路。因此，当时的互助合作运动成为牧区发展畜牧业生产工作的主要任务和中心工作。据1953年统计，内蒙古牧区互助组有1287个。[③]因生产需要与具体条件不同，互助组的形式多种多样，概括看主要有三种：①防灾、接羔、打草、打狼和副业生产互助小组，是临时季节性的互助组，这是牧区大量普遍存在的互助组；②合群放牧互助组，这是牲畜较少的牧民之间组织起来互助组，这类互助组数量很多；③常年的有一定分工和生产计划的较高形式的互助组，这种互助组为数不多。在互助合作过程中，牧民间创造了许多互利办法。牧区互助组大约采取平均支付劳动力、找补工资、按件计工、按牲

---

① 内蒙古自治区统计局：《内蒙古自治区国民经济资料（1947—1958）》，1959年版，第24—25页；内蒙古自治区统计局编：《内蒙古自治区国民经济统计提要》，1958年版，第127—128页。

② 《蒙绥牧区进一步发展畜牧业经济的几个政策问题——高增培同志在第一次牧区工作会议上的报告》（1953年12月20日），内蒙古党委政策研究室、内蒙古自治区农业委员会编印：《内蒙古畜牧业文献资料选集》第二卷（上册），呼和浩特1987年版，第90页。

③ 内蒙古自治区统计局编：《内蒙古自治区国民经济统计提要》，1958年版，第127页。

畜和劳动力比例入股等办法。①

但是内蒙古牧区初期的互助组织中,存在着等价互利不够、牧民被强迫编入互助组、加入互助组的牧主变向剥削牧民等问题。②因此在1953年12月召开的内蒙古党委第一次牧区工作会议上规定了组织牧业合作社的具体原则和方针。

首先,会议规定了组织牧业互助合作原则:①必须从有利于发展牧区牧业生产的实际、需要出发;②必须依据牧区的民族特点、群众觉悟,不能照搬农区的做法;③必须遵循自愿互利原则,必须根据各地具体情况,因地制宜;④必须贯彻慎重稳进的方针。③

其次,会议制定了重点发展有利于生产的临时性、季节性的互助组,试办较高级的互助组的互助合作发展方针。④

最后,会议指出,加强领导是牧区互助合作运动极其重要的问题,牧区有些干部还不大明了在牧区发展互助合作的原则、方针和办法;有些干部虽然懂得互助合作重要,但不懂得互助合作是使个体牧民过渡到社会主义的必经之路。并做出了如下的指示:①党委定期讨论互助合作工作,旗一级应指定一名旗委委员专门掌管这一工作,经常注意克服互助合作运动中的强迫编组与放任自流的"左"、右倾偏向。②训练互助合作骨干,首先是训练好苏木干部,使他们懂得互助合作原则、方法和办法,其次是训练互助组组长。③开好互助组代表会议或互助组组长会议。④重视培养典型,树立旗帜的领导方法,每一旗委可根据条件直接掌握1—3个互助组,以创造办法取得

---

① 《蒙绥牧区进一步发展畜牧业经济的几个政策问题——高增培同志在第一次牧区工作会议上的报告》(1953年12月20日),内蒙古党委政策研究室、内蒙古自治区农业委员会编印:《内蒙古畜牧业文献资料选集》第二卷(上册),呼和浩特1987年版,第91页.

② 例如,1953年,呼伦贝尔盟新巴尔虎右旗牧民总户数的79%已经被编入牧业生产互助组,虽然对生产起的作用很大,但其中有相当数量是强迫编组互助组的。同时也产生了个别不顾生产需要组织过大互助组的现象。如昭乌达盟翁牛特右旗朝克吉尔的互助组编入87户,全组纵横百余里,实际上对生产不利[《蒙绥牧区进一步发展畜牧业经济的几个政策问题——高增培同志在第一次牧区工作会议上的报告》(1953年12月20日),内蒙古党委政策研究室、内蒙古自治区农业委员会编印:《内蒙古畜牧业文献资料选集》第二卷(上册),呼和浩特1987年版,第91—92页]。

③ 《蒙绥牧区进一步发展畜牧业经济的几个政策问题——高增培同志在第一次牧区工作会议上的报告》(1953年12月20日),内蒙古党委政策研究室、内蒙古自治区农业委员会编印:《内蒙古畜牧业文献资料选集》第二卷(上册),呼和浩特1987年版,第92—93页。

④ 《蒙绥牧区进一步发展畜牧业经济的几个政策问题——高增培同志在第一次牧区工作会议上的报告》(1953年12月20日),内蒙古党委政策研究室、内蒙古自治区农业委员会编印:《内蒙古畜牧业文献资料选集》第二卷(上册),呼和浩特1987年版,第93页。

经验,再逐步推广。①

　　1955年1月,中共中央内蒙古分局召开的内蒙古全区第二次牧区工作会议,乌兰夫在关于内蒙古牧区畜牧业社会主义改造进程和形式的会上指出,牧区社会主义改造,要用更多的时间和更和缓的方式逐步去实现,在干部培养、经验积累、思想到实践和克服畜牧业经济的脆弱等方面需要更艰苦的、更长期的工作。同时对于牧主社会主义改造指出,对待牧主经济问题,仍然执行保护与发展包括牧主经济在内的畜牧业生产的方针,对于牧主仍然执行"三不两利"政策。②之所以实施这一政策,是为了更好地发挥牧主经济在内的牧区各种经济成分的积极性,促进牧区畜牧业生产发展的同时适当地限制牧主的剥削。

　　1955年9月,内蒙古党委发表《关于牧业生产合作社几个问题的指示》,要求各级党委按照依靠劳动牧民群众,团结一切可以团结的力量,在稳步发展畜牧业的基础上逐步实现畜牧业的社会主义改造的方针,进行建设和整顿工作,全力把牧业社办好。并且明确了以下几个问题:①收益分配问题是巩固合作社的关键问题之一,在分配中做到使牲畜多、劳动力少或劳动力多、牲畜少的社员都能增加收入;②在1955年分配时认真总结办社工作经验,为1956年巩固发展打下基础;③对不适用的规章条文进行修订;④抓好牧业生产,继续贯彻"牧工、牧主两利"政策,充分发挥各阶层的积极性,发展畜牧业生产;⑤加强牧区党的领导和政治工作,建党工作要与合作化相适应,积极说服动员,使党支部成为合作社和牧民群众的领导核心。③

　　在贯彻这一方针的过程中,受农业合作社化运动高潮的影响,牧业合作化也出现了要求过急、过快的问题,影响了畜牧业生产速度。1947年到1952年,内蒙古牲畜增长率总数与上一年度相比逐年提高。但是在社会主义改造的1953年到1957年间,内蒙古牲畜增长率出现了逐年下降的现象,

---

① 《蒙绥牧区进一步发展畜牧业经济的几个政策问题——高增培同志在第一次牧区工作会议上的报告》(1953年12月20日),内蒙古党委政策研究室、内蒙古自治区农业委员会编印:《内蒙古畜牧业文献资料选集》第二卷(上册),呼和浩特1987年版,第93—94页

② 《乌兰夫同志在第二次牧区工作会议上的讲话》(1955年1月21日),内蒙古党委政策研究室、内蒙古自治区农业委员会编印:《内蒙古畜牧业文献资料选集》第二卷(上册),呼和浩特1987年版,第150—151页。

③ 《关于牧区社会主义改造问题》(1957年2月27日),内蒙古自治区政协文史资料委员会:《"三不两利"与"稳宽长"回忆与思考》(内蒙古文史资料第59辑),呼和浩特2006年版,第187—188页。

特别是1957年出现了负增长。即与1956年度相比,减少760000多头。①

在上述背景下,为正确领导牧区社会主义改造,1957年2月,内蒙古党委召开全区旗县长会议,乌兰夫在总结报告中创造性地归纳了畜牧业社会主义改造的基本方针为"稳、宽、长"。②"稳"就是依据畜牧业生产的特殊性及其规律,吸取经验教训,在生产稳定发展的基础上逐步实现畜牧业的社会主义改造;"宽"就是对个体牧民经济和牧主经济的政策都要按照自愿原则,不能强迫入社或入公私合营牧场;"长"就是为了实现"稳""宽"原则,就需要更长的时间。

根据"稳、宽、长"原则,并在总结经验,调查研究掌握实情的基础上,对建立牧业生产合作社的规模和速度、牲畜入社办法、收益分配办法、自留畜办法以及勤俭办社和民主办社原则等方面,都做出了具体规定。

第一,牧业生产合作社的规模不宜过大,以牧民居住情况、牲畜多少、便于管理和社员生活方便为根据,确定游牧区牧业生产合作社的规模。一般情况下10—20户,最多不能超过30—40户。根据牧民觉悟程度和建社准备工作来决定建社与否。

第二,牲畜入社办法是办社的关键问题,一定要按群众意愿,确定入社办法。提出多种办法,供群众选择:①母畜计数入社,劳动力、畜股按比例分益;母畜入社,仔畜按比例分配;其他役畜、散畜入社可采取代放、定租,也可以作价、作股入社,按比例分配收益。②牲畜评分或作价入社,付给固定利息和按劳分配。③牲畜作价或评分折股入社,劳动力、畜股按比例分配收益。④牲畜作价归社,付给固定利息,分期偿还,按劳取酬。⑤牲畜作价,作为公有化股份基金,完全按劳分红。

第三,分配收益时,必须考虑绝大多数社员收入是否增加,同时制定合理的收益分配比例,使劳力多、牲畜少和牲畜多、劳力少的牧户都能得到应得的收益,防止平均分配,避免提高或降低畜股和劳动工分。

第四,关于牧民自留畜,为满足牧户家庭生活和生产的需要,必须妥善解决好社员的食用、役用、乘用、祭祀用等自留畜问题,并在自留畜中留有最

---

① 《关于畜牧业生产政策及社会主义改造规划的意见——高增培同志在内蒙古党委全体委员会(扩大)第四次会议上的报告》(1957年10月17日),内蒙古党委政策研究室、内蒙古自治区农业委员会编印:《内蒙古畜牧业文献资料选集》第二册(上册),呼和浩特1987年版,第344—345页。

② 《关于牧区社会主义改造问题》(1957年2月27日),内蒙古自治区政协文史资料委员会:《"三不两利"与"稳宽长"文献与史料》(内蒙古文史资料第56辑),呼和浩特2005年版,第173页。

佳比例的育龄母畜,以便牧民经营、繁殖自留牲畜。

第五,经营管理方面,执行勤俭、民主、财务公开的办社的原则,以达到增加牲畜头(只)数,增加牧民收入,提高牧民生活水平的目标。①

这些具体规定,促进了内蒙古牧区畜牧业合作化的有序、稳步、健康的发展。1953年内蒙古牧区互助合作化运动开始之后,牧区牧业生产互助组数量迅速增加,至1955年牧业生产互助组增加到5654个。1955年以后,牧业生产互助组的数量减少(由1955年的5654个减少到1957年的3442个),但是参加互助组的牧户的数量有了增加(由1955年的32651户增加到1957年的46018户)。②可知,牧区牧业生产互助组的规模在扩大。

1958年之后的"大跃进"运动使内蒙古牧区牧业合作社化运动进入了高潮。一方面,牧业生产互助组的数量减少(由1957年的3442个减少到1958年的746个),加入牧业生产互助组的牧户由1957年的46018户减少到1958年的13656户,加入互助组牧户占总数比例也由1957年的56.50%减少到1958年的16.13%。另一方面,牧业合作社的数量由1957年的649个增加到1958年2292个,加入牧业生产合作社的牧户占总牧户数的比例由1957年的27.09%增加到1958年的80.16%。③

到1958年7月,加入牧业生产合作社和互助组的牧户已占总户数的96.29%。④牧民个体经济的社会主义改造基本完成。以昭乌达盟牧区为例,至1958年6月,共建立425个牧业生产合作社,入社牧户达18681户,占牧户总数的95%。⑤再如,乌兰察布盟牧区,至1958年7月,占牧户总数的98%的牧户加入了牧业生产合作社。⑥

---

① 钱占元:《内蒙古牧区实行"三不两利"政策和"稳宽长"方针的历程与经验》(1957年2月27日),内蒙古自治区政协文史资料委员会:《"三不两利"与"稳宽长"文献与史料》(内蒙古文史资料第59辑),呼和浩特2005年版,第188—189页。

② 内蒙古自治区统计局:《内蒙古自治区国民经济资料(1947—1958)》,1959年,第24—25页;内蒙古自治区统计局编:《内蒙古自治区国民经济统计提要》,1958年,第127—128页。

③ 内蒙古自治区统计局:《内蒙古自治区国民经济资料(1947—1958)》,1959年,第24—25页;内蒙古自治区统计局编:《内蒙古自治区国民经济统计提要》,1958年,第127—128页。

④ 郝维民主编:《内蒙古自治区史》,内蒙古大学出版社1991年版,第124页。

⑤ 中共昭乌达盟盟委:《昭盟牧业生产和社会主义改造情况报告》(1958年6月28日),内蒙古档案馆藏,资料号:11—12—394。

⑥ 内蒙古总路线宣传工作检查团:《关于一个月的总路线宣传与工作检查报告》(1958年7月30日),内蒙古档案馆藏,资料号:11—12—156。

第二节　内蒙古牧区牧民个体经济社会主义改造

一、牧民个体经济社会主义改造进程及其特点

1953年开始对占内蒙古牧区总人口90%,占有内蒙古牧区牲畜总数的80%以上的劳动牧民个体经济进行社会主义改造,于1958年结束。其进程经历三个阶段。

1953年12月至1955年9月的第一阶段,主要是组建了互助组(其中,有季节性互助组和常年互助组)①,同时试点式地建立了牧业生产合作社。②内蒙古牧区牧业生产互助组由1952年的689个(其中,常年互助组10个,季节性互助组679个),增加到1953年的1287个(其中,常年互助组30个,季节互助组1257个),增加到1954年的5151个(其中,常年互助组252个,季节性互助组4899个),增加到1955年的5654个(其中,常年互助组507个,季节性互助组5147个)。参加互助组的牧户数由1952年的4625户(其中,参加常年互助组78户,参加季节互助组4547户),占牧户总数的6.61%;增加到1953年的8568户(其中,参加常年互助组327户,参加季节互助组8241户),占总牧户数的11.27%;增加到1954年的33271户(其中,参加常年互助组2548户,春季季节互助组3723户),占牧户总数的40.09%;增加到1955年的32651户(其中,参加常年互助组4852户,参加季节互助组27799户),占牧户总户数的39.82%。1955年有牧业生产合作社20个,0.02%的牧户加入了合作社。③

---

① 季节性互助组:一般由几户组成,牲畜和产品归各户私有,各户独立经营,自负盈亏,仅在大忙季节实行简单的换工互助,所以也叫季节性互助组;常年互助组。主要是常年换工互助,实行劳动互助和提高技术相结合;有的互助组有简单的生产计划,有某些技术分工;有的还逐步积累了一些公有牲畜和少量的公有生产资料,这些互助组已有社会主义因素的素的萌芽。

② 牧业生产合作社:生产工具集体所有,报酬与收益按出资和劳动进行分配的组织。根据其实施方法和收益分配方法,牧业生产合作社分为初级合作社和高级合作社。初级合作社是半社会主义性质的集体经济组织,它仍然保留了社员生产资料私有制的因素,实行牲畜入社,统一经营,产品统一分配。社员除按劳动分工得到劳动报酬外,入股的牲畜得到一定的牲畜股息报酬;高级合作社是完全按"按劳分配"原则的社会主义集体经营组织。

③ 内蒙古自治区畜牧业厅修志编史委员会编著:《内蒙古畜牧业发展史》,内蒙古人民出版社2000年版,第110—112页。

1955年10月至1957年冬的第二阶段,建立了大量的牧业生产合作社。至1957年12月,共办了632个牧业生产合作社,入社牧户2877户,占牧户总户数的24.80%;牧业生产互助组已发展到3114个,入组牧户48666户,占牧户总牧户数的60.00%。[1]

1957年冬至1958年8月的第三阶段,积极地组织了合作社,特别是从1958年开始在建设社会主义总路线号召下,停止了组织互助组,进行了合作社化运动,掀起了内蒙古畜牧业社会主义改造的高潮,牧业生产合作社已达到2292个,进入牧业生产合作社的牧户已占牧户总数的70.68%。与此同时,互助组数急剧减少到746个,入组户数只占总户数的14.13%。[2]到1958年7月,加入畜牧业生产合作社、互助组的牧户已占牧户总数的96.29%,基本实现了对牧民个体经济的社会主义改造。[3]

由此可知,内蒙古畜牧业社会主义改造是由互助组发展到合作社的形式展开的,这一点与农业社会主义改造相似。而由于内蒙古牧区幅员辽阔,牧民个体经济的社会主义改造的进程因地区而各异,主要有以下几种类型:①昭乌达盟、扎鲁特旗、科右前旗乌兰毛都、平察右中旗、察右后旗、伊金霍洛旗等被农业地区包围或邻近农业地区的牧区基本上实现了牧民个体经济的社会主义改造。②乌拉特前旗、陈巴尔虎旗、伊克昭盟、察哈尔盟的部分地区的牧民个体经济的社会主义改造有了一定的进展,入社牧户已占牧户总数的约30%。③巴尔虎左旗和新巴尔虎右旗、察哈尔盟、锡林郭勒盟、乌兰察布盟、伊克昭盟的大部分牧区,个体牧民经济的互助合作社尚未试办或很少试办。④可知,农业社会主义改造高潮对内蒙古牧区个体牧民经济社会主义改造影响很大。即被农业地区包围或邻近农业地区的牧区社会主义改造进程速度快,反之进展缓慢。

---

① 《内蒙古自治区第一个五年计划畜牧业生产执行情况和今后工作打算——程海洲同志在全国畜牧工作会议上的发言》(1957年12月20日),内蒙古党委政策研究室、内蒙古自治区农业委员会编印:《内蒙古畜牧业文献资料选集》第二册(上册),内部资料,呼和浩特1987年版,第379页。

② 内蒙古自治区畜牧业厅修志编史委员会编著:《内蒙古畜牧业发展史》,内蒙古人民出版社2000年版,第114页。

③ 郝维民主编:《内蒙古自治区史》,内蒙古大学出版社1991年版,第124页。

④ 《内蒙古党委关于第三次牧区工作会议向中央的报告》(1956年9月12日),内蒙古党委政策研究室、内蒙古自治区农业委员会编印:《内蒙古畜牧业文献资料选集》第二卷(上册),呼和浩特1987年版,第206—207页。

二、内蒙古牧区牧业生产合作社事例

内蒙古牧区牧业生产合作社组织形式主要有以下几种：母畜入社，劳畜按比例分红；牲畜价作股入社，劳畜按比例分益；折合标准牲畜入社或牲畜评分入社，劳畜按比例分配；作价入社，付给固定利息；作价入社，分期偿还。[①]其中，最为普遍的是采用作价入社，分期偿还和折合标准牲畜入社或牲畜评分入社，劳动力、牲畜比例分配的办法。例如，锡林郭勒盟15个合作社中，14个合作社采取了折合标准牲畜入社或牲畜评分入社，劳动力、牲畜比例分配的方法；1个合作社采取了牲畜分等定价，按价作股入社，劳动力、牲畜比例分益的方法。平地泉地区、乌兰察布盟、昭乌达盟的268个合作社中，17个合作社采取了母畜入社，劳畜比例分红的方法；47个合作社采取了牲畜分等定价，按价作股入社，劳动力、牲畜比例分益的方法；10个合作社采取了折合标准牲畜入社或牲畜评分入社，劳动力、牲畜比例分配的方法；11个合作社采取了作价入社，付给固定利息的方法；183个合作社采取了作价入社，分期偿还的方法。[②]

下面以实例来考察内蒙古牧区牧业合作社建立的具体过程。

(一)乌兰格日勒牧业生产合作社实例

乌兰格日勒牧业生产合作社成立于1955年3月1日，位于乌兰察布盟察右后旗第四区伊和古特乡莫盖图自然村，分为三个小村——莫盖图、孔此老、呼拉色太，系纯牧业村，共19户80人（男39人，女41人），共有牲畜绵羊1279只，山羊407只，牛257头，马18匹，驴6头。"苏鲁克"牲畜有绵羊1019只，山羊64只，牛11头。固定财产有房35.5间，蒙古包13顶，棚29间，车7辆，随缺地1370亩。[③]该牧业生产合作社经民主改革，改善了"苏鲁克"制度，加之1953年以后互助合作的成果，进行了移动放牧（已有定居30年的历

---

① 《内蒙古党委关于第三次牧区工作会议向中央的报告》（1956年9月12日），内蒙古党委政策研究室、内蒙古自治区农业委员会编印：《内蒙古畜牧业文献资料选集》第二卷（上册），呼和浩特1987年版，第206—207页。作价入社，分期偿还的办法是把各种牲畜换算成标准牲畜（成年的牛或马）移交合作社，合作社和牧民个人依据牲畜的数量来进行分配。折合标准牲畜入社或牲畜评分入社，劳动力、牲畜比例分配的方法是牧民归合作社的牲畜换算成金钱分给固定利息，利息之外的根据劳动力进行收益分配的方法。

② 《内蒙古党委农村牧区工作部关于对牧区畜牧业社会主义改造和牧区建设问题的汇报》（1956年9月12日），内蒙古党委政策研究室、内蒙古自治区农业委员会编印：《内蒙古畜牧业文献资料选集》第二卷（上册），呼和浩特1987年版，第219页。

③ 中共察右后旗委员会：《试建乌兰格日勒牧业生产合作社的专题报告》（1955年3月14日），内蒙古档案馆藏，资料号：11—9—100。

史),改善了饲养管理,牲畜增加了近3倍,发展了牧业生产,逐步改善了牧民生活。

该社于1954年春节提出了建立合作社的要求,经过近一年的思想酝酿与组织准备,全社成员的思想状况如下:①社会主义觉悟高,积极领导互助合作,同群众进行宣传并能主动提出办法,有决心办好合作社的有9人(女2人),他们在群众中威信很高,成为建立合作社的骨干力量。②建立合作社的情绪很高,工作也热情,但对建社底细还不能全部弄清的有13人(女6人),他们满怀热情地参加建社工作。③随大流,不表示态度,别人说好也认为好,像是漠不关心的人有16人(女13人),绝大部分是妇女。④有不同程度的顾虑,怕失掉自己辛勤劳动所得到的牲畜,劳动力多的怕吃亏,劳动习惯差的及老年人又怕强迫劳动或挣不到劳动日等,这一类的有6人。另外,在外人口、产妇、病残者有10人。①

总体看来建社思想已经基本成熟,其中有相当一部分人随大流,但那是妇女传统的家庭地位造成的;虽然也有少数人有顾虑,也不是执意不入社,而是在看合作社是否对每个问题都能恰当解决,是否有"发展牧业生产,改善牧民生活"的切实把握。

乌兰格日勒牧业生产合作社的建立经历了三个阶段。

第一阶段,组织群众学习与讨论中共察右后旗委员会发出的《关于试建牧业生产合作社的方案(草案初稿)》(1955年1月3日),进一步宣传政策,消除思想顾虑,组织建社筹备委员会,提出建社方案,吸收社员。这一阶段共进行了6天。在组织学习时依据居住情况,分三村学习,一般均组织了6—8次学习,90%以上的成年人参加,少部分老年人、妇女也受到了1—2次的宣传教育。

在三天的学习中,发现骨干分子及少数牧民中存在如下思想:(1)骨干分子第一种表现是急躁,主张不留自留牲畜,怕"自发","苏鲁克"归社经营后不予原放户管理,把工作定额定得高些,使劳动日报酬多些;第二种表现是对顾虑较大的人不是耐心争取,而是置之不理,拒之社外;第三种表现是在开会时发言过早过多,或多或少地影响群众发言和提出问题。②

在群众中对牲畜入股方面,有人顾虑建社后牛奶不够吃(特别是有老人和小孩的牧户),要多留奶牛,也有人怕将来挤奶多了会影响幼畜健康,有人

①　中共察右后旗委员会:《试建乌兰格日勒牧业生产合作社的专题报告》(1955年3月14日),内蒙古档案馆藏,资料号:11—9—100。

②　中共察右后旗委员会:《试建乌兰格日勒牧业生产合作社的专题报告》(1955年3月14日),内蒙古档案馆藏,资料号:11—9—100。

提出留犍牛,有个别人对建社后的增产持有怀疑,想入社一部分,自留一部分。关于"苏鲁克"归社经营问题,有人提出:同样作价入股,按牲畜、劳动,以比例分益办法,或春季羊毛全部或一部分归原揽放牧户;年老牧户怕强迫劳动,家无人照管;僧侣怕入社不能外出念经。[①]

经过骨干分子的个别教育,在牧民思想基本扭转的情况下,组织了建社筹委会。群众提出的问题将交给筹委会,当群众的问题得到比较合理、妥当的解决时,就打消了群众思想顾虑,鼓舞群众建社情绪。同时也锻炼了干部,提高了筹委会威信。筹委会召开了三次会议,审查批准了报名入社的46人(男20人,女26人),并提出了建社中具体评牲畜、评工具设备的方案。

第二阶段,进行两评(即评牲畜、评工具设备),共进行了4天。召开社员大会通过两评,确定牲畜入股标准,选举管理委员会和监察委员会。管理委员会由5人组成,其中妇女2人,占40%,确定社长1人,副社长2人(女1人);监察委员会由3人组成(其中,妇女1人)。两评是采取了大体合理的、经过社员同意的分等作价方法,具体评议中筹委会吸引广大社员自愿参加。用3天时间将3个小村的牲畜、工具设备全部评完。社员大会通过了两评并确定牲畜股份标准,以新人民币500元为一股。全社19户全部入社,共有入社牲畜:绵羊1175只,山羊405只,牛238头,共作价新人民币33538元,以500百元为一股计折67.076股;"苏鲁克"归社经营牲畜:绵羊1019只,山羊64只,牛11头;社员自留牲畜:牛18头(其中,奶牛3头),绵羊104只,山羊2只。牲畜股份最多的是10.58股,最少的是1.374股,自留牲畜每户平均6.5头(只)。[②]

第三阶段,制定社章、工作定额劳动日方案及春季审查和计划,确定筹集股份基金,社员投资;选举各生产队干部,准备及召开庆祝大会。这一阶段共进行了5天。

社章是根据察右后旗旗委提出的试行社章草案,对建社中的问题具体解决办法进行了修订;工作定额劳动日方案尽量估计各工种的平衡;依据劳动力情况,制订切合实际的季节生产计划,确定分群放牧,改组生产;股份基金是根据社员牲畜入股的股份及作价归社的工具设备情况,确定每人牲畜一股,带股份基金一股,股份基金每股为25元;社员投资主要是草料,采取自带办法(最后草料大部分抵交股份基金)。以上问题均经管委会详细讨

---

① 中共察右后旗委员会:《试建乌兰格日勒牧业生产合作社的专题报告》(1955年3月14日),内蒙古档案馆藏,资料号:11—9—100。

② 中共察右后旗委员会:《试建乌兰格日勒牧业生产合作社的专题报告》(1955年3月14日),内蒙古档案馆藏,资料号:11—9—100。

论,最后提交社员大会审查通过。根据社员居住情况共分为3个生产小队,共选举正副队长6人(女2人),每队选举计工员、保管员各1人。①

从上述乌兰格日勒牧业合作社建立过程,可以总结归纳出如下几点经验与启示:

第一,坚持常年准备,培养干部,充分酝酿的建社方针。该社在1954年春节提出了建社要求之后,旗委经常抽配干部具体帮助与领导,至7月份初步掌握了该合作社所辖互助组的全面情况;10月份开始在组员中进行建社具体办法的酝酿,并有意识地培养了社干,有意识地吸收了东部区建社经验,为建立牧业合作社打下了有力的思想基础。

第二,从群众现有觉悟度出发,根据实际情况采取合理的办法,妥善解决个人与集体之间的矛盾,是吸收广大牧民群众参加建社工作,使建社工作顺利进行的根本保证。建社工作开始之初骨干分子表现出急躁的情绪,造成部分群众不表态。通过建社筹委会的工作,消除了群众的思想问题,纷纷向筹委会报名参加牧业生产合作社。其后,在进行两评工作中得到群众的支持,经常有十几名社员及社员代表跟着筹委会进行两评工作。

第三,在两评中切忌搬套农业社经济上的琐碎办法,而是在充分发动群众、交代清楚政策的基础上采取群众满意的合理办法。特别是表现在牲畜分等作价入股上,如牲畜口齿大小、生殖能力以及评议办法。

第四,必须加强思想工作,提高社员集体主义和社会主义思想:教育群众提高警惕,同来自社内外破坏合作社的言论、行动作斗争;耐心争取照顾较大多数的社员,了解矛盾所在,通过事实,说清政策,解决个人与集体之间利害关系,达到消除顾虑、加强团结的目的。必须重视老年人和妇女的工作。特别是妇女工作,不仅是因为妇女占人口半数,而且更重要的是在牧业生产中妇女是一支主要力量。没有妇女的参加,牧业生产几乎不可能进行。因此,在社的领导机构及大小社干中妇女均保持了一定的比例(30%—40%),并实施同工同酬,鼓励女社员的劳动积极性。

第五,周到地安排生产,使合作社显示优越性。根据各生产队的劳动力、居住情况、全社牲畜,统一筹划,采取包工包产的办法,发展牧业生产,消除部分社员"社能否确保增产"的怀疑。②

由于建社时间短,尚有需要解决的问题:①"苏鲁克"制度在帮助贫困牧

---

① 中共察右后旗委员会:《试建乌兰格日勒牧业生产合作社的专题报告》(1955年3月14日),内蒙古档案馆藏,资料号:11—9—100。

② 中共察右后旗委员会:《试建乌兰格日勒牧业生产合作社的专题报告》(1955年3月14日),内蒙古档案馆藏,资料号:11—9—100。。

民发展生产方面虽然起到一定作用,但也存在一些弊病。例如,以小换大,杀吃报死亡,经营管理不好等。仅在建社中即发现一户将"苏鲁克"大羊杀吃以羔羊顶替大羊的问题。②建社初期,账目没有建立,仅采取定期报表形式。这一问题不解决,将使账目混乱,影响分配。③社的领导机构虽然比较健全,但是监委会制、生活制度尚未建立,大体分工虽定,但分口管理不明确,等等。①

(二)宝勒牧业合作社事例

至1955年1月,察右后旗畜牧业互助合作化运动已初具规模。1954年全旗共有常年互助组与季节互助组46个,入组牧民约有396户,占全旗总户数的73.88%,这些互助组在生产上所起的作用是巨大的。随着牧民社会主义觉悟的提高,再加上农业生产合作社运动的发展,不少牧民要求指出牧业发展的方向,1955年1月已有4个牧业常年互助组积极要求建立牧业生产合作社。

为了给牧业生产合作社做出典范,以推动牧业生产合作社运动前进,察右后旗决定在第四区伊和古特勒乡莫盖图自然村宝勒牧业常年互助组试办牧业生产合作社。试办牧业合作社的目的在于提高劳动效率,改善饲养管理,发展牧业生产,改善牧民生活,把个体经济逐步置于国家计划之中,促进畜牧业生产的发展。

从宝勒牧业互助组条件来看,它有三年的互助组基础,三年来不断地改进领导,贯彻了互助原则,加强了组员集体主义思想,培养了集体劳动的习惯,接受并改进了饲养管理方法,增加了牧业生产,改善了牧民生活。该互助组自1954年春节提出建社要求。再加上附近农业合作社的发展,牧民建立牧业合作社要求更为迫切。经过数次不同形式的座谈会的酝酿,该自然村共19户全部参加互助组。在酝酿建立牧业合作社的过程中,发现牧民如下几种不同思想类型:

第一类,觉悟高坚决要求建社,有决心办好合作社的有6户,占总户数的31.58%,其中包括原组长及5名转业军人,这6户中有4人可以担任合作社干部。

第二类,有积极建立牧业生产合作社的要求,但不知怎样建社,在个别问题上有些顾虑的有10户,占牧户总数的56.23%,其中有一部分人随大流。例如,有3户牧工认为建社与否,他都是放羊,都说建社好,他也愿意入社。另

---

① 中共察右后旗委员会:《试建乌兰格日勒牧业生产合作社的专题报告》(1955年3月14日),内蒙古档案馆藏,资料号:11—9—100。

一部分有些顾虑:妇女们怕牛奶不够吃;牲畜多的怕吃亏;有人怕牲畜入社,不能由自己自由支配;还有劳动力少的,怕劳动日少分红不多,影响生活。

第三类,犹豫不定、顾虑较大的有2户,占牧户总户数的10.5%。其中1户牲畜多,怕入社后牲畜被其他人占有,又怕吃不上牛奶;另1户劳动习惯很差,思想落后,逃避劳动,受过互助组的批评,怕入社后抓得更紧不自由。

第四类,坚决不入社的1户,占总户数的5.26%,这一类人思想比较落后。[1]

从上述思想类型看,19户中有18户已表示愿意入社,另有1户牧工要求入社,已经具备了自愿条件。从组内骨干来看,现有党员3人、专业军人5人、乡长1人、组长宝勒是党员、牧业劳动模范,有一定领导能力,曾领导过一个下辖3个大组,包含8个小组的牧业互助合作网,在群众中有一定威信。因此,该组具备了建立牧业合作社的条件。

从整个建社过程开看,主要有如下四个阶段:

第一阶段,宣传动员,思想酝酿,组织建社筹委会,吸收社员。

首先,在宣传动员方面继续深入宣传路线,宣传组织起来发展生产的好处,通过总结互助组工作,以事实对比,说明组织起来的优越性,肯定几年来互助组在畜牧业生产上的成就。更重要是找出互助组在进行科学饲养管理方面不能统一经营、不能充分发挥劳动力的问题。牧业生产几年来虽然有所发展,但随着牧民生活的改善,个体经济的自私自利思想正在滋长。这些问题,不同程度地限制了牧业生产的发展。所以必须把互助组再提高一步。建社目的也是为了更进一步发展,走大家共同富裕的道路,说明党和政府对建立牧业合作社将给予极大的支持和帮助,从而巩固牧民的决心。

其次,在进行畜牧业生产合作社性质、目的宣传的同时,也必须了解牧民中对建立牧业合作社的不同思想顾虑。这些顾虑又必然是因为建立牧业合作社不摸底、不知怎么办而产生的。所以应将建社政策充分交代,特别是应把牲畜入股、分红办法,更重要的是牧民日常生活中的牛奶、肉食、羊毛等的解决办法交代清楚,从具体问题和切身利益上解决社员的怀疑和顾虑。在具体问题上应着重打通妇女及老年人的思想通道,在解决社员切身利益的同时,还必须加强集体主义思想教育。还应该强调入社、退社自由的自愿原则宣传,给犹豫不决的人以政策保证。

再次,在社员及家庭思想问题基本解决的基础上,经过民主选举,组织

---

① 中共察右后旗委员会:《关于试建牧业生产合作社的方案》(1955年1月3日),内蒙古档案馆藏,资料号:11—9—100。

建社筹委会。建社筹委会的任务是领导建社全部工作,即接受与审查社员,召开群众大会通过入社社员等。建社筹委会选出后,牧民即可根据自愿原则向筹委会报名、申请入社。

第二阶段,进行牲畜入股、劳动力及设备的评价,确定分红比例。

牲畜入股——可根据牲畜不同种类,分别据质量好坏、口齿大小、生殖能力、皮毛优劣、有无疾病,依据社员民主评定,分成若干等级,按照市价评出各等牲畜价格并依据社员民主讨论决定股金标准入股。社员个人所揽"苏鲁克"完全归合作社经营,并按社员生活情况分给一定比例,以照顾原揽放牧户。跟羊群的狗一并入社,不作价只由社员喂养。牧民所拥有的乘马及祭天所用牲畜,可不作价入股,由社员自由自配。

评劳动力—— 一般应根据过去男女社员在各个季节及分工劳动中的实效(即根据劳动强弱、技术高低)先行评出预定工分作为底分,作为个人劳动一般标准,以备社干部及社员计工的标准。除此,应根据畜牧业生产不同季节,一般可分如下几种计工办法:①按件计工,根据劳动轻重、难易,需否技术定出一定标准作为一个劳动日。超过或不足,应增减分数。这种计工办法可适用于挤奶、打草、剪毛等。②临时包工,将一定的工作,定出需用工数和质量标准以及完工日期,包给生产队或组,由生产队或组再以按件计工或死分活评办法包给个人,一般情况下社只能对组负责计工。这种办法可适用于修建棚圈、扫牛粪、喂老弱牲畜等。③季节包工包产:根据牧业生产季节,激发以奖励劳动保证增畜的精神,评出在一个季节内各项工作所需的劳动日包给生产队、生产组或个人,在包产部分定出保证标准。这种计工办法一般只用于牲畜生产期间,如接羔、奶羔、放牧等。例如,接羔必须白天跟群放牧,夜间下夜接羔。夜间劳动较重,可定一个工作日;白天跟群可定为八分工。包产部分则应确定除流产外必须保证95%正常生产,如超过还应定出奖励办法,以鼓励社员劳动积极性。再如,奶羔方面,包产部分应规定幼畜成活达90%以上等。总之,必须在保证增畜与奖励劳动的原则下制订具体办法,标准必须详尽,奖惩必须分明。

评设备——设备包括大工具,主要是大车、棚圈等历年需要整修,只评木料,其他均采取公用公修办法,大车、木料采取作价归社办法。

分红比例——分红上必须考虑畜牧业生产不如农业生产能立即奏效,增产上第一年不可能马上效果显著,本来公积金公益金因畜牧业收入大可以多留,但是因当时尚无显著增产,公积金留得太多势必影响社员收入,故决定公积金抽总收入的4%,公益金抽1%。牲畜比例分红必须慎重考虑,不可机械搬套农业社按劳分红兼顾土地分红的办法,因为在畜牧业上当时存在"苏鲁克"制度,"苏鲁克"主要以二八分羔计算每年要分走"苏鲁克"总收入的55.57%。因此,如牲畜分红过低则不如放出"苏鲁克"收入大,这就不能鼓励牧民走互助合作的道路。故决定牲畜分红按纯收入60%分红,但牲畜不分"苏鲁克"及打草以及副业红。劳动力除上述纯收入40%分红外,还有分"苏鲁克"、打草及副业全部收入,从而实现奖励劳动的政策。在讨论分红比例时,还应详尽地讨论分配办法。

第三阶段,选举牧业生产合作社干部,建立合作社组织,制定合作社章。

①选举合作社干部必须在准备建社时即开始酝酿,结合在筹备建社期间的表现进行考察,经过充分酝酿,根据"政治进步,公道能干,群众拥护"条件,经社员大会选举产生合作社社长1人,副社长1人,分别担任牧业社管理委员会正副主任,社长选出后建社筹委会即告结束。②管理委员会由3—9人组成,作为合作社的执行机关对社员大会负责。③监察委员会由3—5人组成,设主任1人。作为社的监察机关,直接对社员大会负责,监察管理委员会及社员是否遵守社章、执行决议以及社员、社干部有无违法违规行为。管理委员会委员不能兼任监察委员会委员。④生产队的组成可依社员居住情况,组成若干队,民主选举正副队长。生产队可据大小,设立生产小组。⑤订立社章是要把整个建社过程中进行的教育,解决的问题全部以文字形式固定下来,全体社员共同遵守。

第四阶段,制订全年生产计划,安排生产,召开建社大会:①社章订立后,即由管理委员会草拟全年分季的生产计划,提交社员大会审查通过;②全年计划制订后,即根据计划安排劳动力投入生产;③建社工作全部结束后,即召开邻村、邻组参加的庆祝大会。①

根据上述建社方法,经与宝勒互助组准备入社牧户的初步讨论酝酿,估计出第一年的收支情况如下:牲畜除"苏鲁克"部分外全部作价入股:牛250头,每头均50万元;马17匹,每匹均150万元;毛驴6头,每头均50万元;绵羊1184只,每只均15万元;山羊296只,每只均7.5万元。总共作价3530万元,每股以500万元计算,折7006股。②

(三)乌兰毛都努图克牧区合作社化事例

民主改革之后,乌兰毛都努图克牧区畜牧业生产有了很大发展,劳动牧民的生活得到显著改善。但是牧区畜牧业生产仍处在分散、落后的状态,不

---

① 中共察右后旗委员会:《关于试建牧业生产合作社的方案》(1955年1月3日),内蒙古档案馆藏,资料号:11—9—100。

② 中共察右后旗委员会:《关于试建牧业生产合作社的方案》(1955年1月3日),内蒙古档案馆藏,资料号:11—9—100。

稳定性和脆弱性依然存在。要从根本上解决这些问题,保证畜牧业生产的稳定发展,不断改善广大牧民生活,必须引导广大牧民逐步走上合作社化道路,采取合作社化的办法,改造牧民个体经济为集体经济。

乌兰毛都努图克为了搞好建社工作,召开努图克干部会议,组织学习研究关于建社的具体问题。于1954年2月11日组织由干部11人组成2个工作组,分别到4个互助组,召开了当地党支部会议,交代了建社的几项注意事项以及支部党员如何带头等一些问题,进入了建立合作社的具体工作。

首先,从牧业合作社的建立过程来看,有以下几个步骤。

第一步,建社工作组配合骨干力量分头了解情况。例如,进行家庭访问,了解群众对建立牧业合作社的认识情况、群众对建社的舆论等群众动态。并对群众进行了总路线教育,讲解了建立牧业合作社的目的与发展方向,合作社的性质、优越性以及收入分配,入社退社自由以及自愿互利原则。这样,基本上统一了群众的认识,使群众树立了入社的正确思想,认清了建社的方向,明确了合作社经营方针。在此基础上成立了建社筹备委员会,同时召开了社员大会,学习了中央关于建立农业合作社的决议和社章。经过社员群众的讨论与研究,在社员认识成熟的情况下,纷纷发表感想,有少部分社员存在入社后,自家活儿没人做,牲畜入社后自己使用不方便的疑虑;希望多留自留地,以备合作社歉收时,以自留地维持生活。经建社工作组反复宣传教育,消除了社员对合作社的模糊认识,使社员对合作社有了明确的认识。在此基础上,进行了社员的登记和审查工作。①

第二步,自愿报名,进行登记,经社员审查批准。确定了入社户数之后进行了选举,选出了社务管理委员会,并经社员大会讨论了财务、会议、学习、管理和劳动纪律等分工问题。②

第三步,建立组织机构与制定各项制度。在建立组织方面,以民主集中制原则在社员大会上投票选举出管理委员会委员和主任,按照社的规模大小不同,委员由7—11人,主任由3—4人组成。同时选举生产队长,生产队以下设有小组,完全由社员大会来讨论和选举。③并制定了牧业合作社的各项制度规则:选举制度,除特殊情况外,一年改选一次;财会制度,社内账目,

---

① 中共乌兰毛都努图克委员会:《乌兰毛都努图克建社工作总结汇报》(1954年2月28日),科右前旗档案馆藏,资料号:67—1—11。

② 中共乌兰毛都努图克委员会:《乌兰毛都努图克建社工作总结汇报》(1954年2月28日),科右前旗档案馆藏,资料号:67—1—11。

③ 中共乌兰毛都努图克委员会:《乌兰毛都努图克建社工作总结汇报》(1954年2月28日),科右前旗档案馆藏,资料号:67—1—11。

日清旬结并在社员大会公布,财务开支批准权限为10万元以下金额由主任批准,20万元以下金额由社务管理委员会批准,20万元以上金额由社员大会批准;劳动制度,凡是社内劳动力及社务干部必须受生产队长调配工作;学习制度,按生产的闲忙,抽出一定时间进行学习,有2个嘎查因是扫盲试点,每晚学习2小时,每5天进行一次政治学习;生活制度,社务管委会每15天召开一次会议,主要解决生产中或社内及社员个人工作中的优缺点,以便改进;奖惩制度,积极响应政府号召、认真执行规章制度、关心爱护合作社公共财物者,积极劳动并有创造者经社员大会讨论通过给予精神或物资奖励,反之依据错误情节及其轻重,在社员大会上给予批评教育或警告处分,情节严重者开除出社。①

其次,牲畜入社形式,乌兰毛都牧区的畜牧业生产合作社的入股形式有以下几种:①适龄母畜以"苏鲁克"形式入社(绵羊、山羊),以成活仔畜按劳畜比例分红(绵羊50%,山羊60%归社)的办法,入社的牧畜羊毛全部归社,以劳分益;②乘马、役牛以国营牌价,当年分等估价,社租公用,年付固定利息为乘马5%,役牛6%;③苏伯羊归合作社统一经营,羊毛归社,其他一切开支由合作社负担;④散畜(牛、马)由合作社统一代放,收代放费,每头5.5元,马群另加打更工资,草料、医疗费畜主负担,社方统一准备,年末分红扣留;⑤种公畜入社,由社统一使用,免去代放费,并以受胎母畜的多少分别收费,给畜主付代价(例如,三河种公马受胎的母畜每头收费1元,在当地品种受胎母畜收费0.4元;三河种公牛受胎的母畜每头收费0.8元,在当地品种受胎的母畜收费0.4元);⑥游牧"套包"的犬,大部分是社员自己的,但由社统一使用,犬食由社负担;⑦生产工具作价归社,分期偿还,作价入社以价付息,大型工具偿还年限一般不超过3年,小型工具,社员自备(如锅、骑马用具等)。②

最后,从牧业合作社的分配来看,贯彻执行了"多劳多得,少劳少得"的社会主义分配原则,以技术的高低、劳动强度,进行了评工评分。合作社的公积金、公益金,在常年按7%计算,较好的年景提高到10%。同时,有条件的合作社推行了季节常年包工包产制度,并规定"三包""六固定"。

常年包工按季度执行情况,制定了分级等额,推行了包工包产。例如,乌兰奥都牧业合作社推行的包工包产的具体办法:

---

① 中共乌兰毛都努图克委员会:《乌兰毛都努图克建社工作总结汇报》(1954年2月28日),科右前旗档案馆藏,资料号:67—1—11。

② 中共乌兰毛都努图克委员会:《乌兰毛都努图克建社工作总结汇报》(1954年2月28日),科右前旗档案馆藏,资料号:67—1—11。

第一，夏季包工包产。"三包"：包抓膘，将各类牲畜在夏季走"敖特尔"游牧，普遍抓好基本膘平均达八成；包损失，所经营的各类牲畜除人力不可抗拒的自然灾害外，大小牲畜以及役畜和生产工具等无故损失者，由套包和个人负责赔偿；包工分，由农历4月1日开始至7月1日为止，由合作社分给每个套包（羊群）2112工分。

"六固定"：固定牧场，走"敖特尔"时按指定的草牧场进行放牧，不能随意越草牧场界线放牧；固定牧工，在每个羊群套包固定3人（其中2人有放牧技术的）；每个牛群、马群套包固定4人（其中技术较高的3人，技术一般的1人）；固定勒勒车、套包等放牧用工具；固定役畜，羊群套包固定骑马3匹、役牛3头，牛马群套包骑马4匹、役牛4头；固定经营牲畜，羊群套包1000—1200只，牛马群套包250—300头（匹）；固定牧工的食粮、砖茶，统一解决供应，但分红时按分扣留。

第二，秋季包工包产。"三包"：包膘，各类牲畜膘平均达到十成膘以上；包损失，所经营的各类牲畜除人力不可抗拒的自然灾害外，其他一切损失全由套包负责赔偿；包分工，由农历7月1日至10月1日间，每人每天的标准工分9分，合作社包给1440分。"六固定"：固定牧场，在指定的牧场内放牧，不能超牧场界线；固定放牧人员，在每个放牧套包固定有放牧技术人员2人；固定套包放牧用工具；固定役畜，每个套包骑马2匹、役牛4头；固定经营牲畜，每套包羊群1000—1200只，每套包牛马混合群300—400头（匹）；固定牧工的食粮和砖茶。

第三，冬季包工包产。"三包"：包胎包膘，各类牲畜的膘八成以上（马膘八成，牛膘七成，绵羊山羊膘九成），各类牲畜的包胎保持98%以上（牛96%，马98%，绵羊99%，山羊100%）；包损失，大小牲畜除人力不可抵抗的自然灾害外，其他一切损失一律由套包负责赔偿；包工分，由农历10月1日至转年2月15日间每人每天标准工分10分，由合作社包给4050分。

第四，春季包工包产。"三包"：包膘、包胎、包成活，春季各类牲畜七成以上（接羔母畜七成膘，苏伯畜八成膘），各类牲畜的受胎母畜保持100%，各类牲畜的成活率98%以上（山羊98%，绵羊99%，大畜99%）；包损失，大小牲畜除人力不可抵抗的自然灾害外，其他一切损失一律由套包负责赔偿；包工分，春季接羔的45天，每接羔场分配劳动工分3300个，平均每人每天工分8.1分。"六固定"：固定接羔场；固定放牧人员，每个接羔场劳动力9人；固定放牧工具；固定役畜，每接羔场骑马4匹、役牛4头；固定繁殖母畜，每场600—650只左右；固定牧工的食粮和砖茶。

劳动站队，分级定额：放牧、搭棚盖棚、开荒、打火道的工分是10分，打勒勒车每台50分,大洋草300捆(每捆3斤)10分,放牧代羔羊、磨剪毛剪子、打木柴、搂毛柴、抓羊、运装羊毛、拉羊草9分,放大羊、看守套包8分,剪羊毛50斤10分,剪秋毛和羔毛35斤10分,饲养老弱大畜1分。[1]

从上述内容可知,合作社根据季节,配备了固定的劳动力和经营的牲畜头数以及劳动报酬,在套包内按照劳动的强弱、技术的高低,具体分工分业,评分。推行包工包产制度后,改进了经营管理,发挥了牧民劳动积极性,提高了劳动效率,战胜了自然灾害,增加了生产。例如,乌兰奥都牧业合作社,1956年春季由于管理不善损失小牲畜300余只、大牲畜75头,而1957年小牲畜损失84只、大牲畜损失7头。[2]这是因为推行了包工包产,改进了经营管理,大大减少了损失。

乌兰毛都牧区积极贯彻执行了内蒙古牧区畜牧业社会主义改造总方针,1956年1月,乌兰毛都努图克牧区实现了合作社化,建立了13个畜牧业合作社、4个公私合营牧场,入社入场牧户占总户数的99.2%。[3]

在合作社组织机构方面,社章规定,社员大会是合作社的最高权力机构,它的权力有:选举新的正副主任和生产管理委员会;审查批准新生产计划;审查批准财务及公积金、公益金扣除比例和动用事项;批准新社员入社和决定对社员的奖励与处分。[4]

社员大会每季度召开一次,有必要时即可临时召集。参加大会的社员必须超过半数才能召开,做出决议。管理委员会处理牧业生产合作社日常各项事务,管理委员会任期一年,连选连任。

社管委会由11人组成,其业务分工和职权范围有:主任1人,领导与掌握社内全盘工作,按时按计划布置检查、督促、总结工作。副主任2人,协助主任委员料理社内一切事务。牧业委员1人,计划领导社内公私牲畜饲养管理工作。副业委员1人,领导社员按季度有计划地搞适当的副业生产。财务委员1人,负责社内账目之清理及掌握开支范围等事宜。保管委员1人,负责保管社内公共财产及使用上的检查工作。卫生委员1人,领导搞好

---

[1] 中共乌兰毛都努图克委员会:《乌兰毛都牧区畜牧业发展情况》(1958年6月7日),科右前旗档案馆藏,资料号:67—1958—3。

[2] 中共乌兰毛都努图克委员会:《乌兰毛都牧区畜牧业发展情况》(1958年6月7日),科右前旗档案馆藏,资料号:67—1958—3。

[3] 中共乌兰毛都努图克委员会:《乌兰毛都努图克建社工作总结汇报》(1954年2月28日),科右前旗档案馆藏,资料号:67—1—11。

[4] 中共乌兰毛都努图克委员会:《乌兰毛都努图克建社工作总结汇报》(1954年2月28日),科右前旗档案馆藏,资料号:67—1—11。

社内卫生、环境卫生与个人卫生等工作。防疫保畜委员1人,检查督促防疫工作,组织预防和治疗工作。文化委员1人,计划领导社内文化学习及娱乐活动。①

社的劳动组织,根据生产上的需要把全社的劳动力,组成了3个生产队:定居队负责定居生产和打草、修缮冬春营地圈棚;副业队按季度有计划地组织社员搞适当的副业生产;牧业队分8个套包负责全社牲畜的放牧和饲养管理工作。

1.乌兰奥都牧业合作社

乌兰奥都牧业合作社建立于1954年3月6日,是乌兰毛都努图克建立的第一个牧业生产合作社。该合作社共有牧户18户,人口83人,入社社员41人(男23人,女18人),骨干力量有15人(中共党员4人,青年团员2人,劳动模范4人,积极分子5人);入社牲畜有绵羊1300只,山羊400只,牛251头,马132匹,合作社接收放"苏鲁克"绵羊2100只,山羊1320只,共计5503头(只);原互助组公共财产有4个"套包"和1台打搂草机。②

1955年2月20日,乌兰奥都牧业合作社进行了整顿与扩建。扩建后有牧户25户,人口122人,社员57人(男34人,女23人),骨干力量有36人(中共党员4人,青年团员8人,劳动模范7人,积极分子17人);入社牲畜有牛178头,马54匹,绵羊1312只,山羊215只,合作社接收放"苏鲁克"绵羊2038只,山羊178只,共计3975头(只);生产工具有1台打搂草机,30辆牛车,8个"套包",5个移动圈,4处接羔棚,26个冬营圈棚,定居土房44所。③

2.宝音和希格牧业合作社

宝音和希格牧业合作社前身是1949年建立的宝音和希格牧业临时互助组。到1954年发展为牧业常年互助组,全组共有15户牧户,人口77人(男44人,女33人),劳动力37人;牲畜有257头牛、46匹马、1353只绵羊、556只山羊;公共财产有1台打草机,1台搂草机,4个"套包"。④

该互助组在党和政府的重视、领导与支持下,畜牧业生产取得了显著的

---

① 中共乌兰毛都努图克委员会:《乌兰毛都努图克建社工作总结汇报》(1954年2月28日),科右前旗档案馆藏,资料号:67—1—11。

② 中共乌兰毛都努图克委员会:《乌兰奥都牧业生产合作社1954年牧业生产工作总结》(1955年6月2日),科右前旗档案馆藏,资料号:47—2—12。

③ 中共乌兰毛都努图克委员会:《乌兰奥都牧业生产合作社1954年牧业生产工作总结》(1955年6月2日),科右前旗档案馆藏,资料号:47—2—12。

④ 中共乌兰毛都努图克牧业建社工作组:《乌兰毛都努图克宝音贺喜格牧业互助组转社总结报告》(1954年3月9日),科右前旗档案馆藏,资料号:42—2—12。

成就。加强了畜牧业生产管理,互助组内按照劳动力的强弱和技术能力进行了合理调配,并采取了评工办法,提高了生产积极性。同时在每个生产季度开始之前都做出计划,在执行当中还有进度计划。因而,该互助组的生产与其他一般互助组以及单干户相比畜牧业生产成绩显著。例如,1953年每个劳动力平均收入36只羊和35010元现金。[①]

该互助组牧民于1954年1月提出建立畜牧业合作社的要求。同月下旬,科右前旗旗委书记、旗长、宣传部部长等人到现场审查条件,进行政治思想教育,协助当地努图克委员会召集该互助组骨干分子召开会议,初步研究了牲畜牧入社的方法等问题。2月28日,内蒙古东部区党委农村牧区工作部阿木尔门,旗委宣传部额尔很巴雅尔,旗政府农牧科科长和一名干部配合努图克委员会副书记等干部3人到该互助组,帮助牧民建立了牧业生产合作社。在建立合作社方法上,自始至终掌握了互助合作"积极领导,慎重稳步前进"的方针和依靠群众的工作方法,其建立步骤如下。

第一步,召集互助组全体成员召开动员大会,传达了以下内容:①国家过渡时期总路线、总任务,其中着重解决了社会主义社会的远景、国家工业化对牧民与畜牧业的益处,牧民对国家工业化的责任;②牧区互助合作的方针和发展前途;③略述本互助组的发展经过和优越性;④合作社的性质、开展方向和内容、办社条件、经营方针及目的;⑤入社需要具备哪些条件和入社需要的手续等问题。

第二步,自愿报名登记,经过审查。报名的有18户牧户,社员41人。

第三步,产生筹委会,规定社章和生产计划,并经社员大会通过。入社社员固定以后,选出9名委员(其中旗政府人员1人,努图克委员1人)组织筹委会,专门研究了社章、其他具体事项的规定以及1954年的生产计划等问题。经过2天多的紧张研讨,拟定了社章草案及若干问题的解决办法,以及1954年的生产计划和初步意见,并在社员大会上通过。社员大会讨论社章和具体问题的规定,筹委会对社章和各项规定经过慎重考虑、反复研究,意见一致以后才提交大会通过。

第四步,进行民主选举委员的活动,成立生产管理委员会,通过生产计划。[②]

这样乌兰毛都努图克又相继建立了乌日尼勒特(勿布林)、呼格吉勒特

---

① 中共乌兰毛都努图克牧业建社工作组:《乌兰毛都努图克宝音贺喜格牧业互助组转社总结报告》(1954年3月9日),科右前旗档案馆藏,资料号:42—2—12。

② 中共科右前旗乌兰毛都努图克牧区建设工作组:《乌兰毛都努图克宝音和希格牧业互助组转社总结报告》(1954年3月9日),科右前旗档案馆藏,资料号:47—2—12。

（阿日林一合）、特布格日勒等牧业合作社,到1956年1月底实现了初级合作化,在原有28个互助组的基础上共建立了8个牧业生产合作社,其中高级形式的牧业生产合作社2个,初级形式的合作社6个。入社牧户650户(包括合营牧场的5户),占牧区总牧户(659户)的98.6%。牧业合作社规模的最小的45户,一般50—78户。①

合作化运动改变了整个牧区的生产关系,改变了牧民长期以来的生产方式,为牧业生产的发展创造了有利条件,使牧区面貌焕然一新并出现了空前的生产高潮。实现了初级合作社化后,推动了生产力,增加了牧民收入,提高了牧民的生活质量。合作化的目的是发展生产,改善人民生活水平。1956年牧区灾情较重,但是依靠合作化的优越性战胜了各种自然灾害,增加了大小牲畜的头数。虽然没有完成1956年纯增值率17.9%的目标,但是也达到了12.7%。由于增加了牲畜头数,从而增加了牧民的收入,提高了牧民的生活水平。参加合作社的牧民中增产户80%,不增不减户13.3%,减产户6.7%。以劳动计算总收入,也增加了收入。全牧区参加合作社的劳动力818人,其中年收入250—300元的有400人,350—400元的有259人,450—500元的有159人。这些数字证明绝大多数社员增加了收入,同时生活水平也显著提高了。以牧民每年平均吃羊数量为例,1954年1只,1955年1.5只,1956年2只。②

牧民的购买能力也提高了。例如,牧民购进布匹数量1954年为1182匹,1955年为1215匹,1956年为1587匹;牧民购买砖茶数量1954年为6104块,1955年为8290块,1956年为12030块;购买烧酒数量1954年为20481斤,1955年为24888斤,1956年为28638斤。③这些说明合作社化后牧业生产发展了,牧民收入增加,牧民生活水平提高了。

实现初级合作社化后广泛开展了以放牧为主多种经营,特别是在不影响草牧场的原则下1956年开垦376.5垧,共耕种630垧,生产粮食1500石,解决了全努图克人口的1/3的口粮。除了经营农业,抽出人力物力搞了各

① 中共科右前旗乌兰毛都努图克牧区建设工作组:《乌兰毛都努图克宝音和希格牧业互助组转社总结报告》(1954年3月9日),科右前旗档案馆藏,资料号:47—2—12。
② 科右前旗乌兰毛道努图克:《科右前旗乌兰毛道牧区牧业合作社化总结》(1957年5月31日),科右前旗档案馆藏,资料号:67—1—23。
③ 科右前旗乌兰毛道努图克:《科右前旗乌兰毛道牧区牧业合作社化总结》(1957年5月31日),科右前旗档案馆藏,资料号:67—1—23。

种副业生产,收入占8个合作社总收入的15.3%。①由于开展了多种经营,不但解决了吃粮、饲料问题,还使畜牧业生产得到发展。

实现初级合作社化后,改进了饲养管理。牧区由个体到集体后,统一计划,统一调配劳动力。因此,在畜牧业的经营方面大有改进。1956年各种牲畜抓膘较1955年强,各类牲畜抓膘程度为马抓膘8—10成的占总头数的70%;牛抓膘8—10成的占总头数的85%;羊抓膘8—10成的占总头数的80%。圈棚数量多,质量高。1956年草料储备比1955年增加了一倍。由于经营管理的改进,安全渡过了冬春,在1957年春的接羔工作取得了丰收,牲畜成活率达到97%。②

实现合作社化后,培养了干部,积累了经验。初级合作社化前,牧业干部少,缺乏办社经验。合作社化后干部数量增加的同时积累了经验。例如,合作社化前,经常到牧区工作的旗和努图克干部只有6人,但在1956年下半年后经常到牧区工作的旗和努图克干部增加到了40人。每个合作社都有驻社干部,各嘎查都有工作组。这些干部大部分是从农业区调来的,他们不但缺乏办社经验,而且对畜牧业生产也外行。嘎查和村干部虽然熟悉畜牧业生产,但缺乏办社经验。他们都在1956年的办社、办场过程中,对牧业生产和办社积累了经验。

实现合作社化后,牧民的社会主义觉悟和生产积极性也提高了。随着生产关系的变化,牧民的思想也发生了变化,形成了劳动光荣的风气。按劳取酬的社会主义原则,不但在生产过程中体现出来,而且在生产分配中亦体现出来了。因此,牧民认识到多劳多得、少劳少得的原则,过去不参加生产的也参加生产了,少参加生产的经常参加生产了,过去对工分不重视的也开始重视了。同时,实现初级合作社化后,积累了一些公共财产。在牧区增添了之前没用过的新的交通工具。

乌兰毛都努图克因在当时的呼伦贝尔盟,乃至在全区畜牧战线率先成功实现合作化而成为全区先进典型,先后迎来了自治区内各盟及甘肃、青海等省和自治区参观团来参观学习。

---

① 科右前旗乌兰毛道努图克:《科右前旗乌兰毛道牧区牧业合作社化总结》(1957年5月31日),科右前旗档案馆藏,资料号:67—1—23。

② 科右前旗乌兰毛道努图克:《科右前旗乌兰毛道牧区牧业合作社化总结》(1957年5月31日),科右前旗档案馆藏,资料号:67—1—23。

第三节　内蒙古牧区牧主经济社会主义改造

一、内蒙古牧区阶级状况及其变化

（一）内蒙古牧区阶级状况及其变化

根据1954年统计，内蒙古自治区全区80200个牧业户中，拥有牲畜折羊在100只以下（一般以1头大牲畜折7只羊计算，以下同）贫困户共有37761户，占牧户总数的47.1%，共有牲畜折羊4567653只，占总牲畜数的16.7%；中等户（有牲畜2500只以下）共41902户，占牧户总数的52.2%，共有牲畜13843062只，占牲畜总数的71.3%；牧主（有牲畜2500只以上）共541户，占牧户总数的0.67%，共牲畜2399518只，占牲畜总数的11.5%。[①]

上述数据和情况，虽然不是经过精确的调查统计和逐户划分阶级得出来的，但牧业税的数字是接近实际的。同时，由于内蒙古牧区地域辽阔，分布极广，各牧区的社会阶级状况有很大差别。从各地区来看，就并不是每一个地区都与上述数字完全符合。例如，据1955年统计，呼伦贝尔盟牧区有牲畜2500以上的牧户有140户，共有牲畜401734只，分别占牧户总数的2.09%，牲畜总数的27.4%；锡林郭勒盟牧区有牲畜2500只以上的牧户有218户，共有牲畜620280只，分别占牧户总数的1.7%，占牲畜总数的20.6%。[②]

由此可知，内蒙古主要牧区的情况是2%左右的牧主，拥有25%左右的牲畜。但是在不是主要牧区的盟旗就没有这么多的牧主。因此，从内蒙古全区范围来看，占牧户总数0.67%的较大牧主，占牲畜总数11.5%的牲畜，比较接近内蒙古牧区实际阶级状况。

根据以上数据和内蒙古东西部地区间、游牧区与定居区间差别，内蒙古牧区各阶级的比重和拥有牲畜的状况，一般是占牧户总数40%—45%的贫困牧户，有约占牲畜总数15%的牲畜；占牧户总数54.3%—59.3%的中等牧户和富裕牧户，有约占牲畜总数73%的牲畜；占牧户总数0.67%的牧主，有约占牲

---

① 《内蒙古党委农牧部对牧区阶级情况的分析和划分阶级的参考意见》（1956年2月），内蒙古党委政策研究室、内蒙古自治区农业委员会编印：《内蒙古畜牧业文献资料选集》第二卷（上册），呼和浩特1987年版，第175—176页。

② 《内蒙古党委农牧部对牧区阶级情况的分析和划分阶级的参考意见》（1956年2月），内蒙古党委政策研究室、内蒙古自治区农业委员会编印：《内蒙古畜牧业文献资料选集》第二卷（上册），呼和浩特1987年版，第176页。

畜总数11.5%的牲畜。[①]

另外，自内蒙古自治政府成立以来，在牧区执行了党的各项社会政策和生产政策，牧区的阶级状况有了许多变化。

例如，呼伦贝尔盟陈巴尔虎右旗，有100只以下牲畜的贫困牧户，由1948年的786户（占总牧户数的62.8%）减少到1955年的536户（占总牧户数的40.3%）；有100—1000只牲畜的中等牧户，由1948年405户（占总牧户数的32.4%）增加到1955年的669户（占总牧户数的50.4%）；有牲畜1001—3000只牲畜的富裕牧户，由1948年52户（占总牧户数的4.2%）增加到1955年的115户（占总牧户数的8.6%）；有3000只以上的牧主，由1948年2户（0.15）增加到1955年8户（占总牧户数的0.59%）。[②]

例如，锡林郭勒盟免税户（有牲畜100只以下），由1951年的3612户（占总牧户数的28.6%）减少到1955年的1728户（占总牧户数的13.4%）；一级税户（有牲畜375只以下），由1951年2572户（占总牧户数的60.0%）增加到1955年的8128户（占总牧户数的62.9%）；二至七级税户（有牲畜2500只以下），由1951年的1366户（占总牧户数的10.6%）增加到1955年2846户（占总牧户数的22.0%）；八级以上税户（有牲畜2500以上），由1951年的98户（占总牧户数的0.7%）增加到1955年的218户（占总牧户数的1.7%）。[③]

例如，乌兰察布盟察汗脑包嘎查贫困牧户，由1949年的66户（占总牧户数的66.6%）减少到1955年的54户（占总牧户数的48.8%）；中等牧户，由1949年的23户（占总牧户数的23.2%）增加到1955年的40户（占总牧户数的36.0%）；富裕牧户，由1949年的8户（占总牧户数的8.0%）增加到1955年的14户（占总牧户数的12.6%）；牧主由1949年的2户（占总牧户数的2.2%）增加到1955年的3户（占总牧户数的2.8%）。[④]

[①]　《内蒙古党委农牧部对牧区阶级情况的分析和划分阶级的参考意见》（1956年2月），内蒙古党委政策研究室、内蒙古自治区农业委员会编印：《内蒙古畜牧业文献资料选集》第二卷（上册），呼和浩特1987年版，第176页。

[②]　《内蒙古党委农牧部对牧区阶级情况的分析和划分阶级的参考意见》（1956年2月），内蒙古党委政策研究室、内蒙古自治区农业委员会编印：《内蒙古畜牧业文献资料选集》第二卷（上册），呼和浩特1987年版，第178页。

[③]　《内蒙古党委农牧部对牧区阶级情况的分析和划分阶级的参考意见》（1956年2月），内蒙古党委政策研究室、内蒙古自治区农业委员会编印：《内蒙古畜牧业文献资料选集》第二卷（上册），呼和浩特1987年版，第178页。

[④]　《内蒙古党委农牧部对牧区阶级情况的分析和划分阶级的参考意见》（1956年2月），内蒙古党委政策研究室、内蒙古自治区农业委员会编印：《内蒙古畜牧业文献资料选集》第二卷（上册），呼和浩特1987年版，第179页。

例如,察哈尔盟正镶白旗五佐第一巴嘎、第八巴嘎查贫困牧户,由1949年的54户(占总牧户数的66.76%)减少到1955年的33户(占总牧户数的38.5%);中等牧户,由1949年的27户(占总牧户数的33.3%)增加到1955年的42户(占总牧户数的57.8%);富裕牧户,由1949年的0户增加到1955年的3户(占总牧户数的3.6%)。①

再如,昭乌达盟道德庙努图克胡书毛都贫困牧户,由1949年的26户(占总牧户数的28.0%)减少到1955年的15户(占总牧户数的16.0%);中等牧户,由1949年的683户(占总牧户数的72.0%)增加到1955年的79户(占总牧户数的84.0%)。②

从上列典型事例可知,内蒙古牧区阶级转变情况。

第一,事例表明,内蒙古牧区阶级状况及其变化动态,是贫困牧户数及其占牧户总数中的比例逐渐减少,中等牧户数及其占牧户总数中的比例在增加,富裕牧户数和牧主数也有一定的增加。

第二,事例表明,三种不同地区的情况不同:①在民主改革过程中,没有斗牧主、平分牧主牲畜或基本没有斗牧主、平分牧主牲畜,而推行"三不两利"政策的呼伦贝尔盟、锡林郭勒盟地区的贫牧减少很多,上升为富牧和牧主的牧户数增加速度也快。②曾经有过斗牧主、平分牧主牲畜的察哈尔盟、昭乌达盟地区,一方面贫苦牧户减少的数量比呼伦贝尔盟、锡林郭勒盟地区减少的数量多,另一方面富裕牧户增加的数量少。③乌兰察布盟、伊克昭盟等在民主改革中没有广泛推行"三不两利"政策的地区的贫困牧户数比呼伦贝尔盟、锡林郭勒盟多,富裕牧户数和牧主数的增加也较呼伦贝尔盟、锡林郭勒盟慢。这也佐证了"三不两利"政策的正确性。

第三,事例表明,内蒙古牧区贫困户、中等牧户、富裕牧户、牧主各个阶级的经济情况确实都在好转。这是因为内蒙古自治政府,为牧区各阶级经济的发展创造了特定的、有利的条件:建立了牧区人民政权和各级党组织,废除一切封建制度,实施了包括牧主经济在内的发展牧区畜牧业生产的诸多政策与措施。

第四,事例表明,从牲畜增加速度来看依次是中等牧户、贫困牧户、牧

① 《内蒙古党委农牧部对牧区阶级情况的分析和划分阶级的参考意见》(1956年2月),内蒙古党委政策研究室、内蒙古自治区农业委员会编印:《内蒙古畜牧业文献资料选集》第二卷(上册),呼和浩特1987年版,第179页。

② 《内蒙古党委农牧部对牧区阶级情况的分析和划分阶级的参考意见》(1956年2月),内蒙古党委政策研究室、内蒙古自治区农业委员会编印:《内蒙古畜牧业文献资料选集》第二卷(上册),呼和浩特1987年版,第180页。

主。①这种情况与牧区的生产关系,即生产资料的占有关系是直接联系的。牧主虽然有雄厚的生产基础,但因其靠剥削别人的劳动进行生产,必然阻碍生产力的迅速增长;中等牧户的发展虽然是迅速的,但很明确地向着雇用牧工的方向发展。②这样就必然要使很多中等牧户迅速发展为富牧或牧主,而这不是当时社会主义改造所引导的方向。

(二)牧区各阶层牲畜所有状况与牧区工资情况:乌兰毛都努图克

首先,牧区各阶层牲畜所有方面,经过民主改革建立人民政权,采取发展牧区畜牧业的各项措施使畜牧业生产得到空前的发展。但是,牧区社会各阶层所拥有的牲畜情况极不平衡,即占牧户与牧区人口总数绝大多数的贫牧和中牧拥有的牲畜只占很少数量,而占牧户与牧区人口总数极少数的牧主拥有绝大多数牲畜。

表2—1　1952年乌兰毛都努图克乌兰毛都嘎查巴音扎拉嘎屯各阶层调查表

阶层	贫牧	中牧	牧主	合计
户数(占总数%)	2(7.14%)	23(82.15)	3(10.71)	28
人口(占总数%)	13(8.96)	102(70.34)	30(20.68)	145
牲畜头数(占总数%)	19(0.13)	2533(18.33)	11294(81.54)	13846
总收入(占总数%)	4685800	191667700	675073000	871496500
	(0.54)	(21.93)	(77.53)	
人均收入	36.04	187.91	2250.94	2474.89
总支出	3144000	5840522	168565750	230114970

资料来源:《牧区典型村屯经济统计表——乌兰毛都努图克乌兰毛都嘎查白音扎拉嘎屯》(1952年),科右前旗档案馆藏,资料号:67—1—4;乌兰毛都努图克公

---

① 例如,据呼伦贝尔盟新巴尔虎右旗达来淖尔苏木第一巴嘎的调查,1949—1955年间,10户贫牧的牲畜增长了51.9%,8户中牧的牲畜增长了86%,7户牧主的牲畜增长了35.9%。再如,据察哈尔盟正镶白旗第三巴嘎的调查,1949—1955年间,20户贫牧的牲畜增长了93.84%,24户中牧的牲畜增长了107.7%[《内蒙古党委农牧部对牧区阶级情况的分析和划分阶级的参考意见》(1956年2月),内蒙古党委政策研究室、内蒙古自治区农业委员会编印:《内蒙古畜牧业文献资料选集》第二卷(上册),呼和浩特1987年版,第182页]。

② 例如,察哈尔盟2个巴嘎的调查,1949年有雇工29人,1952年增加到39人,1955年增加到68人;乌兰察布盟察汗敖包嘎查111户,1949年雇工34人,1952年雇工42人,1955年雇工61人;乌兰察布盟白音花嘎查有35%的牧户都雇牧工。[《内蒙古党委农牧部对牧区阶级情况的分析和划分阶级的参考意见》(1956年2月),内蒙古党委政策研究室、内蒙古自治区农业委员会编印:《内蒙古畜牧业文献资料选集》第二卷(上册),呼和浩特1987年版,第182页]。

所《牧区各阶层牲畜头数占有状况整理表》(1952年),科右前旗档案馆藏,资料号:67—1—44。

据科右前旗乌兰毛都努图克乌兰毛都嘎查巴音扎拉嘎屯典型调查,从表2—1可知:

(1)乌兰毛都努图克乌兰毛都嘎查巴音扎拉嘎屯各阶层中,贫困牧户数占总户数的7.14%,人口占总人口数的8.96%,拥有的牲畜占牲畜总数的0.14%;中等牧占总户数的82.15%,人口占总人口数的70.34%,拥有的牲畜占牲畜总数的18.30%;牧主占总户数的10.71%,人口占总人口数的20.68%,拥有的牲畜占牲畜总数的81.56%。

(2)乌兰毛都努图克乌兰毛都嘎查巴音扎拉嘎屯各阶层中,贫困牧户数占总户数的7.14%,人口占总人口数的8.96%,生产总值收入占全体牧户总收入的0.54%,人均收入36.04元;中等牧户占总牧户数的82.15%,人口占总人口数的70.34%,生产总值收入占全体牧户总收入的21.93%,人均收入187.91元;牧主占总户数的10.71%,人口占总人口数的20.68%,生产总值收入占全体牧户总收入的77.53%,人均收入2250.94元。

(3)牧主占牧民总户数的1.07%,占牧民总人口的20.7%,生活支出占全体牧民总支出额的55.3%;中等牧民占牧民总户数的82.7%,人口占全体牧民总人口数的7.03%,生活支出占全体牧民总支出的41.4%;贫困牧民占牧民总户数的9.14%,人口占全体牧民总人口的8.96%,生活支出占全体牧民总支出的3.6%。

从乌兰毛都努图克牧工工资和工资政策执行情况来看,工资规定:年初的工资是由劳动开始日算起,给10只母羊,到年末给5只2岁母羊、3只羯羊,共18只羊,衣服和吃住全部由雇主承担;半工资(半工资是指牧工——小户牧民自己所有一部分牲畜,和放在大牧户畜群里一同放牧)也由劳动开始日算起,按被雇者的牲畜数量来规定,一般3—8只羊,衣服和吃住都由雇主承担。①

工资政策执行方面,乌兰毛都嘎查巴音扎拉嘎屯牧工工资和上述工资不同,较高一点。该屯工资由劳动开始日算起,年初给13只大母羊,到年末2只母羊、3只羯羊,雇主不承担衣服和饮食,补给300斤羊毛(其中,春毛120斤,羊羔毛40斤,秋毛140斤)。这种做法是最合理的,解决了雇主和牧工之间的矛盾(因为在衣服和鞋帽上,雇主和牧工之间经常发生矛盾)。如果给

---

① 《乌兰毛都努图克牧业生产总结》(1952年6月16日),科右前旗档案馆藏,资料号:67—1—3。

牛或马,按当地价值合款。①

二、公私合营牧场的建立和定息政策的实施及其意义

在内蒙古牧区社会主义改造中,对一般劳动牧民采取牧业合作社的形式,而对牧主主要采取公私合营牧场形式。为此,有必要理清牧业合作社和公私合营农牧场有什么区别,又为什么采用这两种改造形式。

牧业合作社和公私合营农牧场的区别:牧业合作社和公私合营牧场,从其经济性质说都是在党和政府领导下成立起来的两种形式不同的社会主义经济。两者区别在于牧业合作社是劳动牧民的社会主义组织形式,公私合营牧场是国家对牧主经济进行社会主义改造的主要形式,但牧主也可以入牧业合作社。

对一般劳动牧民采用牧业合作社化形式,其原因是劳动牧民是依靠自己劳动收入生活的劳动者,他们中间有些人牲畜较多,雇佣少量的牧工或放出少量的"苏鲁克",但主要还是靠自己劳动。牧业合作社是劳动牧民走社会主义的唯一道路,牧民将自己的牲畜入社后,进行统一经营和劳动生产,按劳畜比例分益,劳动牧民之间是互利关系,容易体现畜劳互利政策。

对牧主采取公私合营牧场形式,其原因是牧主经济是带有资本主义性质的经济,它的经营方式是大量雇工和大量放出"苏鲁克",牧主不参加主要劳动,即使参加也比重很小,主要或完全靠雇工放牧和放出的"苏鲁克"收入生活。据牧主经济的这一性质,党和政府明确对牧主采取的主要改造形式是公私合营牧场。

这是因为:①牧主与国家合营之后,入场的牲畜就成为社会主义性质的经济,公私合营牧场付出工资、生产费和股份利息后,剩余的收入就是社会主义积累,这是经济上的改造;②牧主入公私合营牧场还有自我劳动改造的意义,由不劳动或不多劳动的牧主逐步变成自食其力的劳动者;③牧主经济是占较大比重的经济,通过公私合营在技术上更能较快进行改造,促进生产发展;牧主还有一定经营生产的经验,通过公私合营的道路容易利用他们的经验;④党和政府对牧主采取和平改造的政策,在政治和经济上都给予较优厚的待遇。②

① 《乌兰毛都努图克牧业生产总结》(1952年6月16日),科右前旗档案馆藏,资料号:67—
    1—3。
② 《内蒙古党委关于第三次牧区工作会议向中央的报告》(1956年6月21日),内蒙古党委
    政策研究室、内蒙古自治区农业委员会编印:《内蒙古畜牧业文献资料选集》第二卷(上
    册),呼和浩特1987年版,第211页。

牧主参加合营牧场的组织方法有两种。其一,建立公私合营牧场,以牧主牲畜为基础,政府投资,并选派干部进行合营,这是主要方法。具体要求:①必须派坚强的党员干部担任公方场长,调派一部分牧民、党员到牧场做牧工,确立工人阶级在合营牧场的绝对领导权。牧主本人,可以分配适当的领导职务或一般职务,牧主家庭成员,凡是能参加生产劳动的,都在牧场中分配工作,同工同酬。②合营牧场一般采用定息办法,定息的标准以保证牧主生活水平不降低为原则,大体掌握在2%—5%,牧主的自留牲畜,原则上按生活需要留给乘马、役畜、奶牛、食用羊,牧主求多留的可以适当放宽。自留牲畜一律入场统一经营,牧主出代管费,不许雇工放牧。牧主的"苏鲁克"一般不收回,转给合作社,一律作价定息,由合作社和牧主发生关系。定息标准,应略低于合营牧场标准。贫困牧民因"苏鲁克"牲畜转给合作社而生活发生困难的,由合作社在生产和生活上加以照顾。③合营牧场实行民主管理,实行党委领导下的场长负责制,建立在公方场长领导下的管理委员会。动员牧主参加劳动,发挥他们的特长,鼓励他们发挥经营的积极性,指明前途,将牧主改造成为自食其力的劳动者。教育牧主以平等的态度对待牧工。加强政治工作,在牧工中加强阶级教育,建立工会组织。牧主在没有改造成为自食其力的劳动者以前,不得参加工会。④鼓励牧主把牲畜以外的资金或定息所得向牧场投资,用于工业、农业或牧业的基本建设。牧主投资付给利息,牧主需要时可以抽还。⑤合营牧场,必须勤俭办场,自力更生,依靠积累增加基本建设,制定计划,一般牲畜纯增殖应达到30%以上。①

其二,采用牧主牲畜计头(只)数入合营牧场,与场方按比例分益的办法,即在全年总收入中,扣除当年生产开支和向国家缴纳的税金后,再扣除40%的公积金和企业奖励金,60%为牧主所得。②

牧主牲畜入公私合营牧场时有定息和分红两种办法,但大多数采取了定息。合营牧场定息的标准,以保证牧主生活水平不降低为原则,年利率大体掌握在2%—6%,对他们当年的纳税任务也给减轻2%。③同时,鼓励牧主把牲畜以外的资金和定息所得投向牧场基本建设。牧主投资,付给利息,牧主需要时可以抽回投资。这样,保证了他们的生活质量不致降低,牧主都满

① 《中国共产党内蒙古自治区委员会关于继续完成牧区畜牧业社会主义改造与逐步实现技术革命、文化革命的指示》(1958年7月31日),内蒙古档案馆藏,资料号:11—12—145。

② 中国共产党内蒙古自治区委员会:《关于继续完成牧区畜牧业社会主义改造和逐步实现技术革命、文化革命的指示》(1958年7月31日),内蒙古档案馆藏,资料号:11—12—145。

③ 中国共产党内蒙古自治区委员会:《关于继续完成牧区畜牧业社会主义改造和逐步实现技术革命、文化革命的指示》(1958年7月31日),内蒙古档案馆藏,资料号:11—12—145。

意,纷纷要求办合营牧场,同时也允许一部分牧主加入牧业生产合作社。①

例如,乌兰毛都努图克牧区,根据"不分、不斗,不划阶级"的和平改造政策,于1956年7月试办了2个公私合营牧场,1957年8月又办了2个公私合营牧场,9户牧主加入公私合营牧场,占牧主户数的60%。在这个公私合营牧场配备了干部10人(场长4人、会计4人、兽医2人),由国家投资60000元。②

这些公私合营牧场建立之后,经营管理有所改善,生产有了统一计划,劳动力有了统一安排,合理地组织了畜群管理,改进了生产技术。例如,1957年特门公私合营牧场的接羔场接羔工作准备及时、充分,贮存草1050000斤、备料18000斤、搭棚35间、盖棚42个,所以各类牲畜能够安全过冬。同年的幼畜成活率达98.3%,其中"新疆细毛羊"人工授精受胎率达96.7%,幼畜成活率达99.6%,取得了牧业生产大丰收。③但同时公私合营牧场内也存在一些问题:资金来源不足,牧主投资的全部都是牲畜;有的公私合营牧场小牲畜少,大牲畜多,公畜少,母畜多;要变卖,质量不高,产毛量不高;劳动力不足,技术工人不多等。④

对牧主的社会主义改造始于1956年3月,至1956年9月全区共办合营牧场11处,参加的牧主19户占有的牲畜83420头(只),投入的牲畜37152头(只),折款8090000元。⑤1957年2—12月,组织48户牧主,建立了28个公私

① 在1956年1月17日《内蒙古党委对呼盟盟委在牧主会议上的报告要点的请示的批复》中明确指示:牧主经济的改造,将要经过一个相当长的实践,并且将通过各种适当的更加缓和的方式来逐步实现。公私合营牧场之外,在一定条件下参加合作社,以及其他可能的适当形式,将让牧主有一个必要的时间在人民政权的领导下逐步接受改造。对个别的愿意在一定条件下,如采取牲畜定息入社或保本入社按劳分红等办法参加合作社的亦可经盟委研究后,报内蒙古党委批准后试办。参见《内蒙古党委对呼盟盟委在牧主会议上的报告要点的请示的批复》(1956年1月17日),内蒙古党委政策研究室、内蒙古自治区农业委员会编印:《内蒙古畜牧业文献资料选集》第二卷(上册),呼和浩特1987年版,第172—175页。

② 中共乌兰毛都努图克委员会:《乌兰毛都牧区畜牧业发展情况》(1958年6月7日),科右前旗档案馆藏,资料号:67—1958—3。

③ 中共乌兰毛都努图克委员会:《乌兰毛都牧区畜牧业发展情况》(1958年6月7日),科右前旗档案馆藏,资料号:67—1958—3。

④ 中共乌兰毛都努图克委员会:《乌兰毛都牧区畜牧业发展情况》(1958年6月7日),科右前旗档案馆藏,资料号:67—1958—3。

⑤ 《内蒙古党委农村牧区工作部关于对牧区畜牧业社会主义改造和牧区建设问题的汇报》(1956年9月12日),内蒙古党委政策研究室、内蒙古自治区农业委员会编印:《内蒙古畜牧业文献资料选集》第二卷(上册),呼和浩特1987年版,第228页。

合营牧场。①至1958年2月,内蒙古牧区社会主义改造基本实现,畜牧业合作社已经发展到2083个,公私合营牧场已建立77个,入社入场的牧户,占牧区总户数的85%。②

以昭乌达盟为实例,至1958年7月畜牧业合作社由1957年的247个发展到425个,入社户数由1957年的9733户发展到18681户,入社户数占总户数的95%。③1958年秋,内蒙古牧区合营牧场发展到122个,没有参加合作社的牧主都加入了合营牧场,完成了对牧主的社会主义改造。④

另外,随着1958年冬季内蒙古牧区人民公社化运动展开,国营农牧场亦卷入了这一运动。大多数国营农牧场先后加入或建立了人民公社,即公私合营牧场或加入牧业合作社所建立的人民公社,或吸收群众建立人民公社。据1959年3月份统计,呼伦贝尔盟、哲里木盟、昭乌达盟、锡林郭勒盟、乌兰察布盟5个盟70个公私合营牧场中,51个公私合营牧场都已加入或建立了人民公社。⑤

内蒙古党委规定,对牧主入公私合营牧场或入人民公社牲畜价款每年支付1%—4%的定息。定息政策在"文革"期间停止执行,党的十一届三中全会之后在1984年得到恢复。⑥

---

① 《动员一切力量为争取1957年农牧业大丰收而奋斗——杨植霖同志在旗县长会议上的报告》(1957年2月25日),内蒙古党委政策研究室、内蒙古自治区农业委员会编印:《内蒙古畜牧业文献资料选集》第二卷(上册),呼和浩特1987年版,第274页。
② 中国共产党内蒙古自治区委员会:《关于继续完成牧区畜牧业社会主义改造和逐步实现技术革命、文化革命的指示》(1958年7月31日),内蒙古档案馆藏,资料号:11—12—145。
③ 中共昭乌达盟委:《我盟牧业生产和牧业社会主义改造情况报告》(1957年6月28日),内蒙古档案馆藏,资料号:11—12—394。
④ 郝维民主编:《内蒙古自治区史》,内蒙古大学出版社1991年版,第125页。
⑤ 《内蒙古党委农牧部关于国营农牧场工作座谈会的报告》(1959年3月10日),内蒙古档案馆藏,资料号:11—13—253。
⑥ 经内蒙古党委同意,关于原牧主定息问题规定:(1)我区对原牧主采取了比资本家更宽些的赎买政策。国家对资本家累计支付到其私股作价款总额的50%,即停止支付。因此,对原牧主定息,应累计支付到其入场、入社牲畜价款总额的60%,即停止支付;(2)支付定息应实行谁接收牲畜谁支付的原则,按原定率支付。要以支付现金为主。有条件的,可以一次性或几次支付,也可以用现有牲畜逐年顶支。原牧主死亡,其直系亲属(或法定继承人)可以领取;(3)按国家干部工资标准定级担任公私合营牧场职务的原牧主,其工资照发,已停发的要补发。如因年老体弱已离开原职的,可参照同级国家干部退职退休标准发给生活费;(4)庙仓、民族上层、宗教上层入场、入社的牲畜,凡当时付给定息的,仍按原规定执行。庙仓定息,应用于解决僧侣生产生活困难。参见内蒙古党委办公厅:《关于偿还牧民畜股报酬及支付原牧主定息的通知》(1984年4月10),科右前旗档案馆藏,资料号:67—1984—103。

如上所述,内蒙古牧区合作社化进程中实施定息政策,具有重要的历史意义。

首先,通过建立公私合营牧场,把带有资本主义性质的牧主个体经济改造成为社会主义性质的经济,完成了牧区社会主义改造。牧主与国家建立公私合营牧场之后,入场的牧主经济就成为社会主义性质的经济,公私合营牧场付出工资、生产费和股份利息后的收入就成为社会主义积累。

其次,在牧主社会主义改造过程中,全面正确地贯彻执行了"依靠贫苦牧民,团结中等牧民,逐步改造牧主"的牧区阶级政策。同时,对牧主实行了"团结、教育、改造"方针。[①]这些方针、政策的实施,为内蒙古牧区社会的长期稳定与和谐,奠定了坚实的基础。

再次,定息政策的实施,兼顾了合营牧场的利益和牧主的利益,发挥了牧主发展畜牧业生产的积极性也利用了牧主从事畜牧业生产的丰富经验。内蒙古牧区公私合营牧场贯彻了畜牧业生产作为公私合营牧场经营主体的"以牧为主"生产方针、"多劳多得,按劳分配"的原则和"按活记工,按工付酬,超产奖励"的评工计分制度。[②]所以内蒙古公私合营牧场的畜牧业生产取得了显著的成就。据内蒙古70余个公私合营牧场统计,牲畜数量由1958年初635355头(只),年末达到771600头(只),总增31.17%,纯增21.44%;到1959年9月牲畜数量达100万头(只)以上。[③]以锡林郭勒盟公私合营牧场为实例,1961年大小牲畜达到415838头(只)。[④]

最后,丰富、积累了内蒙古牧区工作的成功经验。对牧主的社会主义改造中,鉴于个体游牧的畜牧业经济有着很大的脆弱性与不稳定性,而在民主改革(土地改革)时期,有些盟由于政策上的偏差而使牲畜严重损失,内蒙古党委坚持了在保证畜牧业生产发展的基础上,逐步实现畜牧业的社会主义改造的根本原则。因为畜牧业经济的主要生产资料之一是牲畜,这是不同于其他生产资料的,它是生产资料的同时也是生活资料,搞不好,牧民没有了生产的积极性,不注意照管自己的牲畜,一场大风雪或大疫病就可能使成千成万头牲畜死亡,也可能造成大量的宰杀和破坏,而且在受到损失后短期内不易恢复。因为个体畜牧业经济的这些特点,即使是在全国范围的社会

①　《关于公私合营牧场的几个问题》(1962年),内蒙古档案馆藏,资料号:11—16—197。

②　内蒙古党委农牧部:《关于全区公私合营牧场工作会议的报告》(1959年9月13日),内蒙古档案馆藏,资料号:11—13—253。

③　内蒙古党委农牧部:《关于全区公私合营牧场工作会议的报告》(1959年9月13日),内蒙古档案馆藏,资料号:11—13—253。

④　《关于公私合营牧场的几个问题》(1962年),内蒙古档案馆藏,资料号:11—16—197。

主义改造运动高潮的社会背景下,内蒙古党委根据牧区实情,强调在保证畜牧业生产稳定发展中逐步实现社会主义改造,消除了不根据具体情况生搬硬套的做法,使畜牧业生产在社会主义改造中得到了稳定的发展。

第四节 内蒙古牧区社会主义改造的重大意义

一、内蒙古牧区畜牧业的发展和牧民生活水平的提高

在牧区社会主义改造期间,内蒙古党委和政府为发展牧区畜牧业,采取了诸多举措:①因地制宜地开展牧区水利建设,在严重缺水的草场上兴办大中型的供水工程,在地表水比较充沛的地区开发河流及其他蓄水工程。①②积极地进行了草原勘察、规划和改良工作。②③进行了提高牲畜质量、改良牲畜品种工作。③④加强了兽疫防治工作。在加强各级党政对兽疫防

---

① 在1957年以后的五年内完成250000平方公里的流域规划和160000平方公里缺水草场的水利规划,完成其中100000平方公里草场的供水任务。共打机井40处,打井2400眼。以上共解决5000000头牲畜的供水问题,完成12000公顷饲料基地的灌溉任务。另外,五年内打土井15000眼,加上其他小型水利工程,共解决3000000头牲畜的供水任务[《关于畜牧业生产政策及社会主义改造规划的意见——高增培同志在内蒙古党委全体委员会(扩大)第四次会议上的报告》(1957年10月17日),内蒙古党委政策研究室、内蒙古自治区农业委员会编印:《内蒙古畜牧业文献资料选集》第二卷(上册),呼和浩特1987年版,第354页]。

② 制定了在第二个五年计划期间,对内蒙古自治区牧区大约760000平方公里草牧场进行勘察,并做出初步利用规划的计划。同时,在草原退化比较严重的地区进行了草原改良工作;在沙丘草原地区进行了固沙工作;在兽害和毒草严重地区进行了捕灭兽害和拔除毒草的活动;在放牧过度和牧草严重退化地区进行了封滩育草、划区轮牧和草原更新工作[《关于畜牧业生产政策及社会主义改造规划的意见——高增培同志在内蒙古党委全体委员会(扩大)第四次会议上的报告》(1957年10月17日),内蒙古党委政策研究室、内蒙古自治区农业委员会编印:《内蒙古畜牧业文献资料选集》第二卷(上册),呼和浩特1987年版,第354—355页]。

③ 例如,制定实施了到1962年改良羊3000000只以上,细羊毛和半细羊毛的年产量最少要达到3000000—4000000公斤的方案[《关于畜牧业生产政策及社会主义改造规划的意见——高增培同志在内蒙古党委全体委员会(扩大)第四次会议上的报告》(1957年10月17日),内蒙古党委政策研究室、内蒙古自治区农业委员会编印:《内蒙古畜牧业文献资料选集》第二卷(上册),呼和浩特1987年版,第355页]。

治工作领导的同时,加强物资设备建设。①⑤调整了生产积累和消耗的比例。②⑥加强了对畜牧业的领导工作。③这些方针、政策,纠正了牧区社会主义改造中出现的问题,并使内蒙古牧区畜牧业生产得到了迅猛的发展,牧民生活水平得到了提高,其意义深远。

从表2—2可知,1953年到1958年期间,除了1957年因自然灾害等原因有所减产外,内蒙古牧区各年度牲畜数都在逐年增加。内蒙古牧区牲畜数由1952年的67608300头(只)增加到1958年的110701600头(只),增加了63.58%;平均每年增长717200头(只),平均每年递增10.59%。其中,1953—1956年总增大牲畜和羊21145000头(只),平均每年总增26.5%。到1956年,内蒙古全区牲畜总头数达到26045300头(只),比1952年的17761800头(只)增长了46.63%,平均年增长10.04%。④同时,牧区畜牧业产值逐年上升,1947年至1952年间增加了一倍,1952年至1957年间增加了37%,1957年至1959年间增加18.5%。⑤

---

① 例如,计划在1960年以前建成生物药品制造厂一处;争取5年内在每一个农牧业社内培养出固定的防疫员1—2名[《关于畜牧业生产政策及社会主义改造规划的意见——高增培同志在内蒙古党委全体委员会(扩大)第四次会议上的报告》(1957年10月17日),内蒙古党委政策研究室、内蒙古自治区农业委员会编印:《内蒙古畜牧业文献资料选集》第二卷(上册),呼和浩特1987年版,第356页]。

② 据1957年之前几年的统计,内蒙古牲畜总繁殖在正常年景约为牲畜总头数的30%左右,其中,灾害死亡在8%左右,群众宰杀在12%左右,收购数量为5%—8%。可见,群众宰杀和灾害损失过大。对此,内蒙古党委和政府制定实施了把灾害死亡损失压缩到5%以下,把群众的宰杀控制在10%以下的对策[《关于畜牧业生产政策及社会主义改造规划的意见——高增培同志在内蒙古党委全体委员会(扩大)第四次会议上的报告》(1957年10月17日),内蒙古党委政策研究室、内蒙古自治区农业委员会编印:《内蒙古畜牧业文献资料选集》第二卷(上册),呼和浩特1987年版,第357页]。

③ 《关于畜牧业生产政策及社会主义改造规划的意见——高增培同志在内蒙古党委全体委员会(扩大)第四次会议上的报告》(1957年10月17日),内蒙古党委政策研究室、内蒙古自治区农业委员会编印:《内蒙古畜牧业文献资料选集》第二卷(上册),呼和浩特1987年版,第357—358页。

④ 内蒙古自治区畜牧业厅修志编史委员会编著:《内蒙古畜牧业发展史》,内蒙古人民出版社2000年版,第138—139页。

⑤ 《关于内蒙古畜牧业生产与社会主义改造若干政策问题——王铎同志在西北地区民族工作会议上的汇报》(1961年7月24日),内蒙古党委政策研究室、内蒙古自治区农业委员会编印:《内蒙古畜牧业文献资料选集》第二卷(下册),呼和浩特1987年版,第16页。

表2—2　1952—1958年内蒙古牧区牲畜头数增长
单位:万头(只)

年度	大小牲畜总计	大牲畜						小牲畜		
		合计	牛	马	驴	骡	骆驼	合计	绵羊	山羊
1952	767.83	143.92	92.71	32.40	4.00	0.34	14.47	623.91	403.56	220.35
1953	893.29	159.97	103.72	35.67	4.59	0.40	15.59	733.32	468.90	264.42
1954	989.48	172.81	112.91	37.33	5.17	0.48	16.92	816.67	502.56	314.11
1955	1090.80	184.24	118.83	40.10	5.86	0.63	18.82	906.56	579.15	327.41
1956	1166.18	195.28	124.28	43.79	6.48	0.69	20.04	970.90	586.42	384.48
1957	1093.24	189.88	115.80	45.42	6.80	0.66	21.20	903.36	544.44	358.92
1958	1107.16	176.14	104.41	43.31	6.79	0.68	21.25	931.02	563.58	367.44

资料来源:内蒙古自治区畜牧局:《畜牧业统计资料(1947—1986)》,1988年,第48—49页。

随着内蒙古牧区牲畜头(只)数的增长,牧区牧民每人平均占有牲畜数量,由1952年的24.76头(只)增加到1956年的38.8头(只)。[1]同时,牧民收入也大大增加。据1956年对10个牧区旗100户牧民的典型调查,牧民每户年均收入达1506元,人均收入386元。[2]随着牧民收入的增加,牧民年均购买力显著提高。例如,锡林郭勒盟牧民年均购买能力,由1952年的46元增加到1956年的215元。[3]

二、内蒙古牧区畜牧业发展对国家建设的贡献

随着内蒙古牧区畜牧业的发展,牲畜头(只)数的增加,为国家提供了大量的牲畜和畜产品。据统计,在第一个五年计划期间,内蒙古自治区提供了8570000头(只)牲畜、84550000斤绒毛、15000000多张皮张。"大跃进"运动期间,为国家提供了5650000头(只)肉畜。1953年至1960年间,内蒙古自治区共向国家提供14220000头(只)商品畜,其中牧区向国家提供的商

---

[1] 《内蒙古自治区第一个五年计划畜牧业生产执行情况今后工作打算——程海洲同志在全国畜牧业工作会议上的发言》(1957年12月20日),内蒙古党委政策研究室、内蒙古自治区农业委员会编印:《内蒙古畜牧业文献资料选集》第二卷(上册),呼和浩特1987年版,第380页。

[2] 内蒙古自治区畜牧业厅修志编史委员会编著:《内蒙古畜牧业发展史》,内蒙古人民出版社2000年版,第139页。

[3] 内蒙古自治区畜牧业厅修志编史委员会编著:《内蒙古畜牧业发展史》,内蒙古人民出版社2000年版,第139页。

品牲畜达10000000头（只），牧区向区内外的提供的牲畜及畜产品价值达2.5亿元。①

1952—1958年间，内蒙古牧区支援国家129240400斤绒毛、22098600张皮张、5957400根肠衣、6944600斤鬃毛，总价值达2471365万元，平均每年分别递增22.53%、75.68%、98.22%、25.79%、32.74%（见表2—3）。其中，1953—1956年，内蒙古自治区向区内外提供6250000多头役畜和肉畜，36400000多斤毛绒，8160000多张皮张，向国外出口30000000多公斤畜肉，支援了国家社会主义建设。②此外，其间累计向国家缴纳牧业三项税合计71050000元，其中，牧业税20260000元、牲畜交易税25880000元、屠宰税24910000元（见表2—4）。

表2—3　1952—1958年内蒙古支援国家畜产品情况

年度	绒毛（万斤）	皮张（万张）	肠衣（万根）	鬃毛（万斤）	总值（万元）
1952	1051.28	81.49	17.28	53.66	1812.70
1953	1369.16	171.02	39.72	47.96	2212.50
1954	1730.44	259.13	67.06	59.77	2292.83
1955	2099.49	432.24	111.68	114.41	3985.54
1956	2330.77	457.73	140.77	153.67	4319.48
1957	1870.28	357.43	100.11	128.29	4015.85
1958	2472.62	450.82	119.12	136.7	5374.75
总计	12924.04	2209.86	595.74	694.46	24713.65
平均每年递增（%）	22.53	75.68	98.22	25.79	32.74

资料来源：浩帆主编：《内蒙古蒙古族的社会主义过渡》，内蒙古人民出版社1987年版，第220页。

---

① 《关于内蒙古畜牧业生产与社会主义改造若干政策问题——王铎同志在西北地区民族工作会议上的汇报》，1961年7月24日，内蒙古党委政策研究室、内蒙古自治区农业委员会编印：《内蒙古畜牧业文献资料选集》第二卷（下册），呼和浩特1987年版，第16页。

② 内蒙古自治区畜牧业厅修志编史委员会编著：《内蒙古畜牧业发展史》，内蒙古人民出版社2000年版，第139页。

表2—4　1952—1958年内蒙古自治区上缴牧业税情况（单位：万元）[①]

年份	牧业三项税合计	牧业税	牲畜交易税	屠宰税
1952	944.0	286.0	542.0	116.0
1953	808.0	181.0	411.0	216.0
1954	1034.0	333.0	394.0	307.0
1955	945.0	304.0	298.0	343.0
1956	1336.0	434.0	285.0	617.0
1957	983.0	238.0	303.0	442.0
1958	1055.0	250.0	355.0	450.0
累计	7105.0	2026.0	2588.00	2491.0

资料来源：内蒙古自治区畜牧局：《畜牧业统计资料（1947—1986）》，1988年，第35页。

三、显示出牧业生产合作社的优越性

牧区合作社化的成功实现，使内蒙古牧区畜牧业经济在所有制等方面发生了巨大而深刻的变化。[②]这就为进一步发展社会主义现代化的畜牧业，从根本上改变畜牧业的落后面貌，打下了牢固的基础。从下列事例，可知牧业生产合作社的优越性。

（一）翁牛特旗事例

至1954年，昭乌达盟翁牛特旗全旗共建立12个畜牧业生产合作社，入社牧户192户，入社牲畜9533头（只），占全旗总牧业户3299户的5.8%。[③]从牧业生产合作社的规模上看，平均16户，最少的11户，最多的29户；每个合作社平均有牲畜800头（只）左右。[④]这些牧业生产合作社的优越性主要表

---

① 内蒙古自治区畜牧局：《畜牧业统计资料（1947—1986）》，1988年，第35页。

② 过去封建的落后的个体畜牧业已经为社会主义畜牧业所代替，在牧区畜牧业经济成分中，社会主义国营的畜牧业经济占6.3%，社会主义集体所有的经济成分占84.2%；属于个人所有的自留畜占9.5%。畜牧业经济中的社会主义成分已占绝对优势[《关于内蒙古畜牧业生产与社会主义改造若干政策问题——王铎同志在西北地区民族工作会议上的汇报》（1961年7月24日），内蒙古党委政策研究室、内蒙古自治区农业委员会编印：《内蒙古畜牧业文献资料选集》第二卷（下册），呼和浩特1987年版，第16页]。

③ 《翁牛特旗建立十二个畜牧业生产使牲畜大为发展起来》（1955年9月20日），内蒙古党委政策研究室、内蒙古自治区农业委员会编印：《内蒙古畜牧业文献资料选编》第二卷（上册），呼和浩特1987年版，第161页。

④ 《翁牛特旗建立十二个畜牧业生产使牲畜大为发展起来》（1955年9月20日），内蒙古党委政策研究室、内蒙古自治区农业委员会编印：《内蒙古畜牧业文献资料选编》第二卷（上册），呼和浩特1987年版，第161页。

现在以下几个方面。

第一,牧业生产合作社集中了人力、物力、财力,有力地采用新的技术设备和先进的生产措施进行各种基本建设,改进饲养管理。牧业生产合作社按公母牲畜予以适当分群,进行了分群管理和移场放牧。例如,乌兰奥都牧业合作社将繁殖母畜分成三群,到以往没有去过的牧场去放牧,因而抓到了满膘。很多牧业合作社建社以后,都充实了棚圈、水井等设备,都有了打草机,比较富裕的合作社还有了牛奶分离机、剪羊毛机等机械设备。从而能够有效地防御风雪、疫病等自然灾害,克服了分散经营的脆弱性,保障了畜牧业生产的发展。由个体牧民或互助组转入合作社以后,在正常情况下当年就能增产,在灾年也可较有效地战胜自然灾害。例如翁牛特旗1954—1955年都比互助组时增产了20%—30%。1954年春季试办的乌兰奥都、胡和勒泰、爱国、乌兰托克4个牧业合作社,到1955年牲畜的纯增殖率为13%,其中乌兰奥都合作社的纯增殖率27%,每个劳动力的人均收入为683元;胡和勒泰合作社的受胎率为94%,成活率达98%;平地泉行政区察右后旗乌兰格日勒合作社在1955年虽然遭到严重的自然灾害,但是和当地互助组比较,死亡率低10%—15%,幼畜成活率比当地互助组高11%—29%。[①]再如,1949年,翁牛特全旗因狼害损失大小牲畜11271头(只)。牧业合作社建立起来以后,加强了打狼组织,使得社中牲畜基本上不再受狼害,并且带动互助组和单干牧民开展了打狼运动。1954年全旗狼害损失降到912头,比1949年减少92%。[②]

所以建社提高了生产效益,提高了牲畜增殖率。例如,昭乌达盟翁牛特旗红光一社、红旗一社,各种母畜繁殖率比当地牧民自养的提高1.5%,死亡率减少10.9%。该旗12个社的配种受胎率都在95%以上。红旗、红星二社在100%。到1954年末,牲畜头数比刚建社的时候增加47%,纯增殖率提高8.7%,并且提高了牲畜质量。[③]再如,昭乌达盟全盟牲畜总头数在1957年的

① 《翁牛特旗建立十二个畜牧业生产使牲畜大为发展起来》(1955年9月20日),内蒙古党委政策研究室、内蒙古自治区农业委员会编印:《内蒙古畜牧业文献资料选编》第二卷(上册),呼和浩特1987年版年,第161、161—163页;程海洲、张秉铎:《内蒙古畜牧业》,内蒙古人民出版社1957年版,第63—64页。

② 《翁牛特旗建立十二个畜牧业生产使牲畜大为发展起来》(1955年9月20日),内蒙古党委政策研究室、内蒙古自治区农业委员会编印:《内蒙古畜牧业文献资料选编》第二卷(上册),呼和浩特1987年版,第163页。

③ 《翁牛特旗建立了十二个畜牧业生产合作社使牲畜大为发展起来》(1955年9月20日),内蒙古党委政策研究室、内蒙古自治区农业委员会编印:《内蒙古畜牧业文献资料选编》第二卷(上册),呼和浩特1987年版,第161—163页。

3516081头（只）的基础上，1958年发展到4000000头，纯增14%。①

第二，牧业生产合作社不仅解决了劳动力不足的困难，而且还有余力从事副业生产，把合作社内多余的劳动力适当地投入到打草、运输、种植农作物等，逐步实现多种经营，增加了牧民收入，发挥了牧民积极性和劳动潜力。例如，1956年，翁牛特旗75个牧业合作社根据实际情况与勤俭办社的方针，全面安排了生产，普遍建立了副业队，开展了以畜牧业生产为中心的多种经营方式。多种经营的范围包括盖棚、编笆、打井、割草、种菜、造防风林、运输等方面，使社内生产逐步做到农林牧结合，互相支援。增加了社员收入。例如，昭乌达盟翁牛特旗4个牧业合作社1954年副业收入5400元，增加22.7%。②再如，1955年原胡和勒泰、乌兰奥都、爱国、乌兰托克4个合作社的副业收入达到34000多元，占合作社总收入的47.6%。③

第三，牧业生产合作社建立后，解决了定居与移场放牧的矛盾。游牧区的牧民以个体的经营方式进行生产，很难做到定居；定居区的牧民也因个体经营而无力进行移场放牧。但是牧业生产合作社由于适当的组织了人力和物力，做到了定居，在定居地址搭盖了固定的棚圈，做到了移场放牧、划分四季牧场和打草场，建立了饲料基地，开辟了小块菜园等，合作社更有利于定居的推行，也更有利于牧民的长远建设。

第四，牧业合作社在国家领导下，根据工农业发展需要，打破保守思想，进行品种改良，使用割草机等新机械和发展小型牛乳加工业等，增加工业原料，巩固工农联盟。以昭乌达盟翁牛特旗为例，国营种蓄场有荷兰牛27头、短角牛7头、美利奴细毛羊190只，帮助合作社配种。1952年帮助召克图牧业合作社配种母绵羊42只，1953年产仔42只。1953年又配种91只，1954年产仔72只，并且成活率达100%，幼仔健壮。④再如，呼伦贝尔盟陈巴尔虎旗原胡和勒泰合作社用三河牛对蒙古牛进行杂交改良；察右后旗乌兰格日勒社在国营种畜场的帮助下，有62%的蒙古羊用茨盖羊进行了杂交改良。⑤

① 中共昭乌达盟盟委：《昭乌达盟牧业生产和牧业社会主义改造情况报告》（1958年6月28日），内蒙古档案馆藏，资料号：11—12—394。

② 《翁牛特旗建立十二个畜牧业生产使牲畜大为发展起来》（1955年9月20日），内蒙古党委政策研究室、内蒙古自治区农业委员会编印：《内蒙古畜牧业文献资料选编》第二卷（上册），呼和浩特1987年版，第162—163页。

③ 程海洲、张秉铎：《内蒙古畜牧业》，内蒙古人民出版社1957年版，第64页。

④ 《翁牛特旗建立十二个畜牧业生产使牲畜大为发展起来》（1955年9月20日），内蒙古党委政策研究室、内蒙古自治区农业委员会编印：《内蒙古畜牧业文献资料选编》第二卷（上册），呼和浩特1987年版，第164页。

⑤ 程海洲、张秉铎著：《内蒙古畜牧业》，内蒙古人民出版社1957年版，第65页。

第五，牧业合作社成立之后，不但改变了牧民们过去独自生活、不多来往的习惯，而且牧民文化、卫生水平逐渐提高。例如，昭乌达盟翁牛特旗召克图合作社，合作社化运动之前，只有2人能写简单的字，其余都是文盲。到1955年，有23名社员脱离了文盲状态，其中有7人能写简单的书信，能看懂蒙古文报纸。①

第六，牧业生产合作社都积累了公共财产，增加了合作社的社会主义因素。牧业社都有公共的打搂草机、优良种畜、棚圈和一部分繁殖母畜、役畜等。据乌兰奥都、胡和勒泰、爱国、乌兰托克4个牧业合作社的统计，有公有牲畜282头（只），其中胡和勒泰、乌兰托克，所积累的公积金和股份基金已达30000多元。②这些公共积累为巩固合作社和发展合作社生产奠定了物质基础，更多的增加了合作社的社会主义因素。同时，建立起来的牧业合作社都逐渐积累了公积金和公益金，分别用于牲畜的防疫设备和防疫费用，添置小型器械以及社员的福利事业，有效克服了分散经营时代的脆弱性，保证了畜牧业的健康发展。

（二）乌兰毛都努图克事例

乌兰毛都努图克牧区1956年1月全牧区实现了合作社化。至1958年6月，乌兰毛都努图克牧区建立牧业合作社13个，公私合营牧场4个，入社入场牧户占总户数的99.2%。③乌兰毛都努图克畜牧业合作社化的蓬勃发展，使个体经济的旧方式变为集体经营的社会主义生产方式，个体所有制变为集体所有制，发挥了社员的劳动积极性和创造性，促进了畜牧业生产的发展，现实牧业生产合作社的优越性。其主要有如下几个方面：

第一，合作社化能够有计划地进行畜牧业生产，畜牧业生产有了统一计划，劳动有了统一调配，为过冬、过春以及接羔等重要环节的工作做了及时、充分的准备。1956年秋季，乌兰毛都努图克贮草36000000多斤，备料2690000斤；1957年秋季贮草27000000斤，备料115399斤，盖圈973个，搭棚1620间。所以在冬季乌兰毛都努图克牲畜膘都保持在七成以上，并顺利转入接羔时期。在接羔期，首先充分安排了人力物力，参加春季接羔的劳动力747人，被分配到162个接羔处，每个"套包"配备了劳动力7—9人，骑用马

---

① 《翁牛特旗建立十二个畜牧业生产使牲畜大为发展起来》（1955年9月20日），内蒙古党委政策研究室、内蒙古自治区农业委员会编印：《内蒙古畜牧业文献资料选编》第二卷（上册），呼和浩特1987年版，第164页。

② 程海洲、张秉铎：《内蒙古畜牧业》，内蒙古人民出版社1957年版，第65—66页。

③ 中共科右前旗乌兰毛都苏木委员会：《乌兰毛都牧区生产发展情况》（1958年6月7日），科右前旗档案馆藏，资料号：67—1958—3。

3—4匹,役牛2—3头,勒勒车2—3台,储备的洋草75000—80000斤,饲料3000斤。所以1958年的畜牧业生产取得丰收,仔畜成活数达52941头(只),幼畜成活率达97.8%。实现了"党政齐动手,全民总动员,大干五十天,战胜各灾害,保证不死畜,安全渡过春"的保羔口号①。

第二,实现合作社化后,改善了乌兰毛都努图克牧区畜牧业经营管理。

(1)合作社化后,合理组织管理牧群,羊群1000—1200只,马群250—300匹,牛群200—250头,并做到了畜不离群,人不离畜的放牧方法。

(2)合作社化后,合理调整了公母畜比例,种牛1:15头,种马1:17匹,绵羊1:35只,山羊1:40只,使适龄母畜空怀大大减少。例如,1957年各类母畜受胎率达到马85%,绵羊99%,山羊100%。同时,有计划地进行了牲畜品种改良,取得了一定的成就,至1958年由三河种公马28匹、三河种公牛74头,为其后发展牧区改良工作打下了良好的基础。

(3)合作社化后,广泛开展了"以牧为主,农牧结合"的多种经营方式。例如,1956年不影响生产的前提下开垦300垧,加上熟地共耕种630.5垧,生产粮食1800石,解决了努图克牧区人口全年口粮的三分之一;还经营了园田,种植了蔬菜;抽出人力和物力进行了副业生产,全年收入90000余元,占总收入的15.3%,折羊(每只羊以15元计算)可值6000只。特别是呼格吉勒图牧业合作社,以牧为主开展了多种经营取得显著成就:春营接羔时集中一切力量投入接羔工作,在整个"套包"均配备了有技术的劳动力9—11人。接羔工作结束后,每个"套包"配备了有放牧技术的劳动力3人,走"敖特尔"多余劳动力全部转入农业生产上。夏季农业生产结束后立即转入打草、搭棚、盖圈等工作。该合作社1956年种植耕地75垧,生产粮食333石,除了纳公粮(80000斤),合作社内所需的种子、口粮、饲料等绝大部分自给。还种植土豆、白菜、芋等。例如,芋生产量达1500斤,除了解决了社员一年需要之外,还卖出一部分。冬季打完场后抽出大批劳动力进行打车、打野猪等副业生产,其收入701034元,占总收入(3361094元)的30%,折羊467只,占牲畜纯增数(906只)的51%。

(4)合作社化后,合理调剂了四季牧场,合作社、牧场具体划分了放牧场。在放牧时有领导有计划地组织牲畜放牧,解决了争夺牧场的纠纷问题。四季牧场的安排是夏季北上,秋季中部,冬季南下,春季在定居点附近春营接羔与放牧。从而克服了远征放牧的问题,1956年开始,走"敖特尔"最远的

---

① 中共科右前旗乌兰毛都苏木委员会:《乌兰毛都牧区生产发展情况》(1958年6月7日),科右前旗档案馆藏,资料号:67—1958—3。

没有超过250—300里。其中,乌兰奥都、图布格日勒、呼格吉勒图牧业合作社的具体放牧方法有:①在夏季天气炎热、蚊子过多时北上走"敖特尔"放牧。②在秋季天气凉热适宜、抓膘的季节,采取移场放牧的方法,到水草好的地方去游牧。到秋后,移到农区秋收过的农田,使畜群能够吃到残留的各类农作物。③在冬季草木枯干、气候寒冷时,各类适龄母畜全部受了胎,做好保膘保胎工作,使畜群安全过冬。④春季是多风多雪、天气寒冷多变、青黄不接的季节,牲畜走路少、吃草多,所以延长放牧时间,早出晚归。

(5)合作社化后,培养了防疫技术人员80人,分布在各个合作社和牧场,大大控制和减少了牲畜疾病的发生。①

第三,合作社化进一步打下了定居游牧的基础。努图克牧区当时虽然有了30多年定居的历史,但过去只是建造简单的柳条编制的房舍、"套包"等。合作社化后随着生产力的发展与生产关系的改变,逐步实现了建筑土平房屋居住的目标。至1958年99%以上的牧户建造了质量较好的土平房、石头房舍。由于牧民生活条件的改变,卫生事业也发展了,牧区人口逐渐增多。乌兰毛都努图克的人口,由1949年的2685人,增加到1958年的6525人,增加了30.6%。②这样扭转了在过去遗留下来的疫情多、死亡大,特别是梅毒和妇女疾病残害牧民的局面。定居也给牧民带来了文化生活上的有利条件,所以到1959年乌兰毛都努图克牧区设立9所初小,2所完小,5所民办小学,入学适龄儿童占儿童总数的80%。牧区一部分男女青年不仅能读蒙古文报纸,而且达到能够计工记账的程度。③

第四,由于牧业合作化的发展,原来的个体经营的旧的生产方式,变为集体经营的社会主义生产方式,个体所有制变为集体所有制,调动了社员的劳动积极性,发挥了社员的生产创造性,牧业合作社增加了牲畜,增加了社员收入,提高了社员的生活水平。1956年,乌兰毛都努图克各类牲畜纯增值率达12.7%,8个牧业合作社中3个牧业合作社每个劳动日分配200—260元,4个牧业合作社每个劳动日分配150—200元,1个合作社每个劳动日分配130元,以户计算80.8%的牧户不同程度地增加了实际收入。1957年,乌兰毛都努图克幼羔羊保育成活率达97.03%,纯增率以6月末统计达17.2%。

① 中共科右前旗乌兰毛都苏木委员会:《乌兰毛都牧区生产发展情况》(1958年6月7日),科右前旗档案馆藏,资料号:67—1958—3。

② 中共科右前旗乌兰毛都苏木委员会:《乌兰毛都牧区生产发展情况》(1958年6月7日),科右前旗档案馆藏,资料号:67—1958—3。

③ 中共科右前旗乌兰毛都苏木委员会:《乌兰毛都牧区生产发展情况》(1958年6月7日),科右前旗档案馆藏,资料号:67—1958—3。

同年的收益情况:图布格日勒牧业合作社每个劳动日3.06元,乌兰奥都牧业合作社每个劳动日2.60元,勿布林牧业合作社每个劳动日2.50元,阿其郎图牧业合作社每个劳动日2.70元,呼格吉勒图合作社每个劳动日2.30元,满族屯牧业合作社每个劳动日2.00元,好力宝牧业合作社每个劳动日1.26元,满都拉图牧业合作社每个劳动日2.10元。以户计算85%的牧户增加了实际收入。[①]

由于牧业合作社化的优越,提高了牧民生活水平,仅以肉食量来看,由1955年每口人1.5只羊,增加到1956年的2只羊,1957年的2.5只羊。以购买力来看,购进棉布由1955年的1215匹,增加到1956年的1589匹,1957年的1721匹;购进砖茶由1955年的8290块,增加到1956年的12030块。[②]

第五,牧业合作社积累了公共财产。1956—1958年乌兰毛都努图克增添了胶轮车(3台)、花轮车(18台)等新的交通工具,已有牲畜18匹马、8头牛、729只绵羊、10个套包以及小型生产工具等。[③]

上述情况说明,牧业生产合作社在内蒙古牧区的经济、政治上和文教卫生上都充分显示了优越性,这些优越性吸引着广大的牧民,起了应有的示范作用,为广大牧民所衷心拥护。

四、和平改造发挥了牧主发展畜牧业生产的积极性

如上所述,内蒙古牧区合作社化进程中实施定息政策,具有重要的历史意义。

首先,通过建立公私合营牧场,把带有资本主义性质的牧主个体经济改造成为社会主义性质的经济,完成了牧区社会主义改造。牧主与国家建立公私合营牧场之后,入场的牧主牲畜就成为社会主义性质的经济,公私合营牧场付出工资、生产费和股份利息后的收入就成为社会主义积累。

其次,在牧主社会主义改造过程中,全面正确地贯彻执行了"依靠贫困牧民,团结中等牧民,逐步改造牧主"的牧区阶级政策。同时,对牧主实行了"团结、教育、改造"方针。[④]这些方针、政策的实施,为内蒙古牧区社会的长

---

① 中共科右前旗乌兰毛都苏木委员会:《乌兰毛都牧区生产发展情况》(1958年6月7日),科右前旗档案馆藏,资料号:67—1958—3。

② 中共科右前旗乌兰毛都苏木委员会:《乌兰毛都牧区生产发展情况》(1958年6月7日),科右前旗档案馆藏,资料号:67—1958—3。

③ 中共科右前旗乌兰毛都苏木委员会:《乌兰毛都牧区生产发展情况》(1958年6月7日),科右前旗档案馆藏,资料号:67—1958—3。

④ 《关于公私合营牧场的几个问题》(1962年),内蒙古档案馆藏,资料号:11—16—197。

期稳定与和谐,奠定了坚实的基础。

再次,定息政策的实施,兼顾了合营牧场的利益和牧主的利益,发挥了牧主发展畜牧业生产的积极性及利用了牧主从事畜牧业生产的丰富的经验。内蒙古牧区公私合营牧场贯彻了畜牧业生产作为公私合营牧场经营主体的"以牧为主"生产方针,"多劳多得,按劳分配"的原则和"按活记工,按工付酬,超产奖励"的评工计分制度。[1]所以内蒙古公私合营牧场的畜牧业生产取得了显著的发展。据内蒙古70余个公私合营牧场统计,牲畜数量由1958年初635355头(只),年末达到771600头(只),总增31.17%,纯增21.44%;到1959年9月的牲畜数量达1000000头(只)以上。[2]以锡林郭勒盟公私合营牧场为实例,1961年大小牲畜达到415838头(只)。[3]为满足国家和人民对畜牧业生产的大量的、高速度发展的需求,做出了贡献。

最后,丰富、积累了内蒙古牧区工作的成功经验。对牧主的社会主义改造中,鉴于个体的游牧的畜牧业经济有着很大的脆弱性与不稳定性,鉴于在民主改革期(土地改革时)有些盟由于政策上的偏差而使牲畜严重损失的教训,内蒙古党委坚持了"在保证畜牧业生产的发展中逐步实现畜牧业的社会主义改造"的根本原则。因为畜牧业经济的主要生产资料之一的牲畜,是不同于其他生产资料的,它是一种活的有生命的东西,它既是生产资料也可作为生活资料,搞不好,牧民没有了生产的积极性,不注意照管自己的牲畜,一场大风雪或大疫病就可能使成千成万头的牲畜遭受死亡,也可能造成大量的宰杀和破坏,而且在受到损失后短期内不易恢复。对于个体的畜牧业经济的这些特点,即使是在全国城乡社会主义改造运动高潮的影响下,内蒙古党委也依旧重视牧区的具体情况,强调在保证畜牧业生产稳定的发展中逐步实现社会主义改造,克服了不根据具体情况生搬硬套的错误做法,使畜牧业生产在社会主义改造中得到了稳定的发展。

小　结

经过1949—1952年四年时间,国民经济得到恢复,在社会主义过渡时

---

[1]　内蒙古党委农牧部:《关于全区公私合营牧场工作会议的报告》(1959年9月13日),内蒙古档案馆藏,资料号:11—13—253。

[2]　内蒙古党委农牧部:《关于全区公私合营牧场工作会议的报告》(1959年9月13日),内蒙古档案馆藏,资料号:11—13—253。

[3]　《关于公私合营牧场的几个问题》(1962年),内蒙古档案馆藏,资料号:11—16—197。

期,党在内蒙古牧区工作的核心任务是,实现畜牧业的社会主义改造。内蒙古党委和政府,从牧区的畜牧业的恢复和发展状况、牧区阶级阶层及其变化状况、牧主经营的重要性等方面,对个体牧民经济进行了互助合作社化,使个体牧民经济转变为牧业合作社集体经济;对牧主经济进行类似对国家资本主义的改造方法改变为国家所有制,组织牧主加入公私合营牧场,对牧主加入公私合营牧场的牲畜价款每年支付定息。

在牧区社会主义改造过程中,内蒙古各级党委和政府,客观地分析、总结了内蒙古畜牧业社会主义改造过程中出现的问题及其原因,贯彻执行了"依靠劳动牧民,团结一切可以团结的力量,在稳定发展生产的基础上,逐步实现对畜牧业的社会主义改造"的方针。具体采取了在一定时期内只办初级形式、规模小的牧业合作社,保证增畜增产,妥善解决国家、集体、个人利益的关系的办法。同时采取了加强牧区水利建设,进行勒草原勘察规划,改良牲畜品种,提高牲畜质量,加强兽医防治,正确掌握生产积累和消耗的比例,加强对畜牧业的领导等具体措施。

这些方针、办法、措施的实施,使内蒙古牧区畜牧业生产得到了稳定、持续的发展,不仅使牧民生活得到改善,而且为其他省区提供了大量的役畜、肉畜,为国家工业建设提供了大量毛绒等工业原材料。另一方面,通过社会主义改造建立的牧业生产合作社,把分散的个体牧业经济转变合作社集体经济,充分发挥了牧民群众的生产积极性和劳动潜力,改善了经营管理办法,提高了科学饲养技术,提高了牲畜增殖率,制定了分工分业的规划,能充分发挥牧民劳动潜力,增强了牧民防疫和抗灾保畜工作能力,显出牧业合作社的优越性。

第三章　内蒙古牧区人民公社化的实现及其巩固建设与调整

与全国农村人民公社化同步，内蒙古牧区人民公社化实现于1958年。在20世纪60年代国民经济调整时期，内蒙古牧区对人民公社的体制与规模进行了调整，使内蒙古牧区畜牧业经济得到了长期稳定的发展，也支援了国家建设和其他省区。

第一节　内蒙古牧区人民公社化

一、内蒙古牧区人民公社化的实现

早在1955年农业合作社运动高潮中，毛泽东就萌发了由"小社"并"大社"的思想。在农村农田水利建设中，出现了一些社与社之间的矛盾时，毛泽东又提出办大社的问题。1958年4月发布中共中央《关于把小型的农业合作社适当的并为大社的意见》，各地开始了并社的工作。8月，毛泽东到河北、河南、山东农村视察时称赞人民公社好。同月，中共中央在北戴河召开的政治局扩大会议通过了《中共中央关于在农村建立人民公社问题的决议》，决定在全国农村普遍建立人民公社。人民公社化运动正式开始于1958年9月，[1]至10月底，全国农村基本上实现了人民公社化。[2]少数民族地区农村人民公社化进程与一般汉族地区同步。从1958年9月到12月末，甚至有些

---

[1]　关于人民公社运动背景、进程等，详细参照安贞元：《人民公社化运动研究》，中央文献出版社2003年版；宋连生：《总路线、大跃进、人民公社化运动始末》，云南人民出版社2002年版。

[2]　据1958年11月初统计，占全国农民99.1%的，1.296亿户，加入了26500多个人民公社，每个人民公社平均4766户（参见《人民日报》1958年11月31日）。

尚未完成民主改革，或虽已完成民主改革，但刚刚组织初级合作社，[①]甚至互助组的少数民族农牧区，也在"跑步进入共产主义"的口号下，实现了"公社化"。[②]

同样，1958年9月21—29日，内蒙古建立了465个农村人民公社。10月，由1528499农户组成的11049个农业生产合作社，建立了803个农村人民公社，实现了农村人民公社化。[③]内蒙古农村人民公社最小规模为200户，最大规模为14000户。[④]每个农村人民公社平均1903户，是农业生产合作社（平均13户）的14倍。同时，建立了12353个公共食堂、19067个托儿所和幼儿园、2063个缝纫组。[⑤]

随着全国性的人民公社化运动的展开，内蒙古牧区人民公社化也拉开了序幕。1958年6月20日至7月9日，在锡林浩特召开内蒙古党委第七次全区牧区工作会议，围绕两条路线斗争、合作化、生产建设等问题进行了热烈的讨论。巩固和发展社会主义制度，是会议讨论的中心议题之一。乌兰夫做了题为《鼓足干劲，力争上游，多快好省地建设社会主义的新牧区》的会议总结报告，主要内容可概括为以下几点：

第一，报告首先指出，总路线下的新的革命任务是："在继续完成经济战线、政治战线和思想战线的社会主义革命的同时，积极实现技术革命和文化革命，把我国建设成为一个有现代工业、现代农业和现代科学文化的社会主义国家"。[⑥]进一步指出了总路线下的内蒙古牧区最主要的任务是：继续完成畜牧业的社会主义改造，巩固和发展畜牧业经济的社会主义制度；加强党的领导，继续开展两条路线的斗争，积极完成政治、思想战线上的社会主义

---

① 1957年底，全国牧区的社会主义改造尚处在起步阶段，牧区加入合作社的户数占牧区总户数的比重，内蒙古、新疆和青海分别为27%、38%和18%，而发展慢的甘肃和四川只有3%和0.2%[参见《当代中国》丛书编辑部：《当代中国的民族工作》（下册），当代中国出版社，1993年，第79页]。

② 1958年9月，广西壮族自治区基本实现了农村人民公社化，全区已建成大型人民公社918个，入社农户占总农户的97%以上；1958年10月，宁夏回族自治区基本实现了农村人民公社化，全区已建立农村人民公社157个，入社农户31万多户，占全区农户的95.91%；1958年10月，新疆维吾尔自治区和宁夏回族自治区实现了农村人民公社化（参见《广西日报》1958年9月16日，《人民日报》1958年10月24日，《当代中国的民族工作》编辑部：《当代中国民族工作大事记1949—1988》，民族出版社1989年版，第122—124页）。

③ 《内蒙古日报》，1958年9月30日。

④ 《内蒙古日报》，1958年10月9日。

⑤ 《内蒙古日报》，1958年10月9日。

⑥ 《鼓足干劲，力争上游，多快好省地建设社会主义新牧区——乌兰夫同志在第七次牧区工作会议的总结报告》（1958年7月7日），内蒙古档案馆藏，资料号：11—12—146。

革命;积极实现技术革命和文化革命,高速发展畜牧业生产;实现农牧结合,大力发展工业,逐步消除牧区与一般地区的基本差别。①

第二,报告提出,继续完成对畜牧业的社会主义改造。认为畜牧业的初级形式合作化,只是实现了半社会主义性质的合作化,还需要过渡到完全社会主义的合作化。初级合作社,在政治、经济、组织上得到完全巩固之后,才能逐步转变为高级合作社。因此,巩固大量初级合作社是当时的迫切任务,妥善解决合作社内部的矛盾——集体制度和私有经济的矛盾;社会主义思想和非社会主义思想的矛盾;生产"大跃进"和合作劳动组织、基本建设方面不相适应的矛盾;牲畜少劳动力多和牲畜多劳动力少的社员之间的利益上的矛盾;领导和社员之间矛盾。适当解决这些矛盾,可以使生产关系适应生产力的发展,可以使上层建筑比较适应经济基础的需要,可以在合作化的基础上实现畜牧业生产的高速发展。②

第三,报告提出,合作社的规模必须适应生产"大跃进"的需要,合作化的目的就是解放生产力,组织大规模的生产。过去提倡办小社,生产"大跃进"的形势下,合作社的规模过小不适合生产力的发展,因此有必要扩大合作社规模。合作社规模大小,应照顾到牧场、居住条件,以利于生产和便利领导为原则。大社一般在50—80户,根据各地情况也可略大一点或略小一点。初办的合作社一般以20—30户为宜,同时也可以一个社为中心组织几个小社建立联社,准备将来合并。③

第四,报告提出试办高级合作社。指出初级合作社转为高级合作社问题,允许各旗在生产发展得好的老合作社试办。高级合作社化的标准是大部分牲畜转归集体所有制,实行按劳分配的原则。具体可以使用以下几种办法:逐步降低分红比例的办法;大量发展公有牲畜,在一定时期使公有牲畜数超过入社牲畜数,再采用适当方式,把入社牲畜转归合作社集体所有;采用作价归社,付给固定利息的办法把利息降低到一定比例。④

同时指出,无论采取哪种办法,在高级合作社中仍然允许社员保留少

① 《鼓足干劲,力争上游,多快好省地建设社会主义新牧区——乌兰夫同志在第七次牧区工作会议的总结报告》(1958年7月7日),内蒙古档案馆藏,资料号:11—12—146。
② 《鼓足干劲,力争上游,多快好省地建设社会主义新牧区——乌兰夫同志在第七次牧区工作会议的总结报告》(1958年7月7日),内蒙古档案馆藏,资料号:11—12—146。
③ 《鼓足干劲,力争上游,多快好省地建设社会主义新牧区——乌兰夫同志在第七次牧区工作会议的总结报告》(1958年7月7日),内蒙古档案馆藏,资料号:11—12—146。
④ 《鼓足干劲,力争上游,多快好省地建设社会主义新牧区——乌兰夫同志在第七次牧区工作会议的总结报告》(1958年7月7日),内蒙古档案馆藏,资料号:11—12—146。

量自留牲畜。自留多少,由试办地区的旗委根据社员的意愿商定。试办高级合作社由盟批准。①由此可以看出,内蒙古党委对于建立高级合作社是谨慎的。

上述报告,提出了由初级合作社向高级合作社转变的理论根据及其组织方法,并强调了其转变重要性。报告被内蒙古党委视为:"社会主义建设总路线在内蒙古牧区工作上的具体化,解决了内蒙古牧区社会主义改造和社会主义建设中一系列的根本性的问题,内蒙古牧区一定时期内的工作纲领",并号召各级党委、政府和党组织认真加以讨论并贯彻执行。②1958年7月31日,内蒙古党委发出指示、命令:"过去一切与此会议精神相抵触的法令,要照此修订或废除"。③

综上所述,可以说,到1958年7月末,总路线在内蒙古牧区的实施的主要内容之一是初级合作社转变为高级合作社,并且内蒙古党委对于建立高级牧业合作社是谨慎的。④可是《中共中央关于在农村建立人民公社问题的决议》发布之后,随着全国性的人民公社化运动的展开,内蒙古牧区人民公社化运动也拉开了序幕。

1958年8月中旬,内蒙古党委在通辽召开东部区盟、市委书记会议,8月下旬在呼和浩特召开西部地区盟、市委书记会议,开始研究建立大合作社、人民公社问题。8月31日,内蒙古党委召开盟、市委第一书记会议,要求积极地有秩序地领导人民公社化运动。

1958年9月9—10日,内蒙古党委召开盟、市委书记电话会议,就兴办人民公社问题作了政治思想动员。9月10—21日,内蒙古党委召开一届八次全委扩大会议。会议根据中共中央政治局北戴河会议精神和《中共中央关于在农村建立人民公社问题的决议》,研究了内蒙古地区大办人民公社问题,9月21日通过了《内蒙古党委关于实现人民公社化的初步规划的决议》(以下简称《决议》)。

首先,《决议》指出,人民公社是农村、牧区人民的共同方向。随着生产

---

① 《鼓足干劲,力争上游,多快好省地建设社会主义新牧区——乌兰夫同志在第七次牧区工作会议的总结报告》(1958年7月7日),内蒙古档案馆藏,资料号:11—12—146。

② 《鼓足干劲,力争上游,多快好省地建设社会主义新牧区——乌兰夫同志在第七次牧区工作会议的总结报告》(1958年7月7日),内蒙古档案馆藏,资料号:11—12—146。

③ 内蒙古党委《关于第七次牧区工作会议向中央的报告》(1958年7月31日),内蒙古档案馆藏,资料号:11—12—157。

④ 《鼓足干劲,力争上游,多快好省地建设社会主义新牧区——乌兰夫同志在第七次牧区工作会议的总结报告》(1958年7月7日),内蒙古档案馆藏,资料号:11—12—146。

的发展和牧民群众觉悟的提高，牧业地区也要逐步举办人民公社。但是，由于牧业地区1958年才实现合作化，大多数合作社建立不久，需要整顿；同时，农业人民公社化运动才开始，缺少成熟经验。因此，1958年内牧区暂不举办人民公社。①

其次，《决议》提出，牧区虽暂不办人民公社，但是工、农、商、学、兵合一的若干内容，可以逐步充实到合作社中去的方针。其大体做法是：畜牧业还继续用当时各合作社采用的办法，但是可以以一个社或联合社为中心，扩大合作社的工业生产，建立商店，办学校，组织民兵，以及办可能的为牧民群众迫切要求的某些福利事业，以促进畜牧业的高速发展。同时，强调所有这些，都必须有利于畜牧业的高速发展，而不能妨碍生产的发展。②

可见，以上政策、方针是内蒙古党委结合内蒙古畜牧业合作社化的进展状况以及所产生的问题等提出的。但是会后内蒙古牧区由于受到农村人民公社化运动的冲击，同样掀起了牧区人民公社化的高潮。

例如，1958年9月23日，锡林郭勒盟正蓝旗建立起内蒙古全区第一个牧区人民公社——上都河人民公社，当时被誉为"共产主义之花"。同年12月，锡林郭勒盟将616个牧业生产合作社和24个公私合营牧场合并为36个人民公社、11个公私合营牧场，入社牧户占全盟总牧户的99.8%，在内蒙古牧区率先实现了人民公社化。③

例如，1958年11月，伊克昭盟杭锦旗牧区阿色朗图和哈老柴登两个苏木建成人民公社，原有的20个合作社的1766户（7658人）牧民已经全部加入人民公社。该牧区人民公社有大小牲畜104116头（只），其中，小牲畜96662头（只），大牲畜7454头（只）。④

再如，1958年11月建立的呼伦贝尔盟新巴尔虎右旗达赖人民公社，是由11个牧业生产合作社、2个公私合营牧场合并两次而成，共414户（1804人），是一个由蒙古族、汉族、达斡尔族、满族、鄂温克族等民族组成的多民族

① 《内蒙古党委关于实现人民公社化的初步规划的决议——内蒙古党委召开一届八次全委扩大会议通过》（1958年9月27日），《内蒙古日报》1958年9月27日。

② 《内蒙古党委关于实现人民公社化的初步规划的决议——内蒙古党委召开一届八次全委扩大会议通过》（1958年9月27日），《内蒙古日报》1958年9月27日。

③ 内蒙古自治区畜牧业厅修志编史委员会编著：《内蒙古畜牧业发展史》，内蒙古人民出版社2000年版，第158—159页。

④ 《暴彦巴图同志关于牧区人民公社当前的情况、存在的问题和解决意见的报告》（1959年1月26日），内蒙古党委政策研究室、内蒙古自治区农业委员会编印：《内蒙古畜牧业文献资料选编》第二卷（上册），呼和浩特1987年版，第468页。

人民公社。①

内蒙古牧区人民公社的一个特点,就是由多民族构成。例如,伊克昭盟杭锦后旗永胜人民公社全社由原来的3个乡的22个高级农业生产合作社组成的多民族人民公社。1959年有蒙古族、汉族、回族社员5434户,23831人。②再如,哲里木盟科左中旗架码吐人民公社,是在蒙古族、汉族杂居区办起来的一个规模较大的人民公社,蒙古族、汉族人民共有44500余人,其中蒙古族有18000多人。③

至1958年末,内蒙古牧区牧民79334户(占总牧户的94%),分别加入了152个牧区人民公社(见表3—1);至1959年春,内蒙古牧区牧民全部加入了牧区人民公社。④

表3—1　内蒙古牧区人民公社情况(1958年末)

地区	人民公社数	参加牧民户数
内蒙古牧区	152	79334
呼伦贝尔盟	28	7380
哲里木盟	3	1447
昭乌达盟	28	22686
锡林郭勒盟	34	21514
乌兰察布盟	20	5007
伊克昭盟	23	12256
巴彦淖尔盟	16	9044

资料来源:内蒙古自治区统计局:《内蒙古自治区国民经济统计资料(1947—1985)》内部资料。

在内蒙古牧区人民公社进程中,1958年9月21日通过的《内蒙古党委关于实现人民公社化的初步规划的决议》明确规定"农业人民公社化运动才开

---

① 中共内蒙古自治区委员会调查组:《达赖湖畔的新面貌——内蒙古新巴尔虎右旗达赖人民公社调查》(1960年5月10日),新华通讯社编印:《农村人民公社调查汇编》上册,第186页。

② 中共内蒙古自治区委员会调查组:《阴山红日——内蒙古杭锦后旗永胜公社一年巨变》(1960年5月10日),新华通讯社编印:《农村人民公社调查汇编》上册,第181页。

③ 中共内蒙古自治区委员会调查组:《蒙汉协作的强大威力——内蒙古科左中旗架玛吐人民公社的新景象》(1960年5月10日),新华通讯社编印:《农村人民公社调查汇编》上册,第191页

④ 《内蒙古日报》1959年1月19日。内蒙古自治区畜牧厅修志编史委员会编:《内蒙古畜牧业大事记》,内蒙古人民出版社1997年版,第92页。

始,缺少成熟经验。因此,1958年内牧区暂不举办人民公社"。①但是实际上内蒙古牧区人民公社化运动迅速发展,短短的几个月内实现了牧区人民公社化。其背景与要因有哪些呢?

第一,在"鼓足干劲,力争上游,多快好省地建设社会主义"总路线的指导下,伴随着全国范围内农村人民公社化的高潮来临,除西藏以外的所有少数民族牧区也被卷入到人民公社化浪潮之中。1957年底,全国少数民族牧区的社会主义改造尚处在起步阶段,牧区加入合作社的户数占牧区总户数的比重,内蒙古、新疆和青海分别为27%、38%和18%,而发展慢的甘肃和四川只有3%和0.2%。②但是从1958年9月到年底的短短几个月时间就实现了人民公社化。

第二,从少数民族广大干部和群众的内在原因来看,强烈希望在经济和文化上也能迅速地改变落后状态。走上社会主义合作化道路以后,农牧业生产都有较快的发展,他们认为只要大规模地把群众组织起来,在生产资料所有制上进一步提高公有化水平,并采取群众运动的办法,就能够快速建成社会主义,能够在较短的时间内达到或接近先进民族的发展水平。正是这种对社会主义前途的美好向往和迫切要求,以及改变贫困落后面貌的强烈愿望,构成了少数民族地区人民公社化运动的始发动力。

第三,政治上和思想上的强大压力。1957下半年至1958年之间,少数民族地区普遍开展了整风运动和反对地方民族主义运动。并在一些重大问题上,如关于民族的发展道路问题——是走社会主义道路,还是走资本主义道路;关于如何建设社会主义的问题——是执行"多、快、好、省"的路线,还是执行"少、慢、差、费"的路线;以及少数民族地区能不能"大跃进"等问题先后开展了群众性的大辩论。在辩论中,对于那些虽然赞成社会主义道路,但在社会主义建设的方式方法和发展进程上,主张按照不同民族和地区的特点及其他条件,从实际出发办事的正确意见被看作右倾保守思想,并给这些正确意见贴上所谓民族地区"特殊论""落后论""条件论""渐进论"等政治标签加以批判。③

例如,在内蒙古展开的整风运动、反对民族右派与地方民族主义斗争

---

① 《内蒙古党委关于实现人民公社化的初步规划的决议——内蒙古党委召开一届八次全委扩大会议通过》(1958年9月27日),《内蒙古日报》,1958年9月27日。

② 《当代中国》丛书编辑部:《当代中国的民族工作》(下册),当代中国出版社1993年版,第79页。

③ 《当代中国》丛书编辑部:《当代中国的民族工作》(下册),当代中国出版社1993年版,第127页。

中,关于在牧区和半农半牧区"禁止开垦,保护牧场"的政策没有能够得到彻底贯彻执行,被命名为"农牧矛盾论"加以批判;社会主义改造过程中,民族联合社内的蒙古族农民收入减少的意见被称为"反民族联合社论"加以批判。①这样一来,就形成了政治上、舆论上的一种压力。在这种压力下,正确意见不敢坚持,甚至也不敢提出了。

在这种"大辩论、大批判"的背景下,1958年9月下旬,在广西壮族自治区的三江侗族自治县举行由中共中央统战部和中央民族事务委员会主持的全国民族工作现场观摩会议,主要内容是批判民族工作中的所谓"右倾保守思想",目的是要把全国少数民族地区的"大跃进"和人民公社化运动进一步推向高潮。因此,在会议总结中着重强调,少数民族地区的大跃进不仅要有两条道路斗争的胜利作为基础,还要打破在建设速度上的右倾保守思想,彻底扫除"特殊论""落后论""条件论",并号召全国民族工作者和少数民族的广大干部和群众,要"解放思想,破除迷信"。②

1958年12月召开的第十一次全国统战工作会议,提出了"我国的社会主义民族关系,正在迅速地形成和发展。各民族之间的共同性越来越多,差别性越来越少,民族融合的因素正在逐步增长"的"民族融合论",并提出"要加速少数民族地区的社会主义建设,争取在今后15年、20年或者更长一点时间内,使少数民族能够在经济和文化方面先后赶上或接近汉民族的发展水平,共同建成社会主义"。③

这一"民族融合论"的依据是,只要坚持"大跃进"和人民公社的组织形式,落后的少数民族就能够很快赶上先进民族的发展水平。而民族间的差别,也将会在"大跃进"和人民公社的进一步发展中很快消失。当时在一些少数民族地区,主要是汉族人口占多数的民族杂居地区,刮起了一股"民族融合风",所谓民族间的"共同性越来越多,差别性越来越少"的说法,在民族工作者中一度成了主流论调。④

在少数民族地区当中,特别是内蒙古"民族融合风"最为强烈。例如,对

① 参见ボルジギン・リンチン:《反右派闘争におけるモンゴル人「民族右派」批判》,《アジア経済》第48卷第8号,2007年,第14页。

② 《当代中国》丛书编辑部:《当代中国的民族工作》(上册),当代中国出版社1993年版,第128页。

③ 《当代中国》丛书编辑部:《当代中国的民族工作》(上册),当代中国出版社1993年版,第131—132页。

④ 《当代中国》丛书编辑部:《当代中国的民族工作》(上册),当代中国出版社1993年版,第132页。

在"大跃进"运动和人民公社化运动中发生的问题,提出意见的人被贴上"反对三面红旗,反对社会主义制度,反对党的民族政策"的罪名,而受到批判和处分。[1]被批判、处分的干部的比例,约占受重点批判和处分干部的30%。例如,据呼伦贝尔盟新巴尔虎左旗、新巴尔虎右旗、鄂温克旗的统计,1958年以后29.5%的干部受过批判和处分。其中,新巴尔虎右旗有38.2%的干部受过批判与处分;1959年新巴尔虎左旗吉布胡郎吐人民公社干部58人中29人受到处分;陈巴尔虎旗处分12名干部,退职11名,占1959年全旗101名干部的23%。[2]不难想象,内蒙古牧区人民公社化的政治和思想的压力之大。

二、内蒙古牧区人民公社牲畜入社办法及畜股报酬

牲畜既是牧民的生产资料,也是生活资料。在牧区民主改革时,考虑到牲畜的这一特殊性与特点,实施了"三不两利"政策,没有像农区土地改革那样,进行牲畜再分配。在牧区社会主义改造时期的合作社化进程中,牧民的劳动报酬是依据牧民入社牲畜数和劳动力来计算,或者把入社牲畜换算成货币付给一定利息等方法进行的。依据牧民入社牲畜数量,进行收益分配的方法,从牧业合作社贯穿牧区人民公社时期。

牧区合作社和牧区人民公社的几种入社办法基本上是一样的,只是在以哪种办法为主这一点上有所不同。以牲畜入社统一经营取得畜股报酬、按劳分配的畜牧业生产合作社,在牲畜入社办法上一般采用了以下几种办法:第一种,母畜计头数入社,劳畜按比例分益和新"苏鲁克"办法;第二种,牲畜折股或评分入社,牲畜股报酬按劳动力、牲畜的比例分益;第三种,牲畜

---

[1] (1)对于人民公社化、大办钢铁、市场供应等工作中,以及在执行民族政策中存在的问题与缺点,提出过意见或批评的人,被当成攻击"三面红旗",而受到批判、处分;(2)因不赞成公共食堂、供给制,主张或要求自留地、自留牲畜的人,被当成反对"三面红旗",而受到批判、处分;(3)因为对"五风"(共产风、浮夸风、命令风、干部特殊风、瞎指挥风)错误提出意见,或抵制"五风"错误的人,被当成反党、反领导,而受到批判、处分;(4)因为对高指标提出意见,或因为领导布置任务过大,经过努力仍无法完成,被当成"右倾""白旗"(非社会主义思想),而受到批判、处分;(5)因为写信或口头上以及会议讨论中,向组织如实反映群众生产、生活中存在的问题,以及反映群众意见和要求,被当成否定成绩,否定"大跃进",而受到批判、处分;(6)因为揭发或批评某些领导干部作风上的错误,被当成反党、反领导,而受到批判、处分;(7)本人没犯错误,只是因为家庭出身或本人成分是富裕中农、富裕牧户,而受到批判、处分[《内蒙古党委组织部、检查委员会关于最近几年来受过批判和处分的干部、党员的甄别工作意见》(1961年1月15日),内蒙古党委学习编委会编:《学习》第340期,内蒙古档案馆藏,第15页]。

[2] 中共呼伦贝尔盟委员会:《关于牧区干部工作情况及改进意见的报告》(1962年11月12日),内蒙古党委学习编委会编:《学习》第368期,内蒙古档案馆藏,第20页。

作价入社,付给固定利息;第四种,牲畜作价入社,分期偿还。同时,允许一个社内几种办法同时兼用。[①]

这几种办法都是依据牧民的接受程度,牧民亲身体验和集体经济巩固程度,在不同阶段分别采用的。第一种办法在合作社初期最受牧民欢迎,是大量、普遍存在的。第二种办法也有部分地区采用。第三种办法很少采用,到1958年冬人民公社时才普遍采用。第四种办法只作为辅助办法(对耕畜、种畜),群众不表示欢迎。

所有制改变的程度上,合作社时多采用第一种办法。开始入社牲畜较少,占牧民所有牲畜的40%—50%,在全面合作社化后才把牧民90%以上的牲畜纳入合作社。[②]但是纯增的牲畜归谁的问题还没有解决。当初由于采用了母畜入社、仔畜比例分红、其余牲畜由畜主出代放费的办法,不仅原入社牲畜为个人所有,而且每年纯增的牲畜也大部分不能变为集体所有。

采用第二种办法的合作社,原入社的和纯增的牲畜已转为社有。但是由于牲畜既是生产资料,又是生活资料和产品,所以所有制的改变程度上就不完全取决于牲畜的入社办法,增殖牲畜的收益分配在其中也起一定的作用。有些社把口齿增益也算为收入,实际上是把纯增算为收入,当作社员生活费用分给社员,而社员也不能拿走,于是采用了增股办法,仍使社员私有部分逐渐扩大。

内蒙古牧区人民公社化后普遍采用了第三种办法,对牧主除了按入社时牲畜折股的多少付给固定报酬,使每年得纯增转为公有外,对入社牲畜还给一定报酬,但由于集体牲畜和集体收入逐年增加,畜股报酬比例也逐年相对缩小。畜股报酬在合作社时期一般占消费部分的30%—40%,只有少数占20%。人民公社化后畜股报酬降到10%左右,每年付给社员入社的畜股报酬规定为入社牲畜折款总额的2%—5%。[③]

牲畜作价归社,分期偿还的办法在农村有采用的,因为农村牲畜少,社队能够分年偿还。而牧区牲畜多,作价归社,价款很多,社队用每年的现金

---

① 《关于内蒙古畜牧业生产与社会主义改造若干政策问题——王铎同志在西北地区民族工作会议上的讲话》(1961年7月24日),内蒙古党委政策研究室、内蒙古自治区农业委员会编印:《内蒙古畜牧业文献资料选编》第二卷(下册),呼和浩特1987年版,第26页。

② 《关于内蒙古畜牧业生产与社会主义改造若干政策问题——王铎同志在西北地区民族工作会议上的讲话》(1961年7月24日),内蒙古党委政策研究室、内蒙古自治区农业委员会编印:《内蒙古畜牧业文献资料选编》第二卷(下册),呼和浩特1987年版,第26页。

③ 《关于内蒙古畜牧业生产与社会主义改造若干政策问题——王铎同志在西北地区民族工作会议上的讲话》(1961年7月24日),内蒙古党委政策研究室、内蒙古自治区农业委员会编印:《内蒙古畜牧业文献资料选编》第二卷(下册),呼和浩特1987年版,第27页。

收入是在短时期内偿还不了的,所以没有采用这种办法。

　　从合作社到人民公社,对牧民牲畜入社的几种办法是一样的,几种办法同时采用,只是在不同时期采取办法侧重点不同。在社会主义改造时期采用低一些办法或高一些办法的不同,是因为社会主义改造过程是逐步加深发展的。

　　例如,新巴尔虎右旗达赉人民公社的三个生产队,各自采取了不同的入社形式:第一生产队是按中等户(500只羊折合100头大牲畜)折合标准牲畜作价入股,超过标准的另付定息,不足的不补;第二生产队是采取牲畜平均计头入股,补给畜股报酬的办法,因为这个生产队是实行半工资半供给的试点队;第三生产队是农副业队,多数社员是汉族或外旗迁入的蒙古族社员,没有或只有很少的牲畜,对原来专为运输的役畜3头以下采取了作价入股分期还本的办法,3头以上采取定息办法。陈巴尔虎旗完成人民公社采取了两种形式:大部分社的牲畜是作价入股付2%利息,有的社付3%利息,但对少数有优良品种牲畜的社员(汉族多)也采取了牲畜作价入股分期还本、不留自留畜等办法。①

　　再如,鄂温克族自治旗和新巴尔虎左旗一律按牲畜作价入股的形式,对一般社员年付畜股报酬2%—2.5%,个别也有3%的,对牧主牲畜年付定息1%—1.5%。至于加入人民公社的牧主,一般的定息标准与加入牧场的相同,个别能达到3%。但是也有根据牲畜多少的具体情况,采取分别对待的办法,一般牧主和社员定息大体相等,而对个别的大牧主只给年息1%。例如,新巴尔虎左旗吉布胡郎图公社的牧主普日布入股10000头(只)牲畜,折合价200000元,年付定息1%,计得定息2000元。②

　　对入社牲畜的畜股作价的具体办法,以呼伦贝尔盟新巴尔虎左旗为实例,各类牲畜分为三等九级,或按成年、育年、幼年作价。乳牛每头核价50元,犍牛、骟马、骆驼为120元,役马180元。塔日根诺尔公社是按牲畜分类,不分大小平均作价计算,山羊每只7元,绵羊每只10元,牛50元,马100—120元,骆驼100元。后又重新作价改为略低于市场价:马150—220元,母马120—170元,小马50—80元;牛110—150元,乳牛60—80元,散牛20—40元;绵羊12—15元,母羊10—12元,幼羊4—6元;山羊10—12元,母山羊8—

　　①　内蒙古党委、呼伦贝尔盟牧业生产调查组:《呼伦贝尔盟牧区人民公社牲畜入社形式、畜股报酬和实行定息情况的报告》(1959年6月13日),内蒙古档案馆藏,资料号:11—13—531。
　　②　内蒙古党委、呼伦贝尔盟牧业生产调查组:《呼伦贝尔盟牧区人民公社牲畜入社形式、畜股报酬和实行定息情况的报告》(1959年6月13日),内蒙古档案馆藏,资料号:11—13—531。

10元,幼山羊4—5元。[①]

鄂温克旗把入股牲畜折成绵羊计算,最高价格每只绵羊核价17元,一般为15元,并对优良工种和役畜作价上给予适当照顾。但各旗牲畜作价均按1958年建立人民公社时的计算价格,并低于市场价15%—20%。[②]

那么为什么从牧区合作社化到牧区人民公社化,都一直实行给牧民入社牲畜一定报酬的政策?

这是由于:①在牧区牲畜既是生产资料,也是生活资料。②牧民所拥有牲畜是牧民的劳动果实和私有财产,所以集体化时不能剥夺牧民,不能使牧民的牲畜无偿地归于集体。③从牧区民主改革到牧区人民公社化的历程中,没有像农区土地改革平分土地那样平分过牲畜。④因牧民入社牲畜的数量和质量有差别,付给牧民牲畜报酬,是鉴于牧民的劳动和生产差别,进行区别对待的具体措施。这样,有利于稳定畜牧业生产和集体化的进行。⑤付给牧民适当数量的畜股报酬,只是对牧民入社牲畜部分价款的返还,是对牧民入社后劳动所得的一种报酬。

还有,关于集体化过程中,付给牧民畜股报酬和定息政策,牧区牧民群众又是如何理解,怎样认识的呢?

关于畜股报酬和定息问题方面,牧民对畜股报酬和定息政策、规定的宣传贯彻都比较明确。但是由于牧区各阶层、各阶级的立场、思想和经济基础不同,他们的理解程度也各不相同。在一部分牧民中间还有错误认识,牧主和僧侣中也有一些人存在借机歪曲政策精神,故意模糊阶级界线的表现。例如,贫困牧民对定息不感兴趣,他们比较注意的是劳动收入,中等以上的牧户有的担心要了牲畜报酬将来被当"白旗"批判,有的牧主将牲畜报酬和定息混为一谈,不承认自己有剥削成分的存在,要求付给的定息越高越好。例如,提出每年7%—10%的利息,等等。[③]总之,群众注意劳动工分多少、每分值多少,而富裕牧户以上则要求多定息、高工资。

畜股报酬由合作社时期按比例分益到人民公社时期的固定报酬,是集体化程度的提高,同时也是吸取历史经验的结果。在社会主义改造初期曾经有过三种偏向:第一种,不承认牧民的劳动成果,完全不给报酬,一律拉

---

① 内蒙古党委、呼伦贝尔盟牧业生产调查组:《呼伦贝尔盟牧区人民公社牲畜入社形式、畜股报酬和实行定息情况的报告》(1959年6月13日),内蒙古档案馆藏,资料号:11—13—531。

② 内蒙古党委、呼伦贝尔盟牧业生产调查组:《呼伦贝尔盟牧区人民公社牲畜入社形式、畜股报酬和实行定息情况的报告》(1959年6月13日),内蒙古档案馆藏,资料号:11—13—531。

③ 内蒙古党委、呼伦贝尔盟牧业生产调查组:《呼伦贝尔盟牧区人民公社牲畜入社形式、畜股报酬和实行定息情况的报告》(1959年6月13日),内蒙古档案馆藏,资料号:11—13—531。

平。第二种，全部偿还全部照顾，即采用作价归社、分期偿还的办法。这种办法既不符合合作社的理论，又不符合合作社的发展和建设。所以这两种办法都遭到了群众的反对，没有行得通。第三种，在一个合作社内或在一个核算单位内的付酬比例规定不统一，对牲畜多的低报酬，对牲畜少的高报酬，结果使一部分原来占有牲畜差别很大的牧户，实际得到的畜股报酬一律拉平，甚至有牲畜多的少得报酬，牲畜少的多得报酬的情况存在。①

第二节　内蒙古牧区人民公社规模和自留畜

一、内蒙古牧区人民公社规模

牧区人民公社化前，内蒙古牧区共有195个苏木，牧区面积约900000平方公里，其中草牧场面积700000多平方公里。从事畜牧业户数99687户，人口415725人，劳动力2281人，共有牲畜15000000头（只）（包括牧区的国营牧场和公私合营牧场），占全区牲畜的50%。②

牧区解放后在民主改革的基础上，于1949年、1950年即开始办互助组，在1952年试办了2个畜牧业生产合作社（以下简称"合作社"），入社32户，互助组发展到689个，入组户数4625户。到1955年末，办起合作社20个，入社户数321户，占总户数的1%，互助组增加到5654个，入组户数32651户，占总户数的40.9%。1956年在全国农业合作化的推动下，合作社有了较大的发展，同时试办了公私合营牧场。1958年在"大跃进"运动影响下内蒙古牧区全面实现了合作社化，共办起合作社2295个，入社户数67855户，占总户数的80%；办起公私合营牧场122个，参加的牧主共458户，占全区牧主940户的48.7%，加上合营牧场的牧工和互助组的牧户，共有81969户参加了合作社、公私合营牧场和互助组，占牧户总数的96.8%。③

互助合作运动中，绝大多数劳动牧民是拥护党的互助合作政策的，因为

---

① 《关于内蒙古畜牧业生产与社会主义改造若干政策问题——王铎同志在西北地区民族工作会议上的讲话》(1961年7月24日)，内蒙古党委政策研究室、内蒙古自治区农业委员会编印：《内蒙古畜牧业文献资料选编》第二卷（下册），呼和浩特1987年版，第28页。

② 内蒙古自治区党委农村牧区工作组：《内蒙古牧区人民公社参考资料》(1961年5月10日)，内蒙古档案馆藏，资料号：11—15—207。

③ 内蒙古自治区党委农村牧区工作组：《内蒙古牧区人民公社参考资料》(1961年5月10日)，内蒙古档案馆藏，资料号：11—15—207。

互助合作有利于生产的发展和生活的改善,而不损害他们中的任何阶层的任何利益。其中贫困牧民和不富裕牧民最积极,他们最迫切要求走互助合作道路。在1955年参加互助合作的牧户占全区牧户的51.3%,而他们占有的牲畜仅占全牧区牲畜的30%多,说明首先参加互助合作的是贫困牧民和不富裕牧民。[①]

团结一切可以团结的力量,是因为在牧区除了劳动牧民外,还有940多户牧主,把他们当作牧区的资产阶级处理,采取了类似对资产阶级的政策;有僧侣18000多人,对他们实行了宗教信仰自由政策,对其中少数上层僧侣和寺庙财产,也采取了类似对待牧主的办法,对一般僧侣则基本上按劳动人民对待,办僧侣学校,鼓励他们参加生产劳动,鼓励他们办手工业,鼓励僧侣医生为社会服务;此外还有相当数目的宗教上层,在民主改革中把他们的代表人物集中起来,有利于深入基层发动群众。在合作化中对他们继续执行团结改造的方针,对牧区社会主义改造和牧区畜牧业生产的稳定发展起到了促进作用。

牧区的社会主义改造过程中,采用了比较和缓的方式逐步进行。从组织互助组算起,用了8—9年的时间,从办合作社算起用了6—7年的时间。具体做法上,对牧民采取了以牲畜入社,取得合理报酬,统一经营,按劳分配为特点的建立合作社的办法,对牧主采取了以加入公私合营牧场为主,也允许一部分小牧主加入牧业生产合作社和放"苏鲁克"的办法。

合作社的办法有以下几种:母畜计头入社,劳畜按比例分益;牲畜折股(或评分)入社,劳畜按比例分益;牲畜作价入社,付固定报酬;牲畜作价归社,分期偿还。这几种办法中,群众当初最欢迎的是第一种,是大量普遍采用过的;第二种有部分地区采用;第三种当时很少用,直到1958年实现合作化,转为人民公社的时候才成为普遍采用的形式;第四种只作为辅助办法使用,群众不表示欢迎。采用这几种办法,都是循序渐进,逐步深入的。

采用第一种方法时,牧民入社的牲畜只占牧民所拥有的牲畜的40%—50%,畜股报酬也较高,一般分配给社员的消费部分有30%—40%,少数有20%左右,而且每年积累的牲畜也基本为牧民个人所得;全面合作化后,才把牧民90%的牲畜纳入社有,而转为集体所有。同时不论形式如何和入社牲畜多少,始终坚持了照顾畜牧业特点,保畜畜股报酬,照顾牧民生活的需要,给

---

① 内蒙古自治区党委农村牧区工作组:《内蒙古牧区人民公社参考资料》(1961年5月10日),内蒙古档案馆藏,资料号:11—15—207。

牧民留自留牲畜的办法。①

到1961年，内蒙古全区共有僧侣13089人，其中参加公社的9862人，参加合营牧场的1320人，共计11182人。参加劳动的11594人，其中从事工矿企业的354人，农业的2330人，畜牧业的6400人，医生的1200人，其他1300人。②

1959年1月，内蒙古牧区正式建成牧区人民公社158个，入社户数95730户，其中牧业户79334户，人民公社有152个（因并社和并与国营牧场减少6个），生产大队853个，生产队2857个，户数110225户，牲畜13000000头（只），耕地3120000亩。每个公社平均5.7个大队，19个生产队，735户，80000头（只）牲畜，24000亩耕地，4000平方公里左右的面积。③

每个公社相当于1.3个苏木（按192个算的，因为有3个苏木并入国营牧场），另外还有一批划入农村。155个公社统计如下：

200户以下的1个公社，147户，59941头（只）牲畜，3394亩耕地；

201—400户的15个公社，每个公社平均有338户，69926头（只）牲畜，12079亩耕地；

401—600户的32个公社，每个公社平均有496户，99208头（只）牲畜，2473亩耕地；

601—800户的12个公社，每个公社平均有685户，73685头（只）牲畜，27494亩耕地；

801—1000户的16个公社，每个公社平均有884户，12917头（只）牲畜，42451亩耕地；

1000户以上的39个公社，每个公社平均有1316户，94391头（只）牲畜，49435亩耕地。④

户数最大的公社有2289户，牲畜123177头（只）；拥有牲畜最多的公社有264000头（只），1035户。户数最少的公社有118户，牲畜22122头（只）；

① 内蒙古自治区党委农村牧区工作组：《内蒙古牧区人民公社参考资料》（1961年5月10日），内蒙古档案馆藏，资料号：11—15—207。

② 内蒙古自治区党委农村牧区工作组：《内蒙古牧区人民公社参考资料》（1961年5月10日），内蒙古档案馆藏，资料号：11—15—207。

③ 内蒙古自治区党委农村牧区工作组：《内蒙古牧区人民公社参考资料》（1961年5月10日），内蒙古档案馆藏，资料号：11—15—207。

④ 内蒙古自治区党委农村牧区工作组：《内蒙古牧区人民公社参考资料》（1961年5月10日），内蒙古档案馆藏，资料号：11—15—207。

拥有牲畜最少的公社有5000头(只),424户。①

每个生产大队平均有3.4个生产队,129户,18000头(只)牲畜。生产大队户数最多的有269户,最少的40户,牲畜最多的有42124头(只),最少的有2000头(只)。每个生产队平均39户,4000多头(只),户数最多的108户,最少的5户,牲畜最多的13000多头(只),最少的500头(只)。②

畜股报酬按政策规定为2%—5%,一般执行2%—3%。据统计,巴彦淖尔盟134个大队中畜股报酬付2%的有27个大队,付2.5%的有12个大队,付3%的有95个大队;乌兰察布盟59个大队中畜股报酬付3%的有40个大队,对一般牧民付3%的有19个大队,对牲畜特别少的按比例分配,占分配给社员的消费部分的20%—30%,对牧区"苏鲁克"付2%;呼伦贝尔盟畜股报酬付1.5%—2%;乌拉特前旗有3个大队采取牲畜作价归社,分期偿还的办法;新巴尔虎右旗有2个队已经取消了畜股报酬。全区畜股报酬占总收入的5.6%,占分配给社员的消费部分的9.2%。③

全区牧区的自留畜692381头(只),其中大牲畜264413头,自留牲畜占入社牲畜总数的5.3%。据81个公社统计,有自留畜户61628户,占81个公社总户数70909户的86.9%。平均每户的自留畜在10头(只)左右,经过几年生产,有增有减,增加最多的达104头(只)。哲里木盟有2个公社的1784户牧民中有自留畜户1490户,其中有马的1490户,有奶牛的1356户。④

1959年,全区牧区公社牲畜总增30.4%,纯增16.8%。收入分配,扣留40.54%,消费59.46%,每人平均年收入113.7元。84.1%的社员收入增加,11.2%的社员收入不增不减,4.7%的社员收入减少。其中,共据呼伦贝尔盟、锡林郭勒盟、昭乌达盟、乌兰察布盟91个公社、522个大队、1598个生产队的统计,参加收入分配的共70757户、288675人。⑤

· 各项收入增减情况,1960年和1959年比较:总收入增加36.6%,牧业增加45.6%,农业增加22.4%,副业增加9.8%,工业增加245%,其他减少25.1%。

---

① 内蒙古自治区党委农村牧区工作组:《内蒙古牧区人民公社参考资料》(1961年5月10日),内蒙古档案馆藏,资料号:11—15—207。

② 内蒙古自治区党委农村牧区工作组:《内蒙古牧区人民公社参考资料》(1961年5月10日),内蒙古档案馆藏,资料号:11—15—207。

③ 内蒙古自治区党委农村牧区工作组:《内蒙古牧区人民公社参考资料》(1961年5月10日),内蒙古档案馆藏,资料号:11—15—207。

④ 内蒙古自治区党委农村牧区工作组:《内蒙古牧区人民公社参考资料》(1961年5月10日),内蒙古档案馆藏,资料号:11—15—207。

⑤ 内蒙古自治区党委农村牧区工作组:《内蒙古牧区人民公社参考资料》(1961年5月10日),内蒙古档案馆藏,资料号:11—15—207。

91个公社中,76个收入增加,9个不增不减,6个收入减少;522个大队中,420个收入增加,60个不增不减,43个收入减少。[①]

二、内蒙古牧区人民公社自留牲畜及其发展特点

从牧区合作社化到牧区人民公社化的进程中,留给牧民一定数量的牲畜作为生活资料的自留畜是一贯的政策。牧民加入牧业合作社和牧业人民公社之后的收入,主要来源于集体劳动。但是集体劳动所得收入还不能满足社员及其家庭成员日常生活中的需要。自留畜主要是解决牧民及其家庭成员的部分肉食、奶食、皮毛和牧民个人乘用、役用的牲畜等问题。所以自留畜一般包括乘马、役畜、奶牛、食用羊以及祭祀用牲畜。自留畜数量和种类是根据牧户的人口、生活习惯和生产所需来定。自留畜及其产品完全归个人支配,所产的仔畜也归个人所有。对自留畜在规定范围内的,国家只是计产量,不征税,不派统购任务。

自留牲畜的数量,一般情况下是牲畜总数的5%—7%,最多不能超过10%。每户牧民自留畜具体数量和种类是:马1—2匹,役畜1—2头,奶牛1—4头,羊10—20只,内蒙古全区牧区自留畜平均占牲畜总数的6%。高于农区自留地占总耕地面积的4%的比例。但是因地区不同而各异。例如,以呼伦贝尔盟为例,由于各旗牲畜占有情况不一,各旗自留畜比例也不同。新巴尔虎左旗人民公社化时,自留畜11831头(只),占社员入社牲畜的3.95%,1959年自留畜15000余头(只),占社员入社牲畜的7%;新巴尔虎右旗人民公社化时,自留畜2655头(只),占社员入社牲畜的0.8%,1959年自留畜达16700头(只),占社员入社牲畜的4.2%;陈巴尔虎旗人民公社化时,自留畜2233头(只),占社员入社牲畜的31.5%,1959年自留畜达9136头(只),占社员入社牲畜的7%;鄂温克旗人民公社化时自留畜4150头(只),占社员入社牲畜的3.5%,1959年自留畜达6690头(只),占社员入社牲畜的5.72%。[②]

如上所述,自留畜比例放宽后每户可留乘马1—2匹,多的3匹,役牛1—2头,多的3头,乳牛2—3头,多的4头,少数牧户还有羊10只左右,平均每户计有自留畜10头(只)左右,最多可留40头(只),最少的3头(只)。四个旗自留畜由24092头(只)增加到47445头(只),比建社初期增加约一倍。各阶层牲畜占有不同,所留的也不同。据对新巴尔虎右旗的调查,大牧主所留的自

①　内蒙古自治区党委农村牧区工作组:《内蒙古牧区人民公社参考资料》(1961年5月10日),内蒙古档案馆藏,资料号:11—15—207。

②　内蒙古党委、呼伦贝尔盟牧业生产调查组:《呼伦贝尔盟牧区人民公社处理自留畜情况的报告》(1959年6月12日),内蒙古档案馆藏,资料号:11—13—531。

留畜约占牲畜总头数的1%,富裕户所留的自留畜约占牲畜总数的3%,中等牧户和贫困户所留的自留畜比例更高。[1]

牧区传流的生活标准是:"鞭下骑马要两匹,拉车犍牛六七头,喝茶奶牛要三头,奶食另外有五头,有百只才能够顶着刀。"[2]自留畜中比较突出是奶牛问题,牧民生活是"奶食半日粮",因此,留奶牛头数多少和日常生活有着密切关系。根据1959年自留畜情况来看,基本上能解决牧民奶茶、奶干、奶油的需要。

鄂温克旗、陈巴尔虎旗、呼伦贝尔盟牧区贯彻执行关于处理自留畜政策以来,人民公社化初期由于对牲畜具有两重性认识不足,而产生对自留牲畜卡得过紧,只许使用,不许出卖,仔畜归社的所谓斩资本主义尾巴的做法。[3]

关于内蒙古自留畜的一些问题,内蒙古党委和政府做出了明确的规定。例如,关于社员补留自留畜的时间计算问题,1958年公社化当时没有按政策留足的,应按1958年实有牲畜数量为基础,根据自留畜政策所规定的比例补留,补留自留畜的价款应按原来作价入社的价格处理。再如,关于自留畜问题,在人民公社化时已经按政策合理解决,只是由于个人经营管理不善损失或卖掉、吃掉,要求购买少量自养畜者,以及外来户社员要求购买自养畜者,按稍低于当时商业价格处理。[4]再如,在内蒙古第九次牧区工作会议上明确指出,急于取消和不允许社员处理自己自留牲畜是不正确的;入社时没有按政策规定,留的过多的应该动员畜主将多留的部分折价入社;入社时隐藏下来的牲畜一律折价入社;按照规定标准留下来的牲畜都要打上烙印或其他标记,不得在自留畜已经卖出、宰杀或死掉后又从公有牲畜中补留;禁止假冒、顶替和投机倒把行为;自留畜可以自己饲养,但不得影响集体劳动,一般应由生产队统一放牧,畜主出代放费。[5]

从内蒙古自留畜发展情况来看,至1963年6月末,内蒙古全区农村牧区

① 内蒙古党委、呼伦贝尔盟牧业生产调查组:《呼伦贝尔盟牧区人民公社处理自留畜情况的报告》(1959年6月12日),内蒙古档案馆藏,资料号:11—13—531。

② 内蒙古党委、呼伦贝尔盟牧业生产调查组:《呼伦贝尔盟牧区人民公社处理自留畜情况的报告》(1959年6月12日),内蒙古档案馆藏,资料号:11—13—531。

③ 内蒙古党委、呼伦贝尔盟牧业生产调查组:《呼伦贝尔盟牧区人民公社处理自留畜情况的报告》(1959年6月12日),内蒙古档案馆藏,资料号:11—13—531。

④ 内蒙古自治区党委:《关于处理滞留出问题的指示》(1961年6月24日),内蒙古档案馆藏,资料号:11—15—239。

⑤ 《关于畜牧业的几个问题——王铎同志在第九次畜牧业工作会议上的总结报告》(1960年9月22日),内蒙古党委政策研究室、内蒙古自治区农业委员会编印:《内蒙古畜牧业文献资料选编》,呼和浩特1987年版,第576页。

人民公社社员自留畜数量发展到799万头（只）。其中，农村人民公社社员自留畜为6084000头（只），牧区人民公社社员自留畜为1906000头（只）。其发展有如下特点。

第一，人民公社社员自留畜的发展情况比集体牲畜发展快、递增率高。1959年内蒙古全区农村、牧区人民公社社员共有自留畜2990000头（只），到1963年6月已经增加到7990000头（只），增长了1.66倍，每年平均递增27.8%，高于同期全区牲畜平均递增率6.9%的4倍，高于人民公社集体牲畜年平均递增率2.4%的11.6倍。其中，农村人民公社从1960年到1963年自留畜增长1.82倍，年平均递增率为41.4%；牧区人民公社从1960年到1963年增长1.9倍，年平均递增42.7%。①

第二，集体牲畜比重下降，自留畜比重上升。1960年的至1963年，内蒙古全区集体牲畜占集体与自留畜总数的比重，由90%下降到76.4%，自留畜的比重由10%，上升到23.6%。②

第三，人民公社社员自留畜中大牲畜占有相当大的比重。农村人民公社社员的自留畜中，大牲畜（主要是牛、骡）占自留畜总数的比重由1960年的7.5%上升到1963的12.6%，上升了5.1%；牧区人民公社社员自留畜中，大牲畜（主要是牛、马）占29.6%。③

第四，人民公社每户社员平均占有自留畜数量显著增加。1963年内蒙古全区农村牧区人民公社社员每户有自留牲畜4.1头（只），比1962年的3.0头（只）增加了1.1头（只）；每人平均0.9头（只），比1962年的0.7头（只）增加了0.2头（只）。其中，农村人民公社社员每户平均达3.3头（只），比1962年的2.4头（只）增加0.9头（只）；每人平均0.7头（只），比1962年0.7头（只）增加了0.2头（只）。牧区人民公社社员每户平均16头（只），比1962年的15.8头（只）增加了0.2头（只）；每人平均4头（只），比1962年的3.1头（只）增加了0.9头（只）。④

那么为什么内蒙古牧区自留畜发展速度远远快于集体牲畜的发展速

---

① 《农村牧区人民公社社员自留畜发展情况和问题》（1963年10月17日），内蒙古档案馆藏，资料号：11—17—492。

② 《农村牧区人民公社社员自留畜发展情况和问题》（1963年10月17日），内蒙古档案馆藏，资料号：11—17—492。

③ 《农村牧区人民公社社员自留畜发展情况和问题》（1963年10月17日），内蒙古档案馆藏，资料号：11—17—492。

④ 《农村牧区人民公社社员自留畜发展情况和问题》（1963年10月17日），内蒙古档案馆藏，资料号：11—17—492。

度呢？以呼伦贝尔盟新巴尔虎右旗为例探讨。该旗1959年至1965年全旗牲畜纯增118970头（只），其中自留畜纯增38351头（只），接近总纯增的30%，比1959年增加了1.7倍，而集体牲畜纯增80619头（只），比1959年增加15%。[①]可知，自留畜的发展远远快于集体牲畜的发展，其原因可归纳为以下几个方面。

第一，牲畜是活的东西，允许饲养，就会增长，成活以后的牲畜，羊至少一年半之后，牛马至少一至两年以后，才能处理（最合理的处理时间，羊应该是三四年，牛马应该是五六年）。人民公社社员对自留畜饲养得好，少杀、少吃、少卖，"母羊下母羊，三年五头羊"，增长很快。

第二，纠正"共产风"的退赔牲畜。1958年牧区人民公社化时，新巴尔虎右旗有的人民公社几乎没有留自留畜，有的人民公社虽然留了一些，但最多每户不超过3头（只）。1959年根据第九次牧区工作会议规定补留了一次后，当时自留畜占牲畜总数的4.1%。1961年纠正"共产风"退赔时，有的人民公社包括繁殖，有的人民公社不包括繁殖，有的还以畜顶钱、顶物做了退赔。所以1961年自留畜的数量激增，由1960年的19361头（只）增加到30976头（只）。[②]

第三，是自留畜非正常发展的现象也很严重。据呼伦贝尔盟新巴尔虎右旗宝东人民公社一户典型调查，原留自留畜11头牛，五年（1959—1964）内繁殖加原来留的自留畜应为37头（只），其间卖出14头，死亡12头，宰杀或狼害8头。由自留畜（牛）底数和繁殖数中扣除三项消耗（卖出、损失和宰杀）应有3头牛，但实际有41头牛，多出38头。[③]由此不难看出存在自留畜底数不清的问题。同时，有的社队对自留畜不收取饲料费、医药费、代放费用。例如，宝东人民公社牧主沙瓦迪有自留牲畜120头（只），仅在1964年内应摊饲草料费24元，医药费12元，代放费204元，共计240元。这些费用一文未交，反而其自留牲畜比集体牲畜享有更好的待遇。[④]

第四，在肉食安排方面，1964年以前没有按先吃自己的后吃集体的原则

① 《毕力格巴图同志对自留畜问题的意见》（1965年4月14日），内蒙古档案馆藏，资料号：11—9—254。

② 《毕力格巴图同志对自留畜问题的意见》（1965年4月14日），内蒙古档案馆藏，资料号：11—9—254。

③ 《毕力格巴图同志对自留畜问题的意见》（1965年4月14日），内蒙古档案馆藏，资料号：11—9—254。

④ 《毕力格巴图同志对自留畜问题的意见》（1965年4月14日），内蒙古档案馆藏，资料号：11—9—254。

安排。据统计，1961—1963年安排社员肉食牲畜为120000头（只），有些人把由集体安排给的肉食不以食用，而把母畜（或变母畜）留下来繁殖。例如，富裕牧民乌日嘎扎自留牲畜中的7只羊发展到43只。就属于这种情况。[①]

第五，在经营管理上把不能过冬过春的瘦弱牲畜，按4∶6、5∶5、6∶4分成的办法给牧民饲养；少数社员中存在的顶替、投机倒把活动严重；国家只收购集体牲畜，对自留牲畜不征、不收购等原则，使自留畜逐年速增。[②]

另外，该旗自留畜所存在的问题，一是自留畜中大畜占80%，有的几乎没留小畜；二是留了自留畜以后没有很好地贯彻执行自留畜政策。1959年补给自留畜时，按原占有牲畜头数并参照人口情况，以5%—7%的比例进行的。这样，牧主、富牧和占有牲畜较多的新生富裕牧户留的自留畜多，而贫困牧民和不富裕牧民留的很少，甚至有的户一无所有。例如，杭乌拉人民公社的上游生产队和幸福生产队共有牧户96户，自留畜留30头（只）以上的有5户牧主，20头（只）以上的有5户富裕牧户，其余86户贫困牧户和不富裕牧户留的自留畜很少。其中，阿日德那等2户牧户没有自留，其他84户大部分留3—7头（只），最多的也不超过15头（只）；克尔伦公私合营牧场的18户牧主共有自留畜1347头（只），平均每户74.8头（只），平均每人13.9头（只），而86户牧民共有1790头（只），每户平均20.8头（只），每人平均5.5头（只）。[③]

鉴于上述自留畜情况，针对新巴尔虎右旗自留畜处理问题采取了以下几个方面的措施。

①在肉食安排上，要牧民先吃自己的，不足部分由集体牲畜解决。对自留畜多的冒尖户，采取自留畜解决肉食问题的办法。这样，每年给牧业人口安排4只羊，每年全旗需要50000只左右的肉食羊，可减少集体中用于肉食牲畜数量的1/3到2/3。②社员因生活需要用款时，可以把自留畜卖给集体或国家。③自留畜单独立群，以生产队为单位，经群众讨论制定出适当代放费的定额以及其他饲草料、医治费用。④欠集体债的牧户可以用自留畜还债，对于自留畜少的贫困户牧民不强调用自留畜还集体的债务。⑤对超出规定部分的自留畜应征税。⑥对包产超产的个人，不以牲畜作奖励，不提倡四、六分成的饲养办法。⑦人民公社化时没有按政策留自留畜，留的多的

① 《毕力格巴图同志对自留畜问题的意见》（1965年4月14日），内蒙古档案馆藏，资料号：11—9—254。

② 《毕力格巴图同志对自留畜问题的意见》（1965年4月14日），内蒙古档案馆藏，资料号：11—9—254。

③ 《毕力格巴图同志对自留畜问题的意见》（1965年4月14日），内蒙古档案馆藏，资料号：11—9—254。

部分继续查清。[①]

第三节　内蒙古牧区人民公社的巩固建设

一、内蒙古牧区人民公社存在的问题

"一大二公""政社合一"是内蒙古牧区人民公社与农区人民公社的共有特点。内蒙古牧区人民公社也不例外，和其他农区农村人民公社一样，"一大二公"是它的特点。所谓大，就是"政社合一"，工、农、商、学、兵五位一体，农、牧、林、副、渔全面发展，超出了单一经济组织的范畴；牧区人民公社规模一般500—600户，最大甚至1000户以上，等于一个苏木（相当于一般汉族地区农村的乡），大的超过一个苏木的范围。所谓公，就是牧区人民公社比牧业生产合作社的集体化程度更高，即人民公社集体所有制，由人民公社进行统一核算。

例如，平均主义问题。1958年末，以内蒙古牧区79334户牧民，分别加入了152个牧区人民公社来计算，平均每个公社522户牧民。内蒙古畜牧业合作化时间很短（具体讲，1958年7月完成），随着牧区人民公社规模的扩大，不同经济条件、不同生产与经营状况的初级合作社和互助组、牲畜占有数量不同的牧区牧民，加入人民公社。在收益分配时，各个小社（即人民公社化后的生产队）的收入由人民公社收回，评级后统一发工资。这样，原来经营好、收入多的社，实际所得少了，原来经营不好、收入少的社，实际所得多了。其结果打击了好的，奖励了坏的，形成有的占便宜、有的吃亏的局面，产生了平均主义问题。

再如，"共产风"问题和公社供给制问题。在公社化运动的初期，大约有1/3的牧区人民公社取消了牲畜股报酬；对于社员的自留畜及肉食上，卡得过紧，部分地区盲目扩大供给范围，产生平均主义倾向；有个别地区对于生产资料及生活资料混淆不清，把社员家庭的生活资料也作价入了社。所有这些问题，都曾经造成了一些混乱现象，造成了一些不正常的滥杀牲

---

① 《毕力格巴图同志对自留畜问题的意见》（1965年4月14日），内蒙古档案馆藏，资料号：11—9—254。

畜的现象。①

还有个别地区，脱离牧区生产实际需要，把蒙古包过分集中起来。例如，在呼伦贝尔盟海拉尔市和锡林郭勒盟锡林浩特市的周边，集中了1000多个蒙古包，过集体生活。人民公社化初期，这种集体生活否定各尽所能、按劳分配的社会主义分配原则，相当一部分人民公社实行包吃、包穿、包住、包用、包工资、包医疗、包婚丧、包子弟教育的所谓"八包"政策。呼伦贝尔盟牧区还提出"十三不要钱"。②

内蒙古牧区人民公社除了与农区人民公社有共性以外，还有以下一些特点：第一，牧区人民公社是在初级合作社刚刚实现，但还没有来得及全面整顿与巩固的基础上建立的，大部分初级合作社建立时间很短，还未进行过分配，积累不多。大部分公社还程度不同地保存着畜股报酬，还不是完全的集体所有制。第二，牲畜既是生产资料，又是生活资料。第三，牧区居住分散，而且这种居住分散状态，在生产方法没有根本改变以前，也不可能有根本改变。

在人民公社化运动中，对上述特点的有所忽视，以致产生如下的缺点和问题：①在改变所有制方面，有的地区步伐迈得大一些，致使全牧区有1/3以上的牧区人民公社都取消了畜股报酬，这是与牧区的互助合作基础和牧民觉悟水平不相适应的；②生产资料和生活资料混淆不清，有些地区把作为生活资料的自留畜全部入社，或者在自留畜问题上卡得太死，引起了群众不满；③片面强调纯增数字，忽视广大牧民的吃肉习惯，限制过严，使牧区群众很有意见；④平均主义和过分集中的倾向在牧区也是同样存在的，只是由于牧区人民公社建立时间较短，还没有经过分配，所以问题暴露得还没有农村那样突出。③

那么基于内蒙古牧区人民公社所存在具体问题及其实际情况，如何解决这些问题？下面以伊克昭盟杭锦旗阿色朗图人民公社、哈老柴登人民公社为实例来考察、分析。

---

① 《巩固建设牧区人民公社，贯彻执行牧业八项措施，为稳定地、全面地、高速度地发展畜牧业而奋斗——王铎同志在第八次牧区工作会议上的总结报告》（1959年7月24日），内蒙古党委政策研究室、内蒙古自治区农业委员会编印：《内蒙古畜牧业文献资料选编》第二卷（上），呼和浩特1987年版，第492页。

② 内蒙古自治区畜牧业厅修志编史委员会编著：《内蒙古畜牧业发展史》，内蒙古人民出版，2000年版，第159页。

③ 内蒙古党委：《关于牧区人民公社的管理体制和若干政策问题的规定（修改稿）》（1959年3月26日），内蒙古档案馆藏，资料号：11—13—258。

伊克昭盟杭锦旗阿色朗图人民公社和哈老柴登人民公社原有20个牧业生产合作社，于1958年11月正式成立人民公社，共1766户牧民（人口7658人）全部入人民公社，共有小畜96662只，其中适龄母羊59163只；大畜7454头，其中适龄母畜2758只。[①]

人民公社化的实现推动了生产的发展，无论是畜牧业生产、冬季水利建设还是副业收入，都取得了前所未有的成就。据1959年1月调查，两个苏木的小牲畜基本上全部入棚，大牲畜全部入圈，饲草料准备基本充分，牲畜膘情一般在八九成以上，少数在六成左右。例如，两个苏木畜膘达十成的占牲畜总数的60%以上，九成的占牲畜总数的20.6%，八成的占牲畜总数的10.4%，六成左右的占牲畜总数的4%；母畜受胎率达97%以上，部分畜群达100%，接羔设备齐全。哈老柴登公社共产羊羔3039只，其中死亡30只，成活率为99.4%；水利建设也取得了很大成就，哈老柴登公社用600个劳动日修建了两条大坝，可灌溉草原5000多亩。[②]阿色朗图人民公社、哈老柴登两个公社总的发展趋势是良好的，但是由于人民公社化是当时新的变革，没可借鉴的成功经验，所以出现的问题也不少，具体表现在以下几个方面。

第一，政策方面问题的主要表现：①牲畜的处理都采用了计头入社按劳分配的办法，超过了当时的客观情况。因为两个苏木合作社化时间很短（1958年6月完成合作社化），牲畜占有情况不同，但因人民公社化把牧民收入拉平了。所以有30%牧户不满，原来富裕的牧民收入下降。例如，据哈老柴登公社8户牧民典型调查，收入减少的4户，收入增加的4户。②阿色朗图人民公社、哈老柴登人民公社社员食用的肉畜、奶畜没给自留，1958年冬至1959年春的6个月期间，由公社供给每人15—18斤肉。这种作法，不仅把原来牧民食用不同情况拉平而引起富裕牧民的不满，而且食用量也降得过多，一般牧民也不满。据对松日布6户牧民的调查，宰杀食用畜数量由1957年的102只减少到1958年的50只，每人平均食用畜数由1957年3.3只减少到1958年1.9只。甚至有的牧户没有给留自留畜，社员的日常生活开销不能自己解决，只能依靠公社；牧民要杀一只羊，也得找苏木书记批准；有牲畜债务还不起；穿皮衣的问题解决不了。③生产资料和生活资料的处理，

① 《暴彦巴图同志关于牧区人民公社当前的情况、存在的问题和解决意见的报告》（1959年11月26日），内蒙古党委政策研究室、内蒙古自治区农业委员会编印：《内蒙古畜牧业文献资料选编》第二卷（上），呼和浩特1987年版，第468页。

② 《暴彦巴图同志关于牧区人民公社当前的情况、存在的问题和解决意见的报告》（1959年11月26日），内蒙古党委政策研究室、内蒙古自治区农业委员会编印：《内蒙古畜牧业文献资料选编》第二卷（上），呼和浩特1987年版，第468页。

在界限上划得不清。两个公社都把社员饲养鸡和猪均无代价归公社。哈老柴登公社将牧民暂时不用的旧房子拆掉。①

第二，收益分配方面的问题主要有：①1958年各个小社的收入由公社收回，评级后统一发放工资，这一做法显然有问题：一方面原来经营好、收入多的社的实际所得少了，原来经营不好、收入差的社的实际收入多了。另一方面，有的小社把绒毛分给社员，有的小社没有把绒毛分给社员。结果，打击了好的，奖励了不好的；有占便宜的，有吃亏的。②对于评级条件，干部在掌握上不够全面。因此，评价过程中发生了不平等的现象，有的偏高了，有的偏低了，特别是评级中把思想放在第一位。例如，牧民武脑亥全家劳动都很好，就是未经公社同意杀吃了一头牛，结果其儿子本应评二级，却给评了三级。由于评级掌握上的偏差，好劳动力被评低的不少，差劳动力被评高的也不少。③三角债务的处理，原社员有的户借支多，有的户借支少，可是由人民公社统一分配后，没有按具体情况处理，有的已经宣布废除。有的社员的生产贷款，不论是用于购置生产资料还是转用到生活方面，均由人民公社负责偿还，金融部门不分实际情况，强调大放大收，社员出售了物资拿不回来现款。牧民群众对"钱不等拿到手，就给扣了"，表示不满。④包的太多，没有贯彻执行按劳分配原则。有些干部不考虑实际情况，盲目的追求高级形式。如包伙食供给、肉食、疾病防治、生育、教育、结婚、葬礼等方面的费用，社员生活所需都归到社内。这样时间长了，就供给不上了，开不了牧民的工资。②

第三，财务工作收支计划核算的不合理，有的过紧，有的过松。例如，哈老柴登公社全年收458843元，计划支出430320元。阿色朗图人民公社原计划只能收入150000元，所有开支75000元，发工作75000元，按级别只能发6200元，实际发放了8000元。③

第四，制度方面的问题有：①阿色朗图人民公社、哈老柴登人民公社，一方面由于建立不久，缺乏经验制度，另一方面将过去比较好的经验制度都

① 《暴彦巴图同志关于牧区人民公社当前的情况、存在的问题和解决意见的报告》（1959年11月26日），内蒙古党委政策研究室、内蒙古自治区农业委员会编印：《内蒙古畜牧业文献资料选编》第二卷（上），呼和浩特1987年版，第470页。

② 《暴彦巴图同志关于牧区人民公社当前的情况、存在的问题和解决意见的报告》（1959年11月26日），内蒙古党委政策研究室、内蒙古自治区农业委员会编印：《内蒙古畜牧业文献资料选编》第二卷（上），呼和浩特1987年版，第470—471页。

③ 《暴彦巴图同志关于牧区人民公社当前的情况、存在的问题和解决意见的报告》（1959年11月26日），内蒙古党委政策研究室、内蒙古自治区农业委员会编印：《内蒙古畜牧业文献资料选编》第二卷（上），呼和浩特1987年版，第471页。

取消了。95%以上的群众对"吃饭不要钱，按月发工资"抱有正确态度，劳动积极、认真，但也有百分之几的人抱有不正确的态度，认为"干多干少有饭吃，干好干坏有工资"，因此劳动不积极、不认真。②公社体制，搞几级好，还应根据社的大小、需要进行调整。①

第五，干部作风方面的问题是，公社化后产生了一种简单化的工作方法，借用鸣放与辩论，组织军事化和"插红旗、拔白旗"，搞强迫命令，有些重大问题缺乏与群众认真商量的态度，干部主观草率地决定。对群众的思想问题不是采取耐心说服教育的办法，错误地用"整你一下""辩你一下"和"拔你白旗"的做法压服。还有采用降级的做法来压服群众。例如，评奖中牧民满都本应评三级，他自己说"从整个评级看，我够三级"，干部批评他"你这是资本主义思想，想多闹一点钱"。有的干部不执行党的政策，随便破坏寺庙，特别是基层干部以军事化为借口，到处乱命令。所有这些，引起群众不满。②

对上述牧区存在的问题，在杭锦旗党委和政府领导下，阿色朗图人民公社、哈老柴登人民公社实施了诸多具体纠正措施。

其一，对牲畜的处理，采取了多种办法。从阿色朗图人民公社、哈老柴登人民公社的实际出发，采用两种形式：大部分计头入社，少部分作价定息。大牲畜折成小畜，按多数人占有为线，超过者定息。据对阿色郎图20户牧户的调查，80%以上的牧户有牲畜25只以上，20%的牧户人均有牲畜25只以上。其中，16户66人每人拿出25只计头入社，占牲畜总数的65%，4户14人每人拿出25只计头入社，应吃定息，占牲畜总数的35%。这样，全苏木共49903只，每人25只入社，计34903只，应付定息10000只，每只作价8元，计120000元，按2%付息，全年24000元，由公社采用分期付给的办法。这样，能够使公社80%—90%的人增加收入。③

同时，凡是未给留自留畜的，都进行了调整留给牲畜，具体以牧户人口为准。这部分自留畜占牲畜总数的5%左右。在完成公社纯增计划后，公社

---

① 《暴彦巴图同志关于牧区人民公社当前的情况、存在的问题和解决意见的报告》(1959年11月26日)，内蒙古党委政策研究室、内蒙古自治区农业委员会编印：《内蒙古畜牧业文献资料选编》第二卷(上)，呼和浩特1987年版，第471—472页。

② 《暴彦巴图同志关于牧区人民公社当前的情况、存在的问题和解决意见的报告》(1959年11月26日)，内蒙古党委政策研究室、内蒙古自治区农业委员会编印：《内蒙古畜牧业文献资料选编》第二卷(上)，呼和浩特1987年版，第472页。

③ 《暴彦巴图同志关于牧区人民公社当前的情况、存在的问题和解决意见的报告》(1959年11月26日)，内蒙古党委政策研究室、内蒙古自治区农业委员会编印：《内蒙古畜牧业文献资料选编》第二卷(上)，呼和浩特1987年版，第473页。

有计划地供给一部分肉食羊,由社员出钱购买,其好处在于肉食社员自留,减轻社员负担;牧民可有计划地根据自己的经济条件食用,解决穿皮衣、零花钱和还债问题。

对生产和生活资料的处理,划清严格的界线,不能混为一谈,对已经处理错的进行了纠正,并宣布生活资料永远归个人所有。牧民多余的蒙古包和小型工具,生产队因生产需要借用时,要征得本人同意,所有权归个人。

其二,原来小社分配改为公社统一分配。为了解决小社之间收入多与少的差别,鼓励经营好的牧业社可采用个别补救办法,达到大体上平衡。公社由总工资内抽出一定数额的现金,补给收入多的社,由原小社以前一年实数劳动日除开,分给社员。

级别的评定,根据社员劳动态度、身体强弱、技术高低等全面考虑,合理评定级别。债务的清理,依据不同情况进行解决。社欠社员的和社员欠社的,能还清的应还清,暂时还不了的,应讲明理由,不能宣布废除。公社欠国家的贷款,能还的积极偿还,暂时没有能力还的可以缓还。社员的贷款费和用在生产上的欠款不列入个人债务,生活中的欠款应在工资中扣清,但必须照顾社员的生活,不能卡得过紧。为贯彻按劳分配原则,承包的范围不宜过大,只包粮食供给。

其三,公社制订的财务收支,加强了硬性核算。搞两本账,即一本是保证账,一本是跃进账。跃进账按生产跃进计划订,1958年收入好的社增长50%—70%,收入差的社翻一番。保证账在1958年的基础上略有增加,计划制定后执行的原则:①收入按跃进账抓,开支按保证账走;②生产投资、管理费、国家税金和公共积累与社员消费,各占总收入的50%为宜;③确定社员前半年的消费水平时,按稳定或略高于1958年的水平算;④精打细算,执行勤俭办社。

其四,牧业合作社时的制度不一律废除,恢复计工计分、包工包产和财务包干制,并逐渐探索,建立新的制度。①生产队对社员实行死级别活工资的办法,每月按社员实际工分发给工资。公社对生产队实行包工资总额和生产费的办法,按月发到生产队。②为调动队和社员的生产积极性,实行包成奖励制度,公社订牲畜纯增时搞两本账,即保证账和跃进账,按保证账的指标包给生产队,超产部分的20%提留积累,40%由生产队掌握,40%奖励给牧工。③公社的体制,因社制宜确定,10000人左右的分为三级,2000—3000人的分为三级。④建立健全各项民主制度。

其五,在整社过程中,为了改善干群关系,发扬走群众路线的工作作风,对干部作风问题自上而下地进行了一次整顿。要求处理问题时,将强迫命令和急躁情绪分开,严重违纪和一般错误分开,虚报成绩和估计不足分开,领导应负责任和基层干部应负责任分开。同时,要求各个分社抓好思想、生产、生活、分配和收入五个环节。[①]

二、内蒙古牧区人民公社的巩固和建设

内蒙古牧区人民公社完成之后,进一步巩固建设内蒙古牧区人民公社是当时牧区重要的历史任务,也是发展牧区畜牧业的根本保证。内蒙古牧区各级党委和政府为巩固和建设牧区,贯彻执行了各项经济政策,正确处理大集体与小集体,集体与个人的经济关系;加强牧区经营管理;贯彻生产计划,搞好生产等。

正确处理人民公社内部的经济问题,是巩固人民公社的重大问题。对人民公社的巩固建设工作一方面要加强政治思想教育,提高社员的社会主义觉悟,从政治思想上来巩固和建设人民公社;一方面要贯彻执行各项经济政策,使全体社员从物质利益上来关心公社经济的巩固与发展。党对牧区人民公社内部经济问题处理的基本原则是:通过集体与个人、大集体与小集体经济关系的处理,使90%以上的社员的收入有所增加,其余的社员也不减少收入。这样就会使绝大部分社员从物质利益上,体验到人民公社的优越性,这样就能团结一切可能团结的人,来建设人民公社。

牧区人民公社内部的经济关系包括所有制关系和分配关系两个方面。

首先,在所有制关系方面,内蒙古牧区人民公社建立之初有三种所有制形式:①生产资料基本公有,保留畜股报酬;②基本生产队所有和部分公社所有和小队所有;③主要生产资料集体所有,自留畜私有。[②]同时存在这三种形式,是适合当时生产发展水平,是适合生产力发展的需要的,是适合牧区经济特点的。只有这种所有制形式,才能保持和提高所有劳动牧民的生活水平;才能承认各个基本核算单位有占有生产资料多少的差别;才能适应牧区居住分散的特点,适应牲畜既是生产资料又是生活资料的特点。

保留畜股报酬,是承认各个社员在入社前收入水平的差别,保证绝大多

① 《暴彦巴图同志关于牧区人民公社当前的情况、存在的问题和解决意见的报告》(1959年11月26日),内蒙古党委政策研究室、内蒙古自治区农业委员会编印:《内蒙古畜牧业文献资料选编》第二卷(上),呼和浩特1987年版,第473—475页。

② 《巩固建设牧区人民公社,贯彻执行牧业八项措施,为稳定、全面地、高速地发展畜牧业而奋斗——王铎同志在第八次牧区工作会议上的总结报告》(1959年7月24日),内蒙古党委政策研究室、内蒙古自治区农业委员会编印:《内蒙古畜牧业文献资料选编》第二卷(上),呼和浩特1987年版,第501页。

数社员增加收入,其余社员不减少收入的一项重要政策。规定报酬时,在一个公社或者在一个基本核算单位内除接放的"苏鲁克"外,不论采取什么办法,都不分贫富,不分劳动牧民与牧主,其利率或比例必须是统一的。其目的是使所有社员都增加收入,避免出现使一部分社员减少收入的问题。

同时,继续坚持对牧主、庙仓等进行经济改造,坚持所规定的赎买政策以及按这个政策采取的公私合营农牧场、加入牧区人民公社、放"苏鲁克"等形式;坚持对加入公私合营牧场的牧主的定息执行年息1%—3%,不予变更,也不停付;已经安排的职务不应该撤销,已撤销者应该恢复,但是牧主的帽子也不能摘掉。[①]在大集体与小集体的关系上,以队为基础,按照分级管理,统一领导原则。基本核算单位及其部分所有制的确定,必须以能否充分调动广大社员的积极性为主要依据。

其次,经济关系的另一方面是分配关系。要正确处理分配关系,必须正确确定积累与消费的比例和坚决贯彻执行按劳分配原则。积累与消费的关系也是集体与个人,长远利益和眼前利益的关系问题,两者必须兼顾,只顾积累不顾消费,只顾长远利益不顾眼前利益,就不能激发社员的积极性,就不能使社员从物质利益上来关心生产的发展以及公社的巩固。相反,如果只顾消费,不顾积累,则不能高速度扩大再生产,生产不能发展,也就不能保证社员收入逐年有所增加。为此,处理积累与消费的关系,要求必须坚持三条原则:①保证90%以上社员比上一年增加收入,其余社员不减少收入;②收入增加不宜过多,必须保持适当积累;③如果积累过多,保证不了社员收入的增加,即应减少积累。积累又必须妥善地安排牲畜的增长速度和基本建设的需要;对消费牲畜的处理,应在保证社员肉食不低于过去正常消耗量的原则下积极提高商品率,以更多的支援国家,增加公社收入,增加公社基本建设的投资。[②]

关于社员个人消费部分,除畜股报酬外,必须坚决执行按劳分配原则,在牧区不宜实行供给制,但对原来的牧工、放牧"苏鲁克"者,因对牧主的改

---

① 《巩固建设牧区人民公社,贯彻执行牧业八项措施,为稳定、全面地、高速地发展畜牧业而奋斗——王铎同志在第八次牧区工作会议上的总结报告》(1959年7月24日),内蒙古党委政策研究室、内蒙古自治区农业委员会编印:《内蒙古畜牧业文献资料选编》第二卷(上),呼和浩特1987年版,第502页。

② 《巩固建设牧区人民公社,贯彻执行牧业八项措施,为稳定、全面地、高速地发展畜牧业而奋斗——王铎同志在第八次牧区工作会议上的总结报告》(1959年7月24日),内蒙古党委政策研究室、内蒙古自治区农业委员会编印:《内蒙古畜牧业文献资料选编》第二卷(上),呼和浩特1987年版,第502—503页。

造而减少收入引起生活困难的,要给予适当照顾。在保留畜股报酬的条件下,实行供给制,就不能很好地贯彻执行按劳分配的原则,必然导致一部分劳动力少人口多的富裕户,虽然劳动力少,但由于他们得到的畜股报酬多,自留畜多,口粮供给部分多,学费供给多,而增加收入;使一部分劳动力多人口少的贫户,虽然劳动力多,但由于他们得到的畜股报酬少,自留畜少,口粮供给少,学费供给少,而减少收入,就会挫伤基本群众的积极性。

上述内蒙古牧区人民公社经济政策,是当时党在牧区的阶级政策在经济方面的具体化。保留畜股报酬是承认牧民间收入的差别,这是对团结一切可以团结的力量在经济上必须采取的政策;在保留畜股报酬的条件下,除畜股报酬外实行按劳分配,不实行供给制,又是依靠劳动牧民必须采取的政策。对牧主采取赎买政策,付固定利息,既利于团结,又利于改造。我们在认识上和做法上必须把党的阶级政策与经济政策统一起来,必须把依靠劳动牧民与团结一切可以团结的力量的阶级政策统一起来。

另一方面,加强经营管理是从加强生产管理,建设良好的生产秩序,建立生产责任制度,勤俭办社,民主办社方面来巩固建设人民公社。人民公社建立之初,集体经济与缺乏管理集体经济的经验的矛盾是当时人民公社的一个极为重要的问题。经营管理工作,大体包括生产管理(包括计划、劳动、畜群管理),财务管理,民主管理三个方面。

生产管理方面,推行"三包一奖"或"以产计工"建立生产责任制,使生产计划落实责任到人。基本核算单位向小队包产时,包产指标必须留有余地,一般的要低于当年实际可能完成的计划指标。使包产单位有产可超,有奖可得,以更有效地调动包产单位和全体社员的积极性。

包产单位一般是小队,并实行两级包产,小队下设作业组,将畜群管理、各项指标经过生产小队再包到作业组或者包到户,使责任落实到人,作业组的组成一定要以放牧员为中心。放牧员要选拔责任心强,放牧有经验,体力能胜任的牧民充任。责任制建立后,还应有监督检查制度。

随着"三包一奖"或"以产计工"的办法的推行,还需要划分畜群,固定牧场、设备、工具等,建立饲养放牧制度,总结群众固有的经验和积极推行科学的饲养放牧方法;建立牲畜统计制度,推行畜群记录档案的方式,经常地总结经验,提高畜群管理水平,同时还要加强劳动管理,提高劳动生产效率。提高劳动生产效率的主要手段是,做好劳动力的精确规划,合理组织使用劳力,加强劳动保护,开展劳动竞赛和规定劳动纪律,多方面提高劳动积极性。

财务管理方面,要求每个公社干部、队干部都必须学会财务工作,建立公社财务管理制度,在结算旧账的基础上建立起新的账目。盟、旗要统一抽调一批懂财务会计的干部到公社帮助建立制度、建立账目。各旗要积极训练公社的会计人员，解决、扭转财务账目混乱的局面。贯彻勤俭办社的方针，经常教育干部、群众，一定要学会当好家、办好社的本领，树立勤俭节约的风气，不断地改进经营管理，公社和各个生产队必须把主要力量和主要的投资用在生产和基本建设上。人民公社实行计划管理，公社的生产、财务、劳动和基本建设等各项工作都必须有计划，公社和基本核算单位要作出长远规划与年度计划，按计划指导工作。

人民公社实行民主管理。人民公社的管理原则是民主集中制，实行社员代表大会制度，发动每个社员参与公社各级的管理工作，每个公社必须坚持权力下放，分级管理，财务公开，遇事与群众商量和干部参加生产的民主管理制度。

三、内蒙古牧区人民公社调整

根据中共中央《关于农村人民公社当前政策问题的紧急指示信》和"调整、巩固、充实、提高"的国民经济调整方针以及《农村人民公社工作条例（草案）》的精神，在进行实地调查研究的基础上，制定颁布了《关于整顿巩固人民公社若干问题的指示》《关于牧区人民公社若干问题的指示》等文件，开始纠正农村牧区人民公社中的"左"倾错误。

1960年12月4日，颁布《内蒙古党委关于牧区人民公社当前政策问题的若干规定》，规定：①三级所有，队为基础，是牧区人民公社的根本制度，至少七年不变。②纠正严重地破坏以生产队为基础的公社三级所有制，破坏畜牧业生产力的"一平二调"，各级机关和企业、事业单位向公社、生产队、社员"平调"的牧场、打草场等一律退还，公私合营牧场、社向生产队和社队向社员个人"平调"的牲畜、各类生产工具以及其他财物，一律退还。③牧区生产经营管理的权力应该主要归基本核算单位的生产队，公社不能乱加干涉；生产队进行统一分配④关于生产小队的劳动力、草场、畜群、役畜、棚圈、工具、设备固定给生产小队经营和使用，并按小队为单位来组织、调整畜群。⑤允许社员经营少量的自留畜、自留地和零星的家庭副业。自留畜的数量一般掌握在牲畜总数的5%—7%，最多不超过10%。①

1960年末，内蒙古党委在牧区对贯彻"三级所有，队为基础"的制度，纠正"一平二调"，对落实社员经营少量的自留畜、自留地和零星的家庭副业的

---

① 《内蒙古党委关于牧区人民公社当前政策问题的若干规定——内蒙古党委第十二次全体委员（扩大）会议通过》（1960年12月4日），内蒙古档案馆藏，资料号：11—15—213。

政策等进行了专题调查。在此基础上,于1961年4月24日发布了《内蒙古党委关于牧区人民公社规模和体制的调整方案(草案)》,提出:①调整原则:牧区社、队规模与体制的调整必须是从有利生产、经营管理、牧区建设、组织生活等方面进行,必须适应牧区人口少、居住、历史、民族习惯、牲畜、草场、水源等条件以及畜牧业经济的特点等具体条件,从实际出发,因地制宜,大中小结合,不强求一律。②社队规模:将全区牧区152个人民公社,重新划为约400个人民公社。③体制问题:牧区人民公社一般分为公社、生产大队和生产队三级,以生产大队为基础的达三级所有制。④经济处理:对畜群、车棚等有关生产资料可在原来"六固定"的基础上,按照畜群、劳力(牧工)、工具不动的原则,划给调整后的有关社队,以利于生产。[①]

1961年7月27日,内蒙古党委发布《内蒙古自治区牧区人民公社工作条例(修正草案)》,对牧区人民公社规模与体制做出了具体规定:①牧区人民公社的性质和组织。牧区人民公社是政社合一的组织,是社会主义政权在牧区的基层单位,是社会主义集体经济组织,实行"各尽所能、按劳分配、多劳多得、不劳不得"的原则;人民公社对社员入社的牲畜和归社经营的"苏鲁克"给予固定报酬,这项报酬在相当长时期内不予变动。牧区人民公社分为公社、生产大队和生产队三级集体所有制。②内蒙古牧区人民公社规模及各级组织的规模,应该利于生产、经营管理、群众监督,不宜过大,以免在队和队之间产生平均主义。人民公社的规模,应当按照各地居住情况、自然环境、牧户和劳动力数量、牲畜数量、居住状况、历史习惯和其他经济条件等因地制宜地划定。③人民公社社员的家庭副业,是社会主义经济的必要补充部分,在不妨碍集体经济的发展,保证集体经济占绝对优势的条件下,人民公社应该允许和鼓励社员发展家庭副业,并规定了人民公社社员可以经营家庭副业有繁殖自留畜,进行乳品加工、制革、酿奶酒、做毡、制鞋、制靴、制鞍具、缝纫、编织、刺绣等家庭手工业生产;从事打草、打猎、采集、拣粪、收集零散畜产品等副业生产;种植树木、果树、蔬菜,这些树木、果树永远归社员所有。[②]

社员家庭副业的产品和收入,都归社员所有,都归社员支配。除了国家统购的牲畜、畜产品以外,其他的畜、副产品,都可以拿到集市上进行交易。社员自留畜及其产品在规定范围内,国家只计产量,不征税,不派统购任务。

---

① 《内蒙古党委关于牧区人民公社规模和体制的调整方案(草案)》(1961年4月22日),内蒙古档案馆藏,资料号:11—15—230。

② 《内蒙古自治区牧区人民公社工作条例(修正草案)》(1961年7月27日),内蒙古档案馆藏,资料号:11—15—228。

社员自愿出售的牲畜和畜产品，除社员之间互通有无以外，属于统购的牲畜和畜产品应一律卖给国家或社队。[①]

（一）牧区人民公社体制与规模的调整

调整之前内蒙古牧区社、队规模：内蒙古牧区有人民公社152个，公社化前原有195个苏木，每个公社相当于1.3个苏木。每个公社平均810户、3466人、82000头（只）牲畜，最大的1335户、5340人、260000头（只）牲畜。最小的76户、304人、8360头（只）牲畜；生产大队875个，公社化前有初级社2295个，每个生产大队相当于2.5个初级社。每个大队平均140户、500人、14400头（只）牲畜。最大的266户、1064人、80000头（只）牲畜，最小的81户、240余人、8000头（只）牲畜；生产队2840个，每个生产队平均有44户、180人左右、4080头（只）牲畜。最大的70户，最小的33户。[②]

1962年5月实施"80条"，对内蒙古牧区人民公社进行调整。规模经过调整后，内蒙古牧区公社已由原来的152个调整为245个，每社平均户数，由原来的776户调整为481户，其中游牧区一般是200—300户，定居区一般是500—600户，个别的有839个调整为1557个。每个大队的平均户数，由原来的130户调整为76户，其中有35%左右在50户以下，50%左右在50—100户之间，还有15%左右在100户乃至300户以上。生产队由原来的28500个调整为4151户，每队平均户数由原来的46户，调整为28户。[③]调整之前内蒙古牧区社、队管理体制状况：148个社实行队为基础，三级所有、三级核算的管理体制；有4个社实行基本社有制，一级核算、三级管理。[④]

另一方面，1962年内蒙古自治区党委在牧区试点和调查的58个点中，有41个已经采取或同意采取两级管理、两级核算。本着有利于生产，有利于民族团结、有利于群众监督的原则，由以三级管理为主，调整为主要实行公社、生产队两级管理，以生产队为基本核算单位。这样牧区人民公社的体制经过进一步调整已经基本定型。根据调整后的统计，1963年，牧区278个人民公社中有214个公社实行两级管理、以生产队为基本核算单位，占77%。

---

① 《内蒙古自治区牧区人民公社工作条例（修正草案）》（1961年7月27日），内蒙古档案馆藏，资料号：11—15—228。

② 《内蒙古党委关于牧区人民公社规模和体制的调整方案（草案）》（1961年4月22日），内蒙古档案馆藏，资料号：11—15—230。

③ 《关于人民公社基本核算单位问题座谈会纪要》（1962年5月24日），内蒙古党委政策研究室、内蒙古自治区农业委员会编印：《内蒙古畜牧业文献资料选编》第七卷，呼和浩特1987年版，第273—274页。

④ 《内蒙古党委关于牧区人民公社规模和体制的调整方案（草案）》（1961年4月22日），内蒙古档案馆藏，资料号：11—15—230。

其余64个公社中,多数采取公社、生产大队和生产队三级所有制,以生产队为基本核算单位,少数是以大队为基本核算单位。

1.呼伦贝尔盟牧区四旗事例

1962年6—7月,牧区四旗根据内蒙古党委指示,在新巴尔虎左旗乌布尔宝鲁格公社、新巴尔虎右旗保格得敖拉东人民公社、陈巴尔虎旗鄂温克人民公社、鄂温克旗锡尼河东人民公社四个人民公社15个大队、28个生产队中进行了调整基本核算单位试点工作。试点步骤,一般分四个阶段进行:第一阶段,组织力量,训练干部,学习政策,向群众进行深入地宣传经过充分酝酿,调查研究,提出方案;第二阶段,根据群众意见,因地制宜地确定体制规模和基本核算单位;第三阶段,着手经济问题的处理;第四阶段,整顿组织,梳理领导核心,建立和健全各项制度。

各试点人民公社管理体制,在调整前除鄂温克族自治旗锡尼河东人民公社的三个大队下边没有设生产队,实行两级管理、两级核算外,其他12个大队都是三级管理、两级核算,以生产队为基本核算单位。生产队既不分所有制,也不进行核算。一般只有两名队长直接领导,指挥生产,安排生活。

经过深入群众、宣传酝酿,并结合内蒙古党委所提出的五种形式的体制交给群众反复讨论比较,结合当地情况,权衡利弊,任其自由选择,结果是除鄂温克族自治旗试点公社初步酝酿取消生产队,实行两级管理、两级核算外,仍以大队为基本核算单位的10个大队中有8个取消了大队;以生产队为基本核算单位外,已经确定方案的新巴尔虎左旗、新巴尔虎右旗、陈巴尔虎旗三个试点公社的10个大队中,有8个都取消了以大队为基本核算单位,而是以生产队为基本核算单位。这8个大队,在调整前规模最小的57户,最大的170户,平均94户;调整后最小的28户,最大的71户,平均42户。调整前牲畜占有情况,最少的6300头(只),最多的32000头(只),平均18000头(只);调整后最少的3000头(只),最多的18000头(只),平均8000头(只)左右。①

试点证明,内蒙古党委确定的牧区人民公社体制必须精干、规模宜小不宜大、层次宜少不宜多的原则,完全符合呼伦贝尔盟牧区的实际情况和广大牧民以及干部的要求。这次规模调整,贯彻了劳动力、畜群基本不变的原则。人畜变动很小,如1007户中变动的只有38户(新巴尔虎右旗克尔伦第四小队根据群众要求解散,编入了其他生产队),占总户数的3.7%,做到了上

---

① 中共呼伦贝尔盟委员会:《牧区人民公社基本核算单位试点工作总结》(1962年8月20日),内蒙古档案馆藏,资料号:11—16—380。

动下不动,达到了稳定生产的目的。①

在纠正工作中,根据多数群众和基层干部的要求,撤销了大队,实行两级管理、两季核算,以生产队为基本核算单位的办法。调整的结果,首先,彻底克服队与队之间的平均主义,体现按劳分配的原则。调整前的体制是大队统一分配,贫富拉平,影响积极劳动、生产好的社员和生产队的积极性,甚至抓膘好的队对肉食肥瘦平均分配都极为不满。调整后"四权"统一到生产队,队与队之间的许多矛盾得到比较彻底的解决。其次,适合牧区生产分散、地广人稀的特点,便于基本核算单位直接指挥生产,安排社员生活。层次管理少了,公社直接抓生产,便于各项工作一竿子插到底,干部有更多的时间直接参与生产第一线,及时解决问题,及时加强对生产的领导,便于群众生活。再次,适合牧区基层干部的经营管理水平和牧民的觉悟程度。生产队范围小,社员对集体经济同个人利害关系看得直接、清楚。因而能够进一步发挥广大社员对集体经济的积极性,使他们热心发展集体生产,有利于巩固集体经济。最后,便于社员直接参与管理和监督干部更好地贯彻执行民主办社、勤俭办社的方针。②

从经济问题的处理角度来看,第一,畜群基本未动,个别的进行了调整。从基础牲畜公社化时入社牲畜头数进行分配,纯增部分按以劳为主,劳畜按比例分成的办法进行了分配。在具体做法上,有的劳七畜三,有的劳六畜四。牲畜经过调整后,归新的核算单位所有。种畜按适龄母畜搭配。役畜原则上按当时生产需要进行搭配,如有的生产队生产资料不足时,种公畜、役马、车辆用等价交换的办法,交换所需的生产资料。带羔母羊待羔羊成育后再分配。第二,棚圈、车辆、打草机、搂草机等生产工具和基本建设,按当时生产分布情况未动,不合适的进行了个别调整。核算单位划小了,草牧场的划分更细了,所以根据草牧场的基本建设和历年使用习惯,原则上都划定给新建的核算单位。有的夏季、秋季和冬季走敖特尔用的牧场,一般都没有划分。第三,当年收入按各生产队所投入的劳动日分给各新建核算单位。新建核算单位纳入全年收入,年终统一分配。原大队企业有的合营,有的独立核算、单独经营。集体的债权债务按分配纯增牲畜办法进行负担和收债券。平调物资,

---

①　中共呼伦贝尔盟委员会:《牧区人民公社基本核算单位试点工作总结》(1962年8月20日),内蒙古档案馆藏,资料号:11—16—380。

②　中共呼伦贝尔盟委员会:《牧区人民公社基本核算单位试点工作总结》(1962年8月20日),内蒙古档案馆藏,资料号:11—16—380。

谁调谁赔,谁欠谁还,落实债权债务,结清账目,办好交接手续。[1]

在组织建设方面,取消大队以后,原来国家干部担当大队书记、队长的一般都已调回,非脱产的队干部都充实到生产队当书记或队长。一个核算单位一般选举书记、队长、副队长、会计、保管员等4—5名干部。由于核算单位多了,队干部也增多了,如新巴尔虎右旗试点从原来的24名大小队干部增加到25名。这些干部一般都是经过群众认真讨论和审核选举的,特别是书记和队长都是经过党代会和社代会讨论选举的。[2]

经过纠正之后,出现了如下新问题:核算单位划小了,所以有的队形不成党支部,甚至有的队没有党员;国家干部调回之后,有些新干部,在处理经济中闹本位主义;在普遍执行包工包产以后,队干部无法固定在一个畜群参加生产、取得报酬。

2.昭乌达盟事例

关于牧区人民公社基本核算单位的问题,内蒙古党委在1962年2月8日发布的《当前几项主要工作安排的意见》中提出,牧区社队体制暂不变动,由盟委组织一两个试点,摸清情况,待自治区党委统一研究后决定。

根据上述精神,昭乌达盟委就牧区人民公社基本核算单位问题,在牧区进行了试点调查。该盟牧区共有27个公社,315个大队,906个生产队。进行试点的公社共17个,占总数的63%;大队46个,占总数的14.6%;生产队125个,占总数的13.8%。[3]

基本核算单位下放的形式,从46个试点的大队来看主要有四种:实行生产队基本核算;实行大队基本核算,生产任务大包干;撤销生产大队,实行公社、生产队两级核算;撤销生产队,实行公社、大队两级核算。试点地区90%以上都赞成采用实行生产队基本核算形式,其余三种形式个别地区有所采用,各种形式具体做法如下:

第一,公社、大队、生产队三级管理生产队核算,纯增积累大包干。具体做法是在畜群、劳动力、役畜、工具、草牧场、棚圈设备六固定基础上,把生产、管理、分配三权下放到生产队,由生产队向大队包牲畜纯增、公积金、公益金、管理费,其余生产收入在扣除本队的生产费、应交的税收和畜股报酬

---

① 中共呼伦贝尔盟委员会:《牧区人民公社基本核算单位试点工作总结》(1962年8月20日),内蒙古档案馆藏,资料号:11—16—380。

② 中共呼伦贝尔盟委员会:《牧区人民公社基本核算单位试点工作总结》(1962年8月20日),内蒙古档案馆藏,资料号:11—16—380。

③ 中共呼伦贝尔盟委员会:《牧区人民公社基本核算单位试点工作总结》(1962年8月20日),内蒙古档案馆藏,资料号:11—16—380。

以外,全部由生产队按劳动日进行分配。纯增比例按总增头数杀七卖八(宰杀7%,出卖8%)的幅度,一般定到4%—7%,分畜种计算固定。纯增头数作为大队积累,继续留在原来生产队经营,这样总增越高,出售和自食就越多,有利于调动群众的生产积极性。

如果出售牲畜高于原定指标,影响纯增时,不足部分由大队降低纯增比例。因自然灾害或经营不善影响纯增时,应在自食部分或从下年度生产中补上。生产特好的年份,生产队经社员讨论,可适当提高纯增比例储备起来,作为以丰补歉。如巴林右旗幸福之路公社达日其格图大队,包干的纯增率是马10%、牛和驴5%、绵羊8%、山羊10%,6月末结算。大队从生产队提取的积累有:从5%的公积金中提取40%;从3%的公益金中提取30%;从1.5%的管理费中提取30%。生产费、畜股报酬和税金由生产队开支。五保户、困难户由生产队负责、大队帮助。①

实行这种办法的好处有:其一,克服了队与队之间的平均主义;其二,使国家、大集体、小集体和社员之间的利益得到了密切配合;其三,对生产好坏,收入多少,社员能耳闻目睹,有利于调动群众积极性;其四,在大队领导下能通过协作进行草原、水利、饲料基地的建设;其五,既能克服对生产队干部的依赖性,也能减少大队干部事务,更好地加强生产。

第二,大队向生产队实行牲畜总增和收入大包干,做法是包产指标固定,根据增产减产进行奖罚。包干范围以内的收入由大队统一分配,超产部分由生产队自行分配。这种形式的特点是简化了"三包一奖"手续,适合于原来一社一队的生产大队和有"三包一奖"基础的地区。例如,克什克腾旗达赖敖淖尔公社有13个大队,其中7个大队都只有2个生产队,其余6个大队都没有生产队只有作业组,所以这几个生产队采取了这种大包干的办法。包干总增比例是母牛35%—40%,羊55%—60%,马40%—45%,大队只分此数,其余全归生产队分配。②

第三,撤销生产队,实行大队结伴核算,大队下边建立作业组。规模小的生产大队适合这种形式。例如,阿鲁科尔沁旗坤都公社胡尼图生产大队,共有2个生产队、56户、5883头(只)牲畜,实行了大队向作业组一包一奖制度,即包成畜保育、仔畜繁殖成活和畜产品三个指标,年初固定,年末结算,

① 中共昭乌达盟委:《关于牧区人民公社基本核算单位下放试点的报告》(1962年2月26日),内蒙古档案馆藏,资料号:11—16—380。

② 中共昭乌达盟委:《关于牧区人民公社基本核算单位下放试点的报告》(1962年2月26日),内蒙古档案馆藏,资料号:11—16—380。

超产奖励。[①]

第四，取消生产大队，实行公社直接领导生产队的办法，以生产队为基本核算单位。例如，阿鲁科尔沁旗巴奇楼子公社16个生产大队，取消了其中3个大队，实行公社对生产队的直接领导，以生产队为基本核算单位，不承担上交纯增包干任务。每年的纯增计划和畜产品的出售任务都必须按公社要求完成。[②]

有关基本核算单位下放中一些具体问题的处理办法：其一，畜群、劳动力、草场役畜、工具、棚圈设备按六固定原则基本不动，长期固定到生产队使用。个别不合理的、社员要求调整的，与群众商量后进行调整。大工具由大队统一掌握、调整、使用。其二，饲料基地管理，大致有三种办法。第一种是分到各生产队，由生产队自己管理。第二种是分散经营不便的由生产队按比例抽人，各生产队合伙经营，大队进行领导，所生产的粮食按各队在饲料基地所付出的劳动日分给各队。第三种是由大队单独建立农业队实行集中经营，所产粮食各生产队按需要购买，耕作中的工本费由大队开支。其三，基本核算单位下放以后，生产队总结过去的经验教训，对牲畜作业组建立了相应的评工评分，分群管理制度。例如，巴林右旗幸福之路公社达日其格图大队，在实行生产队核算大包干之后，对各种牲畜采取了不同的经营方法：①牛群，根据牛的生产特点和牧民生活要求，实行了大群放牧，分户托管的办法，即以畜群为单位组成作业组，以牧工为主统一放牧，常年负责，分户经营，除牛犊归集体作业小组承包外，其余奶食、牛粪全归饲养户。而每头打草400斤和买精料价款（每头0.2—0.3元）、棚圈、配种、接羔保育，也都由饲养户负责，不计工分。②驴，采取分户托管，常年包干的办法。③羊群，采取大群放牧，小群管理，固定专人，常年负责的办法。④马群和牧场（改良牛羊），仍归大队经营，其收入除生产费和扶助贫队以外作为积累。

总之，从试点的地区来看，广大牧民拥护人民公社适应牧区地区分散和干部现有领导水平、生产差别大的特点。同时，生产队干部和牧民社员的生产积极性提高了，有力推动了抗灾保畜和接羔保畜等各项生产。在试点工作的方法上基本掌握了调查分析、发扬民主、稳当慎重三条原则，保证了工作顺利进展。各地进行工作时，开展了大力宣传工作，贯彻了党的政策，对历年经济基础、生产收入水平以及经营管理上的经验教训都做了调查。对

---

① 　中共昭乌达盟委：《关于牧区人民公社基本核算单位下放试点的报告》（1962年2月26日），内蒙古档案馆藏，资料号：11—16—380。

② 　中共昭乌达盟委：《关于牧区人民公社基本核算单位下放试点的报告》（1962年2月26日），内蒙古档案馆藏，资料号：11—16—380。

各种具体问题的处理上,根据牧区、畜牧业的特点和牧民的要求,按各生产队情况,因地制宜地进行了处理,避免了按照一个框硬套的主观主义做法。

据1962年6月统计,内蒙古牧区共有119164户,479022人(其中男250874人,女228148人),人民公社由原来的152个调整到256个,大队由857个调整到1571个,生产队由2852个调整到4013个。公社由811户调整到465户,大队由平均141户调整到76户,生产队由平均43户调整到30户。按牧区公社规模来看,200户以下40个,201—300户53个,301—500户81个,501—1000户62个,1000户以上20个。呼伦贝尔盟、锡林郭勒盟、巴彦淖尔盟三大牧区的人民公社平均户数分别为361户、323户、364户。①

体制方面,管理以生产队为基本核算单位的公社158个,三级管理以生产队为基本核算单位的公社20个,三级管理以生产队为基本核算单位的公社87个,三级管理、三级核算的公社有6个。②

(二)牧区人民公社生产资料与劳动力的调整

牧区人民公社社有经济,自1959年春天以来有了发展,1959年社有经济占总收入的3.9%。但是在发展社有经济中,出现了不等价交换,未经基本核算单位的同意乱调牲畜的现象。例如,锡林郭勒盟东乌珠穆沁旗额济淖尔牧区人民公社,未经基本核算单位,就将纯增牲畜全部归为人民公社所有;西乌珠穆沁旗巴彦宝力高牧区人民公社,为举办牧场,从基本核算单位集体牲畜中乱调了27000头(只)牲畜。③再如,呼伦贝尔盟新巴尔虎左旗有些牧区人民公社,以集中发展良种牲畜为理由,打算把基本核算单位的良种牲畜都归为人民公社所有。④再如,呼伦贝尔盟陈巴尔虎旗白音哈达牧区人民公社,把各生产队的马群直接归人民公社所有,由人民公社经营。⑤

同时,出现了乱抽调劳动力的现象。例如,巴彦淖尔盟有些牧区人民公社,从各牧区生产队抽调劳动力,放牧人民公社所有的畜群;再如,锡林郭勒盟苏尼特右旗白音朱日和牧区人民公社,把一部分生产小队劳动力和牲畜

① 《经民委向中央书记处汇报的有关牧区人民公社的几个数字》(1962年11月16日),内蒙古档案馆藏,资料号:11—16—377。
② 《经民委向中央书记处汇报的有关牧区人民公社的几个数字》(1962年11月16日),内蒙古档案馆藏,资料号:11—16—377。
③ 内蒙古自治区党委:《关于立即制止和纠正牧区人民公社乱调基本核算单位的生产资料和劳动力的通知》(1960年7月15日),内蒙古档案馆藏,资料号:11—14—195。
④ 内蒙古自治区党委:《关于立即制止和纠正牧区人民公社乱调基本核算单位的生产资料和劳动力的通知》(1960年7月15日),内蒙古档案馆藏,资料号:11—14—195。
⑤ 内蒙古自治区党委:《关于立即制止和纠正牧区人民公社乱调基本核算单位的生产资料和劳动力的通知》(1960年7月15日),内蒙古档案馆藏,资料号:11—14—195。

直接一同归人民公社所有。①

这些是重复"一平二调"的做法，不符合当时基本队所有制和物资劳动力等价交换的原则。这其中有些是公社人员办的，还有一些是经过旗委同意或在旗委直接领导下做的。在盟委和有关旗委查明情况和原因，教育干部，对上述做法和类似做法，按下列原则进行了纠正。

第一，凡是不符合1959年11月14日内蒙古党委转发农牧部《对当前牧区人民公社收益分配工作的意见》中规定："如果各级核算单位出卖的牲畜、畜产品少，副业收入少，积累少，公社从生产队抽取公积金很少或不能抽取的情况下，牲畜纯增率如果超过15%以上的，经过群众同意，也可作为试点。即公社可以从生产队的牲畜纯增部分中提取1%—2%的牲畜，作为公社的公共积累"的原则而提取的和多提的牲畜，一律退还原基本核算单位。

第二，凡是没有经过等价交换，没有经过社员群众同意，不论借什么名义抽调的牲畜和其他物资、劳动力也必须一律退还原基本核算单位。如果原基本核算单位的牲畜比较多，同意公社抽调一小部分时，也必须给予合理的代价（租用的牲畜要给予合理的租金）或采取社队合营的办法经营。

第三，社办企业需要劳动力，主要应在社办企业中抽调和通过技术革命、技术革新以及利用自由流动人员去解决，一般不应从基本核算单位，特别是劳动力不足的基本核算单位抽调劳动力。如果确实需要抽调某些具有专长和技术的劳动力时，经基本核算单位的同意，可以对调的办法进行解决。②

另一方面，贯彻执行按劳分配、多劳多得、不劳动不得的原则，1963年12月19日自治区党委批转了内蒙古农牧部《牧区人民公社基本核算单位收益分配工作试行办法（草案）》，规定了基本核算单位处理扣留与消费关系，基本核算单位的收入以及收益分配工作具体办法。③

同日，为了在牧区人民公社经营管理中实行按劳分配原则，内蒙古党委批转农牧部《牧区人民公社基本核算单位向畜群生产组推行定产、定工、超产奖励制度的试行办法（草案）》，规定：①畜群生产组的性质、规模、组织办法、内部分工。②"三定一奖"制度的原则：基本核算单位向畜群生产组推行

---

① 内蒙古自治区党委：《关于立即制止和纠正牧区人民公社乱调基本核算单位的生产资料和劳动力的通知》（1960年7月15日），内蒙古档案馆藏，资料号：11—14—195。

② 内蒙古自治区党委：《关于立即制止和纠正牧区人民公社乱调基本核算单位的生产资料和劳动力的通知》（1960年7月15日），内蒙古档案馆藏，资料号：11—14—195。

③ 《内蒙古党委批转农牧部牧区人民公社基本核算单位收益分配工作试行办法（草案）》（1963年12月19日），内蒙古党委政策研究室、内蒙古自治区农业委员会编印：《内蒙古畜牧业文献资料选编》第七卷，呼和浩特1987年版，第299—300页。

定产、定工、超产奖励的制度、"八统一"原则和"六固定"原则。③畜群生产组定产的主要项目为保畜率、繁殖成活率、主要畜产品。④规定基本核算单位对畜群生产组各种用工的具体种办法。⑤具体奖罚制度。①

上述按劳分配原则和建立生产责任制，克服了平均主义，调动了广大牧民发展畜牧业生产的积极性，促进了畜牧业生产的发展。

第四节　内蒙古畜牧业生产发展状况

一、内蒙古牲畜头（只）数的增长和质量的提高

经过对牧区人民公社所发现的问题的解决和对牧区人民公社进行调整，使包括牧区在内整个内蒙古畜牧业生产得到了持续、稳定的发展。

首先，从内蒙古全区来看，全区牲畜总数量由1962年的32644000头（只），增加到1963年的37051000（只），1964年的39921000头（只），1965年的41762000头（只），三年间共增长了27.7%。②1965年内蒙古全区牲畜总增率为19.6%，纯增率为4.6%。其中，内蒙古全区牲畜过百万的旗有鄂托克旗、杭锦旗、阿鲁科尔沁旗、东乌珠穆沁旗、西乌珠穆沁旗、阿巴嘎旗、阿拉善左旗、乌拉特中后旗，其中牲畜最多的鄂托克旗，总头数达到2270000头（只）。③

同时，牲畜改良工作取得了新的进展，牲畜的质量也有显著提高。内蒙古牧区牲畜良种的引进和培育是从50年代开始的，到1962年良种及改良种畜发展到2182000头（只）（其中，大牲畜23万头，羊1952000只），10年增长了4363倍。到1965年6月末，良种及改良种牲畜数量达到3027000头（只），

---

① 详情参见内蒙古党委批转农牧部：《牧区人民公社基本核算单位向畜群生产组推行定产、定工、超产奖励制度的试行办法（草案）》，内蒙古党委政策研究室、内蒙古自治区农业委员会编印：《内蒙古畜牧业文献资料选编》第七卷，呼和浩特1987年版，第292—299页。

② 《全党全民团结一致，继续高举三面红旗，争取自治区社会主义建设的新高潮而奋斗——中国共产党内蒙古自治区委员会向第二届一次党代表大会的报告》（1963年3月20日），内蒙古档案馆藏，资料号：11—17—16；王铎主编：《当代内蒙古简史》，当代中国出版社1998年版，第195—196页。

③ 《全党全民团结一致，继续高举三面红旗，争取自治区社会主义建设的新高潮而奋斗——中国共产党内蒙古自治区委员会向第二届一次党代表大会的报告》（1963年3月20日），内蒙古档案馆藏，资料号：11—17—16；王铎主编：《当代内蒙古简史》，当代中国出版社1998年版，第195—196页。

1962—1965年间增长了38.7%。[①]

其次,从各地区来看,例如,据统计,畜牧业生产到1963年度末(6月30日),呼伦贝尔盟全盟大小牲畜已达3898409头(只),总增912952头(只),总增率26.2%,纯增410983头(只),纯增率11.8%,超过纯增原计划的67.9%。尤其是大牲畜有较突出的发展,全年总增15万1673头,总增16.96%,超过原计划54.1%,纯增120626头,纯增率达13.5%,超过原计划299.5%。同时质量也有了提高,全盟良种和改良牲畜已达531927头(只),比1962年增加了3.6%。[②]

再如,锡林郭勒盟牲畜总头数,由1957年的3434691头(只),发展到1965年的7150339头(只)(见表3—1)。

表3—1 1957—1965年锡林郭勒盟牲畜头数 单位:头(只)

年度	大牲畜	小牲畜	合计
1957	794065	2640626	3434691
1958	809615	2811068	3620683
1959	905567	3448343	4353910
1960	962416	3477067	4439483
1961	1045337	3674321	4719658
1962	1026011	3989568	5017579
1963	1168384	4597078	5765462
1964	1281256	5029924	6311180
1965	1425428	5724911	7150339

资料来源:内蒙古自治区统计局:《农牧业生产统计资料(1947—1978)》第三册,第308—309页。

二、内蒙古畜牧业发展的意义

首先,内蒙古畜牧业生产的发展、牲畜头(只)的增长,为国家建设提供了大量的畜产品。1958—1965年,内蒙古自治区向国家提供各类商品牲畜1764800头(只),耕畜1154900头(只),鲜蛋61600吨,毛绒130000吨,各类

---

① 《加强草原建设,争取畜牧业持续跃进——赵会山同志的发言》(1963年3月),内蒙古档案馆藏,资料号:11—17—51。

② 中共呼伦贝尔盟委员会:《呼盟党委向内蒙古党委的报告》(1963年12月26日),内蒙古档案馆藏,资料号:11—17—218;中共呼伦贝尔委员会《关于一九六三年度畜牧业生产增产经验的报告》(1963年8月21日),内蒙古档案馆藏,资料号:11—17—243。

皮张44581100张。①同时,为全国其他省和地区调出大量农耕役畜耕畜,支援兄弟省份的农业生产(见表3—2)。

表3—2　内蒙古自治区牲畜收购、上调情况统计据材料
(1962年11月16日)　　　　　单位:头(只)

年份	收购总数头	其中			占牲畜总数%	上调中央及直接出口	占收购总数%
		耕畜	菜牛	羊			
1952	414827	23564	66316	324847	2.7	291000	69.3
1953	683282	66334	99782	517186	3.6	463000	69.1
1954	1436475	48338	289271	1098976	6.5	561000	38.9
1955	1230158	40539	250342	939277	5.4	808000	65.7
1956	2344140	37043	496029	1811068	9.7	1969000	83.4
1957	1285617	42653	337681	905283	5.7	883000	68.9
1958	1404445	142421	186176	1075848	5.8	588000	42.0
1959	2023936	146715	117068	1760153	7.2	942000	46.6
1960	2375419	151969	87027	2136423	7.9	862000	36.2
1961	2236154	98187	98603	2039355	7.3	665000	29.7

　　资料来源:《经民委向中央书记处汇报的有关牧区人民公社的几个数字》1962年11月16日,内蒙古档案馆藏,资料号:11—16—377。

　　注:表中所列数据是国营商业收购数字,不包括自由出卖和流出区外的数字,如包括在内其比例更高一些。据内蒙古畜牧厅统计,1956年为12.4%,1957年为9%,1958年为6.6%,1959年为7.5%,1960年为8.6%,1961年为8.4%。收购数占牲畜头数的百分比是按全区牲畜算的,具体到牧区,其比例更高一些。

　　其次,畜牧业发展规模有了扩大,发展水平有了很大的提高。1965年,内蒙古全区畜牧业产值达到4.37亿元,比1956年的2.45亿元增长78.37%,牲畜40000000头(只),其中大牲畜和羊的繁殖母畜18000000头(只)以上,比重达到43.60%,具备了相当规模的外延扩大再生产的能力。同年,良种、改良种牲畜数量达到3000000余头(只)。1965年内蒙古畜牧业基本建设投资额达7300000元,比1956年的投资额增长12.85倍;同年,畜牧业费投资额,由1956年的4200000元增加到1965年的10666000元,增长153.95%。②

　　最后,牧区人民生活水平有了较大的提高。牧民人均拥有牲畜头数,由

---

　①　内蒙古自治区畜牧厅修志编史委员会编:《内蒙古自治区志:畜牧志》,内蒙古人民出版社1999年版,第98页。

　②　内蒙古自治区畜牧业厅修志编史委员会编著:《内蒙古畜牧业发展史》,内蒙古人民出版社2000年版,第186页。

1958年的27.1头,增加到1965年的37.7头。同时,牧民人均纯收入,由1958年的66.7元增加到1965年的116元。[1]所以1960—1963年,内蒙古牧区接受了上海、浙江、安徽等地的孤儿3000人。[2]

小 结

在全国性的人民公社化运动的高潮中,在短短的几个月内,内蒙古牧区实现了人民公社化。其背景与要因:其一,是在"鼓足干劲,力争上游,多快好省地建设社会主义"总路线指导下的全国农业地区掀起了人民公社化的高潮。其二,少数民族广大干部和群众强烈希望在经济和文化上也能迅速地改变落后状态。其三,是执行"多、快、好、省"的路线,还是执行"少、慢、差、费"的路线在政治上和思想上的强大压力。

内蒙古牧区人民公社的特点之一,是母畜计头数入社,劳动力、牲畜按比例分益和"苏鲁克"等办法,牲畜折股或评分入社,牲畜股报酬按劳动力、牲畜的比例分益等独特的组织方法和收益分配办法。特点之二,是自留畜的比例高于农区的自留地。

内蒙古牧区人民公社化运动中,出现了平均主义、"共产风"问题和公社供给制、"瞎指挥"风、强迫命令、"一平二调"等问题。因此,内蒙古党委颁发《内蒙古党委关于牧区人民公社当前政策问题的若干规定》,关于牧区人民公社的体制调整,做出了"三级所有,队为基础,是现阶段牧区人民公社的根本制度"等具体规定,明确规定了牧区人民公社所有制方面的一系列政策。在《内蒙古党委关于牧区人民公社规模和体制的调整方案(草案)》和《内蒙古自治区牧区人民公社工作条例(修正草案)》中,对内蒙古牧区人民公社的体制与规模等做出了详细、具体的调整。同时,执行按劳分配原则和建立生产责任制。

内蒙古党委和政府实施了各项有效的方针、政策以及措施,基本上解决了人民公社化中出现的诸多问题,使内蒙古畜牧业得到了稳定、全面、高速发展,不仅使广大牧民的生活水平有了提高,同时也支援了国家建设,援助了其他省区。

---

[1] 内蒙古自治区畜牧业厅修志编史委员会编著:《内蒙古畜牧业发展史》,内蒙古人民出版社2000年版,第186—187页。

[2] 参见郝玉峰:《乌兰夫与三千孤儿》,内蒙古乌兰夫研究会1997年版。

第四章　从畜群大包干责任制到 "草畜双承包"责任制

中国共产党十一届三中全会之后，在改革开放政策的指导下，内蒙古牧区在政治、经济、文化、社会、生态环境等方面取得了全方位历史性成就，牧区社会发生了深层次、根本性的历史变革。其中，内蒙古牧区社会变革起始于畜群大包干责任制，之后在全国五大牧区中率先创造性地落实"草畜双承包"责任制等一系列的经济体制改革，形成了适应牧区特点的畜牧业经营管理体制。从而打破了长期以来的分配和草原管理使用的"大锅饭"，调动和激发了广大牧民的积极性，牧业生产得到迅速发展，牧民生活得到显著的提高，草原生态环境得到保护与建设，整个牧区社会呈现了政治稳定，经济繁荣，人民安居乐业的繁荣景象。

第一节　内蒙古牧区实施畜群大包干责任制的背景

一、"文化大革命"期间的内蒙古牧区工作

"文化大革命"期间，内蒙古牧区无政府主义泛滥，打乱了正常的社会秩序、生产秩序和生活秩序，给内蒙古牧区工作和畜牧业带来了极具破坏性的后果。

首先，在动乱中无政府主义泛滥，打乱了正常的社会秩序、生产秩序和生活秩序，牧区和畜牧业战线陷入严重混乱与瘫痪状态。"文化大革命"开始后，大批领导干部被打倒或"靠边站"，畜牧系统从自治区畜牧厅到各级畜牧局（处）被诬陷为"修正主义黑窝""叛国投修的据点"，主要领导被罢官、夺权、揪斗，致使不能行使职能，畜牧部门管理失控。1968年9月，自治区革命委员会（1967年11月1日成立）设立生产建设指挥部，取代了包括畜牧厅在内的各业务厅局的职权。各盟市、旗县成立了革命委员会，各级畜牧局（处）也随之被撤销，原有工作人员投入"斗、批、改"运动中。随着所谓的"内蒙古

山河一片红"，自治区成立之后所形成的对畜牧业的专职领导、专门机构、专业队伍、专业会议的"四专"制度，在混乱之中毁于一旦，使畜牧业生产建设失去了指挥系统，经济运行陷入失控状态。

其次，"文化大革命"期间，内蒙古自治政府成立以来的内蒙古牧区工作及其方针、政策和理论被否定，被视为"修正主义"加以批判。

第一，内蒙古牧区民主改革和社会主义改造时期的方针、政策与原则被予以否定。牧区"三不两利"政策，牧区社会主义改造时期实施的"稳、宽、长"原则和对牧主的和平改造政策等都遭到了否定，并被冠以"阶级斗争熄灭轮""牧主剥削有功论"等罪名加以批判。

第二，内蒙古牧区长期以来实施的"禁止开垦，保护牧场"等方针、政策，被予以否定。因乱垦，草牧场遭到大面积的破坏。以绥远省为例，绥远省人民政府发出诸多保护牧场，禁止开垦的指示、命令等。

例如，1951年15月5日，绥远省人民政府公布《绥远省蒙旗土地改革实施办法》，第4条规定：土地改革必须照顾牧业生产，保护草牧场和牲畜，严禁开垦草牧场。①

例如，1952年4月5日，绥远省人民政府发布《绥远省人民政府关于保护牧场的指示》，明确规定：如今后发现破坏草场行为，必须依法严惩；未经绥远省人民政府批准，而擅自越境，即以违法乱纪论处；完成牧场划定以后，必须严守农牧地界，保护牧场，不准破坏。②

再如，1953年7月25日，绥远省人民政府发布《绥远省人民政府关于重申保护牧场的指示》，为严格执行保护牧场的法令，再次规定已经开垦的草牧场立即封闭，对其责任领导干部，视其情节给予处分。③

但是"文化大革命"期间在"牧民不吃亏心粮""向草原要粮"等口号下，内蒙古草原被大量开垦，迎来了1949之后的第二次开垦内蒙古草原的高

---

① 《绥远省蒙旗土地改革实施办法（草案）》（1951年12月5日），内蒙古党委、内蒙古自治区农业委员会：《内蒙古畜牧业文献资料选编》第二卷（上），呼和浩特1987年版，第55页。
② 《绥远省人民政府关于保护牧场的指示》（1952年4月5日），内蒙古党委、内蒙古自治区农业委员会：《内蒙古畜牧业文献资料选编》第四卷，呼和浩特1987年版，第123页。
③ 《绥远省人民政府关于保护牧场的再指示》（1953年7月25日），内蒙古党委、内蒙古自治区农业委员会：《内蒙古畜牧业文献资料选编》第四卷，呼和浩特1987年版，第138页。

潮。[1]据统计,在"文化大革命"期间各单位及生产建设兵团在内蒙古自治区16个旗(县)共开垦草原54220000亩,占内蒙古自治区草原总面积的1 / 10左右,相当于1962年前开垦总面积(18000000亩)的3倍多。[2]

过度的开垦使内蒙古草原遭到了破坏,特别是开垦了不能开垦的草原,严重地破坏了草原生态环境,草原沙漠化严重。即陷入"一年开草场,二年打点粮,三年变沙梁""农业吃牧业,沙子吃掉农业"[3]的恶性循环。内蒙古沙漠化面积,由20世纪60年代的3.4亿亩,扩大到80年代的4.5亿亩,占全区总面积的16%,平均每年大约扩大5500000多亩,其范围已经扩大到内蒙古90个旗县中的66个旗县。[4]

第三,在内蒙古牧区进行了公开的阶级划分,牧区划阶级扩大化,混淆了阶级界限。在20世纪40年代末至50年代社会变革以及60年代前半期的政治运动中,内蒙古牧区没有公开地进行阶级划分。1947年11月开始的内蒙古牧区民主改革,实施了"消灭封建特权,废除封建草牧场制度,自由放牧"的基本政策。在民主改革过程中,一般农区的土地改革以"没收地主的土地、房屋,分给贫困农民"为基本内容,而在内蒙古牧区民主改革实施了"不分、不斗、不划阶级,牧工牧主两利"(简称"三不两利")政策。继牧区民主改革之后畜牧业社会主义改造过程中,继续实施了"三不两利"政策。在1960—1963年的内蒙古牧区人民公社整风整社运动中,虽然强调了阶级教育和社会主义教育,但是在牧民群众中没有进行阶级划分;在1963—1966年的内蒙古牧区"四清运动"初期,也没有公开进行阶级划分。

1968年7月25日至8月8日,在锡林郭勒盟阿巴嘎旗召开了内蒙古自治区、盟、旗、公社、牧场和部分生产队的干部和群众近1000人参加的牧区划阶级现场会。会议大批所谓的"阶级斗争熄灭论""剥削有功论""牧区特殊论","三不两利"政策、"稳、宽、长"方针、"千条万条,发展畜牧业是第一条"

---

① 1952—1962年期间,迎来了新中国成立以后第一次开垦内蒙古草原的高潮,牧区开垦草原面积为963亩,占当时牧区可利用草场面积的2.26%;半农半牧区开垦草原面积为836亩,占半农半牧区草场总面积的3.55%。牧区分别是呼伦贝尔盟313万多亩,锡林郭勒盟361万多亩,乌兰察布盟57万多亩,巴彦淖尔盟46万多亩,伊克昭盟136万多亩。半农半牧区分别是呼伦贝尔盟62万多亩,哲里木盟171万多亩,昭乌达盟132万多亩,锡林郭勒盟154万多亩,乌兰察布盟275万多亩,伊克昭盟36万多亩(参见敖日其楞:《内蒙古族问题研究与探索》,内蒙古教育出版社1993年版,第191页)。

② 敖日其楞:《内蒙古族问题研究与探索》,内蒙古教育出版社1993年版,第191页。

③ 闫天灵:《汉族移民与近代内蒙古社会变迁研究》,民族出版社2004年版,第424—425页。

④ 闫天灵:《汉族移民与近代内蒙古社会变迁研究》,民族出版社2004年版,第421页。

的号召、"两定一奖"制度等都被当成"黑货",加以批判。①

　　1968年8月10日,内蒙古自治区革命委员会发出《内蒙古自治区革命委员会关于牧区阶级划分和清理阶级成分的几项政策规定(草案)》,决定在牧区划分阶级成分,规定牧区划分为两个阶级、六个阶层,即牧主、富牧、上中牧、中牧、下中牧、贫牧,其中牧主和富牧是牧区的剥削阶级。并且具体规定了各阶级、各基层的划分标准。例如,划分牧主的标准规定:占有大量牲畜,自己不劳动或只有附带劳动,依靠剥削为生的,划为牧主;接大量"苏鲁克",雇工经营,自己不劳动,靠剥削为生的,也划为牧主;牧主破产后,有劳动力仍不劳动,其生活状况超过中牧的仍为牧主。②

　　在极"左"政策和思潮的影响下,内蒙古牧区阶级划分出现普遍扩大化,严重地扩大了打击面,相当一部分解放后富裕起来的劳动牧民也被划为剥削阶级。例如,锡林郭勒盟被划为剥削阶级的牧主和富牧占全盟总牧户数的15%以上,比"文化大革命"前党内部掌握的剥削阶级的比例扩大了12%,有些社队划出的剥削阶级甚至高达40%以上。③

　　凡被划为牧主、富牧、封建上层、宗教上层分子的,一律撤销其在各级政权机关、公社、合营牧场和群众团体中担任的一切职务,一律取消其在公社、合营牧场中的定息和畜股报酬,一律剥夺公民权,取消社员资格,对他们实行无产阶级专政,在群众监督下进行劳动改造。对牧主、封建上层、宗教上层超过当地贫困牧民占有水平的生活资料、自留畜及全部金银珠宝、大部分现款和生活用品等原则上一律没收,对牧主、富牧等的银行存款进行冻结。④

　　第四,否定了60年代初期国民经济调整期间内蒙古党委和政府对草原

①　《内蒙古自治区革委会关于在阿巴嘎旗召开划分阶级现场情况的报告》(1968年9月6日),内蒙古党委政策研究室、内蒙古自治区农业委员会编印:《内蒙古畜牧业文献资料选编》第二卷(下册),呼和浩特1987年版,第219—221页。

②　内蒙古自治区革命委员会发出:《内蒙古自治区革命委员会关于牧区阶级划分和清理阶级成分的几项政策规定(草案)》(1968年8月10日),内蒙古党委政策研究室、内蒙古自治区农业委员会编印:《内蒙古畜牧业文献资料选编》第二卷(下册),呼和浩特1987年版,第213—214页。

③　内蒙古自治区畜牧业厅修志编史委员会编著:《内蒙古畜牧业发展史》,内蒙古人民出版社2000年版,第204页。

④　内蒙古自治区革命委员会发出:《内蒙古自治区革命委员会关于牧区阶级划分和清理阶级成分的几项政策规定(草案)》(1968年8月10日),内蒙古党委政策研究室、内蒙古自治区农业委员会编印:《内蒙古畜牧业文献资料选编》第二卷(下册),呼和浩特1987年版,第218页。

生态环境问题和牧区人民公社体制与规模问题所采取一系列有效的方针、政策以及措施。

如上所述，"文化大革命"所带来的混乱状态和对之前行之有效的发展畜牧业生产的方针、政策的否定的结果，使内蒙古畜牧业生产三次陷入低谷。经 1961—1965 年间的国民经济调整后得到恢复的内蒙古畜牧业，因"文化大革命"爆发引起的动乱，1966 年 12 月牲畜总数比 1965 年 12 月减少 2986600 头（只），下降 8.33%，陷入第一次低谷。[①]1974 年由于受"批林批孔"运动的影响，内蒙古畜牧业生产陷入第二次低谷，当年的畜牧业经济指标不仅大部分没有能够完成，而且比前一年度实际水平下降。[②]1976 年 2 月"批邓、反右倾翻案风"运动开始，受其影响内蒙古畜牧业生产陷入第三次低谷。当年内蒙古牲畜总数比 1975 年减少了 5.6%，畜牧业生产总值比 1975 年下降了 7%。[③]

二、内蒙古牧区畜牧业拨乱反正及其意义

拨乱反正，是当代中国史上具有重大意义的事件，显示了中国共产党坚持真理、修正错误的巨大勇气，表现了党对广大人民群众的根本利益高度负责的精神；使党的思想路线、政治路线重新回到了马克思列宁主义毛泽东思想的正确轨道上来，为中国特色社会主义理论的形成，为我国社会主义现代化事业取得的巨大成就和全新局面，提供了良好的政治思想条件。从拨乱反正中吸取历史经验，为建设中国特色社会主义事业提供有益借鉴。内蒙古自治区同全国其他地区一样，1976 年 10 月至 1982 年 9 月，进行了政治、经济、思想理论、民族工作等各方面的拨乱反正。[④]

---

① 内蒙古自治区畜牧业厅修志编史委员会编著：《内蒙古畜牧业发展史》，内蒙古人民出版社 2000 年版，第 203 页。

② 内蒙古自治区畜牧业厅修志编史委员会编著：《内蒙古畜牧业发展史》，内蒙古人民出版社 2000 年版，第 211 页。

③ 内蒙古自治区畜牧业厅修志编史委员会编著：《内蒙古畜牧业发展史》，内蒙古人民出版社 2000 年版，第 212 页。

④ 关于思想理论方面，参见袁俊芳：《思想理论方面的拨乱反正》，中共内蒙古自治区委党史研究室编著：《拨乱反正·内蒙古卷》，中共党史出版社 2008 年版，第 37—57 页；关于民族工作方面，参见候秉权《民族工作的拨乱反正》，中共内蒙古自治区委党史研究室编著：《拨乱反正·内蒙古卷》，中共党史出版社 2008 年版，第 58—79 页；关于经济工作方面，参见袁俊芳：《经济工作的拨乱反正》，中共党史出版社 2008 年版，第 89—120 页；关于三大冤假错案，参见申屠宁：《平反三大冤假错案》，中共党史出版社 2008 年版，第 80—88 页；关于科技教育方面，参见候秉权：《科技教育工作的拨乱反正》，中共党史出版社 2008 年版，第 121—134 页。

（一）畜牧业在国民经济中的地位和畜牧业生产责任制、所有制的恢复

内蒙古牧区畜牧业方面的拨乱反正，始于1977年1月28日至2月1日召开的内蒙古党委全区畜牧业工作座谈会。

首先，会议关于畜牧业重要性强调：没有畜牧业的经济是一种不完整的经济，畜牧业是内蒙古自治区国民经济的重要组成部分。并指出：内蒙古自治区草原辽阔，资源丰富，是全国四大牧区之一，牧区畜牧业生产的发展，对于巩固集体经济，支援工业建设，繁荣市场，改善人民生活，都具有重要的意义。内蒙古自治区地处祖国北部边境，1600多公里的边境线都是牧区。蒙古族群众主要从事畜牧业生产，搞好畜牧业，发展壮大集体经济，不仅仅是生产问题，而且是关系到少数民族的繁荣发展，增强各民族坚强团结，建设边疆的重大问题。①

其次，会议要求要认真贯彻执行"以牧为主，围绕畜牧业生产，发展多种经济"方针。同时要求坚决执行"禁止开荒，保护牧场"的政策和《内蒙古自治区草原管理条例》，并指示：①把草牧场使用权固定下来，任何单位都不准开垦牧场，不准到牧区搞副食品基地。②过去未经旗县以上领导机关批准，占用草场建立的副食品基地，都要交旗县领导机关处理。③农业队不能视草原为荒地，一律不准到牧区耕种。④对滥垦草原、滥占牧场、破坏草原建设的事件，要严肃处理。②

最后，会议关于发展畜牧业生产指示，要认真贯彻执行保护适龄母畜的政策，严禁计划外宰杀或出售母畜，不断提高母畜比重，提高繁殖成活率，稳定、优质、高产地发展畜牧业；关于畜牧业经营管理指示，要建立健全责任制，在畜群管理上基本核算单位向生产小队和畜群作业组实行定产、定工、超产奖励的制度。③

通过此次会议，内蒙古牧区畜牧业的重要性重新得到了重视，畜牧业在国民经济中的地位也得到了恢复。在会后的2月28日，为进一步加强牧区人民公社的畜群管理，落实生产责任制，更好地体现"各尽所能，按劳分配"

---

① 《全区畜牧业工作座谈会纪要》(1977年2月1日)，内蒙古党委政策研究室、内蒙古自治区农业委员会编印：《内蒙古畜牧业文献资料选编》第二册(下册)，呼和浩特1987年版，第290—291页。

② 《全区畜牧业工作座谈会纪要》(1977年2月1日)，内蒙古党委政策研究室、内蒙古自治区农业委员会编印：《内蒙古畜牧业文献资料选编》第二卷(下册)，呼和浩特1987年版，第292—292页。

③ 《全区畜牧业工作座谈会纪要》(1977年2月1日)，内蒙古党委政策研究室、内蒙古自治区农业委员会编印：《内蒙古畜牧业文献资料选编》第二卷(下册)，呼和浩特1987年版，第295页。

的社会主义原则,调动广大贫下中牧和社员群众的积极性,稳定、优质、高产地发展畜牧业生产,根据中共中央《农村人民公社工作条例修正草案》(即六十条)和自治区党委《关于当前落实党的民族政策中几个问题的指示》,以及《全区畜牧业工作座谈会纪要》等有关文件的精神,结合畜牧业生产的特点,特制定实施了《牧区人民公社基本核算单位对畜群生产组实行定产、定工、超产奖励制度》(简称《两定一奖》制度),其主要内容有:①基本核算单位应根据水平条件,劳力多少,居住分布情况,因地制宜地组织畜群生产组。畜群生产组一般以3—4群牲畜,3—8户社员为宜。②基本核算单位对畜群生产组实行劳力、畜群、主要草牧场、设备、工具、役畜"六固定"政策。畜群生产组要坚决服从基本核算单位在生产计划、调配劳动力、调剂畜群、安排水草、安排生产工具设备、基本建设、处理产品、分配等八个方面统一进行的原则。③定产的主要项目:保畜率,按7月1日实有成幼畜总头数计算,确定年内应保育成活的成幼畜指标;繁殖成活率,按应保活的适龄母畜头数计算,确定应繁殖成活的仔畜指标;畜副产品,主要包括绒毛、鬃尾、鲜奶、奶制品及副产品等的产量。④定产指标要积极可靠,留有余地,使多数畜群生产组在正常年景经过努力,能够完成或超额完成。各项具体指标应根据不同的条件、畜种、畜群制定。定产指标可一年一定,高于指标者受奖,低于指标者受罚。同时也可以规定2%—3%的幅度,超过幅度中最高指标者受奖,完成幅度以内者不奖不罚,达不到幅度中最低指标者受罚。在执行中遇到特大自然灾害或其他原因,需要修订指标时,要经过社员大会或社员代表大会讨论通过。⑤定工的依据是劳动定额。劳动定额由基本核算单位统一制定。各种劳动定额应以中等劳动力积极劳动能够达到的质量和数量为标准。并根据各种活计的技术高低、劳动强度和在生产中的重要性规定工分。各工种间的劳动定额,应以放牧工为标准,做到大体平衡,防止悬殊过大。要避免出现记"双工分"的现象。⑥奖罚时,要坚持无产阶级政治挂帅,坚持以教育、表扬为主,坚持多奖少罚的原则。在奖罚上,主要以劳动日结算兑现。超产的牲畜和畜产品全部归基本核算单位所有。减产主要罚无责任心者,但在遭受不可抗拒的自然灾害情况下,应酌情减罚或免罚。对劳动不积极,发生责任事故,造成牲畜严重损失的人,除按规定惩罚外,应追究责任,并给予适当处理。⑦"两定一奖"制度以当年7月1日至第二年6月30日来结算年度(也可按季节和单项施行"两定一奖")。奖罚劳动日参加当年的收益分配。基本核算单位对畜群生产组的奖罚由组内按每个社员的劳动态度和完成任务的好坏等情况,民主评议,合理分摊。要体现差别,克服平均主义。①

随着《两定一奖》的推行,各地也根据本地的情况,制定了两定一奖的具体办法。例如,1979年科右前旗乌兰毛都公社党委(时称革委会)制定了《关于全面实行两定一奖的具体办法》,对于满勤奖励办法、畜牧业的两定一奖、粮食基地与后勤的两定一奖等都做出了如下详细的规定。

关于满勤奖励办法,规定:①年初根据每个劳动力的强弱,家务的多少,经过自报公议,进行劳动站队,确定每个劳动力全年的投工数,到年末按实际出勤与年初定的工数结算。一般不分整半劳动力,男劳动力全年出勤320天至330天,女劳动力全年出勤230天至300天的不奖不罚。达不到最低天数,少一天的罚4分,超过最高天数多一天的奖励6分。②按月结算,男劳动力每月应出勤28天,女劳动力每月出勤25天,缺勤一天罚4分,超过一天奖励6分。②

关于畜牧业的两定一奖,规定:①游牧群与大队之间继续执行两定一奖合同制度,结算办法:苏伯羊群、牛群、马群每年结算两次(5月末至9月初,10月初至5月末),母羊群每年结算三次(5月末至9月初,10月初至5月末,3月初至5月末)。②结算合同的各类牲畜价格:马二岁以上每匹150元,当年马具50元;二岁以上牛每头70元,当年牛肚15元;苏伯羊与成年母羊每只15元,二岁羊每只15元,当年羔接羔合同期为3元,夏秋合同期为5元。结算合同时,超1头(只)奖全价的70%,缺1头(只)罚全价的40%。合同中的损失率包括一切损失,但人为损失的肉皮全交者(包括狼害、溺死、混群、断群缺少等人力不可以抵抗的损失)算入一般损失率内。皮肉未交者,赔全部价格的80%。③签订两定一奖合同时,大队为甲方,套包为乙方,合同上明确双方的责任。④在执行合同期间,因人力不可抵抗的自然灾害而完不成任务时,甲乙双方协商,对指标要求另作调整。③

关于粮食基地与后勤的两定一奖,规定:①粮食基地在制定全年计划时,一定要实事求是、切合当地实际留有余地的制定两定一奖的投工、产量的指标。在验收结算合同时超产1%的奖励5元,每减产1%罚2元。②执行

① 《牧区人民公社基本核算单位对畜群生产组实行定产、定工、超产奖励制度》(1977年2月28日),内蒙古党委政策研究室、内蒙古自治区农业委员会编印:《内蒙古畜牧业文献资料选编》第七册,呼和浩特1987年版,第317—320页。

② 乌兰毛都公社革委会:《关于全面实行两定一奖的具体办法》(1979年),科右前旗档案馆藏,资料号:67—1—85。

③ 乌兰毛都公社革委会:《关于全面实行两定一奖的具体办法》(1979年),科右前旗档案馆藏,资料号:67—1—85。

定额管理或计件。如果由于某种原因常年搞两定一奖的农活及其他突击的生产（如剪毛、打草、挤奶、修建棚圈、草原建设），那么就要搞定额管理加奖制或计件计分制。凡是高定额管理的达到定额就计标准工分。超额部分奖80%，达不到定额者按原定额少计工分。季节性强的突击任务可以搞计件计分。①

事实证明，"两定一奖"责任制的恢复与改进，有助于改善内蒙古牧区畜牧业生产的经营管理，使内蒙古牧区畜牧业生产秩序得到恢复；有助于调动广大牧民发展畜牧业生产的积极性，改变了社员过去经营牲畜，数量多与少一个样，牲畜肥与瘦一个样，养活养死一个样等无责任心的状态。例如，1977年冬，内蒙古部分牧区虽然遭受了历史上罕见的特大雪灾，但是由于发挥了牧民群众发展畜牧业生产的积极性，大大减少了牲畜死亡数量。1977年末的牲畜总数达到3844000头（只），同1976年的牲畜总数持平。②

1978年6月4日至14日，内蒙古自治区革委会召开了全区牧区草原建设工作会议。会议围绕高速发展畜牧业问题，总结了经验教训，研究了牧区建设的具体路线、方针、政策、任务和措施。会议强调要把"文革"期间被搞乱了的路线、方针、政策以及措施进行纠正，正本清源。会议指出，高速度发展畜牧业是全区各级党组织的一项迫切任务；要求做到发动和依靠群众，把草原建设推向高潮；会议强调，要坚决贯彻执行"以牧为主"的方针，坚决保护好草场、保护母畜以及保证牧民口粮供应等；会议要求，坚决制止无偿平调生产队的资金、劳动力和物资，搞非生产性建设的倾向，大力压缩非生产性开支和用工，减轻牧民负担，做到增产增收，分配兑现。并通过落实政策，调动广大牧民群众的生产积极性，搞好草原建设，高速度发展畜牧业生产。③

1978年7月，内蒙古党委主要领导带调查组分头到农村牧区第一线，详细调查了解了农牧民不合理负担问题、农村牧区各项政策执行情况。根据调查，拟定了《内蒙古党委关于当前农村牧区若干经济政策问题的规定（试行草案）》（以下简称《规定》），并于1978年8月28日颁发实施。该《规定》明

① 乌兰毛都公社革委会：《关于全面实行两定一奖的具体办法》（1979年），科右前旗档案馆藏，资料号：67—1—85。

② 袁俊芳：《经济工作的拨乱反正》，中共内蒙古自治区委党史研究室：《拨乱反正——内蒙古卷》，中共党史出版社2008年版，第98页。

③ 《全区牧区草原建设工作会议纪要》（1978年6月14日），内蒙古党委政策研究室、内蒙古自治区农业委员会编印：《内蒙古畜牧业文献资料选编》第四册，呼和浩特1987年版，第278—284页。

确规定,牧区(包括农区、半农半牧区的纯牧业生产队)要坚决执行"以牧为主,发展多种经济"的方针;严格执行"严禁开垦,保护牧场"的政策;迅速纠正平均主义倾向,坚决贯彻"各尽所能,按劳分配"的原则。[①]

到1980年,内蒙古牧区实行"两定一奖"或"三定一奖"责任制的生产队已经占总数的95.4%,当年社员所分得的超产奖金达3222000元,比1979年的2348000元增长37.2%,相当于社员分配部分13050000元的24.6%。[②]

(二)放宽牧区政策,加快畜牧业生产发展

1978年12月召开中共中央十一届三中全会提出全面纠正"文化大革命"中的极左错误,确立了把工作重点转移到社会主义经济建设上来的战略决策,提出要注意解决好国民经济比例严重失调问题的要求等。这些重大战略决策的提出,标志着我国经济和社会发展进入了一个崭新的历史时期。

为贯彻党的十一届三中全会精神,内蒙古党委于1979年1月召开了盟市、旗县领导干部参加的工作会议。会议决定,尽快把全区工作重点转移到经济建设上来,集中精力把农牧业和国民经济搞上去,明确了其后的农牧业生产任务和国民经济计划。会议特别强调,要解放思想分清路线的大是大非,会议为全面、系统地拨乱反正奠定了思想基础。从此,包括牧区经济在内的内蒙古经济战线的拨乱反正进入了新阶段。

内蒙古党委根据党的十一届三中全会关于加快农业发展,减轻农牧民负担,增加农牧民收入的精神,1979年2月7日制定了《内蒙古党委关于尽快地把我区农牧业生产搞上去的意见》。

首先,客观地分析了内蒙古自治区农牧业生产长期搞不上去的原因:林彪、"四人帮"混淆社会主义与资本主义的界限,把按劳分配的社会主义原则、人民公社的多种经营、社员正当的家庭副业,当作资本主义批判和取缔,严重挫伤了社员的社会主义积极性;集体所有制遭到严重破坏,生产队的自主权和所有权得不到保护;以农业为基础的思想问题基本上没有解决,对农牧业的物质支持和技术支持十分不够;瞎指挥严重,不是根据地区实情,而是片面强调农业,以农业代替畜牧业。粮食产量越上不去越大量开荒,破坏

---

① 《内蒙古党委关于当前农村牧区若干经济政策问题的规定(试行草案)》(1978年2月28日),内蒙古党委政策研究室、内蒙古自治区农业委员会编印:《内蒙古畜牧业文献资料选编》第二卷(下),呼和浩特1987年版,第339—352页。

② 内蒙古自治区畜牧业厅修志编史委员会编著:《内蒙古畜牧业发展史》,内蒙古人民出版社2000年版,第227页。

了生态平衡,造成严重后果。①

其次,指出发展农牧业经济一定要有一条反映当地客观规律的正确的指导方针,并确定了从内蒙古实际出发,认真实行农牧林结合,宜农则农,宜林则林,宜牧则牧的方针。

最后,决定近一二年内,主要落实政策,休养生息,调整恢复,培养地力,改善牧场,增加收入,为稳定、全面、高速度地发展农牧林业生产积极准备条件。根据这一指导思想,规定以法律来保护人民公社、生产大队和生产队的所有权与主动权,严禁"一大二公""一平二调";贯彻执行按劳分配的社会主义原则;牧区执行"两定一奖";认真贯彻社员发展家庭副业政策;畜牧业生产要继续贯彻执行水、草、舍、繁、改、管、防、工八项增产措施;执行15条放宽社队生产队主权的措施,增加农牧民收入,减轻农牧民负担,实行联产承包责任制措施。②

为了贯彻好党的十一届三中全会精神和内蒙古自治区关于加快农牧业发展的各项措施,调动农牧民的积极性,内蒙古党委抽调直属机关干部60余人组成工作组,到10个农牧业旗县帮助基层干部和群众解决各项政策落实中存在的问题。1980年1月,内蒙古自治区革委会决定改革多年来农业生产计划统得过死的做法,对粮、油、糖实行包干制,使盟市、旗县、社队各级都有自主权。③

根据党的十一届三中全会精神,结合内蒙古牧区实际情况,中共内蒙古自治区委员会、内蒙古自治区人民政府为了积极贯彻执行以牧为主、农林牧副渔业全面发展方针。为了有力地推动农牧业生产队的发展,1980年2月9日内蒙古党委和政府颁发《关于畜牧业发展政策的几项规定》,有关畜牧业方针政策问题,做如下规定。

一是认真贯彻以牧为主、农牧林结合的方针。根据中央关于发展农业精神和内蒙古自治区具体条件,内蒙古自治区党委制定了"以牧为主,农牧林结合,因地制宜,各有侧重,多种经营,全面发展"的方针,这是全区农牧业

---

① 《内蒙古党委关于尽快地把我区农牧业生产搞上去的意见》(1979年2月7日),内蒙古党委政策研究室、内蒙古自治区农业委员会编印:《内蒙古畜牧业文献资料选编》第二卷(下),呼和浩特1987年版,第354—355页。

② 《内蒙古党委关于尽快地把我区农牧业生产搞上去的意见》(1979年2月7日),内蒙古党委政策研究室、内蒙古自治区农业委员会编印:《内蒙古畜牧业文献资料选编》第二卷(下),呼和浩特1987年版,第358—364页。

③ 袁俊芳:《经济工作的拨乱反正》,中共内蒙古自治区委党史研究室:《拨乱反正——内蒙古卷》,中共党史出版社2008年版,第101—102页。

生产建设总的发展方向,要求各地都要按照自然规律和经济规律制定方案,逐步调整,稳步过渡。

二是基本核算单位的管理体质问题。牧区人民公社多是实行公社、生产队两级管理、两级核算,少数是公社、大队、生产队三级管理、三级核算。现行管理体制一般不动,基本核算单位对畜群生产组或生产小队实行劳动力、畜群、生产设备和草牧场的"四固定"制度,承认超产得奖部分的所有权和分配权。畜群生产组或生产小队应逐步地向畜种生产专业化方向发展。

三是积极推行生产责任制。现行的"两定(定产、定工)一奖"或"三定(定产、定工、定费用)一奖"制度基本上适合目前生产力发展水平和经营管理水平,要继续积极推行。基本核算单位在每个牧业年度初,将定产、定工、定费用的指标一次落实到畜群作业组,也可直接落实到畜群。定产指标要积极可靠,留有余地。同时要贯彻多奖少罚原则,超什么项目奖什么项目,一般可奖超产部分的50%—70%;受罚部分一般可按减半执行。

四是鼓励社员发展自留畜。在不影响参加集体生产劳动、不与集体争草牧场的前提下,鼓励、扶助社员发展自留畜。牧业队社员自留羊一般每人可养10只左右,还可饲养奶牛、乘马和役畜。公社所在地干部、职工,每户允许养3—5只羊,1—2头奶牛。

五是落实划分草牧场使用权工作,由旗县人民政府发给执照。草牧场固定后,任何单位不得侵占。严禁任何单位和个人盗墓,去半农半牧区滥垦、滥牧、破坏植被,造成严重恶果者,要追加法律责任。保护建设草牧场,提高牧草的产量和质量,逐步解决冬春牧草不足的问题。[①]

通过上述一系列的规定、方针、政策的恢复与实施,对调整和改革自治区的经济结构,发挥自治区的经济优势,起了极大的推动作用。实践证明取得了明显的效果。各级领导和广大干部、群众对畜牧业更加重视了。自治区国民经济各部门之间、农业内部种植业与养殖业之间、畜牧业内部各方面之间的比例失调现象有了改变。各地经济优势,特别是牧区利用当地有利条件发展畜牧业的优势得到发挥,主要表现在以下几个方面。

第一,内蒙古牧区畜牧业有了较快的恢复和发展,商品率和出栏率有了提高,社队收入明显增加。牧区在1979年增产增收的基础上,1980年在大旱灾的情况下,社队牲畜总头数从1979年的18788000头(只)发展到20382000头(只),纯增8.5%(全区纯增3.9%)。特别是锡林郭勒盟、乌兰察

---

① 中共内蒙古自治区委员会、内蒙古自治区人民政府:《关于畜牧业发展政策的几项规定》(1980年2月9日),科右前旗档案馆藏,资料号:62—7—135。

布盟、伊克昭盟、巴彦淖尔盟,1979年遭受历史上罕见的大雪灾,牧区牲畜由11470000头(只)下降到8894000头(只),减少了21.85%,但用了两年时间,到1980年就发展到12104000头(只),超过灾前头数5.53%,较1978年(牧业年度)增长了34.57%。①

内蒙古牧区人民公社总收入在1979年增加10.6%的基础上,1980年达到229313000元,比上年增加4.73%。社员人均分配收入130.4元,比上年增加2.3%。人均分配收入超过400元的有19个队,占总队数的0.5%;超过300元的有69个队,占1.82%,超过200元的有509个队,占13.95%。两个旗(额济纳旗、西新巴旗)人均收入超过300元,有两个盟(阿拉善、呼伦贝尔)的人均收入超过200元。②

同时,内蒙古牧区的牲畜质量和生产能力有了新的增长。适龄母畜和良种及改良种牲畜在畜群中的比重,牲畜出栏率、产品质量都有了明显的提高。1980年出栏大牲畜(不包括自留畜)达3950000头(只)。其中,大牲畜出栏率达13.8%,小牲畜26.1%,超过了全区和全国水平。商品率也超过了历史最好水平,大牲畜达到8.9%,小牲畜达到16%,收获各种绒毛24841000斤(较上年增长近200000斤)。③

随着生产的发展,内蒙古牧区社队向社会提供的牲畜和畜产品也大幅度增长。据1980年内蒙古牧区(除哲里木盟)2732基本核算单位的统计,向社会提供总价值达171825000元的牲畜、绒毛、皮张等,较上年增长13.9%,社员人均贡献229.3元,劳动力人均贡献595.5元。④

第二,"以牧为主"的方针得到进一步贯彻,牧区的经济结构有所改变。在1980年因灾种植业大幅度减产,收入下降16.1%的情况下,农、工、副业和

---

① 内蒙古自治区畜牧厅:《关于牧区收益分配和经营管理方面存在问题向自治区人民政府的汇报》(1981年4月17日),内蒙古党委政策研究室、内蒙古自治区农业委员会编印:《内蒙古畜牧业文献资料选编》第七卷,呼和浩特1987年版,第346页。

② 《巴图巴根同志在全区牧区经营管理座谈会上的讲话》(1981年5月27日),内蒙古党委政策研究室、内蒙古自治区农业委员会编印:《内蒙古畜牧业文献资料选编》第七册,呼和浩特1987年版,第355页。

③ 内蒙古自治区畜牧厅:《关于牧区收益分配和经营管理方面存在问题向自治区人民政府的汇报》(1981年4月17日),内蒙古党委政策研究室、内蒙古自治区农业委员会编印:《内蒙古畜牧业文献资料选编》第七册,呼和浩特1987年版,第346—347页。

④ 内蒙古自治区畜牧厅:《关于牧区收益分配和经营管理方面存在问题向自治区人民政府的汇报》(1981年4月17日),内蒙古党委政策研究室、内蒙古自治区农业委员会编印:《内蒙古畜牧业文献资料选编》第七册,呼和浩特1987年版,第347页。

其他多种经营收入仍占总收入的24.8%,基本上保持了上年的水平。[1]

第三,发展自留畜和家庭副业政策得到了进一步的落实。内蒙古牧区自留畜由1979年的1886000头(只),增加到1980年的31930000头(只),占牲畜总头数的15.7%,比上年增长了69.3%。其中,锡林郭勒盟增长了91%,巴彦淖尔盟增长了88.6%。与此同时,社员家庭副业收入也有较大幅度增长。据锡林郭勒盟正蓝旗14个牧业公社的典型调查,1980年牧区牧民出卖自留畜、畜产品和饲养猪、禽,采蘑菇、黄花、杏核等家庭副业总收入达2617000元,每人平均86.8元。其中,卓龙河人民公社牧民人均家庭副业收入高达185元。[2]

第四,内蒙古牧区畜牧业生产条件有了进一步改善。例如,1980年内蒙古牧区草库伦、畜棚、土井等建设都有增加,固定资产总值达到199120000元,平均每个生产队52000元;年终流动资金总额达到114830000元,每个生产队平均30000元;家畜改良数比1979年增加了11.62%;畜疫防治也取得了一定成绩。[3]

第五,各种生产责任制在内蒙古牧区得到进一步落实。1980年内蒙古牧区3566个生产队中,实行"两定一奖"和"三定一奖"的生产队占95.5%,实行小段包工的占4.6%,绝大多数生产队做到了奖罚兑现。据不完全统计,仅锡林郭勒盟、乌兰察布盟1980年实际超产成幼畜53592头(只),超产仔畜68484头(只),超产各种绒毛900000斤。1980年内蒙古牧区社员分得超产奖金3222000元(不包括奖励的牲畜),比上年增长37.2%。[4]较好地贯彻了按劳分配的原则,从而调动了广大牧民的积极性,促进了畜牧业生产的发展。

---

① 《巴图巴根同志在全区牧区经营管理座谈会上的讲话》(1981年5月27日),内蒙古党委政策研究室、内蒙古自治区农业委员会编印:《内蒙古畜牧业文献资料选编》第七册,呼和浩特1987年版,第355页。

② 内蒙古自治区畜牧厅:《关于牧区收益分配和经营管理方面存在问题向自治区人民政府的汇报》(1981年4月17日),内蒙古党委政策研究室、内蒙古自治区农业委员会编印:《内蒙古畜牧业文献资料选编》第七册,呼和浩特1987年版,第348页。

③ 《巴图巴根同志在全区牧区经营管理座谈会上的讲话》(1981年5月27日),内蒙古党委政策研究室、内蒙古自治区农业委员会编印:《内蒙古畜牧业文献资料选编》第七册,呼和浩特1987年版,第355页。

④ 内蒙古自治区畜牧厅:《关于牧区收益分配和经营管理方面存在问题向自治区人民政府的汇报》(1981年4月17日),内蒙古党委政策研究室、内蒙古自治区农业委员会编印:《内蒙古畜牧业文献资料选编》第七册,呼和浩特1987年版,第348页;《巴图巴根同志在全区牧区经营管理座谈会上的讲话》(1981年5月27日),内蒙古党委政策研究室、内蒙古自治区农业委员会编印:《内蒙古畜牧业文献资料选编》第七册,呼和浩特1987年版,第355页。

可知，内蒙古党委按照党的十一届三中全会指示，结合内蒙古的实际，制定的路线、方针、政策以及所采取的各项经济政策和具体措施是正确的。

三、内蒙古牧区工作和畜牧业生产上"左"的影响

如前所述，经牧区工作和畜牧业战线的拨乱反正以及发展畜牧业的诸多措施，内蒙古牧区畜牧业得到了恢复和发展，牧民收入增加，生活水平也得到了提高，牧区呈现了安定繁荣的景象。那么是不是内蒙古牧区工作和畜牧业生产就没有问题呢？当然不是。持续二十余年的"左"的错误，对牧区工作和畜牧业生产的影响是很大的。尤其是"文革"中，内蒙古牧区是重灾区。党的十一届三中全会之后，经过调整，出现了大好形势。但是仍属于恢复阶段，历史上遗留下来的许多问题尚待进一步解决。内蒙古牧区工作和畜牧业生产方面"左"的错误主要有如下几点。

第一，1958年人民公社化前后，违背了生产关系一定要适合生产力的规律。内蒙古自治政府成立初期，内蒙古牧区的大批干部来自农区和部队，由于缺乏经验，对牧区特点、民族特点和畜牧业经济特点的认识不足，1947年冬至1948年春在部分牧区搬套农村土地改革的办法进行划阶级、斗牧主、分牲畜，给牧区畜牧业带来了严重损失。其后吸取教训，在工作中强调从内蒙古牧区特点、民族特点和畜牧业经济特点出发，在国民经济恢复时期和社会主义改造时期坚持了"慎重稳进""三不两利""稳、宽、长""发展畜牧业是第一条"等方针、政策、措施，取得了显著成就。

1955年下半年，在全国范围内批判"小脚女人"，1956年农村实现了合作社化，对内蒙古牧区产生了直接的影响。当年，内蒙古牧区入社牧户由上年的0.43%猛增到19.17%。内蒙古党委总结了1956年的经验，认为牧区合作社化的条件还不成熟。所以到1957年底，入社牧户仅占牧户总数的27.09%。但是1958年在全国范围的"大跃进"、人民公社化形势下，内蒙古牧区受到冲击，一年之内实现了人民公社化。在牧民没有思想准备，干部经验不足，个体牧民占大多数，生产资料占有悬殊的情况下，采取了先搭架子，后充实内容的做法，把90000户牧民编入了152个人民公社，实现了工、农、商、学、兵五位一体的政社合一体制。搞了"一大二公"的平均主义，一部分社队还实行了供给制、办公共食堂。个别地方集中居住，一个居民点集中几十个蒙古包，十几群牲畜，上百条狗，一时搞得吃饭、喝水、获取燃料都成了问题，造成人找不到家，牲畜找不到群等一系列困难。在60年代初期的国民经济调整期间，采取了一系列调整措施。所采取的具体措施，尽管产生于"左"的形势下，难免有"左"的影响，但也确实起到了一定的纠正"左"的作

用。但是"文革"中,不仅把1957年以前的行之有效的方针、政策、措施全盘否定,而且把人民公社化之后指定的一些政策、措施也一一进行了批判,造成了极大的混乱。牧区牲畜头数在1966年至1976年十年间停滞不前,社员收入增加不多,实际生活水平也下降了。

第二,阶级斗争扩大化,搞乱了牧区阶级阵线。内蒙古牧区阶级阵线,经过民主改革和社会主义改造,基本上是清楚的。对社会主义改造初期的牧区阶级状况调查结果,大体是:牧主占总户数的1%多一点,占有牲畜总数的10%左右;富裕牧民占总户数的20%左右,占有牲畜总数的30%—40%;贫困牧民和不富裕牧民占牧户总数的80%左右,占有牲畜总数的50%—60%。[①]

根据这种阶级状况,在牧区实行了"依靠劳动牧民,团结一切可以团结的力量,在稳定发展畜牧业生产的基础上,逐步实现畜牧业的社会主义改造"的阶级路线。所以在1957年之前内蒙古牧区政治安定。1958年之后的全国、全区的每一次政治运动都冲击到了牧区。例如,"四清运动"后期牧区公开划阶级,"文化大革命"中不但公开划阶级,而且又分又斗,扩大化地划了几千户牧主。把大批富裕牧民当作牧主进行分斗,严重伤害了大批基层干部和群众。政治上的损失难以挽回,经济上的损失不可估量。

第三,在牧区大面积开垦草原,违背了自然规律。早在"大跃进"时期,在内蒙古牧区就提出过完全脱离实际的"粮食自给"口号。"文化大革命"中又提出"牧民不吃亏心粮"口号,于是就大办生产建设兵团,大办粮食基地,在牧区掀起了大量的、多次的开荒高潮。通过1958年一次,1961年一次,"文化大革命"中数次的开垦,共开垦草原达31000000亩,其中仅"文化大革命"10年间就开垦14600000亩。[②]

大面积开垦草原,不仅破坏了内蒙古牧区生态平衡,而且引起内蒙古牧区人口猛增。1957年内蒙古牧区人口81000户,334000人;1967年达到121000户,540000人;1977年达到207000户,1020000人。[③]20年增加了两倍多。由于内蒙古牧区人口的增加过快,加之生产门路不广,不但影响了当

---

① 《巴图巴根同志在全区牧区经营管理座谈会上的讲话》(1981年5月27日),内蒙古党委政策研究室、内蒙古自治区农业委员会编印:《内蒙古畜牧业文献资料选编》第七册,呼和浩特1987年版,第359页。

② 《巴图巴根同志在全区牧区经营管理座谈会上的讲话》(1981年5月27日),内蒙古党委政策研究室、内蒙古自治区农业委员会编印:《内蒙古畜牧业文献资料选编》第七册,呼和浩特1987年版,第359页。

③ 《巴图巴根同志在全区牧区经营管理座谈会上的讲话》(1981年5月27日),内蒙古党委政策研究室、内蒙古自治区农业委员会编印:《内蒙古畜牧业文献资料选编》第七册,呼和浩特1987年版,第360页。

地牧民的实际利益,而且也给国家增加了负担。

第四,不顾客观条件,盲目追求牲畜头数,违背了畜牧业经济规律。在"左"的思想指导下,把增加牲畜头数作为衡量畜牧业经济发展的主要依据,离开了畜牧业生产为了生产更多畜产品,来满足整个社会日益增长的需要的根本目的。1958年"大跃进"中,提出十年计划五年完成。要求每年纯增加20%以上,到1962年全区牲畜要到达50000000头(只),规定了吃七卖八的低水平周转率,于是卖牲畜限制口齿,凡母畜不能卖,卖二岁羊算作"啃青",结果出现了多处理大牲畜,少处理小牲畜的情况。使大牲畜的绝对数和比重逐渐下降。牲畜出栏率和商品率一直不高,影响了畜群正常周转,减少了对国家的贡献,影响了社员收入,草原载重量过重,瘦弱牲畜增多,抗灾经费逐渐增加。

第五,瞎指挥,乱搬套,搞了大量的假、大、空。在一些重大问题上,全国搞什么,内蒙古牧区也搞什么。例如,全国大炼钢铁,内蒙古牧区也大炼钢铁;全国"以粮为纲",内蒙古牧区大量开垦草原。特别是在农业学大寨的运动中,假、大、空一度成风。在草原建设方面,贪大摆样子,谁家围的草库伦大,谁家就是"学大寨先进单位",一些社队出现了大围干山头、大围明沙梁的情况。在水利建设方面,也有打井多,配套少,选点不准,利用率不高的情况。在家畜改良方面,有时对技术力量、器械来源和种畜优劣考虑不周,在一些地方推行大群改良,冷配政策,个别地方把大部分种畜去势,造成大批空怀的情况。在定居点建设方面,例如像机械化试点中,出现花钱多,效益不大的情况。

四、执行经济政策和经营管理方面存在的问题

从如前所述内容可知,内蒙古党委按照党的十一届三中全会以来制定的路线、方针、政策,结合内蒙古的实际,坚定不移地执行了"经济上进一步的调整,政治上实现进一步安定"的重大方针,所采取的各项经济政策和具体措施是正确的。各种形式的生产责任制,对于纠正生产指挥上的主观主义和分配上的平均主义起到了很大的积极作用,调动了社员群众的生产积极性,促进了畜牧业生产的发展。但是,另一方面在执行经济政策和经营管理方面依然存在问题,其主要表现在以下三个方面。

第一,多年来在收购环节上存在的压等压价现象始终没有得到解决。1979年随着农产品提价,牲畜和某些畜产品也提了价,按自治区规定,各类牲畜要分别提价31%—41%。但据锡林郭勒盟、乌兰察布盟、巴彦淖尔盟、伊克昭盟和包头市的统计,1979年实际收购价格和提价前相比都没有达到国

家规定提价的幅度。1979年大畜实际收购单价每头平均为244.6元,比1978年(1978年是提价前六年中大小畜单价最低的一年,下同)提价49.5%,仅提25.6%。如与最高年(1975年)每头平均单价261.5元相比,还低16.9元,低6.5%。小畜实际收购单价每只平均为20.5元,比1978年的147元提39.5%,与最高的1976年每只平均单价17.6元相比,只提价16.5%。①

1980年的实际收购价格比提价的1979年又有下降。据锡林郭勒盟、乌兰察布盟、巴彦淖尔盟、伊克昭盟和包头市的统计,大畜每头平均降到200元,下降18.2%,小畜平均每只降到20.1元,下降2%。从全区牧区来看,1980年大畜平均交售单价比1979年下降38.08元,小畜下降0.68元。仅此两项使生产队少收入5883000元。②

第二,牧区在分配方面吃"大锅饭"的问题依然存在。

一是社员内部"吃":①统一核算的饲料基地产量低、收入少、费用大,多数是吃了牧业的"大锅饭"。②在肉食分配上,牧区一般都低价按人口平均分配。1980年牧区社员自食的大牲畜112000头,平均价格低于国家收购价格226.1元的70.7%,自食小牲畜1387000只,平均单价低于国家收购单价20.3元的48.8%,两项差价达31622000元,占当年分给社员部分的24.2%,在社员内部挣劳动日少人口多的户,吃了挣劳动日多人口少的"大锅饭"。③一部分欠款户吃了非欠款户的"大锅饭",而且这种趋势继续发展。1980年全区牧区社员从集体分到的人均收入、社员自留畜、家庭副业收入都比上年有所增加,但社员超支欠款还增加到57005000元,累计超支欠款户37690户。减去1980年新增公社,原有公社累计超欠总额达到57202000元,增加5%,累计超欠户86961户,占总户数的46.7%,增加0.8%,户均欠款额658元。哲里木盟增加最多,达17%。呼伦贝尔盟虽减少7.4%,但欠款户仍占总户数的47.2%,户均欠款1489元;欠5000元以上的有166户,其中有7户超过10000元。③

二是拉出去"吃":①机关单位和个人到牧区买肉食牲畜不等价交换。

① 《内蒙古自治区畜牧厅关于牧区收益分配情况和经营管理方面存在问题向自治区人民政府的报告》(1981年4月17日),内蒙古党委政策研究室、内蒙古自治区农业委员会编印:《内蒙古畜牧业文献资料选编》第七册,呼和浩特1987年版,第349—350页。

② 《内蒙古自治区畜牧厅关于牧区收益分配情况和经营管理方面存在问题向自治区人民政府的报告》(1981年4月17日),内蒙古党委政策研究室、内蒙古自治区农业委员会编印:《内蒙古畜牧业文献资料选编》第七册,呼和浩特1987年版,第350页。

③ 《内蒙古自治区畜牧厅关于牧区收益分配情况和经营管理方面存在问题向自治区人民政府的报告》(1981年4月17日),内蒙古党委政策研究室、内蒙古自治区农业委员会编印:《内蒙古畜牧业文献资料选编》第七册,呼和浩特1987年版,第350页。

1980年卖给机关单位和个人的大畜111000头,平均单价183元,每头卖价比卖给国家的少收入43.1元,小畜873000只,平均单价15.4元,比卖给国家每只少收4.9元,仅此两项生产队少收9064000元。牧区每人平均少收入9元。②机关单位和个人平调款、借支款长期不还,还在增加。据统计1980年达到18065000元,比上年增加2804000元。③在"左"的思想指导下,一些单位挤占牧区草牧场。据8个盟(市)的统计,自1968年以来部队、兵团、机关、学校、厂矿、企事业单位在牧区开垦草原达12730000亩,相当于8500平方公里。①这也是一种形式的"大锅饭"。

三是进来"吃":①公社化的1959年参加牧区分配的人口为368000人,人均从集体分到收入117.4元,以后农区和区外人口大批流入牧区。到1980年末(按可比数),已达到696000人,其中原牧区人口按2%递增率计算,应达到558000人,流入人口约138000人,占人口总数的9.8%。这21年间,生产发展了,收入增加1.62倍,但人均收入只达到156.4元,仅增加39.1元。由于流入人口的增加,导致1980年原牧区每人少收入38.8元。例如,乌兰察布盟达茂旗查于敖包公社1959年从集体分配部分,人均235.8元,1980年从集体分配部分将近增加1.85倍,人口增加1.74倍,社员人均245.9元,仅增加10.1元。再如,锡林郭勒盟苏尼特左旗全旗1960年社员分配部分总额1590000元,当年人口只有4937人,人均分配收入322元。1980年社员分配部分达到4095000元,增加1.6倍,人口增加到13846人,人均收入降到295元,比1960年减少27元,下降8.4%。②流入人口吃了原牧区社员的"大锅饭"。②流入人口大量借款,长期不还。据呼伦贝尔盟牧区四旗统计,离队知识青年2831人,欠生产队款达5957000元,平均每人欠款2104元。锡林郭勒盟蓝旗11个公社统计知识青年欠款29863元。③

上述吃"大锅饭"的问题虽然没有责任制问题那么普遍,但存在这样问题的队影响社员积极性。另外,还出现草牧场建设、牲畜改良和畜疫防疫等方面缺乏领导;长距离游牧的物资供应困难;一部分牧民不服从领导,擅自

---

① 《内蒙古自治区畜牧厅关于牧区收益分配情况和经营管理方面存在问题向自治区人民政府的报告》(1981年4月17日),内蒙古党委政策研究室、内蒙古自治区农业委员会编印:《内蒙古畜牧业文献资料选编》第七册,呼和浩特1987年版,第350—351页。

② 《内蒙古自治区畜牧厅关于牧区收益分配情况和经营管理方面存在问题向自治区人民政府的报告》(1981年4月17日),内蒙古党委政策研究室、内蒙古自治区农业委员会编印:《内蒙古畜牧业文献资料选编》第七册,呼和浩特1987年版,第350页。

③ 《内蒙古自治区畜牧厅关于牧区收益分配情况和经营管理方面存在问题向自治区人民政府的报告》(1981年4月17日),内蒙古党委政策研究室、内蒙古自治区农业委员会编印:《内蒙古畜牧业文献资料选编》第七册,呼和浩特1987年版第351—352页。

宰杀卖出牲畜;因畜群规模过大,由"大锅饭"转变为"小锅饭";承包值过高而达不到要求等问题。①

第三,对畜牧业生产的经营管理工作,还没有引起各级领导部门应有的重视。一是主要表现为机构不健全,大部分人员不熟悉业务。有的盟畜牧局虽然有设有经管站或经管科,但人员很少。例如,昭乌达盟只有2人;兴安盟有35个牧区公社,各旗虽然设立畜牧局,但是经营管理既没有机构,又没有人员;哲里木盟有牧区公社38个,各旗都没有机构,工作无法开展。二是经营管理干部的办公室、宿舍、交通工具、训练经费等问题长期得不到解决。例如,巴彦淖尔盟乌拉特中后旗牧区共有45名干部,只有3间办公室,7匹马。有不少旗的干部因没有宿舍,常年住招待所而花费很大。三是各地经营管理干部的训练的经费问题未能得到解决。②

第二节　内蒙古牧区畜群大包干责任制:以乌兰毛都公社为实例

一、从放宽政策到畜群大包干责任制实施

1980年7月28日至8月7日,召开内蒙古党委常委扩大会议,中心议题是内蒙古经济问题,对畜牧业生产方针、责任制等做了具体规定。

首先,会议总结了30年来经济建设的经验教训,关于内蒙古经济发展缓慢甚至倒退的根本原因指出:总根子就是在"左"的蛮干。比如,以阶级斗争为纲,接连不断的政治运动,所有制上搞一刀切的"一大二公",严重脱离了内蒙古生产力发展水平,破坏了生产力的发展;分配制度上的"一大二平"("大锅饭""平均主义"),严重挫伤了群众生产积极性;经济结构上的"两纲一光"(工业"以粮为纲",农业"以粮为纲",其他"砍光"),违背了自然规律和经济规律,内部比例失调,出现恶性循环。

其次,关于进一步放宽政策问题,会议经讨论从三个方面放宽政策:①放宽调整经济结构方面的政策,总的原则是彻底破除工业"以钢为纲"、农业"以粮为纲"、其他全面"砍光"的极不合理的经济结构。各地区从实际

---

① 旗、社两级调查组《乌兰毛都公社牧业生产责任制的调查报告》(1982年9月11日),科右前旗档案馆藏,资料号:67—1—134。

② 《内蒙古自治区畜牧厅关于牧区收益分配情况和经营管理方面存在问题向自治区人民政府的报告》(1981年4月17日),内蒙古党委政策研究室、内蒙古自治区农业委员会编印:《内蒙古畜牧业文献资料选编》第七册,呼和浩特1987年版,第352页。

出发,因地制宜,合理调整整个经济内部的结构、农业内部的经济结构和农、林、牧、副、渔各业的生产布局,真正做到宜农则农、宜牧则牧、宜林则林。②放宽所有制方面的政策,总的原则是多种所有制经济成分和多种生产经营方式并存。具体主要放宽以下几项政策:扩大社员自留畜,留给社员一部分自留草场。③放宽分配政策,总的原则是要体现多劳多得,激发人们进行创造性地工作,牧区允许包括"包产到劳力"在内的一切可以增产增收的生产责任制形式长期并存,由社员群众根据各地各自的实际情况自行决定。不能用行政命令的方式,硬性规定实行某一种责任制的比例。①

同年,伊克昭盟杭锦旗部分社队在抗灾保畜斗争中,采取了"包畜到户"的方法:集体把牲畜承包到户,实行保本交纯增的政策,费用自理,超产归己,并适当提交积累。这样,畜群经营成果同承包者的利益紧密地结合起来,改变了"两定一奖"责任制中依然存在的奖罚不痛不痒的弊端。这一做法被推广到全旗,对内蒙古西部地区牧区产生了较大的影响。

1981年4月8日,内蒙古党委和政府发出《关于抓紧落实生产责任制的紧急通知》,再次强调允许各种生产责任制并存。所以在内蒙古农村广泛地实行"专业承包""联产计酬""包产到户"等生产责任制。

1981年5月26日至6月4日,内蒙古党委和政府召开全区牧业经营管理座谈会,主要讨论、研究牧区生产责任制问题。首先,会议指出,在一般情况下,生产责任制形式和群众利益关系越直接越好,承包的责任越明确越好,计酬结算方法越简便越好。在此基础上规定:在集体责任和个人责任中,应以个人责任制为主;在阶段责任制和常年责任制中,应以常年责任制为主;在作业责任制和产量责任制中,应以产量责任制为主;在超产分成和超产归己两种方法中,以超产归己为主。

其次,会议经过讨论,确定了如下牧区畜群大包干责任制(新"苏鲁克")的形式:①大包干责任制具体作法是:生产队把牲畜包给社员,不计工,不投生产费。成畜保本保值,生产队和承包者按比例分成仔畜和畜产品。一年或几年一结算。②一般来说,在畜多人少的草原牧区,应当把"三定一奖"或"两定一奖"作为一种形式。有些牧区社队暂时还不能将生产费用定到畜群的,可以继续实行"两定一奖"制。③队有所养,具体作法是:生产队将牲

---

① 《周慧同志在自治区党委常委(扩大)会议上的讲话》(1980年7月30日),内蒙古党委政策研究室、内蒙古自治区农业委员会编印:《内蒙古畜牧业文献资料选编》第二卷(下册),呼和浩特1987年版,第432—445页。

畜分给社员饲养,不计工,不投费用。保本保值或本利平,增产全归社员,几年不变;有的每年向生产队交一定的积累和管理费。④专业承包,以产计酬。主要适用于饲料生产组、手工业和草原建设等专业组、专业户、专业劳动力。⑤还可以试行其他的责任制。在盟、旗、社,甚至一个基本核算单位内,可以同时实行几种责任制,不搞"一刀切",在步骤上不要"齐步走"。

最后,会议认为,不论实行哪种生产责任制,都要注意以下原则:坚持分群放牧、专业放牧,有利于畜种改良和畜疫防治;不准损坏集体财产,不准以任何形式削减集体牲畜,不准雇工;保护牧场,禁止开垦,合理利用和建设草牧场;保护和使用好大型牧机具;广开生产门路,发展多种经营,安排好多余劳动力;安排好五保、四属户的生活。①

内蒙古全区牧业经营管理座谈会议之后,大包干责任制在内蒙古牧区得到广泛推行。以科右前旗牧区、半农半牧区为例,至1981年12月,三种责任制形式中,实行畜群大包干责任制的有136个生产队、226个畜群,实行"三定一奖"责任制的有81个队、506个畜群,实行队有户养、仔畜分成的有181个队。②

无论实行哪种形式的畜牧业生产责任制,都要求遵循的原则:必须有利于保护和发展集体的牲畜,牲畜是发展牧业经济的基础,不准以任何形式拆分和削弱集体的牲畜;必须有利于保护和建设草牧场,它是发展畜牧业的又一个重要基础,必须坚决禁止开垦,合理利用和建设草牧场;必须坚持开展畜种改良和疫病防治,各类种公畜,尤其是纯种公畜一般应由集体统一经营。③

但是实施三种责任制效果和利弊是不同的。以科右前旗政府组织的牧业工作调查为依据,来看上述三种畜牧业生产责任制的成效和利弊。

首先,"三定一奖"责任制在乌兰毛都公社很早就实行过,效果也较好。但是这种责任制本身也有弊病,据科右前旗政府组织的牧业工作调查,主要有以下几个问题:①"三定一奖"责任制内容繁多,要求过细,结算复杂。②"三定一奖"责任制是集体和放牧员签订的责任制,对后勤人员没有约束

---

① 《全区牧区经营管理座谈会纪要》(1981年6月4日),内蒙古党委政策研究室、内蒙古自治区农业委员会编印:《内蒙古畜牧业文献资料选编》第七册,呼和浩特1987年版,第379—383页。

② 《坚持社会主义集体化道路继续改进和完善农牧林业生产责任制的意见》(1981年12月20日),科右前旗档案馆藏,资料号:2—1—351。

③ 《坚持社会主义集体化道路继续改进和完善农牧林业生产责任制的意见》(1981年12月20日),科右前旗档案馆藏,资料号:2—1—351。

力。因此,在生产中放牧员和后勤人员相互依靠,出现了问题相互推脱。③定产指标普遍偏高,牧工很难可奖可超,虽然一年大部分时间在野外放牧,但实际收入并不高于从事后勤劳动力的收入。④绝大多数半农半牧地区实行包干到户后,再由生产队统一抽出劳动力完成配种、接羔、剪毛、打草、修建棚圈等后勤生产难以保障。因此,"三定一奖"责任制适合于经济统一核算、集体经济基础较好、干部管理水平较高的牧业队。①

其次,畜群大包干责任制实施之后,多数队畜群仅有几个月时间,但已经初步显示了对牧业生产的促进作用,受到了干部和牧民的拥护和欢迎。这种责任制方法方便易行,干部容易管理,牧民利益直接。1981年,好仁公社新宝力高大队的两个畜群(每群350只)实行畜群大包干制,据6月末统计,两个畜群都没有损失。一个组接羔150只,另一个组接羔100只,成分保头率和仔畜成活率都突破了这个大队的历史最好水平。同时,生产费用也下降,据畜群组结算,每个组全年的总费用500—600元,只相当于队里经营时费用的1/3。乌兰毛都公社宝力格图二队的牧业生产从1980年秋季开始实行畜群大包干制,生产队把746只羊、60头牛、45匹马承包给7名畜群租。对于畜群商定:大羊的保头率为85%(减少部分用羔羊补齐),保纯增15%;牛马的保头率为85%,保纯增也是15%,仔畜交队,1头牛犊付款50元,1匹马驹付款150元,畜产品全部归组,一切费用由组负担。结算结果,按规定指标交给队里外,畜群组还分得大羊76只、羔羊194只、马驹6匹、牛犊2头,折价6200元,畜产品收入2000元,农业收入1000元,扣除费用、劳动力,每人净收入1000元,超过了本队以往任何一年的收入水平。②实行畜群大包干责任制,既可以保证集体牲畜稳定发展,又可以满足广大牧民群众对牧业生产实行"包产"的要求。

最后,实行队有所养,仔畜分成责任制不利于畜牧业发展,弊病也不少。主要弊病有:分户饲养后不能出包游牧,一年四季都在村屯附近放牧,结果造成草场过牧、草场退化,更不利于抓膘;分户饲养后,集体对畜群失去了控制,容易造成个人有意宰杀、出售。③

① 《坚持社会主义集体化道路继续改进和完善农牧林业生产责任制的意见》(1981年12月20日),科右前旗档案馆藏,资料号:2—1—351。
② 《坚持社会主义集体化道路继续改进和完善农牧林业生产责任制的意见》(1981年12月20日),科右前旗档案馆藏,资料号:2—1—351。
③ 《坚持社会主义集体化道路继续改进和完善农牧林业生产责任制的意见》(1981年12月20日),科右前旗档案馆藏,资料号:2—1—351。

二、乌兰毛都公社畜群大包干责任制实施办法

1981年10月开始乌兰毛都公社阿林一合、乌兰奥都大队进行试点实行畜群大包干制。乌兰毛都公社是科尔沁右翼前唯一的纯牧业公社,位于科尔沁右翼前旗的西北部,总面积5522.13平方公里,旗内与树木沟、阿力得尔、索伦公社绿水牧场及阿尔山接壤,旗外与科尔沁右翼中旗、锡林郭勒盟东乌珠穆沁旗毗邻,北部与蒙古国接壤有长达10公里的国境线。公社内有36个自然屯,20个生产大队,1个公社所属牧场,总户数2311户,总人口104804人,劳动力3879人,共有草牧场7300000亩,耕地305847亩,林地面积900000亩,全公社共有大小牲畜293151头(只)(1983年6月)。①

继乌兰毛都公社阿林一合、乌兰奥都大队之后,科右前旗牧区实行畜群大包干制的日益增多。实践证明,畜群大包干责任制方法简便、利益直接、责任明确、很适应当时牧区生产力发展水平、干部的管理水平和牧民群众的觉悟水平。因此,充分调动了干部和群众的积极性,有利于集体经济的巩固和发展。

为了更好地落实和完善大包干制度,科右前旗党委和政府根据当地牧业生产的特点,在总结各社队经验的基础上,1981年12月20日初步制定了试行办法——《关于畜牧业生产实行畜群大包干(新"苏鲁克")责任制的试行办法》,明确了畜群大包干责任制是集体把牲畜按群包干给作业组(或户)经营,实行"三保""三固定""一包三年,一年一结算"政策,具体做法和规定如下:

①畜群大包干责任制是在坚持生产资料集体所有和按劳分配原则的前提下,大、小生产队将集体的牲畜以群为单位,包干给自愿组合起来的作业组(或户)经营,一般不打乱原来的畜群,也不能按人口或劳动力平均分包牲畜,更不允许平分到户,分畜单干。②作业组(或户)必须做到保本、保值、保纯增"三保"。一般成畜的保头率80%—85%,规定指标内的消耗部分用当年仔畜补齐,超规定消耗部分按国家牌价赔偿。纯增率可定为10%—15%,集体提取的纯增和补充成畜的消耗部分,必须交全部母畜。为了加速发展大畜,牛群、马群,提取纯增以外的仔畜也要全部作价归集体。要保住畜群原来的质量,并按规定开展畜种改良,使质量逐年得到提高。剩余部分全部归组(或户)所有。③一切生产活动都由组(或户)自行组织。集体不计工,不投

---

① 《关于乌兰毛都公社草原"三权"落实试点工作的总结报告》(1983年7月10日),科右前旗档案馆藏,资料号:6—1—146。

费用,畜产品的收入全部归作业组(或户),一切费用由组(或户)自己承担。④国家计增的牧业税和牲畜、畜产品的收购任务,都由作业组(或户)负责完成。⑤"三保"的具体标准,可由社员大会或社员代表大会根据不同畜种和饲养管理条件讨论确定,然后由集体和作业组(或户)签订承包合同,一般劳动力、畜群一定三年不变,因特殊情况需要变动的必须经双方协商同意后,才能进行调整。合同一年一结算,如遇到特大自然灾害,要实事求是地核定灾情,调减"三保"指标,但必须报公社委员会批准。⑥实行畜群大包干责任制要做到畜群、打草场、棚圈"三固定"。固定给畜群组(或户)管理使用的打草场,要注意保护和合理利用,其他畜群不准随意乱牧。固定到组(或户)使用的永久性棚圈,由组(或户)负责看护维修,集体每年可以提取少量的折旧费。⑦集体将套包上使用的生产工具和生活用具,全部以质作价卖给作业组(或户),价款可在三年内还清。⑧种公畜可以固定到组(或户),但要集体集中饲养管理,专群专放。种公畜的调整,优良种公畜的引进由集体负责,改良和育种方向也由集体统一安排制定,各畜群组必须严格执行。⑨畜群的疫病防治工作,由集体统一组织进行,防疫费和平时的治疗费由畜群组(或户)负担。⑩各畜群组都要选一名组长,负责组内的劳动力安排,现金、财产的管理以及年终分配等工作。①

上述试行办法,规定了畜群大包干方法,对承包方的要求,组织、费用以及收益、畜群、打草场、棚圈"三固定"等,也为之后的相关管理办法、暂行办法的制定奠定了基础。在这一试行办法的指导下,自1981年10月乌兰毛都公社在阿林一合、乌兰奥都大队等牧区实行畜群大包干制,历时近一年时间。随着畜群大包干责任制的实施,场队的财务管理工作必将发生变化。所以财务管理办法、制度也必须与畜群大包干责任制相适应。因此,乌兰毛都公社管委会根据本公社的实际情况,1982年9月27日制定实施了《实行大包干责任制队场的财务管理办法(讨论稿)》,对畜群大包干责任制财务管理规定如下。

第一,关于认真搞好清产核资,规定:①各队场都成立由领导和财会人员组成的(3—5人)清产核资领导小组。②将全队场的畜群、固定财产、库存物资等全部财产按账目清查。账面没有计入的,发动群众自报,逐件逐项登记造册,弄清借出借入的去向及责任者。③以实事求是的态度把全部财产按照国家现行价格合理折旧后作价入账,一般以略高于国家价格,略低于议

---

① 中共科右前旗党委、人民政府:《关于畜牧业生产实行畜群大包干(新"苏鲁克")责任制的试行办法》(1981年12月20日),科右前旗档案馆藏,资料号:2—1—351。

价为宜。④将清产核资结果提交社员大会讨论通过后方可入账。⑤清点库存物资：各组、户所用的按价卖给各组、户，各组、户不用的物资以现金处理，之后队场不设管理员。对有账无物财产的处理方法是：已在集体生产过程中消耗的，用积累核算，确属责任性的要追究责任，由责任者按价赔偿。对于确属无法追究责任而损失的，经社员大会讨论，领导审批可以从积累中核算。对于清产后盘盈部分一律归积累。⑥清产核定后，对于留到队场管理的财产要按明细重新建账。对于作价卖给各组、户的财产，按现定价格计入各组、户账内，将款收计积累。对于固定到组使用，所有权属队场的财产，除计入账内管理外，按使用者明细登记造册。

第二，关于清理好责权、债务及现金，规定：①核对好国家贷款、国家投资。②核对好外部往来。③按账目公布社员畜股、股份基金、存、欠。其中，社员的畜股、股份基金按明细列表，并报公社一份。④核对好暂收暂付及现金，无论领导还是社员手里如有未结账目，必须结清。对于历年漏记的收入、支出，一律计入积累或从积累中支出。对于当年的收支应该按有关科目计入当年账内核算。现金的短缺由经手人赔偿，如有确实暂时无法查找的，暂计入暂付科目——个人名下。经过清理做到账目相符、账物相符、账钱相符、账据相符。⑤凡实行大包干制场队的责权、债务包括社员存、欠畜股报酬一律留在大队账内，由队场负责偿还或收回，畜股报酬不付。

第三，关于固定财产的管理，规定：凡是留在队场的房屋牧机具、电机井、接羔站、草库伦等不准拆毁，不准砍伐，不准私分。按件按价计入账内，其管理办法是：①继续由队场使用的由队场管理、维修使用。②队场暂时不用的房屋，一是作价处理，二是作校舍，三是收折旧费让企业使用。保护、维修由使用者负责。③接羔站、电机井、草库伦必须固定到承包畜群组、户管理、使用，以现定价格收取折旧费（一般按总价值的5%—10%收费）。④汽车、拖拉机、发电机组的管理，一是承包到劳。依照车况收取固定积累、管理费，其余全部归承包者；一切用工、费用全由承包者负担，原库存的器械、零件、油料清点好，作价卖给承包者，以免无故损失。二是队场统一管理使用，收入、支出全由队场负责。劳动力报酬由队场付给固定工资，各组、户使用时缴纳规定的费用。⑤集体的树木不准平分，不准砍伐。要按现有面积或棵数清点，承包到户管理。承包者的报酬，一是成树出售金额比例分成；二是将现有树木作价交给承包者付给固定报酬，收支全归队场，如有损坏，由承包者按价赔偿。

第四，关于资金管理，规定：①对于历年来的各项积累，任何人不准以任何借口分到组、户，更不准乱支、乱借，必须专款专用。②当年提取的管理费、公益金、劳动积累、折旧费，一律以合同为原始凭据记入待支付资金科目。全队汇总后，按合同规定将各项积累、支出（如干部补贴、管理费、公积金、公益金、折旧费、劳动积累）记入各项科目。专款专用，任何人不准用职权侵占公款。③实行畜群大包干的队场严格杜绝社员预支。特殊病情、天灾病害确实不能自理者，可向信用社借贷款，或通过其他途径解决，不准由队里拿钱。④各项积累的提留办法和适用范围：A. 公积金，指每年按计划从提取的纯增数内出售的价款。此款项专用于购置大型生产机具、草原建设及基本建设，以利于扩大再生产。B. 公益金，直接从各组、户提取，一般以各组总收入的1%—2%的比例收取，用于兴办福利事业，补助军烈属、五保户和困难户等。取消因公负伤补助，但因病伤确实困难的，在年末可以从公益金中适当补助。C. 原账面上的社员生活储备金、生产费基金，一律留在账面上不准动用。D. 折旧金，按合同提取应用于永久性接羔站及大型机具的维修更新。E. 劳动积累（包括义务工），按男正劳动力数提取。每劳动力一般每年10个工左右（每工3—4元为宜），订入合同内，从各组、户提取。应用于集体用工（包括修补路桥、扑火、民兵训练、草原建设），当年如果现金余额或短缺时留在账面上转入下一年。F. 管理费，各业的承包组、户每年一般交预计收入的1%的管理费，应用于办公费、旅差费、干部补贴、兽医及业务人员补贴。年终如果不足，应从积累支付，有余时应归积累。G. 所提的现金部分，应从剪毛款扣50%，秋季卖牲畜时交齐。H. 各组、户出售畜产品一律用非现金结算。I. 旅差费仍按原标准执行。J. 场队干部及社员开会或公出的误工补贴标准为3元。各项积累的提取和使用必须遵从年初制定严密的使用计划，上报公社审批，支付时由银信部门审批，专款专用。⑤资金的审批权限。计划内的开支：50元以下的由主任批准，50—100元的经管委会批准，100元以上的经社员大会审批。计划外的开支（指集体开支）：10元以下由主任批准，10—50元经管委会批准，50—100元经社员大会审批，100元以上报公社审批；严格杜绝社员零星预支，各队场的财务一律由正主任负责。⑥大队会计要积极帮助各畜群组建立，健全各组的管理制度，各组都要设专职的计工员，并有专人管钱，严防人人管钱而造成年终乱账。⑦大队的账目、资金运用情况每季向社员大会公布一次；各组的账目每季向组内公布一次。

第五，关于畜群管理制度，规定：①凡是承包给各组、户的畜群在合同期内，在一般情况下队场不要调用，特殊情况急用时必须持盖有大队公章和会计名章的调令（三联单），否则承包组、户有权拒付牲畜。无调令付给的牲畜在结算合同时应算在组、户的三消。在合同期内，队场调用的牲畜计算到大队提取的纯增数内。②实行出售牲畜批准手续制度。各队场会计在秋季收购时清点好畜群,概算好合同后到公社领取批准通知书。③承包组、户对畜群只有管理权,在结算合同前无权随意处理,必要处理时要经队场批准,否则应追究责任直到加倍罚款或追究法律责任。

第六,关于队、场干部岗位责任制度,规定:①及时按公社规定填报各项统计报表及合同、合同决算情况表。②队、场干部补贴年初定好,年终由民主评议报公社批准后方可付给本人。③必须完整及时建好账目,并按规定保管好会计档案。④严格实行奖罚制度。队、场干部如果违背以上制度,根据情节扣补贴部分的5%—10%;年终全面完成任务的大队干部,奖补贴部分的5%—10%。①

1982年9月30日,乌兰毛都公社管理委员会制定实施了《关于畜群大包干制暂行办法》,对畜群承包原则、畜群承包具体办法、财务的清理与管理等都做了具体的规定。

一是畜群承包原则:①畜群、草场、土地等基本生产资料所有权仍归集体所有,不准买卖、不准出租、不准转让、不准荒废,否则集体权收回,社员无力经营或转营他业时应该退还集体。②让组或户承包时,不准拆散原畜群,不准以户人口、劳动力平分畜股,不分民族、不分新老社员,应经过社员大会民主讨论,经大队批准方可承包,但首先应当考虑那些多年坚持在牧业第一线、有经验有能力承包完成各项任务的牧民。③承包组的组成一定要自愿结合。方法可以采取插旗招兵的办法。如果自愿而且还能承包的,可以一户包一群。④牲畜的出售权一律在大队,不经队或场的批准,随意出售牲畜,对出售者视其情节加倍罚款直至追究法律责任。

二是畜群承包具体办法:①以组或牧户只准许承包一群牲畜,承包者要做到保本、保值、保纯增;一切畜产品归承包者,超过核定指标的部分(仔畜、成畜)全归承包者,一切费用开支承包者自负;队里不计工,不投资,不投工;由队或场给承包者固定畜群、棚舍、草牧场、劳动力等;将游牧生产和后勤生产化为一体,按照一定的指标要求签订合同;一包三年,一年一结算,每年结算时都要报请公社管委会批准;每年结算后,签订下一年合同时可以调整某些不合理的指标。②从公社的实际情况出发,在一般的情况下,每群小牲畜规模一般为700—800只,定4—5名劳动力;改良群(包括核心群)最多不能超过700只人,定5—7名劳动力;牛马群最多不超过180头(匹),定3—4名劳动力为宜。③将自食、损失、出售等三销比例,以所承包的成畜数为基础,

————————

① 乌兰毛都管委会:《实行大包干责任制队场的财务管理办法》(1982年9月25日),科右前旗档案馆藏,资料号:67—1—126。

按照吃七卖八、损失五的基本规律(指羊群)一次下到畜群组,写进合同。如果少吃少死,可以多卖多得。上述20%的部分结算合同时,用母畜补齐。如果超过了20%,可用两种办法解决:一是将超过部分以1.2的系数折合成仔畜,从其仔畜中扣回。二是用其自留牲畜补齐。牛马群的这一比例可定在87%—90%的范围内,其折合成畜的系数为二。为了发展大牲畜,也可以采取将承包者所得的仔畜作价付钱,付畜归社的办法,但必须把繁殖成活率准确地确定下来,这是保本的办法。④承包者要依照队里的统一计划进行改良育种,不准混交乱配。成幼畜要按各自的比例结算,不准以小顶大。绵羊、山羊也按各自的比例结算,不得混一起,这是保值办法。⑤承包者要按照承包总头数,按一定比例提交纯增,各类畜群的纯增比例规定:本地畜群4%—7%,一般改良羊5%—8%,核心群6%—8%为宜。如交不起纯增时,可用自留畜补齐,也可折成钱,用纯毛收入补。这是保纯增办法。⑥队或场提取纯增外,为了搞好公共事业(卫生、教育等),义务劳动(扑火、修路、民兵训练等)和一些长远建设,还应当从各承包组提取适当公益金、义务工、管理费、草原建设费等。特别是草原建设费,不论是集体牲畜,还是自留牲畜都要按牲畜头数交纳。⑦除永久性接羔场、役畜以外生产工具(如套包、放牧车、套包内的小型工具),可以用三种办法包下去:其一,作价定使用年限归承包者使用,损失照价赔,更换集体负责。其二,作价归承包者使用,收取折旧费,更换集体负责。其三,作价归承包者使用,其价款年偿还,更新自负,役畜应当作价归承包者使用,不准买卖、出租,老弱时经批准可以更新;永久性接羔场落实到承包组使用,所有权在生产大队,根据其造价每年提取5%—10%的折旧金,当年维修承包者自负;临时性棚舍,承包者自建自用,用工及费用承包者自负。⑧种畜必须由队或场统一管理。种畜(主要是绵羊山羊种畜)引进、调剂、使用、饲养等由队统一掌握。绵羊种畜又必须分成土种、改良种单独管理。把种畜独组群后,最好是给专业户。如人为损失让其赔偿,是病死或衰弱死亡交皮张即可。其报酬,绒毛钱不够时,可根据各组使用种畜的头数和天数收取费用,补给种畜饲养者。⑨疫病防治工作必须由队场统一组织进行。为了贯彻好"预防为主,积极治疗"的方针,为了调动兽医人员的积极性,每年队里给兽医补200—300元药浴、驱虫。预防注射和平时的治疗都要收取合理的费用,此费用全部归兽医。药浴、驱虫、预防注射,小牲畜每只每次交2—5分钱,大牲畜10—15分钱。此款可以由队、场统一结算,给兽医,也可以兽医人员直接与各组结算。⑩后勤供应可因地制宜地进行。例如,像阿其郎图那样后勤运输的队、场经群众讨论同意可以由队里统一管理起来,让各畜群组缴纳合理的费用,也可以将一年的几个重要季节的运输写进合同双方承担各自义务。⑪大型机具的管理也应当本着因地制宜的原则，能统一管理的，就统一管理起来。能够包下去而且还不影响生产的可以包下去。严重缺水的地方，必须把机井统一管理起来，依照用水时间和用水牲畜的头数收费。打搂草机可以作价归承包者，价款每年偿还。汽车、拖拉机在车辆所有权不变的前提下，可以采取大包干的办法包给司机，但必须严格审定现有状况，不得缩短寿命。⑫大队的义务和权利：统一组织各季节的生产；检查督促、统计各组的生产、财务等；编制全大队发展规划和当年生产计划；监督执行合同，对违背合同者有权收回畜群和固定财产；按照国家计划，向各组下达国家任务和税收任务，各组必须无条件地去完成；有权提出并执行增产措施，有权推广先进的科学技术；有出售牲畜的批准权。⑬承包组的义务：有权采取一切增产措施，改进放牧管理；有权拒绝不合理合同要求的不合理的负担行为；在组内有权合理支配所有收入；在结算合同之后，在完成国家任务，交足集体提留，其余多得的牲畜经过批准可以自行处理；必须服从队里的统一指挥安排；必须积极完成国家任务和税收；必须按照合同要求积极、及时地交足集体的各项提留。⑭干部的设置：补贴及职责可根据队、场的规模大小和胜出的多少设3—4名干部（书记、主任、副主任、会计、各1人），每年可补贴700—900元，其他干部误工付钱。对于干部的补贴每年年终可根据其工作好坏，由群众评议，有所增减。队场干部的职责应该是：宣传党的方针、政策，做好政治思想工作，宣传上级布置的任务；签署合同，检查履行合同，核实产量；完成国家任务；组织推广先进技术；统一规划草原建设、畜种改良、基本建设；带头执行党的方针、政策；解决民事纠纷，抓好社会治安，安排好五保户、军烈属困难户生活；积极组织多种经营、家庭副业；办好集体福利，管理好集体财产，正确使用集体积累；经常深入畜群调查研究，准确及时掌握情况，按时结算合同。

三是关于财务的清理和管理规定：①要清理好集体财产，逐件逐件清理造册，做到件件有着落。固定到组使用的工具也要登记造册，由使用者签名，计入账内。集体房屋确实用不起来的可以作价卖给社员，也可以包给企业专业户使用收取折旧金。不允许任何人乘大包干之机，哄抢私分集体财产。②要逐项清理内外部往来，集体欠国家的贷款仍由集体偿还；社员欠集体的款，要与各户签订逐年偿还合同；多年来的集体积累和股份基金，不准分掉或变相退给社员个人。③牧主的畜股报酬一律给到1966年9月，贫下中牧的已给到1980年的不能再给，未给的给到1980年。④队场收缴各项积累必须以期科前及入账户，存入信用社，专款专用，不得随意支取，更不准利用职权侵占挪用。每年由公社统一组织人员清理，整顿一至两次，对违犯财经纪律者,要严肃处理。⑤集体提留的草原建设费、公益金、管理费等项现金积累之和最多不要超过每头牲畜0.15元的标准;劳动积累和义务工每个劳动力摊5个工,不愿意摊工的每个工交4.00元。⑥承包者出售绒毛、牲畜的等一律非现金结算。承包组出售绒毛、牲畜之后持大队介绍信到信用社存取,无大队介绍信不能存取。⑦春季接完羔后,由队场负责人概算各组的收益情况,如果不是灾害原因,交不齐纯增时可从绒毛收入中扣留一部分钱。⑧每年秋季交售牲畜时,由队场会计员持各承包组的合同和初步清点概算的表格,到公社领取"交售牲畜批准通知书",领到的方可出售,否则不准以任何理由出售牲畜。⑨各组都有一名不脱产的记账员,记好往来、收支、出工等情况。

四是关于其他规定:由于种种原因有些劳动力既不包畜群,也不包土地者,队里每年照样收取适当的管理费,也可根据其另行劳动收入按比例收费;小灾不减指标,中灾经公社批准视情少减。如遇人力不可抗拒的自然灾害,应集中人力、物力、运输力、机械力奋力抗灾,合同兑现时酌情处理;按照上述各项内容,大队与承包组(户)签订合同,在合同期内不准随意更改,合同期满后,经群众讨论、大队批准,对下一年的各项指标可以调整;除统一规划种树种草开垦地之外,不准任何人以任何借口开垦种地。①

至此,乌兰毛都建立健全了畜群大包干责任制实施办法和财务管理办法,对于调动牧民群众的积极性,促进抗灾保畜工作,完善财务制度等起到了积极的促进作用。

科右前旗人民政府,为了进一步完善和提高畜群大包干生产责任制,调动广大牧民的生产积极性,使畜牧业生产的经营管理水平有一个新的提高,在经过深入调查和总结各社会经验教训的基础上,于1982年10月26日研究制定了公布实施了《关于畜群大包干制实行规定》,主要内容有:

第一条,畜群大包干责任制是在坚持畜群等主要生产资料集体所有和按劳分配原则的前提下,大、小队把集体的牲畜以群为单位,承包给自愿结合起来的组(户)经营管理。不计工,不投生产费用,完成牲畜保头、保值、保纯增和国家交售任务外,所得收益全部归畜群(户)。

第二条,畜群大包干是以组(户)所承包一群牲畜为一个生产单位,以组(户)的劳动力为主,并参照人口情况,合理分配承包牲畜,一般不打乱原畜群。不能按人口、劳动力或牲畜头数平均分配,更不允许平分到户,分畜

---

① 乌兰毛都公社委员会:《关于畜群大包干责任制暂定办法》(1982年9月30日),科右前旗档案馆藏,资料号:67—2—165。

单干。

第三条，畜群的保头、保值和保纯增比例，应根据社队的具体情况，牲畜种类及畜产品的产量，并结合近三年或按丰、平、欠三个年份畜牧业生产的实际收入，由社员大会或社员代表大会讨论，大队同意，公社批准。各项包干指标确定后，集体和承包者要签订合同，一年结算一次，保证兑现，结算时不仅要准确计算集体应分成的数量，而且要严格掌握各类牲畜的质量。不准以小顶大，以次顶好，改良牲畜和本地牲畜，绵羊和山羊不能混算。如遇到特大自然灾害，大小队要实事求是核定灾情，定出减产比例，报公社管委会批准后，方可修改合同。

第四条，大、小队要提留适当的基金。鉴于生产费用主要由承包者支付，根据过去的提留比例和实际需要，可向承包者提取公益金（主要用于烈军属的优抚，五保户的供给，困难户的救济和公共事业的建设等）、管理费（用于大、小队干部的补贴、支付办公费和旅差费等）草原建设费。可按人畜各半比例提取，也可以完全按牲畜头数提取。几项费用加起来每头小牲畜不能超过0.15元（大牲畜折合成小畜计算）。同时，还要求男劳动力每年提取10个义务工（主要用于草原建设、扑火、修路和公共设施的维修等）。对不出义务工者，每个工日可扣3元。

第五条，要保护好集体财产。集体的房屋、仓库和其他设施，要有主任负责管理保护，不准拆损平分。大型牧业机具（如汽车、拖拉机等）以及机电井、林木、果园等也不能平分，要由集体统一管理，也可以包给组（户）管理。草场、棚圈、役牛和乘马可以固定到畜群组（户）管理使用。对草场要注意保护，合理利用和建设，防止乱牧、过牧现象发生。集体要大力提倡和扶持围建畜群草库伦。固定到组（户）使用的永久性棚圈，由组（户）负责管理维修，根据其造价，集体每年提取一定比例的折旧费。役牛和乘马应作价归组（户）使用，不准出卖、串换。失去使役能力后，由集体给予更新，人为造成的损失，由组（户）按价赔偿。其他放牧生产用具（如套包、放牧车和套包内的小型用具等），可以作价规定使用年限，由承包者使用，集体每年收取一定的折旧费，也可以一次作价卖给承包者，价款分期逐年偿还，更新由集体负责。

第六条，国家计征的牧业税和牲畜、畜产品的收购、派购任务，均由畜群组（户）分摊负责，由生产大队、生产小队统一组织完成。牲畜的出售一律由生产大队或公社审批，对不经批准随意处理牲畜的组（户），视其数量可采取罚款、收回畜群等惩治办法，直至追究法律责任。

第七条，搞好饲草、饲料生产。对现有的饲草、饲料地，可以由集体统一管理，实行专业承包或大包干，承包者按下达的计划种草饲料，收获交给集体,顶替管理费和积累。也可以由集体统一整理耕种,分组(户)管理,收获归组(户),大、小队收取一定的耕种费,但决不允许开荒。未经批准,随意开荒者,要从重处罚。

第八条,大、小队统一安排组建畜群结构和出包游牧,做到分群游牧。对破坏其他组(户)的草场或饲草的放牧人员,要根据放牧的时间和破坏的程度,责令其赔偿损失;对不按集体规定日期出包游牧的,也要追究责任。

第九条,大、小队要坚持统一组织进行牲畜的驱虫药浴、防疫工作。按品种和头数合理收费,由队统一结算,对不按规定进行驱虫药浴、预防注射的,也按标准收费。造成疫病流行蔓延的,要赔偿经济损失,直到追究法律责任。大队对兽医人员每年应给予定量补贴(200—300元为宜),驱虫预防注射和治疗收入应全部归兽医人员。

第十条,大、小队要按坚持统一组织、安排种畜的引进、调剂饲养广利和改良育种工作。承包者必须严格执行队里制定的改良育种方案。对随意混交乱配,造成牲畜质量退化的,要令其赔偿经济损失。种畜要实行单独饲养管理,配种时分给各群使用,可按适龄母畜(包括自留畜)头数,合理收取改良配种费用。

第十一条,大、小队要坚持统一组织安排抗灾保畜。每当遇到大的自然灾害时,大、小队应及时组织人力、物力、财力和运力,采取各种有效措施,组织社员群众抗灾保畜。抗灾费用可根据收益情况,由各组(户)合理负担。

第十二条,游牧点多、运输量大生产点的后期物资供应,要经群众讨论同意,可由队里统一管理,由组(户)承担费用,也可以分别由各组(户)自己负责解决。

第十三条,对大型牧业机具的管理,要采取因队制宜的原则,需要而又能够统一管理的,可以统一管理起来。对不影响生产而包下去对集体和承包者均有利的,也可以采取大包干的办法,包给机务人员。严重缺水的地方,机电井必须由集体统一管理,按照用水量和饮水牲畜头数合理收费。

第十四条,大、小队干部要少而精,以减轻牧民负担。一般大队补贴干部3—4人(包括党支部书记、大队长、副大队长、会计),小队2人(包括队长、会计)。青年、妇女、民兵等非生产性工作要尽量兼职,不能兼职的,可以采取误工付钱的办法,但不应视为补贴干部。牧区大队补贴干部每年补贴700—900元左右为宜。

第十五条,要建立干部岗位责任制。干部的职责是:①传达上级指示精神,宣传和落实党的方针、政策;②统一规划安排畜群的放牧管理、品种改良、疫病防治以及草牧场的保护利用和建设;③经常深入畜群点,及时掌握生产情况;④签订包干合同,核实产量,保证合理兑现;⑤组织完成牧业税和国家的牲畜、畜产品的征购、派购任务;⑥照顾好军烈属、五保户和困难户的生产和生活,搞好集体文化福利事业;⑦做好民兵、社会治安和调解民事纠纷工作;⑧组织领导社员群众发展多种经营和家庭副业;⑨管理集体财产,合理使用集体积累;⑩积极推广科学养畜的先进经验和技术。按照上述职责,按工作贡献大小,对干部实行奖惩,以体现按劳分配的原则。

第十六条,各畜群组都要推选一名不脱产的组长(可兼记账员)负责组内的劳动力安排,现金、财产的管理及出工的记录等事项。[①]

如上所述,制定形成了公社级到旗级畜群大包干责任制实施相关的试行方法、暂行办法、管理办法以及实施办法,为畜群大包干责任制的推行创造了不可缺少的前提条件。

三、乌兰毛都公社畜群大包干责任制的实施及其意义

自乌兰毛都公社制定、实施《实行大包干责任制队场的财务管理办法》《关于畜群大包干制暂行办法》至1982年9月,乌兰毛都公社的50%的生产队179个群(羊群144个,牛群21个,马群14个)实施了牧业大包干制度。在实施牧业大包干制度的畜群中,增产的有134个畜群,占总数的74.5%,不增不减有20个畜群,占总数的13.5%,减产的有25个畜群,占总数的12%。[②]下面以巴音乌拉大队、阿其郎图大队为实例,来考察乌兰毛都公社实施畜群大包干责任制的情况。

(一)巴音乌拉大队牧业大包干责任制事例

1982年,乌兰毛都公社白音乌拉大队人口480人,80户,劳动力170人,有各类牲畜16231头(只),人均占有牲畜33.3头(只),草场面积67500亩。至1982年的3年间总收入为110000元,总支出为27000元,人均收入为140元,劳动日值为1.90元。[③]

1982年2月,在大队干部群众的要求下,经乌兰毛都公社党委批准实行了畜群大包干制度。该大队畜群大包干制的具体作法是:在不拆散原畜群,不以户、劳动力、人口平均牲畜,不以畜股分牲畜,承包后的畜群、操场的所

① 科右前旗人民政府:《畜群大包干责任制试行规定》(1982年10月26日),科右前旗档案馆藏,资料号:2—4—71。

② 旗、社两级调查组:《乌兰毛都公社牧业生产责任制的调查报告》(1982年9月11日),科右前旗档案馆藏,资料号:67—1—134。

③ 旗、社两级调查组:《乌兰毛都公社牧业生产责任制的调查报告》(1982年9月11日),科右前旗档案馆藏,资料号:67—1—4。

有权归集体的前提下,将一群混合牲畜(羯羊、母羊、各龄畜组成)包给自愿组合的由4—6人组成的小组,实行三保、三固定,一包三年,一年一结算。①

三保的办法是:保本,即全年三消规定为20%,规定指标内的消耗可用当年母仔畜补齐;保值,即按大队的统一要求进行改良育种,畜群中的成畜不得少于30%;保纯增,即向大队交4%—10%的纯增。队里不统一核算,不统一分配,承包者三保之后,其余仔畜和成畜以及畜产品全部归承包者。一切费用、用工全部由承包者承担,国家税收由承包者承担。收购任务,依照合同,经大队和公社批准后,由承包者去完成。②

三固定办法是:根据多年沿用的情况,将畜群、草牧场、棚舍固定到组,长期不变,棚舍按照造价收折旧费。套包、放牧车等生产用具作价归承包者,分期偿还,役畜作价归承包者使役,不准交易,损失赔偿。种畜(绵羊、山羊)由队里统一管理,包给专业户。疾病防治由队里统一组织,药物钱、防疫费由承包者负担。对兽医人员每年补助300元,对单身五保户每月补助15元,对其他五保户每月每人补助8元。③

这种责任制受到了白音乌拉大队干部、群众的欢迎,较好地调动了干部、群众的积极性,出现了生产发展,生活提高,积累增加的新局面。例如,1982年在风雪灾害和严重缺草的情况下,该大队各类牲畜由1981年15649头(只)发展到16231头(只),纯增率为3.7%,繁殖成活率达到了84.5%,总增率达到19%,成畜保头率达到了90%。承包的17种牲畜全面增产。④

同时,生产费用大幅度下降,到1982年9月为止,每个承包组的费用不超过500元,全大队费用不到8000元。在承包以前的三年内,队里平均每年支出27000元,占总收入的25%。与此相比,1982年的支出下降了70%。⑤

全大队的绒毛产量比1981年11637斤增加了5068斤,达到了16700斤;绒毛收入比1981年增加了200600元,增加了4400元,达到了205000元;1982年全大队总收入为13259400元,人均收入达到300600元,比1981年的

①　旗、社两级调查组:《乌兰毛都公社牧业生产责任制的调查报告》(1982年9月11日),科右前旗档案馆藏,资料号:67—1—4。

②　旗、社两级调查组:《乌兰毛都公社牧业生产责任制的调查报告》(1982年9月11日),科右前旗档案馆藏,资料号:67—1—4。

③　旗、社两级调查组:《乌兰毛都公社牧业生产责任制的调查报告》(1982年9月11日),科右前旗档案馆藏,资料号:67—1—4。

④　旗、社两级调查组:《乌兰毛都公社牧业生产责任制的调查报告》(1982年9月11日),科右前旗档案馆藏,资料号:67—1—4。

⑤　旗、社两级调查组:《乌兰毛都公社牧业生产责任制的调查报告》(1982年9月11日),科右前旗档案馆藏,资料号:67—1—4。

15700元提高了95%。①例如，牧民布和巴雅尔的承包组承包了788只羊的畜群，绒毛收入达到了144600元，结算合同后得到大羊93只，羊羔219只，全年的支出为15000元，劳动力人均收入达到1719.20元，人均收入达到350元。再如，牧民铁柱的承包组承包了693只羊的畜群，绒毛收入1190元，结算后得大羊41只，羔羊135只，全年支出80元，劳动力平均收入1021.20元，人均收入243.14元。②

从以上情况可以看出，生产发展了，社员收入增多了。那么集体经济有没有发展呢？请看下列数据：1982年白音乌拉大队提留牲畜纯增609头（只），马21匹，牛19头，农业积累480元，马车积累800元，折旧金800元，副业收入10000元，出售169只羊收入5570元，出售6匹马收入3000元，计总收入为11650元。总支出有干部报酬2100元，兽医人医补助600元，五保户抚养费860元，拖拉机油料、零部件、司机工资5200元，旅差费506元，计全年支出8820元。各项费用支出后积累2880元，积累400只羊，15匹马，19头牛。③

（二）阿其郎图大队牧业大包干责任制事例

1982年，乌兰毛都公社阿其郎图大队有人口672人，102户，劳动力182人，有各类牲畜25620头（只），人均38.1头（只），有草牧场120000亩，有6处永久性接羔场，打草机37台，拖拉机4台，可利用机电井3眼，放羊测120台，胶轮大车6台。1982年之前三年年均总收入为240000元，总支出84000元，费用支出占总收入的35%，人均收入为177元，劳动日值为2元。④

1981年10月，在群众要求下该大队开始实施畜群大包干责任制。其具体办法大体上与乌兰毛都公社制定的办法一样，但不同之处有几点：①畜群组承包的畜群多至5个畜群，一般为3个畜群，最少的为1个畜群；最大的畜群组有5个群牲畜3008头（只），牧民13户，劳动力13人，人口70人，相当于一个生产队；小畜群组只有900只羊，劳动力5人，人口16人。②畜群组的牲畜纯增率最高的20%，最少的只有2%。③有些牧民还不知道什么情况就加入

---

① 旗、社两级调查组：《乌兰毛都公社牧业生产责任制的调查报告》（1982年9月11日），科右前旗档案馆藏，资料号：67—1—4。

② 旗、社两级调查组：《乌兰毛都公社牧业生产责任制的调查报告》（1982年9月11日），科右前旗档案馆藏，资料号：67—1—4。

③ 旗、社两级调查组：《乌兰毛都公社牧业生产责任制的调查报告》（1982年9月11日），科右前旗档案馆藏，资料号：67—1—4。

④ 旗、社两级调查组：《乌兰毛都公社牧业生产责任制的调查报告》（1982年9月11日），科右前旗档案馆藏，资料号：67—1—4。

了畜群组。④役畜分配不合理,有的组役畜不够用,从农区租牛,有的组的役畜多余闲着。⑤良种畜队里统一管理,本地种畜都分给了各畜群组。①

对上述畜群大包干责任组,阿其郎图大队干部和群众有两种认识。其一,认为这种畜群大包干责任制办法不可行,不如大队统一核算时的"三定一奖"制。其理由是后勤供应费工费多,且无法保障;纯增要求过高,无法交齐。其二,认为只要调整那些不合理的东西,一群一组承包下去的话,还是可行的,不然没人上牧包,混饭吃的人太多,积极性调动不起来。②

1982年阿其郎图大队年景不佳,各类牲畜由1981年的26234头(只)减少到25620头(只),减少2.3%,仔畜成活率74%,繁殖成活率60%。从其减产的幅度看并不大,按常理起码有80%的畜群有增产超产的可能性。但是实际上由于搞了"五个不一样",据统计,3个承包组:A组承包3008头(只),B组承包728头(只),C组承包925头(只)的收支中,结果只有A组盈利924元,B组持平,C组亏损119元(参见表4—1)。③

表4—1 阿其郎图大队三个畜群组1982年收支情况统计
单位:头(只)元

畜群组	A组	B组	C组
承包头数	3008	724	925
合理三销数	602	145	185
实际三消数	300	150	250
接活仔畜数	1300	300	128
纯增(%)	541	145	148
应获成畜	302	−5	−65
应获仔畜	459	146	−98
支出	3450	5770	1238
总收入	22700	5350	−1898
劳动收入	1746	1070	−320
人均收入	324	181	119

资料来源:旗、社两级调查组:《乌兰毛都公社牧业生产责任制的调查报告》(1982年9月11日),科右前旗档案馆藏,资料号:67—1—4。

---

① 旗、社两级调查组:《乌兰毛都公社牧业生产责任制的调查报告》(1982年9月11日),科右前旗档案馆藏,资料号:67—1—4。

② 旗、社两级调查组:《乌兰毛都公社牧业生产责任制的调查报告》(1982年9月11日),科右前旗档案馆藏,资料号:67—1—4。

③ 旗、社两级调查组:《乌兰毛都公社牧业生产责任制的调查报告》(1982年9月11日),科右前旗档案馆藏,资料号:67—1—4。

上述乌兰毛都公社白音乌拉、阿其郎图两个大队畜群大包干责任制的实行，取得如下的效果。

　　第一，实行畜群大包干责任制，把集体利益和个人利益联系到了一起，提高了牧民的积极性和责任心。例如，不用像过去那样三番五次地动员劳动，社员都积极主动地去从事畜牧业劳动；游牧抓膘也不像以前那样逐包安排牧场，到时牧民自己找适合的草牧场进行抓膘。所以牧业生产取得了显著的成效，损失减少的同时保畜率也提高了。例如，白音乌拉大队的乌云毕力格的畜群组劳动力5人，22口人，自承包到1982年9月只自食7头（只），未发生过丢失、混群、断群事故。再如，白音乌拉大队损失的牲畜，由1981年的974头（只），减少到1982年的180头（只），保头率由1981年的93.8%，提高到1982年的98.9%，增长了5.1%。①

　　第二，实行畜群大包干责任制，进一步发挥了补助劳动力的作用。例如，大包干制实施之后，"退休"多年的老牧民重返放牧第一线；当"小老头"专搞家庭副业的牧民也都回到放牧第一线了。②

　　第三，实行畜群大包干责任制，大幅度降低生产成本。例如，白音乌拉大队一年间的费用，由1981的31521元降到1982年的9500元；阿其郎图大队一年间的费用，由1981年的81590元降到1982年的35000元。乌兰毛都公社其他所有实行畜群大包干责任制的大队都同样出现了增产节约的好景象。③

　　第四，实行畜群大包干责任制，较好地体现了按劳分配，多劳多得的原则。承包畜群之后的牧民的心态是只要没有毁灭性的自然灾害，只要努力劳动就能有丰硕的成果，不像原来实行畜群大包干责任制实施之前统一分配的那样，不知每劳动分值多少钱。事实也如此，积极劳动的牧民1982年人均收入都达到273.4元；相反，没有尽到责任，没有积极劳动的牧民1982年人均收入只有29.75元。④即充分体现了多劳多得，少劳少得，甚至不得的按劳分配原则。

---

①　旗、社两级调查组：《乌兰毛都公社牧业生产责任制的调查报告》（1982年9月11日），科右前旗档案馆藏，资料号：67—1—4。

②　旗、社两级调查组：《乌兰毛都公社牧业生产责任制的调查报告》（1982年9月11日），科右前旗档案馆藏，资料号：67—1—4。

③　旗、社两级调查组：《乌兰毛都公社牧业生产责任制的调查报告》（1982年9月11日），科右前旗档案馆藏，资料号：67—1—4。

④　旗、社两级调查组：《乌兰毛都公社牧业生产责任制的调查报告》（1982年9月11日），科右前旗档案馆藏，资料号：67—1—4。

第五，畜群大包干责任制的实施，做到了畜群、棚舍、草牧场的三固定，将畜群管理和草牧场管理建设统一起来了。所以调动了牧民群众保护、利用和建设草牧场的积极性。1982年，所有实行大包干责任制的队场的接羔场上，都有专人看护接羔和打草场，有效地保护了草场，保障了打草草场。例如，白音乌拉大队的5个畜群组在接羔场上建起了畜棚、住房；草根台大队的2个畜群组建起了土墙接羔场和草拦子。①

第六，实行牧业大包干责任制，减少了非生产人员，消除了后勤啃牧业的现象。即实行牧业大包干责任制之后，非生产人员大大减少了。同时，后勤不啃牧业了。例如，乌兰毛都公社在大包干责任制实施之前有46名后勤劳动力，每年的劳动报酬和费用达5000元，而纯收入只有1000元。实行牧业大包干责任制之后，非生产人员减少，纯收入增加到3000元。②

四、畜群大包干责任制的局限性

乌兰毛都公社实施畜群大包干责任制取得好效果的另一方面，实行牧业生产大包干责任制，对于社队两级干部和广大牧民来说是一个新的问题，同时这项工作是一个重大的变革，而且又在很短的时间内完成的。所以无论在其领导工作方面，实际问题方面，还是方法措施方面都难免出现问题。所出现的问题可归纳为以下几点：

一是实施畜群大包干责任制的队场，不同程度地存在着组织涣散，领导不足，工作无人过问，不开群众会议现象，个别场队领导班子处于半瘫痪状态。有些领导放弃领导，认为"都包下来了，到时结算就行了，无须管那么多的事"。所以很少深入生产第一线，组织指挥生产；还有的群众也认为"无须领导人员来管理，应自愿各行其是"等认识问题。

二是畜群大包干责任制的包干指标中的纯增比例过高，无法实现。

三是因为因地制宜，该统一的事项也无法统一起来。例如，阿其郎图大队的两个后勤点和两个生产第一线的点相距100余公里，不把后勤供应统一起来，各组勒勒车运输是不可行的；特布格日勒大队把种羊一直放到羊群中也是不行的；畜群组承担不了长途运输牲畜和畜草；牲畜疾病防治应当由队里统一进行；各个季节的生产活动也应由队里统一组织安排。上述生产及相关工作由于该统一的没有统一或没有统一好而出现了问题。应该统一

① 旗、社两级调查组：《乌兰毛都公社牧业生产责任制的调查报告》(1982年9月11日)，科右前旗档案馆藏，资料号：67—1—4。

② 旗、社两级调查组：《乌兰毛都公社牧业生产责任制的调查报告》(1982年9月11日)，科右前旗档案馆藏，资料号：67—1—4。

下去，以其利并其身，才能既方便群众，又促进生产。

四是有些队的畜群规模过大。阿其郎图、好力宝、特布格日勒等这类畜群组如同小生产队，其内部都有牧业组长、后勤组长、会计员、统计员等。这类组与大队签订大包干责任制合同，组内又要使用"三定一奖"的办法，向各处群组落实制定指标任务，出现不好管理和继续吃"大锅饭"的现象。

五是畜群组内人心不合。特别是牲畜及其增长率减少的畜群组内的这类问题多，有的找别的组，有的干脆就不干了，还有的争组长权。这样，组内的各项生产就不能协调，发挥不了组员的积极性。

六是像阿林一合、桃合木等农业生产比重较大的队，由于承包农业地的社员在1982年因风调雨顺，秋后的生产收入超过了承包牧业的牧民。结果出现了承包牧业的组兼营农业，扩大开垦，破坏草原，以农挤牧的倾向。

七是实行牧业大包干责任制的队场，除了纯增种地管理费、折旧金以外，没有其他积累，所以难搞公益性事业。

八是极个别的畜群组承包畜群后，不经批准随便出售牲畜。例如，阿林一合大队的一个承包组无故缺少的羊一年达121只，其中大部分是随便出售的。①

针对上述诸多问题，科右前旗政府和乌兰毛都公社政府组织联合调查组进行了调查。经调查，调查组认为，改革开放之后的内蒙古牧区责任制，是牧区根本性的大事，不能草率从事，一定要从畜牧业生产和乌兰毛都牧区特点出发。牧业生产周期长，季节性强，流动大，对大自然较敏感。生产对象是活物，而又是第二性生产，因而具有一定的脆弱性和不稳定性。乌兰毛都牧区和其他牧区不同，是属于定居游牧、季节性游牧，其游牧生产对后勤的依赖性较大，后勤生产摊子大、情况复杂。因此，落实生产责任制一定要综合各种有关因素，反复分析，趋利避害，谨慎决策，稳步前进。从这一指导思想出发，对乌兰毛都公社畜群大包干责任制提出了修正、改善措施和办法。

首先，在一般情况下，不扩大畜群大包干责任制规模，原则上也不能把大包干改为"三定一奖"。组织有力的工作组进行整顿，完善大畜群包干责任制，解决存在的问题。根据大多数群众的意愿，切不能主观硬推，也不能任其自留。

其次，制定实施畜群大包干责任制几项原则：①畜群、草牧场、土地等基本生产资料所有权仍归集体，不准买卖、不准出租、不准转让、不准荒废，

---

① 旗、社两级调查组：《乌兰毛都公社牧业生产责任制的调查报告》(1982年9月11日)，科右前旗档案馆藏，资料号：67—1—4。

否则集体有权收回,社员无力经营转营他业时退还集体。②让组或户承包时,不准拆散原来畜群,不准以户、人口、劳动力、畜股平分;不分民族,不分新老社员,应经过社员大会民主讨论,经大队批准以承包等为主要内容的《牲畜大包干制暂行办法》。但是首先应当考虑那些多年坚持在牧业第一线有经验、有能力承包一群,完成各项任务的牧民。③承包组的组成一定要自愿结合,方法可以采取插旗招兵的办法,也可以一户承包一群。④牲畜的卖出权一律归大队,未经大队批准随意出售牲畜,对随意出售者视其情况进行惩罚,直至追究法律责任,擅自卖出牲畜者,进行赔偿的同时追究法律责任。①

　　虽然采取了上述的措施与办法,但是在实践中凡是两户以上牧户组成的小组承包畜群的,都不同程度地存在着"大锅饭"变为"二锅饭"的问题。因此,乌兰毛都公社管委会结合本公社实际情况,于1983年5月3日公布实施了畜群承包到户责任制的《关于实行畜牧业生产责任制的暂行办法》。

　　第一,关于畜群承包到户责任制原则,规定:①坚持多种形式的责任制同时并存,现已承包到户的不必再动,现有小组的成员愿意继续以小组承包的不必变动。②畜群、草牧场、土地、永久性接羔场、水利设施等基本生产资料的所有权仍归集体,不准买卖、出租、转让,否则集体有权收回,社员无力经营或转营他业时应退还集体。③不准以户、人口、畜股和所有劳动力平分牲畜。已从事农业劳动力和铁匠、木匠、毡匠、瓦匠以及医生、兽医、车夫、司机等专业户不得承包畜群。承包畜群要首先考虑那些多年坚持在牧业第一线有经验和经营能力并能完成各项任务的牧民。④不得混类承包,要以畜类分别承包。⑤牲畜的出售权一律在场队,不经场队批准不得随意出售牲畜,对随意出售牲畜者视其情节加倍罚款直至追究法律责任。

　　第二,关于以户承包畜群的具体办法,规定:①现有牧业劳动力,在现有畜群内以正式男劳动力分摊牲畜。②现有承包组是由一户组成或以一户为主的可以不动,如果其中有不属于一家的人要求承包的,可以按第一条分畜办法解决,组内属于一家人的但分居后另过的,其合同一律与各户签订。③以户承包之后一定要实行联户经营。各场队无法添置更多的生产工具,也无力新建各户所需的接羔场,草场也不可能一下子得到合理的安排。因此,以户承包之后实行小组内联户经营,保证畜群的稳定。如果某些组内实在不和无法解决矛盾时,经场队批准方可到其他组,但不允许

---

　　①　旗、社两级调查组:《乌兰毛都公社牧业生产责任制的调查报告》(1982年9月11日),科右前旗档案馆藏,资料号:67—1—4。

改良与本地、不同畜类之间的混类经营。④绵羊育种核心群,最好由一户承包,一户不能承包时,必须分户承包或联户经营,也可以统一进行配种、育种、整群鉴定、剪毛等。

第三,关于必须做到五统一(草原建设统一规划、疫病防治统一组织、改良育种统一要求、游牧移场统一安排、种公畜统一管理和调剂使用),规定:①草原建设统一规划,主要是指种树、种草,搭棚盖圈,打井修渠,新建接羔场,围建草库伦等项生产必须服从社队的统一规划安排。②疾病统一组织,主要是指各畜群的驱虫、药浴、预防注射,必须按社队和业务部门的安排统一组织进行。拒绝搞驱虫、药浴、预防注射的承包组或户,每漏做一次罚款100元,如因兽医责任,就罚兽医人员,每漏一群罚10元,全漏一种预防罚200元。③改良育种统一要求,主要是指绵羊改良和细毛羊的培育、黄牛改良、马匹改良等项工作按照社队的统一要求进行。严禁改良畜和核心群混交乱配。④游牧移动统一安排,主要是指夏季游牧的各畜群必须于6月10日之前进入夏营地,秋季于10月1日后方可进入接羔场,11月10日前必须进入冬营点,不准在村屯附近、接羔场附近长驻不离。不按上述规定游牧移场,超过规定10天的罚款50—100元,超过规定20天的收回畜群和一切财产。⑤种公畜统一管理调剂使用主要是指绵羊、山羊种公畜和一部分良种牛、马分别给专业户管理,严禁散放各群。要与专业户签订合同,合情合理地定好保头指标,超产奖励,减产受罚。畜产品全部归承包者后,其劳动报酬和管理费的不足部分,从队场的当年收入中适当支付。

第四,关于合同签订方法,规定:①签订承包合同是一项十分重要的工作,它是照顾国家、集体、个人三者利益的具体杠杆。为了简便易行,将过去的保本、保值、保纯增的办法改为成畜按比例保栏保值,仔畜以适龄母畜为基础比例分成,畜产品及一切收入归承包者,牧业税和一切费用自负。承包者向场队交纳一定的积累和义务工接羔场、草牧场、畜群三固定,长期稳定一年一结算。②成畜(小畜)年对年的出栏率为75%—77%,三消比例为23%—25%,三消部分不用仔畜补齐,超产部分全归承包者,减产用自留畜补齐或以1.5的系数用仔畜补齐;保值主要是指承包牲畜的原本原值,品种质量,牧主比例等只能提高不能下降。③仔畜的分成法是,以现有适龄母畜为基础,承包者向集体交45%—50%的仔畜,其余全归承包者,交不齐时作价赔偿。成畜的存栏数和仔畜的提取经过仔细结账之后,最低要求以集体牲畜不出赤字为标准。④承包者除交一定比例的仔畜外,还应当交适当的现金积累和义务工。接羔场的折旧金每年提交总价的5%—10%。各类积累(公积金、公益金、管理费)加起来,每只小畜摊0.15元,每头(匹)大畜摊0.6元。

⑤每个男劳动力每年摊5—10个义务工。不出勤时,每个工交4元,此款用于草原建设、民兵训练、修桥铺路、扑火、维修校舍等。⑥打草任务必须写进合同,打草储草任务小畜每只300斤,大畜每头500斤;改良群和核心群的种草任务也应按照公社下达的任务写进合同。⑦国家的派购任务和税收应当根据公社下达的任务和税收政策写进合同。⑧承包土地的农业劳动力、其他匠艺人和专业户、专业劳动力因补交税金,也没有派购任务的,其各项负担应比前一年增加,承包土地者每亩向集体提交4元,其他专业人员可根据承包时的专业规定并提交的积累每个劳动力最低不得少于150元,义工同牧业劳动力一样负担。⑨合同双方必须信守合同的各项规定。合同的各项指标小灾不减,中灾经社批准酌情少减,如遇人力不可抗拒的灾害,合同的兑现另行考虑。在执行合同期间,双方不得任意更改任何一项。⑩合同应于每年6月1日之前决算清楚,每年结算合同之时,如有不合理的项目,经公社批准可以调整某些项目。

第五,大型固定财产及生产用具问题,规定:大型固定财产和生产用具是从事畜牧业生产的基本条件,必须得到合情合理的安排。接羔场必须分别其质量和年限合理作价收其折旧费,联户的各户分摊折旧金;打草机、搂草机也应当实行各户缴纳折旧金的办法,原来已作价,准备3—5年偿还的,将其偿还的款从原价中扣除,再以5%—10%的幅度换取折旧金;役畜和车辆应以一户为单位,根据各场队的实际情况分给1—2头(匹)役畜,一次作价三年内收回;车辆也应当分包给各户一次作价三年内收回。

第六,关于原组内的责权债务问题,规定:原组内责权、债务,用于本组内生产上的按分得的牲畜头数分摊,用于个人生活上的自己偿还,将其分摊的情况由场队负责报营业所或信用社,原组内购置的财产,在组内协调,由场队合理解决。

第七,关于干部、兽医、医生的补贴问题,规定:场队干部只留书记、主任、会计3人,其余副职带职包畜。书记、主任、会计3人以半劳动力为标准分包牲畜,其每年的补贴,视其工作量大小定为400—500元,并于年终根据其全队生产增减和工作状况有所增减,其增减幅度为5%—15%。兽医在牧业生产第一线的每天补助1.2元,不深入牧业第一线的无补助。

第八,关于自留畜管理,规定:继续坚持不限数量,不限品种的政策;按照内蒙古自治区人民政府规定交纳税金;绵羊、山羊16只以上,乳牛2头以上的牧户同样承担国家派购任务;自留畜应交纳草牧场建设费和管理费,其标准最多不要超过小畜0.15元,大畜0.60元;自留畜的改良、育种、防疫。必须服从场队的统一安排。

第九，关于前一年合同的结算，规定：公社小组大包干的合同始于1982年10月中旬，结算时间为1983年10月份，但根据群众的要求和现实情况，合同结算在5月末。因此，1982年的合同应当有个合理的结算法。对此应当将其成畜损失率再加2%，之后其他比例按原定数结算其一年的合同。

第十。关于进一步加强领导，规定：坚持一切从实际出发，不搞一刀切、一个模式，应根据上级指示，结合本队的实际，因地制宜地实行各种责任制；加强统计监督。对牲畜的种类、公母比例、改良本地情况、去势结算数、春季进点数等，必须详细掌握；对各个季节的生产，必须做到统一安排；季节交结牲畜的数额一定要经过队场的结算，再报公社领取"交售牲畜批准通知书"，否则一律不准出售。[①]

但是其修正还限于人民公社统一结算、统一分配的框里，没有能够把牲畜所有权和经营权有机地结合在一起。所以、未能充分发挥广大牧民从事牧业生产的积极性。至1983年，乌兰毛都公社牲畜只有29178头（只）（见表4—1）。因此，乌兰毛都公社和全区其他牧区一样，1983年开始实施了"草畜双承包"责任制。

表4—2　1977—1983年间乌兰毛都公社牲畜头（只）数

年份	1977	1978	1979	1980	1981	1982	1983
牲畜数	261083	277003	300430	311610	336135	261505	290178

资料来源：图雅主编：《科尔沁文化摇篮——乌兰毛都草原》，远方出版社2012年版，第90页。

第三节　内蒙古牧区"草畜双承包"责任制的首创及其实施

一、首创"草畜双承包"责任制的历史背景

自内蒙古自治政府成立到改革开放初期，在党的民族政策的照耀下，经过各族牧民的共同努力，畜牧业生产取得辉煌的成就。例如，1983年内蒙古全区畜牧业生产值达到12.6亿元，比1949年增长了10.6倍；牲畜头数由

---

① 乌兰毛都公社管委会：《关于实行畜牧业生产责任制的暂行办法》（1983年5月10日），科右前旗档案馆藏，资料号：67—1—146。

1949年的8410000头（只），发展到1983年的35397000头（只）。[①]1947—1983年，内蒙古自治区累计饲养了牲畜11亿头（只），向国家提供各类肉畜和役畜70000000头（只），毛、绒15亿斤，皮张1.2亿张；畜牧业累计产值100多亿元。[②]

在取得这些成就的过程中，也曾走过一些曲折的道路，既有比较顺利的时期，也遇到过严重挫折。早在国民经济恢复时期和第一个五年计划时期，从内蒙古自治区的地区特点、民族特点和经济特点出发，制定了"三不两利"（即不分、不斗、不划阶级，牧工牧主两利）及扶持贫困牧民，发展畜牧业生产的"稳、宽、长"（即政策要稳、办法要宽、步骤和时间要长）的社会主义改造方针，取得牧区民主改革和社会主义改造的胜利，畜牧业得到了较大的发展。从1947年到1957年的10年间，畜牧业生产每年递增11%。1958年以后，由于"左"的思想的影响，忽视了牧区和畜牧业经济的特点，搬套农区一些不适当的做法，使畜牧业生产遭到了挫折。1960年以后，由于贯彻执行"调整、巩固、充实、提高"的正确方针，畜牧业生产又逐步得到恢复和发展。然而"文化大革命"的十年内乱，给内蒙古自治区畜牧业生产造成的损失是极其严重的。1967—1976年10年间，内蒙古全区牲畜头数只增长了1890000头（只），平均每年递增不到0.3%，畜牧业生产整整10年徘徊不前。"文化大革命"结束以后，特别是党的十一届三中全会以后，内蒙古党委和政府从内蒙古自治区的实际出发，采取了一系列行之有效的重大决策，开创了牧区和畜牧业战线的新局面。畜牧业生产从十年内乱和自然灾害中迅速得到恢复和发展。1978—1983年期间，内蒙古全区牲畜头数超过了历史最高水平，牲畜质量有了明显的提高，良种改良种牲畜比重增长了5.6%，畜牧业生产值增长了31.4%，牧区商品生产有了较大的发展。5年间，内蒙古全区肉和羊毛分别增长了45.9%和89%，牲畜的商品率增长了7%，牧区人均收入提高了1.8倍。[③]

但是另一方面，内蒙古草原却在不断退化和沙化。到20世纪70年代后期，内蒙古全区有三分之一的草原不同程度退化，其中约有80000000亩草原沙化。在沙化的草原上，产草量一般减少30%左右。当时，在一些草原退化严重的地方，草畜矛盾日益尖锐，饲草缺乏，营养不足，牲畜个体生产能力下降，屠宰率减低，出现了草原、牲畜双退化的恶性循环。这样的恶性循环，反映到畜牧业生产上。在20世纪50年代，草多畜少，草原资源保护较好，在

---

① 扎那：《建设繁荣昌盛的内蒙古，大力发展畜牧业》，《红旗》1984年第18期，第12页。

② 周惠：《谈谈固定草原使用权的意义》，《红旗》1984年第10期，第6页。

③ 扎那：《建设繁荣昌盛的内蒙古，大力发展畜牧业》，《红旗》1984年第18期，第11页。

仅仅 10 年间,内蒙古全区牲畜数量增加了 2 倍,平均每年递增 11%;进入 60 年代,草原开始退化并且面积日益扩大,10 年间,牲畜只增长了 17%,平均每年递增 1% 稍多;到 70 年代,草原退化和沙化面积迅速扩大,从局部性问题变为全区性的问题,畜牧业不但没有发展,反而还有所下降。[1]

草原退化与沙化,是长期重视牲畜不重视草原建设与保护,忽视生态效益,特别是在草原开发利用、管理建设方面吃"大锅饭"的结果。在民主改革时期,在牧区实行"自由放牧"政策,废除了封建王公、贵族对草原的特权。但在进入社会主义建设时期以后,没有很好地实行管理草原的新政策和责任制。在草原开发、利用、保护、建设等方面的责、权、利没有协调起来,造成了严重后果。可归纳如下几点:

一是滥牧。由于在草原利用上吃"大锅饭",凡是水草丰美以及各个生产单位的交界地区,争牧、抢牧、滥牧都很严重。其结果,使牧草不能休养生息,甚至没有再生的机会。这种长期吃"大锅饭"是内蒙古全区草原大面积退化的一个重要原因。

二是滥垦。由于没有很好建立管理草原的责任制,草原被一些人错误地视为荒地加以滥垦。在"大跃进"运动期间,无论是农区还是牧区一律强调"以粮为纲"的方针,并提出"牧区大办农业"的口号,对草原进行了大面积的开垦。在"文化大革命"期间,提出"牧民不吃亏心粮"的口号,生产建设兵团盲目开垦草原。1958—1976 年 17 年间,在内蒙古全区共开垦草原 31005000 亩。[2]特别是在一些沙质土壤地区,开垦 1 亩草原就会破坏 3 亩草原,并且形成"一年开垦,二年打点粮,三年变沙梁"的状态。滥垦是引起草原沙化的直接原因。

三是滥占。由于吃"大锅饭",没有草原管理责任制,外地以及自治区内许多单位纷纷兴办各种企事业工厂,大量占用草场,大搞掠夺经营,严重破坏了草原。

四是滥挖滥砍滥搂。例如,已严重沙化的鄂尔多斯草原,每年因挖药材破坏草原仅 300000 亩。全区因滥砍、滥搂柴草,每年破坏草原超过 1000000 亩。[3]

五是由于吃"大锅饭",群众不愿意投资草原基本建设。至 1984 年,内蒙古全区共建草场 20000000 亩,[4]建设的速度赶不上退化、沙化以及破坏

---

①　周惠:《谈谈固定草原使用权的意义》,《红旗》1984 年第 10 期,第 6 页。

②　肖瑞玲等:《明清内蒙古西部地区开发与土地沙化》,中华书局 2006 年版,第 239 页。

③　周惠:《谈谈固定草原使用权的意义》,《红旗》1984 年第 10 期,第 7 页。

④　周惠:《谈谈固定草原使用权的意义》,《红旗》1984 年第 10 期,第 7 页。

的速度。

六是因自然灾害受损严重。据统计,1952—1978年间,内蒙古全区每年因灾害死亡牲畜2500000头(只),年均死亡率7%以上。[1]长期以来,牲畜"大灾大死,小灾小死"以及"冬瘦、春死"的问题一直没有得到明显的解决,畜牧业生产不能持续发展,优质高产也没有巩固的基础。

上述事实说明,吃"大锅饭"的弊病不消除,"靠天养畜"的局面也就不可能得到改变,发展畜牧业就不会有比较可靠的物资基础。中国共产党十一届三中全会之后,内蒙古自治区党委认真贯彻执行了党中央的路线、方针和政策,坚定不移地把工作重点转移到经济建设上来,围绕经济建设这个中心,从内蒙古实际出发,确定了"林牧为主,多种经营"的发展方针。按照这一方针,1983年内蒙古牧区以"草畜双承包"责任制为核心的经济体制改革,在全国五大牧区中率先全面展开。

二、实施"草畜双承包"责任制事例分析

内蒙古牧区1983开始不到一年的时间,基本上全面推行了"牲畜作价,户有户养"的生产责任制。牧区3313嘎查中,实行作价归户的有2710个嘎查,占总数的81.8%;实行无偿归户的248个嘎查,占总数的7.5%;之外还有实行作价保本承包的11个嘎查,实行作价承包和抵押承包的284个嘎查。作价牲畜的价格一般低于市场价格,作价款根据各地不同情况,分5年、7年、10年、15年还清。[2]

据1985年8月内蒙古全区牧区工作会议统计,全区95%的集体牲畜已作价归户,参加作价归户的户数1564200户,归户的牲畜15913000头(只),作价总款10.95亿元中已归还的作价款2.4亿元,占22.0%。[3]

在推行"牲畜作价,户有户养"的同时,又推行了"草场公有,承包经营"的办法,统称"畜草双承包"责任制。"草畜双承包"制度,是从牧区以牧为主、按群经营以及居住分散等特点出发,既包括牲畜又包括草原的一种新的畜牧业经营管理形式——"牲畜作价归户和草原分片承包"。具体来说,对基层每一个单位、承包户、个体户的草原使用界限进行落实,做到四至清楚,范围明确,登记造册,由旗县人民政府发给草场使用证。在此基础上,建立草

① 周惠:《谈谈固定草原使用权的意义》,《红旗》1984年第10期,第7页。

② 内蒙古自治区畜牧厅修志编史委员会编著:《内蒙古畜牧业发展史》,内蒙古人民出版社2000年版,第243页。

③ 内蒙古自治区畜牧厅修志编史委员会编著:《内蒙古畜牧业发展史》,内蒙古人民出版社2000年版,第243页。

牧场管理委员会,制定了草原管理公约,明确了国家、集体、个人的权利和义务,建立合理利用草原的制度。

以下,以内蒙古牧区基层行政单位——苏木(公社)、嘎查(大队)、巴嘎(村)为实例,以及以内蒙古全区牧区典型调查、抽样调查数据为依据,来考察"草畜双承包"责任制下的内蒙古畜牧业生产发展情况以及牧民的生产与生活状况。

(一)旗事例:阿巴嘎旗

锡林郭勒盟阿巴嘎旗与蒙古国接壤,边境线长174公里。全旗有13个苏木,71个巴嘎,林场和渔场各有一处。有蒙古族、汉族、回族、满族、藏族、达斡尔族、鄂温克族、壮族和羌族九个民族。总人口37697人,其中蒙古族占51.3%,汉族占47.5%,其他少数民族占1.2%,牧业人口18869人,占总人口的50.5%(1984年)。畜牧业是阿巴嘎旗的主体经济,党的十一届三中全会之后,该旗根据地区特点、民族特点和经济特点,主要采取如下的改革措施。

第一,改革了畜牧业的经营方式。畜牧业由集体统一经营,实行"两定一奖"责任制,1983年开始推行"保本经营,提留现金""成畜保本,仔畜分成",后来变为"作价归户,分期付还价款"的形式,到1984年下半年普遍实行了"牲畜无偿归户,提取管理费"的经营形式,从集体畜牧业变为家庭畜牧业。这种形式很受牧民欢迎,不仅彻底打破集体分配中的"大锅饭",有利于牧民尽快富裕,而且激发了和调动了千家万户发展畜牧业的责任心和积极性,1984年全旗母畜繁殖成活率达83%,牲畜总增率达37.2%,取得历史的最好水平。[1]

第二,改革了草原的管理方式。去年全旗范围把草原划分承包到浩特,下放了草牧场的管理权和使用权,激发了牧民群众搞草原建设的积极性,一年之内全旗新建网围栏草库伦330000亩,占草库伦总数的64.8%。汉乌拉苏木阿拉坦图古日格巴嘎牧民阿旨德那共集资36860元,其中贷款25000元,自筹6860元,集体扶持5000元,围建草库伦11000亩。[2]

第三,改头数畜牧业为商品畜牧业。总结发展畜牧业的历史经验教训,

---

① 中共锡林郭勒盟委员会、中共阿巴嘎旗委员会调研室:《阿巴嘎旗社会经济调查综合报告》,内蒙古党委政策研究室编:《内蒙古自治区农村牧区社会经济典型调查材料汇编》(上册),第63—64页。

② 中共锡林郭勒盟委员会、中共阿巴嘎旗委员会调研室:《阿巴嘎旗社会经济调查综合报告》,内蒙古党委政策研究室编:《内蒙古自治区农村牧区社会经济典型调查材料汇编》(上册),第64页。

在20世纪60年代吃七卖八,消费比例15%左右,70年代吃八卖九,消费比例17%左右,多积累,少消费,结果大灾大损失,小灾小损失,导致了经济效益低。80年代以来,把消费比例提高到25%以上,1984年出栏率达到35.4%,其中出卖率26.8%,自食率8.6%,控制存栏头数,提高商品率,增加经济收入,避免或者减少了因灾大量死亡牲畜的悲剧。[①]

第四,改革了商品畜统购统销制度。1984年把商品畜由二类商品变为三类商品,实行议购议销,自由买卖后,牧民改变了惜售思想,商品畜猛增,商品率由过去不到20%,提高到26.8%,这是阿巴嘎旗前所未有的,在全盟也居首位。通过议购议销,出售每只羊平均增加收入10元,每头牛平均增加收入100元以上,牧民得到了经济实惠,促进了牧业专业户、重点户的发展。已涌现养畜"两户"185户,小而全的家庭畜牧业,开始向着专业化方向发展。[②]

通过上述的改革措施,牧区经济建设发展较快。牲畜总头数曾有七个年头超1000000头,最高是1975年的1070000多头。1977—1978年遭受特大雪灾损失70%的牲畜。畜牧业灾后恢复较快,连续6年获得丰收,牲畜总头数由1978年的320000头,已发展到875000头,增长1.5倍。财政收入1984年实现1752000元(其中企业交利润213000元,工商税1231000元、牧业税289000元、其他收入19000元),比1978年增长224.4%。牧民劳动总收入1984年达13982000元,人均收入7000元,分别比1978年增长1.9倍和5.2倍。牧民存款已达6777000元,1984年收入达10000元的有1077户。牧民中的40%户住上了房屋,家庭生产生活用小四轮拖拉机、小发电机、摩托车、风力发电机、电视机等高档产品逐渐增多,生活水平发生了新变化。[③]

发展牲畜的同时,畜牧业生产条件也有较大改善。到1984年,畜棚889座、8782间,畜圈1295处,179000平方米、普通水井1582眼、机电井42眼、草库伦509000亩、牧用汽车63辆、大小拉机227台、机引和畜引打草机421台、搂草机177台、捆草机13台、剪毛机11台、药浴机械19套、其他机具118台、

---

① 中共锡林郭勒盟委员会、中共阿巴嘎旗委员会调研室:《阿巴嘎旗社会经济调查综合报告》,内蒙古党委政策研究室编:《内蒙古自治区农村牧区社会经济典型调查材料汇编》(上册),第64页。

② 中共锡林郭勒盟委员会、中共阿巴嘎旗委员会调研室:《阿巴嘎旗社会经济调查综合报告》,内蒙古党委政策研究室编:《内蒙古自治区农村牧区社会经济典型调查材料汇编》(上册),第64页。

③ 中共锡林郭勒盟委员会、中共阿巴嘎旗委员会调研室:《阿巴嘎旗社会经济调查综合报告》,内蒙古党委政策研究室编:《内蒙古自治区农村牧区社会经济典型调查材料汇编》(上册),第62页。

畜力胶轮车219辆、轻便车5214辆。畜牧业生产固定资产总价值达12467000元,为稳定地发展畜牧业奠定了一定的物资基础。[①]

(二)苏木事例

1.科右前旗乌布林苏木

兴安盟科右前旗乌布林苏木成立于1984年,由5个嘎查组成,517户,3373人,其中牧业户428户,占82.8%,牧业人口有2928人,占86.8%,蒙古族占总人口的99%。畜牧业是乌布林苏木经济的主体,传统游牧是最基本的生产经营方式。1984年牧业年度牲畜总头数为92300头(只),其中大畜11100头(匹),占12%;小畜81200只,占88%。1984年牧业产值2889000元,占总产值(2925000元)的98.8%。[②]

党的十一届三中全会之后,在党的路线、方针、政策指引下,乌布林苏木经历了深刻的变革。1982年在农村牧区改革推动下,广大牧民创造了"畜群大包干"生产责任制;1983年又进行了牲畜"作价承包""作价归户"的改革尝试,在全区旗县委书记会议上受到内蒙古党委的肯定。1984年春季接羔之前,对集体牲畜全部实行了"作价归户、私有自养",由集体所有变为家庭所有,由集体经营变为分户经营。又经过半年多的努力,逐户或联户落实了草场使用权,实现了"草畜双承包"。

这就从根本上解决了长期以来,草原吃"大锅饭"的局面,为由"靠天养畜"向建设养畜转变创造了条件。应该特别指出的是"草畜双承包"后,极大地调动了广大牧民利用、管理、保护、建设草原的积极性,推进了牲畜和草业的同步发展。仅仅几个月的时间,广大牧民就新建网围栏5处,2250亩;棚圈9处,2700平方米;打土井5眼;种植饲草2500多亩。经营管理体制的改革,草原建设的加强,使牧业生产开始走上了稳定发展的轨道。1984年牲畜总增24406头(只),总增率为28.9%;商品率为18.6%,比1983年提高5.1%;牧民人均收入比1983年增加152元,比1978年提高2.8倍。[③]

2.锡林郭勒盟阿巴嘎旗宝格都乌拉苏木

宝格都乌拉苏木位于锡林郭勒盟阿巴嘎旗西北部,总土地面积为3000

---

① 中共锡林郭勒盟委员会、中共阿巴嘎旗委员会调研室:《阿巴嘎旗社会经济调查综合报告》,内蒙古党委政策研究室编:《内蒙古自治区农村牧区社会经济典型调查材料汇编》(上册),第62页。

② 兴安盟社会经济调查组:《乌布林苏木社会经济调查综合报告》,内蒙古党委政策研究室编:《内蒙古自治区农村牧区社会经济典型调查材料汇编》(上册),1985年,第119页。

③ 兴安盟社会经济调查组:《乌布林苏木社会经济调查综合报告》,内蒙古党委政策研究室编:《内蒙古自治区农村牧区社会经济典型调查材料汇编》(上册),1985年,第120—121页。

平方公里,其中可利用草场面积2550平方公里。该苏木总人口1689人,其中蒙古族1143人,占77.7%,汉族546人,占32.3%。总户数387户,其中牧业281户。劳动力751人,其中牧业劳动力624人。

畜牧业是全苏木的主体经济,因1977年的特大雪灾,苏木的牲畜由灾前100000头(只),减少到8000头(只),给牧民的生产和生活造成了极大的困难。[①]十一届三中全会以来,随着党的一系列方针政策的宣传贯彻,特别是"草畜双承包"责任制的落实,牧民的生产、生活水平发生了很大变化。

首先,畜牧业得到了迅速的恢复和发展。牲畜头数由1978年初的8000头(只),到1984年6月末达到70000头(只)。其中大畜10000头、改良畜14600头(只),分别占14.3%和20.8%。[②]

其次,牧民收入大大提高。1984年畜牧业总收入达1200000元,牧民人均收入达925元,最高的5000元,最低的为200元,比灾前收入最高的1976年增长3.5倍。随着收入的增加,牧民的生活条件也发生了很大的变化,有64个浩特的239户牧民安上了风力发电机,占35%。手表、收音机家家都有。有相当数量的牧户准备购买收录机、电视机、发电机、摩托等高档商品。[③]

再次,为牧业生产服务的基本建设有了很大发展,现已有永久性畜棚70座,1820平方米,圈98处,29801平方米,基本实现了棚圈化;有深机井7眼,简井147眼,达到人畜四季饮水井网化;大汽车9台,拖拉机14台,小四轮7台,胶车29台,搂草机7台。并已建草库伦44071亩,其中网围栏8000亩。[④]

最后,牲畜作价无偿归户后,随着经营能力,劳动技术水平的差异,牧户之间占有牲畜和收入水平也明显地拉开了距离,全苏木人均牲畜最少的为20头,收入200元,约占牧户的9%。最多的人均130头(只),收入5300元,占牧户的15%,养畜超过500头(只)的有7户。收入10000元以上的17户;由于

①　中共锡盟委员会调研室、中共阿巴嘎旗委员会调研室:《宝格都乌拉苏木社会经济调查综合报告》,内蒙古党委政策研究室编:《内蒙古自治区农村牧区社会经济典型调查材料汇编》(上册),1985年,第133页。

②　中共锡盟委员会调研室、中共阿巴嘎旗委员会调研室:《宝格都乌拉苏木社会经济调查综合报告》,内蒙古党委政策研究室编:《内蒙古自治区农村牧区社会经济典型调查材料汇编》(上册),1985年,第134页。

③　中共锡盟委员会调研室、中共阿巴嘎旗委员会调研室:《宝格都乌拉苏木社会经济调查综合报告》,内蒙古党委政策研究室编:《内蒙古自治区农村牧区社会经济典型调查材料汇编》(上册),1985年,第134页。

④　中共锡盟委员会调研室、中共阿巴嘎旗委员会调研室:《宝格都乌拉苏木社会经济调查综合报告》,内蒙古党委政策研究室编:《内蒙古自治区农村牧区社会经济典型调查材料汇编》(上册),1985年,第134页。

经济的发展,客观条件的变化,牧民对商品生产的概念增强了,家家户户都开始算经济账了。约20%的牧户积极要求向专业化、商品化方向发展,以便合理使用精力、资金、设备、技术,取得更大的经济效益。[①]

3.阿拉善盟阿拉善左旗锡林高勒苏木事例

阿拉善盟阿拉善左旗锡林高勒苏木,是一个以牧为主,兼营别业,蒙汉杂居的苏木。全苏木总面积1989平方公里,其中可利用草场面积1940平方公里,占总面积的97.5%。全苏木445户,1993人。其中,农牧户292户,占总户数的58.7%;农牧业人口1595,占总人口的80%。[②]

锡林高勒苏木的牧业生产责任制不断完善,1977年,恢复实行了"三定一奖"生产责任制,1982年1月,又普遍实行了"成畜保本,仔畜分成,纯增提留"的大包干责任制,1984年全苏木5个嘎查中,4个嘎查实行了"牲畜作价,归户自营",1个嘎查实行了"牲畜作价,无偿归户自营"的生产责任制,从1984年7月起,全苏木的近15300头(只)集体畜,全部以有偿或无偿两种形式交给牧民自主经营;草场也按照实际情况由牧民联户承包,固定了草牧场的管理、使用、建设权限,使牧民拥有经营牲畜和草场的自主权,人、畜、草,责、权、利相统一,进一步调动了牧民生产积极性,解放了生产力。1978年畜牧业产出是投入的5.6倍,1984年产出是投入的6.5倍(畜牧业生产费用63912元,收入是392127元)。比1983年还总增牲畜10592头(只),总增率44.3%。[③]

由于生产的发展,牧民生活水平也逐步提高,党的十一届三中全会以来的6年中,锡林高勒苏木虽然在抗灾中度过了4年,但牧民生活水平没有发生大的波动,社员收入增长幅度尽管不大,但仍在稳步增长。1984年,人均收入259元,比1978年增收了89元,增长了52%。其中困难户与1983年相比减少了17户,占总户数的6.6%;收入持平的37户,占总户数的14%;收入增

① 中共锡盟委员会调研室、中共阿巴嘎旗委员会调研室:《宝格都乌拉苏木社会经济调查综合报告》,内蒙古党委政策研究室编:《内蒙古自治区农村牧区社会经济典型调查材料汇编》(上册),1985年,第134—135页。

② 中共阿盟委员会政研室、中共阿左旗委员会、中共锡林高勒苏木委员会:《锡林高勒苏木社会经济调查综合报告》,内蒙古党委政策研究室编:《内蒙古自治区农村牧区社会经济典型调查材料汇编》(上册),1985年,第142页。

③ 中共阿盟委员会政研室、中共阿左旗委员会、中共锡林高勒苏木委员会:《锡林高勒苏木社会经济调查综合报告》,内蒙古党委政策研究室编:《内蒙古自治区农村牧区社会经济典型调查材料汇编》(上册),1985年,第147页。

加的222户,占总户数的79.4%。①

(三)嘎查事例

1.鄂温克族自治旗辉苏木斡日切希嘎查

鄂温克族自治旗辉苏木斡日切希嘎查,是鄂温克族聚居的以畜牧业生产为主的嘎查,有39户,200人。其中,鄂温克族193人,占96.5%,蒙古族和达斡尔族7人,占3.5%。全嘎查总土地面积300平方公里,其中草牧场面积270000亩,占总面积的60%。②

党的十一届三中全会以后,斡日切希嘎查实行了畜牧业经济管理体制的改革,逐步落实了以家庭经营为主要形式的畜牧业生产责任制。先后经历了落实牧民自留畜政策、实行季节性包工,牲畜包干到户、成幼畜比例分成,牲畜承包到户、纯增包干、牲畜作价归户等阶段。

在落实畜牧业生产责任制过程中,1982年退还了牧民畜股报酬。1984年把原生产队集体所有的牲畜,全部作价归户,分期偿还,偿还期限为15年。畜牧业经济管理体制的改革,使该嘎查发生了很大变化。

首先,牧民人均收入有了大大的提高。据调查,该嘎查1984年人均纯收入838元,比1978年的345元,增长1.4倍。据调查的39户中,人均纯收入500元以下的户有9户,占总户数的23.1%,人均纯收入500—1000元的户有19户,占总户数的48.7%,人均纯收入1000元以上的户有11户,占总户数的28.2%。人均纯收入最高的户达2022元。1984年全嘎查总收入127956元。从收入来源看,主要是畜牧业生产收入,1984年全嘎查出售牛奶56.2吨,收入19140元,出售牲畜639头(只),出售羊毛、皮张等畜产品收入108236元,其他收入(包括出售牛羊粪、蘑菇、饲草、运输等)580元。③

其次,牧民的生产和消费支出也发生了很大的变化。据调查,1985年全嘎查有手扶拖拉机13台,机引打草机、畜引打草机31台,仅在1984年新购置小型拖拉机12台。全嘎查牧民购买摩托车5台,收音机19台,风力发电机1台。牧民储蓄存款9790元,比1978年增长54.1%。牧民蒙古包内部设

---

① 中共阿盟委员会政研室、中共阿左旗委员会、中共锡林高勒苏木委员会:《锡林高勒苏木社会经济调查综合报告》,内蒙古党委政策研究室编:《内蒙古自治区农村牧区社会经济典型调查材料汇编》(上册),1985年,第147—148页。

② 中共呼盟委员会政研室、中共鄂温克族自治旗委员会联合调查组:《斡日切希嘎查社会经济调查综合报告》,内蒙古党委政策研究室编:《内蒙古自治区农村牧区社会经济典型调查材料汇编》(上册),1985年,第213页。

③ 中共呼盟委员会政研室、中共鄂温克族自治旗委员会联合调查组:《斡日切希嘎查社会经济调查综合报告》,内蒙古党委政策研究室编:《内蒙古自治区农村牧区社会经济典型调查材料汇编》(上册),1985年,第214页。

施逐步更新,过去的旧木床,大部分更新为铁床。木制勒勒车已经淘汰,代之以轻便铁胶轮车和小型拖拉机。①

这些新的发展变化说明,党的十一届三中全会以来党在牧区的各项经济政策,给该嘎查畜牧业经济带来了生机和活力。

2.乌兰察布盟达茂联合旗都荣敖包苏木达布希力图嘎查

乌兰察布盟达茂联合旗都荣敖包苏木达布希力图嘎查是一个牧业嘎查,总面积368平方公里,其中草场面积350平方公里,占95%,蒙古族、汉族、藏族三个民族聚居,其中蒙古族294人,占总人口的64%。在党的民族政策的指引下,达布希力图嘎查的畜牧业生产得到了较快的恢复和发展,牲畜由1949年的2700头(只),到1978年发展为9056头(只),增长了3.5倍。②党的十一届三中全会以后,在改革开放的潮流中,为振兴畜牧业经济有步骤地进行了一系列改革。

(1)全面实行了"牲畜作价卖给牧民"的生产责任制。1982年以前,该嘎查一直实行"两定一奖"的责任制,1982年底到1983年改"两定一奖"为"大包干",调动了牧民的生产积极性。所以在连年遭受旱灾大量处理牲畜的情况下,1983年6月末牲畜达到12206头(只)。③1984年开始,该嘎查全部实行了"草畜双承包"的责任制,彻底解决了经营管理上吃"大锅饭"的弊病,进一步调动发挥了牧民的生产积极性和经营牲畜的才能,牲畜的数量和质量都有了发展和提高。

(2)固定了草牧场使用权和管理权。1983年底,该嘎查在全旗固定草牧场的试点工作中,按浩特承包了草牧场,长期不变,解决了长期以来重畜不重草,在草场管理建设上存在的问题,极大地调动了广大牧民管理、保护、利用、建设草原的积极性。1984年牧民共打饲草480000斤,自产草的数量比

---

① 中共呼盟委员会政研室、中共鄂温克族自治旗委员会联合调查组:《斡日切希嘎查社会经济调查综合报告》,内蒙古党委政策研究室编:《内蒙古自治区农村牧区社会经济典型调查材料汇编》(上册),1985年,第214—215页。

② 达茂联合旗牧区社会经济调查组:《达布希力图嘎查社会经济调查综合报告》,内蒙古党委政策研究室编:《内蒙古自治区农村牧区社会经济典型调查材料汇编》(上册),1985年,第233页。

③ 达茂联合旗牧区社会经济调查组:《达布希力图嘎查社会经济调查综合报告》,内蒙古党委政策研究室编:《内蒙古自治区农村牧区社会经济典型调查材料汇编》(上册),1985年,第233页。

以往任何一年都多。①

（3）林草基地实行了单独核算。从1979年开始,对林草基地进行了改革,由原来牧业包农业改为土地承包到户,单独核算。嘎查每年只下达指令性的种植计划,产品由嘎查负责推销。多年来农业吃牧业的局面开始扭转,林草基地的优势得到了发挥,社员大力开展以养畜为主的多种经营。1984年只有27户的林草基地,各类牲畜达到1667头（只）,养鸡119只,家庭经营收入达41952元。②

（4）进行了体制改革。1984年3月,在人民公社进行体制改革的同时,把大队改为嘎查,大队干部由原来的6名减为4名,仅此一项每年减少开支3120元,减轻了牧民的负担。③

通过上述改革措施,该嘎查的牧民的生产和生活都有了较大的变化。

一是嘎查牲畜有了较快的发展。1984年6月末,各类牲畜总头数达到13307头（只）,比解放初期增长了4.9倍,比1978年增长了46.9%。其中良种、改良种牲畜达到7949头（只）,占牲畜总头数的59.7%。④

二是加快了草原建设的速度。1984年牧民围建草库伦11处,2724亩,相当于解放以来30多年间围建草库伦累积数的2.4倍（1984年前共围建草库伦1134亩）。围建网围栏的开支21633元,占牧民全部支出的7.8%。⑤

三是生产设施大幅度增长。全嘎查有牲畜棚圈113间,2025平方米,其中永久性棚圈14间,355平方米。有羊圈94座,7831平方米,每户都实现小畜有棚大畜有圈。有土井65眼,其中27眼装配了手摇水车,一眼是畜力水车。有机引打草机1台,小四轮1辆,柴油机1台,胶轮大车2辆,胶轮地排车

① 达茂联合旗牧区社会经济调查组:《达布希力图嘎查社会经济调查综合报告》,内蒙古党委政策研究室编:《内蒙古自治区农村牧区社会经济典型调查材料汇编》（上册）,1985年,第233页。

② 达茂联合旗牧区社会经济调查组:《达布希力图嘎查社会经济调查综合报告》,内蒙古党委政策研究室编:《内蒙古自治区农村牧区社会经济典型调查材料汇编》（上册）,1985年,第235—236页。

③ 达茂联合旗牧区社会经济调查组:《达布希力图嘎查社会经济调查综合报告》,内蒙古党委政策研究室编:《内蒙古自治区农村牧区社会经济典型调查材料汇编》（上册）,1985年,第236页。

④ 达茂联合旗牧区社会经济调查组:《达布希力图嘎查社会经济调查综合报告》,内蒙古党委政策研究室编:《内蒙古自治区农村牧区社会经济典型调查材料汇编》（上册）,1985年,第236页。

⑤ 达茂联合旗牧区社会经济调查组:《达布希力图嘎查社会经济调查综合报告》,内蒙古党委政策研究室编:《内蒙古自治区农村牧区社会经济典型调查材料汇编》（上册）,1985年,第233页。

78辆,风力发电机6台。[①]

四是牧民生活质量显著提高。现有住房215间,3354平方米,蒙古包20顶。1979年以来新建住房119间,1967平方米,其中砖木结构10间,70平方米。仅1984年新建住房的就有8户24间420平方米,造价18600元。有13户牧民看上了电视,8户用上了电灯。有摩托8辆,地毯68块,马靴148双,马鞍105副,自行车111辆,收音机93台,收录机19台,手表155块,50元以上的大型家具329件,1984年嘎查纯收入218095元,人均475元,比1978年人均133元增长3.6倍。其中牧业纯收入192843元,人均5513元,比1978年人均149元增长了3.7倍。林草基地纯收入25252元,人均230元,比1978年人均85元增长了2.7倍。牧民存款达26175元,户均247元。[②]

以该嘎查桃花湾林草基地为例,基地于1961年初建时只有6户社员,到1984年末发展到27户,110人,承包饲料基地1799亩,落实草场面积27050亩。有柴油机1台,胶轮排车16辆,畜棚12间,167平方米,畜圈20处,168平方米。土井3眼。1984年6月末统计,有大小畜1667头(只),其中牛89头,马52匹,驴17头,绵羊1394只,山羊112只。[③]

1984年家庭经营各业情况,拥有固定资产16568元,其中种植业占14470元,畜牧业占2098元;本年投工量15793个,其中种植业9048个,畜牧业5637个,工副业1108个;经营收入4952元,其中种植业11850元,畜牧业30102元;生产费用支出16488元,其中种植业8436元,畜牧业8052元。牧业税237元;净收入25252元,人均收入229.56元,比1978年增加了1.7倍。[④]

(四)巴嘎、牧民浩特事例

1.锡林郭勒盟阿巴嘎旗莎如塔拉巴嘎

莎如塔拉巴嘎是位于锡林郭勒盟阿巴嘎旗西北部的一个纯牧业巴嘎,

① 达茂联合旗牧区社会经济调查组:《达布希力图嘎查社会经济调查综合报告》,内蒙古党委政策研究室编:《内蒙古自治区农村牧区社会经济典型调查材料汇编》(上册),1985年,第233页。
② 达茂联合旗牧区社会经济调查组:《达布希力图嘎查社会经济调查综合报告》,内蒙古党委政策研究室编:《内蒙古自治区农村牧区社会经济典型调查材料汇编》(上册),1985年,第233—234页。
③ 《达布希力图嘎查桃花湾林草基地的调查》,内蒙古党委政策研究室编:《内蒙古自治区农村牧区社会经济典型调查材料汇编》(上册),1985年,第241页。
④ 《达布希力图嘎查桃花湾林草基地的调查》,内蒙古党委政策研究室编:《内蒙古自治区农村牧区社会经济典型调查材料汇编》(上册),1985年,第241页。

草场总面积515.3平方公里,全巴嘎有15个浩特(自然村),56户,269人。[1]实施"草畜双承包"之后,莎如塔拉巴嘎的畜牧业生产和牧民生活发生了很大变化。

第一,牲畜数量和质量有了很大发展和提高。1984年6月末牲畜总头数达到15039头(只),比1978年增长6倍多。其中,大畜2849头,良杂种畜4166头(只),分别占牲畜总头数的18.8%和27.7%。[2]

第二,畜牧业的基本建设也有了较大增长。1984年,有房屋70间,永久性棚173间,3460平方米,有畜圈31座,11646平方米,基本达到小畜有棚大畜有圈。深机井3眼、土井23眼、汽车2台、拖拉机5台、打草机3台、搂草机1台、畜力提水机9台、柴油机2台、100瓦风力发电机13台、草库伦8处,12000亩。固定资产总额达524610元(其中私有固定资产总额为266724元),人均固定资产额1950元,比1978年增长45%。[3]

第三,人民生活水平有了很大提高。1984年全巴嘎总收入为287800元,纯收入250147元,人均纯收入929元,户均纯收入4467元,人均纯收入最高的达2161元,纯收入已达10000元的有2户。1984年人均、户均纯收入比1977年增长近3倍。[4]

2.伊克昭盟鄂托克旗报乐浩晓巴嘎事例

伊克昭盟鄂托克旗报乐浩晓巴嘎是一个干草原向半荒漠、荒漠草原过渡地带。全巴嘎总面积80064亩中草原70605亩,占总面积的88.2%,其中可利用草场面积62707亩,占草原面积的88.8%;草原退化面积7898亩,占11.2%。在可利用的草原中,有草甸草原4315亩,占总面积6.8%;荒漠草原54083亩,占总面积的86.2%;半荒漠草原3505亩,占总面积的5.6%,有人工打草场294亩,饲料地10亩,人工林保存面积6亩。全巴嘎共23户,139人,

① 中共锡盟委员会调研室、中共阿巴嘎旗委员会调研室:《莎如塔拉巴嘎畜牧业经济情况的调查》,内蒙古党委政策研究室编:《内蒙古自治区农村牧区社会经济典型调查材料汇编》(上册),1985年,第222页。

② 中共锡盟委员会调研室、中共阿巴嘎旗委员会调研室:《莎如塔拉巴嘎畜牧业经济情况的调查》,内蒙古党委政策研究室编:《内蒙古自治区农村牧区社会经济典型调查材料汇编》(上册),1985年,第222页。

③ 中共锡盟委员会调研室、中共阿巴嘎旗委员会调研室:《莎如塔拉巴嘎畜牧业经济情况的调查》,内蒙古党委政策研究室编:《内蒙古自治区农村牧区社会经济典型调查材料汇编》(上册),1985年,第222页。

④ 中共锡盟委员会调研室、中共阿巴嘎旗委员会调研室:《莎如塔拉巴嘎畜牧业经济情况的调查》,内蒙古党委政策研究室编:《内蒙古自治区农村牧区社会经济典型调查材料汇编》(上册),1985年,第223页。

其中牧业人口133人，占95.7%；蒙古族占总人口的94%。劳动力59人。[①]党的十一届三中全会之后，该巴嘎同其他地区一样经历了重大的转折，发生了深刻的变化。

第一，牲畜作价归户，草牧场使用权固定到户并颁发了草场使用证，极大地调动了牧民全面发展畜牧业生产的积极性，从草原管理制度上防止了乱牧、天牧等落后的游牧方式，改变了草原畜牧业吃"大锅饭"的被动局面。同时，制止了草场人为的沙化，推进了草业和牲畜的同步发展，为牧民积极进行科学养牧，自觉处理畜与草、数量与质量、消费与积累等畜牧业内部的比例关系，开展育肥，加快出栏，提高商品率创造了条件。

随着人口的增加，劳力的增多，如何在划定的草场内发展畜牧业就成了大问题，它促使牧民积极寻求提高总增，控制纯增，提高牲畜质量，降低饲养成本的多种途径，客观上起到了从头数畜牧业向效益畜牧业发展、向集约化经营的方向迈进的促进作用。

第二，经营水平有了很大提高，生产大发展。由于牲畜作价归户，生产效益与牧民切身利益紧密连在一起，所以饲养管理水平有了很大提高，生产连年上升。1984年繁殖成活率高达90%，成幼畜死亡率下降到10%，总增率达35.7%，出栏率25.3%，商品率9.6%，畜均收入17.2元，均超过了往年。[②]

随着生产的发展和经济效益的提高，人民生活有了显著改善。1984年全巴嘎23户的总收入92706.31元，比1978年全大队110户的总收入92085.74元还多620.57元；户均收入4030.7元，为1978年的4.8倍；户均纯收入2733元，为1978年户均纯收入476.58元的5.7倍；人均收入452.2元，为1978年人均收入90.07元的5倍。而且困难户减少，富裕户增加。在被调查的3户之中，人均收入在250元以下的7户，占30%；人均收入在250—450元的6户，占26.1%；人均收入500—1000元的9户，占39.1%；人均收入1000元以上的1户，占4.3%。[③]

第三，全员劳动生产率成倍增长。1984年每个劳动力平均收入1571.3元，比1978年增长3.45倍；1984年生产畜产品808.4元，比1978年增长1.6

① 中共伊克昭盟委员会调研室：《报乐浩晓巴嘎社会经济调查报告》，内蒙古党委政策研究室编：《内蒙古自治区农村牧区社会经济典型调查材料汇编》（上册），1985年，第246—247页。
② 中共伊克昭盟委员会调研室：《报乐浩晓巴嘎社会经济调查报告》，内蒙古党委政策研究室编：《内蒙古自治区农村牧区社会经济典型调查材料汇编》（上册），1985年，第248页。
③ 中共伊克昭盟委员会调研室：《报乐浩晓巴嘎社会经济调查报告》，内蒙古党委政策研究室编：《内蒙古自治区农村牧区社会经济典型调查材料汇编》（上册），1985年，第248页。

倍;每个劳动力全年出售畜产品平均773.8元,比1978年增长1.78倍;每个劳动日工值达到4.51元,比1978年增加3.68元。[①]

第四,劳力的年龄构成发生了明显变化,文化素质有了显著提高。随着生产的发展,人民生活水平的提高,坚定了更多的青年走科学养牧的道路,建设美好家园的决心。在劳力年龄的构成上,由过去的中、老年占绝对优势,逐步向年轻化发展。据调查,35岁以下的劳力占总劳力的52.5%,46岁以上的劳力占20.3%。牧民的文化素质也相应有了提高。据统计,16岁以上的牧业人口87人,其中具有初中以上文化程度的有27人,占31%,小学文化程度的33人,占37.9%;整半劳力中,初中以上文化程度的占27.1%,小学占49.2%。[②]

从大小畜的生产效益来看,1984年报乐浩晓巴嘎繁殖成活率为90%,成幼畜死亡率10%,总增率35.7%,出栏率为25.3%,商品率9.6%,畜均收入17.2元。[③]畜牧业生产效益均超过了往年。

例如,以绵羊、山羊的生产效益为例,1984年牧业年度初有绵羊、山羊3614只,共支出经营性费用36624元。其中,生产费14065元,死亡损失762元,劳务支出(人工作价,每工以0.72元折算),共投工11294个,合款19426元,交纳税金795元,上交集体1576元;其经营性收入60663元,其中,出售牲畜13900元,出售皮张2531元,出售绒毛26150元,出售奶制品531元,自食羊肉折价14514元,自食鲜奶折价3037元。[④]

以上两项收支相抵,净收入24039元,畜均收入16.79元,畜均支出10.13元,每只羊净收入6.66元,每口人从养羊生产中获利172.94元:加上劳务收入,仅养羊一项,即可获利312.7元。

例如,大畜的生产效益。全巴嘎初期共饲养大畜120头(匹),共支出经营费用14882元。其中,生产费11015元,劳务支出3287元,死亡损失580元,税金和上交集体款全部摊在小畜的经营费用中;其经营性收入2390元。

① 中共伊克昭盟委员会调研室:《报乐浩晓巴嘎社会经济调查报告》,内蒙古党委政策研究室编:《内蒙古自治区农村牧区社会经济典型调查材料汇编》(上册),1985年,第249页。

② 中共伊克昭盟委员会调研室:《报乐浩晓巴嘎社会经济调查报告》,内蒙古党委政策研究室编:《内蒙古自治区农村牧区社会经济典型调查材料汇编》(上册),1985年,第249页。

③ 内蒙古党委政策研究室编:《内蒙古自治区农村牧区社会经济典型调查材料汇编》(上册),1985年,第255页。

④ 内蒙古党委政策研究室编:《内蒙古自治区农村牧区社会经济典型调查材料汇编》(上册),1985年,第255—256页。

其中,出售牲畜2120元,出售皮张20元,自食牛肉折价250元。①

以上两项收支相抵,净亏12492元,畜均亏损104.1元,人均亏损89.87元,如再加上劳务收入(人均23.65元),仅养大畜一项,人均亏损66.22元。

再如,大、小畜混合计算生产效益。1984年牧业年度初有大、小畜3734头只(不包括猪),共支出经营费用51206元,经营性收入63053元,收支相抵净收入11847元,畜均收入16.9元,畜均支出13.7元,畜均净收入3.17元;人均收入85.23元,加上劳务收入,人均收入248.6元。②

从上面调查数字可以看出,单纯养羊,每只年净收入可达6.66元,而大、小畜混养(现该巴嘎大畜仅占牲畜总数的3.1%),每只羊年净收入将下降为3.17元。这就是说,该巴嘎年养120头(匹)大畜净亏12492元,要想做到不亏损,必须把1876只羊的净收入全部补给大畜。

3.牧民浩特事例

从浩特的历史状况来看,长期以来浩特是牧区特定环境下,由人们的社会、生产、生活需要而产生的生产、生活实体,一般由1—6户牧户组成。随着各个历史时期变革,浩特的作用和结构也相继发生了变化。

在生产资料私有制的旧社会,广大贫困牧民在"三座大山"的压迫下给牧主、富牧当长工、短工,以出卖劳动力被雇佣的形式谋求生存,牧主或富牧和被雇佣的几户贫困牧民构成一个浩特,他们之间是剥削与被剥削,压迫与被压迫的关系。社会主义改造时期浩特结构发生了根本性的变化,牧民在平等互利、自愿结合的原则下组成了新型浩特。新型浩特使牧民成为主人翁,生产积极性大大提高,经营管理得到改善,使畜牧业生产迅速发展。

但是在历次的政治运动中,新型的浩特结构受到了冲击。例如,在人民公社化"大集体"的压力下,以强迫命令的形式,对原来浩特的人员、劳力、经营方式、水源、草场、生产设施等方面进行了强制性的"合并调整""一大二公"。特别是在"文化大革命"时期,集中十几户牧民经营各式各样生产,打乱了历来形成的生产结构、生活方式、风俗习惯,使浩特逐渐变成了人心不齐,相互推脱,平均分配的大集体下边的小集体"畜群组",严重挫伤了牧民的积极性,影响了畜牧业生产的发展。

实施"草畜双承包"责任制以来,浩特有了新的变化。以乌兰察布盟达茂旗新宝力格苏如塔拉巴嘎为实例,该巴嘎1985年3月实行了"草畜双承包

---

① 内蒙古党委政策研究室编:《内蒙古自治区农村牧区社会经济典型调查材料汇编》(上册),1985年,第256—257页。

② 内蒙古党委政策研究室编:《内蒙古自治区农村牧区社会经济典型调查材料汇编》(上册),1985年,第256—257页。

制"，广大牧民摆脱了种种束缚，能够按照自愿自主，相互协作的原则，重新组成浩特。具体根据水源、草牧场共组建了15个浩特。其中，第一片在扎拉哈木尔水源有2个浩特9户，第二片在巴嘎照哈水源有5个浩特73户，第三片在伊和照哈永源有2个浩特8户，第四片在格吉格水源有4个浩特18户，第五片在豪来乌苏水源有2个浩特5户。[1]

首先，从新型浩特的组成来看，有以下几种特点：

一是以亲属关系结成浩特。浩特内部以强劳力为主扶助老弱病残共同组成，以亲属为主。莎如塔拉巴嘎牧民如达木丁浩特，其成员5户19人全属亲属关系，其中男劳力只有4人，女劳力2人，其中有5人是55岁以上的老人。有大小畜1090头（只）（其中大畜275头），牛羊各一群，由有较强劳力的牧户轮牧。浩特1983年总收入达22734元，户均4546.8元，人均1196.5元，其中收入最高的牧户达7310元，收入最少的牧户只有2208元。

二是依据家庭人口、劳动力、生活水平、经营方式等条件基本相同的牧户，以换工互助的形式组成一个浩特。如莎如塔拉巴嘎牧户高特布浩特由5户组成，其中蒙古族4户18人，汉族1户7人，劳力11人。1985年有牲畜1389头（只），其中大畜322头，1983年总收入达21824元，户均4365元，人均872元，其中收入最高的牧户达16689元，收入最少的牧户只有2172元。由于浩特成员齐心合力互相协作，使生产经营活动有了明显的改善。

三是经营能力差、生活水平低的牧户依靠经验丰富、勤劳能干的老牧民组成浩特。如莎如塔拉巴嘎萨珠浩特4户中，蒙古族3户15人，汉族1户5人，劳力7名，其中女劳力5名。1985年浩特现有牲畜994头（只），其中大牲畜176头。老牧民萨珠放牛经验丰富，他自己专放牛群，其他3户轮放羊群。由于全浩特男女老少辛勤劳动，1983年全浩特总收入达14048元，户均3512元，人均702.40元，其中户收入最高达5102元，最低2237元。

四是单家独户自成浩特。如莎如塔拉巴嘎牧民巴杰尔5口人，2个劳力，利用原浩特水源、草场的条件，夫妻二人放牛羊各一群，其中牛76头，羊190只。1983年卖了不少牲畜，总收入达6382元，人均总收入1.76元。[2]

其次，从新型牧民浩特经营情况来看，浩特内部牧户间是同等的换工关系，不涉及收益分配。在发展畜科、数量和多种经营方面牧户有自主权，几个牧户以换工的形式经营各业，互帮互助，从事生产，对水源、草牧场有平等

① 哈日夫、宝音：《合作经济的胚胎——牧民浩特》，内蒙古党委政策研究室编：《内蒙古自治区农村牧区社会经济典型调查材料汇编》（上册），1985年，第49页。

② 哈日夫、宝音：《合作经济的胚胎——牧民浩特》，内蒙古党委政策研究室编：《内蒙古自治区农村牧区社会经济典型调查材料汇编》（上册），1985年，第49—50页。

的使用、保护、建设权;出售牲畜、畜产品,购买生产、生活资料,收入开支,均由各牧户自己做主。

再次,从牧民浩特生产经营形式来看,牧户在浩特经营畜牧业生产的过程中,各户之间,劳动力推行换工。其具体形式有:

(1)马群由几个浩特合并雇请专人放养,牧户按匹数交纳放犊费;

(2)每个浩特牛、羊各一群,逐户轮牧,或有劳力的代无劳力的替放;

(3)牛群由某一户专放,羊群由其他几户轮放;

(4)浩特集资购买的拖拉机和马车由浩特内指定专人经营,为浩特生产、生活服务,其牲畜由别户代放;

(5)搭棚、盖圈、打井、搞维修等基本建设,由全浩特集资备料,各户闲散劳力都参加;

(6)接羔、剪羊毛、驱虫、药浴、预防注射等工种,实行相互帮工,互相合作。[①]

最后,从新型牧民浩特互助合作形式的优点来看,主要表现在如下几点:

(1)以浩特形式承包草场,对于保护、利用和建设草牧场起积极作用;

(2)当时牧民尚未富起来,要搞棚圈、草库伦等建设缺乏资贷,因此以浩特集资搞草牧场建设,可以充分利用原有棚圈、草库伦等设施;

(3)能合理安排和使用劳力,为畜牧业生产服务或搞多种经营创造条件,也可以在抵抗灾害时发挥大家的力量;

(4)经过劳力、技术、资金的合作,有助于加快畜牧业生产专业化、商品化的发展。

从上述内蒙古牧区基层单位——苏木、嘎查、巴嘎与浩特的具体实例可知,实施"草畜双承包"责任制的作用与意义是重大的。它调动了广大牧民的积极性,不仅使畜牧业生产得到了发展,牧民收入和生活水平得到了提高,而且使草原牧场得到合理、科学的利用、保护与建设。

三、牧民收支情况浅析

在实施"草畜双承包"责任制之后,内蒙古牧区畜牧业生产和牧民收支情况与之前相比有了很大的变化。

首先,内蒙古牧区畜牧业生产有了迅速的发展。例如,1984年内蒙古牧区肉和羊毛产量分别比1978年增长了45.9%和89%,同时畜牧业商品率增长

[①] 哈日夫、宝音:《合作经济的胚胎——牧民浩特》,内蒙古党委政策研究室编:《内蒙古自治区农村牧区社会经济典型调查材料汇编》(上册),1985年,第51页。

了7%。①特别是牧民收入得到明显的提高。据调查数据显示,从8个牧区调查点情况来看,牧民人均收入1984年比1978年有显著增加:锡林郭勒盟阿巴嘎旗全旗人均收入达到700元,比1978年增加5.2倍;该旗宝格都乌拉苏木人均收入为925元,增加3.5倍;锡林高勒苏木人均收入259元,增加52%;斡日切希巴嘎人均收入838元,增加2.4倍;莎如塔拉巴嘎人均收入929元,增加3倍;达布希力图巴嘎人均收入475元,增加3.6倍;报乐浩晓巴嘎452.2元,增加5倍。同样,据牧区214户抽样调查:1984年户均纯收入3370元,人均收入646.79元,人均收入比1978年的219.9元增长近3倍。其中,人均收入高于500元的146户,占68.2%;人均收入在300—500元的42户,占19.6%;人均收入在300元以下的26户,占12.2%。②

其次,从牧民收支情况来看,据典型抽样调查可知,锡林郭勒盟阿巴嘎旗牧民人均收入700元。其中,宝格都乌拉苏本牧民人均收入925元,乌布林苏木牧民人均收入537.55元,锡林高勒苏木牧民人均收入259元,斡日切希巴嘎牧民人均收入838元,莎如塔拉巴嘎牧民人均收入925元,达布希力图巴嘎牧民人均收入475元,报乐浩晓巴嘎牧民人均收入452元。③

据内蒙古牧区214户抽样调查显示,1984年人均收入646.79元。其中,锡林郭勒盟阿巴嘎旗宝格都乌拉苏木莎如塔拉巴嘎人均收入最高,人均收入、户均收入比1977年增长近3倍,人均收入高于全旗平均人均收入200元。该巴嘎50户,按户总收入,最高为13506元,最低为641元。分上、中、下等抽样,上等的5000—10000元,有25户,抽3户;中等的3000—5000元,13户,抽4户;下等的3000元以下的有12户,抽3户,共计抽10户,共48口人(蒙古族8户,汉族2户)。这10户1984年总收入54349元,人均收入1132元(详见表4—3)。

---

① 周惠:《谈谈固定草原使用权的意义》,《红旗》1984年第10期,第9页。

② 内蒙古党委政策研究室:《内蒙古自治区农村牧区社会经济典型调查综合报告》,内蒙古党委政策研究室编:《内蒙古自治区农村牧区社会经济典型调查材料汇编》(上册),第12页。

③ 内蒙古党委政策研究室编:《内蒙古自治区农村牧区社会经济典型调查材料汇编》(上册),1985年,第54页。

表4—3 1984年莎如塔拉巴嘎10户抽样收支一览表

收支单位:元

户名	人口	总收入	人均收入	总支出	生活费	生产支出	净收入	人均收入
浩日勒	3	13506	4322	4638	4100	265	8868	2356
达格玛	7	11990	1381	9576	5194	1390	932	133.14
苏米雅	5	8095	1466	8712	2448	285	-617	-123.40
巴图巴雅尔	4	4773	1093	5231	2525	900	-458	-114.50
牧尼	4	3912	902	2717	2413	150	1195	298.75
宋军	5	3644	613	2697	2117	290	947	189.4
霍玉民	7	3215	341	2810	1883	427	405	57.85
安德玛	4	2410	507	2370	1986	162	40	10
诺日布桑布	4	1804	380	4051	3748	108	-303	-75.75
杨吉	5	1000	138	1488	1180	89	-180	-36
总计	48	54349	1114.3	44290	27594	4066	12387	507.52

资料来源:内蒙古党委政策研究室编:《内蒙古自治区农村牧区社会经济典型调查材料汇编》(上册),1985年,第55页。

从抽查10户的1984年的支出情况看,在支出中生活消费支出为27594元,占总收入的50.77%,为总支出的81.49%。其主要是购置皮衣、袍子、马靴、马鞍、蒙古包配件、粮食、砖茶、酒烟,支付中小学生住校费用以及购买绸缎金银首饰等。从这一生活支出来看,似乎是高消费,但是这些生活开支却是维持正常生产、生活所必需的。其原因有:

(1)牧民除了肉食、皮毛(还需要别人加工)自给以外,其他所有生活用品都需花钱购买,如粮食、布料、砖茶、蔬菜、日用品、马靴、烟酒等,同农区相比较,自给率较低;

(2)牧区都处于高寒地区,防寒用品比农区多,一个牧民一年需要单棉夹、皮袍各一件,马靴两双,其价值200元以上;

(3)在消费品支出中,除维持基本生活外,有相当部分同生产相混同,如马靴、皮衣、蒙古包等,既是生活消费也是生产消费品;

(4)一顶五个哈那的蒙古包,其价格2000元,而且每年维修,需要更换五块大毡,需200—300元;

(5)牧民用的生产生活必需品大幅度提价[1](提价情况,详见表4—4)。

---

[1] 内蒙古党委政策研究室编:《内蒙古自治区农村牧区社会经济典型调查材料汇编》(上册),1985年,第56—57页。

表4—4　1978—1984年牧民生活必需品的价格变化

品名	单位	1978年	1984年	增长幅度(%)
砖茶	块	3.15	4.8	52.04
蒙古包哈那	块	15	23.16	54.4
蒙古包门	个	34	80	153.3
蒙古包陶那	个	23	40	73.9
蒙古包乌尼	副	0.92	2.09	127.2
蒙古包过道板	根	18	36	100
蒙古包毡子	块	27	55	103.7
马靴	双	26	52	100
酸奶桶	个	20	40	100
双层马鞯	副	50	150	200
单层马鞯	副	23	120	421.7

资料来源：内蒙古党委政策研究室编：《内蒙古自治区农村牧区社会经济典型调查材料汇编》（上册），1985年，第56页。

从表4—4中可见，1978年以来，几种主要的牧民生产、生活必需商品的提价幅度为52.4%—421.7%，而同期畜产品价议以后，提价幅度为50%—100%。而且这个价格随着各地畜牧业生产的发展，有升有降。

调查的10户牧民人均收入虽高，但扣除各种费用后其净收入人均仅56.83元，可以说在保持生产及维持生活后，刚刚开始有点积累。如果再搞一些草原基本建设还必须经过多年积累才能办成。例如，巴嘎支书苏米雅围了1000亩网围栏，自己出了5500元，集体出了350元，因而一年不仅没有收入，还出现赤字617元。[①]其原因之一是有些费用不合理，负担过重。例如，大牲畜改良费用，冷配每头牛收费5元，产犊后加收7元；牧民在家门口出售牲畜，工商管理局还收管理费；其他还有巴嘎干部补贴、民兵训练补贴、摔跤运动员训练补贴、草场管理费用等。这些不合理负担，户均超过100元。[②]

另一方面，内蒙古牧区畜牧业生产，受自然灾害的影响大，每当受受灾，牲畜头数大幅度下降。例如，1977年，锡林郭勒盟牧区因春冬两季发生大雪灾，牲畜损失三分之一。其中，阿巴嘎旗宝格都乌拉苏木莎如塔拉巴嘎，牲

[①]　内蒙古党委政策研究室编：《内蒙古自治区农村牧区社会经济典型调查材料汇编》（上册），1985年，第57页。

[②]　内蒙古党委政策研究室编：《内蒙古自治区农村牧区社会经济典型调查材料汇编》（上册），1985年，第57页。

畜由25459头（只）减少到837头（只），到1983年牲畜头数才恢复到原来的头（只）数。[①]可见内蒙古牧区草原畜牧业的脆弱性，一旦遭毁灭性的灾害，至少需5年才能恢复。因为牧业遭灾不是损失草，而是损失要多年生长繁育的牲畜，牲畜不像农业有种籽即可繁殖，而需要有适龄母畜，其恢复所需费用和周期都远远高于农业。

综上所述：第一，从货币值来看，牧民收入是有较大增长，特别是1984年牲畜议价出售收入增加幅度较大，但不稳定；第二，从牧业生产特点来看，牧民的生产费用高，特别是有些费用同生活消费相混，掩盖了生产费用不高的假象；第三，从生活消费品看，牧民生活必需品大幅度提价，造成虚假的高消费；第四，从经营管理看，内蒙古牧区责任制起步比农区晚，牲畜作价归户，草场承包从1983年开始试点，1984年才全面推广。由于牧民十几年吃"大锅饭"，有些牧民习惯于在别人的支配下进行生产劳动，对于单独经营管理，尚未适应；第五，从进一步提高草场产值、经济效益，进行草原建设看，需要大量投资，耗费大量收入，在草场基本饱和的地区，牧民从事其他产业才能增加收入。

1985年，内蒙古牧区有一部分富裕户，但只是少数；大部分牧户仅仅脱离了贫困状态，走向富裕道路；还有一部分，由于遭受自然灾害等原因，不仅没有富起来，而且成为扶贫对象。例如，阿拉善盟阿拉善左旗445户牧户中，长期贫困户有66个，占总户数的19.1%；呼伦贝尔盟新巴尔虎左旗贫困户有711户，占总户数2341户的29.9%，甚至没有一头（只）牲畜的牧户有79户。[②]

四、实施"草畜双承包"责任制意义

"草畜双承包"责任制，把人、畜、草和责、权、利结合起来，它把畜牧业的第一性生产和第二性生产统一起来，对滥垦、滥占、滥砍、滥搂、滥挖草原的各种破坏活动，进行了有利的干预，保护了草原资源，从根本上解决了长期以来草原吃"大锅饭"的问题，第一次把畜牧业的经营自主权完全交给了牧民。同时，它更适合于牧区生产力发展水平，更有利于按自然规律和经济规律办事，更能充分调动牧区群众的积极性，从而也更有利于牧区畜牧业生产的迅速发展，其意义重大：

---

① 内蒙古党委政策研究室编：《内蒙古自治区农村牧区社会经济典型调查材料汇编》（上册），1985年，第57页。

② 内蒙古党委政策研究室编：《内蒙古自治区农村牧区社会经济典型调查材料汇编》（上册），1985年，第59页。

第一，"草畜双承包"责任制的实施，解除了广大干部牧民的后顾之忧，使其大胆发展畜牧业生产。"草畜双承包"责任制实施之前的几年间，牧区实行了"联产承包"责任制，承包合同一般3至5年，合同期满后怎么办，干部牧民都不清楚；加之多年的"左"的政策的影响，在生产中，瞻前顾后，疑虑重重，胆子不大，步子不快，顾眼前利益多，想长远发展少，生产盲目性很大。牲畜作价归户后，牧民放心了，生产积极性空前高涨，牲畜发展很快。1985年，一些归户自养较早的地区，如锡林郭勒盟阿巴嘎旗、兴安盟科右中旗等地区有的牧户成为拥有1000只羊、100头牛的富户。

第二，"草畜双承包"责任制的实施，解决了集体畜和自留畜的矛盾，促进了饲养管理的改善。"联产承包"时，一户牧民家里，既有承包畜，又有自留畜，"公私合牧"，牧民在管理上往往有"亲"有"疏"；"仔畜分成"时，也很难兑现，往往是自己留好的、壮的，给集体次的、弱的。其结果，形成私有牲畜发展快，集体牲畜增长慢，管理混乱的局面。"作价归户"后，由于经营管理和经济效益、成果都是自己的，从而在根本上消除了好坏差别的弊病，有利于改善经营管理水平，提高畜牧业发展水平。例如，伊克昭盟鄂托克旗报乐浩晓巴嘎1984年仔畜成活率达到90%以上，成幼畜死亡率下降到1%左右。

第三，有利于草原建设。牲畜和草原是构成畜牧业生产的两大物质基础和生产资料，草原是发展畜牧业的基础。"草畜双承包"责任制实施之前，牧区搞牲畜承包，只是解决了养畜吃"大锅饭"的问题，牲畜吃草原"大锅饭"的问题一直没有触及，致使牲畜发展和草原退化产生矛盾，实行"牲畜到户，草原承包"就从根本上解决了这一问题。因为"草畜双承包"责任制推行后，牧民不仅是牲畜的主人，而且也是草原的主人；他们既有经营牲畜的主动权，又有管理、利用、保护和建设草原的主动权。①

第四，有利于专业化、商品化生产的发展。牲畜归户后，牧民不仅有生产的主动权，而且也有处理牲畜的主动权，他们可以根据自己的生产能力、条件、经济效益决定养畜的种类和数量，决定自己牲畜发展的方向，而且还可以决定兼营他业——如种树种草、良种繁畜、畜疫防治、草料加工、运输等生产的种类、规模，这就为畜牧业的专业化、商品化生产开辟了道路。例如，锡林郭勒盟阿巴嘎旗1984年就涌现了208户养畜专业户，占总牧户的5%。这些专业户的出现，带头致富，带头发展商品生产，带头调整产业结构，改进

---

① 例如，伊克昭盟实行"草畜双承包"责任制后，牧民家家围建家庭草库伦，仅1984年全盟围建家庭草库伦就300多万亩，使全盟55%的畜群有了家庭草库伦，从根本上扭转了过去沙进人退的局面[内蒙古党委政策研究室编：《内蒙古自治区农村牧区社会经济典型调查材料汇编》（上册），1985年，第30页]。

生产技术,对畜牧业生产实现两个转化起了很好的作用。①"草畜双承包"责任制极大地调动了广大农牧民的生产积极性,自给、半自给的小农经济正在被突破,商品生产出现新势头。牧民的"吃七卖八"经营习惯得到改变,牲畜出栏率和商品率都有明显提高。例如,锡林郭勒盟阿巴嘎旗1984年牲畜总增325000头(只),出栏率达到35.40%,商品率达到26.80%;乌兰察布盟达茂联合旗达布希力图巴嘎,1984年牲畜总头数达到13000头(只),出栏率达到25%,商品率达到13%。牧区专业户、重点户也开始涌现,畜群结构从"小而全"到逐步专业化养畜。例如,锡林郭勒盟阿巴嘎旗1984年已有牧业专业户208户,占总牧户数的5%。②

第五,牧民收入增加,牧民生活水平提高了。随着生产的发展,牧民收入大幅度提高。从8个典型调查点情况来看,1984年牧民人均收入比1978年明显增加:锡林郭勒盟阿巴嘎旗全旗人均收入达700元,增加5.2倍;锡林郭勒盟阿巴嘎旗宝格都乌拉苏木人均收入925元,增加了3.5倍;兴安盟科右前旗勿布林苏木人均收入537.55元,增加了2.8倍;阿拉善盟阿拉善左旗锡林高勒苏木人均收入259元,增加了52%;呼伦贝尔盟鄂温克族自治旗辉苏木斡日切希嘎查人均收入838元,增加2.4倍;锡林郭勒盟阿巴嘎旗莎如塔拉巴嘎人均收入929元,增加3倍;乌兰察布盟达茂联合旗都荣敖包苏木达布希力图嘎查人均收入475元,增加3.6倍;伊克昭盟鄂托克旗报乐浩晓巴嘎人均收入452.2元,增加5倍。③

随着收入的增加,牧民的物质文化生活水平有了很大的提高。许多牧民住上了砖木结构的新房,牧民有了电视机、风力发电机、摩托车等。例如,锡林郭勒盟阿巴嘎旗宝格都乌拉苏木有320户牧民安上了风力发电机,占牧户总数的85%;呼伦贝尔盟鄂温克族自治旗辉苏木斡日切希嘎查有36牧民拥有摩托车5辆,缝纫机24台,收音机19台,手表68块,收音机30台;伊

① 内蒙古党委政策研究室编:《内蒙古自治区农村牧区社会经济典型调查材料汇编》(上册),1985年,第28—30页。
② 内蒙古党委政策研究室:《内蒙古自治区农村牧区社会经济典型调查综合报告》,内蒙古党委政策研究室编:《内蒙古自治区农村牧区社会经济典型调查材料汇编》(上册),1985年,第10—11页。
③ 内蒙古党委政策研究室:《内蒙古自治区农村牧区社会经济典型调查综合报告》,内蒙古党委政策研究室编:《内蒙古自治区农村牧区社会经济典型调查材料汇编》(上册),1985年,第11—12页。

克昭盟杭锦旗出现了"电视村"(即全村牧民全部按上了电视)。[①]

五、"草畜双承包"责任制的完善

如前所述,1983年,随着农村牧区经济体制改革的浪潮,一种新的经营管理形式:"牲畜作价归户和草原分片承包"的"草畜双承包"责任制在内蒙古牧区广泛推行,这一变革是内蒙古牧区经济发展史上的一次质的飞跃。"草畜双承包"责任制一方面固然极大地发挥了把"发展牲畜和建设草原"有机地结合起来的优越性,调动了广大牧民的生产积极性;另一方面作为经济体制改革,还处于起步阶段,一些问题尚需进一步完善和解决。

(一)内蒙古全区牧区实施"草畜双承包"责任制中存在的问题

据1984年内蒙古党委政策研究室调查,从内蒙古全区牧区实施"草畜双承包"情况来看,存在着畜草矛盾、畜群管理、草场承包、牲畜疫病、社会化服务、交通与能源、文化教育卫生事业等方面的问题。

1.内蒙古牧区畜草矛盾问题

长期以来由于片面追求牲畜头数,自由放牧,忽视草业生产,致使畜草矛盾日趋尖锐。主要表现在草原沙化、退化严重,生产力严重下降;牲畜饲草储备不足,利用不好;草原建设速度慢。全区牲畜头数增长3倍多,不但每头牲畜占有草场面积锐减,而且由于超载过牧,利用过度,草场再生能力显著下降。

例如,1984年乌兰察布盟达茂联合旗都荣敖包苏木达布希力图巴嘎有草场面积350平方公里,其中沙化、退化面积达40%,草场生产能力每亩产草仅有33斤,是10年前的2/3,是20年前的1/2。全巴嘎围建草库伦不足2平方公里,占总草场面积的0.6%。[②]

例如,锡林郭勒盟阿巴嘎旗宝格都乌拉苏木,全苏木2550平方公里的草原中,沙化、退化面积达40%—60%。1984年全苏木打储草仅有1460000斤,每头(只)牲畜储草27斤。储草不多,浪费严重,"打草场上烂一批,运输路上运一批,牲畜圈里踩一批",且加工不好,粗饲整喂,利用率很低。这样一方面形成牲畜没草吃,另一方面又有相当数量的饲草牲畜吃不上的局

① 内蒙古党委政策研究室:《内蒙古自治区农村牧区社会经济典型调查综合报告》,内蒙古党委政策研究室编:《内蒙古自治区农村牧区社会经济典型调查材料汇编》(上册),1985年,第12页。

② 内蒙古党委政策研究室:《内蒙古自治区农村牧区社会经济典型调查综合报告》,内蒙古党委政策研究室编:《内蒙古自治区农村牧区社会经济典型调查材料汇编》(上册),1985年,第13—14页。

面,导致牲畜抗灾能力弱,每逢灾害,大批死亡。至1985年,虽然建设了44000亩的草库伦,但因数量少,只能解决封育,难于大面积、大幅度地提高产草量。①

再如,锡林郭勒盟阿巴嘎旗莎如塔拉巴嘎草牧场退化严重。由于盲目追求牲畜数量,忽视合理利用和保护建设草场,加之连年干旱,风蚀与鼠害侵袭,长期超载过牧,水井布局不合理,牧草高度越来越低,密度越来越稀,优良草种减少,全巴嘎约40%草场面积系潜在沙化区。②

其结果,每遇灾害,牲畜大批死亡。例如,乌兰察布盟达茂联合旗都荣敖包苏木达布希力图巴嘎,历史最高年份1973年各类牲畜头数达到24812头(只),1977年一场特大雪灾,牲畜总头数降到9056头(只),损失近2/3。③例如,呼伦贝尔盟鄂温克族自治旗辉苏木斡日切希嘎查,1983年冬至翌年春的大雪灾,牲畜总数从7509头(只)减为3871头(只),损失近50%。④

再如,呼伦贝尔盟鄂温克族自治旗辉苏木斡日切希嘎查基础畜存栏数连续三年减少。1984年6月末,全嘎查有牲畜3871头(只),比上年同期减少4750头(只),减少55.1%。到1984年末全嘎查存栏牲畜仅有2454头(只)。1978年6月末全嘎查各类牲畜达到11766头(只),1984年比1978年减少67.1%。牲畜头数减少的主要原因是遭受了历史上罕见的风雪灾害。即在1982年5月11和1983年5月15日遭受了特大风雪灾害,由于正值春季接羔旺季,风雪灾害的突然袭击,使牲畜造成了很大损失;1983年11月至1984年4月,又遭了特大白灾,在长达150多天的冬春白灾期积雪厚达二尺以上,加上饲草贮备不充足,造成了牲畜大量死亡,全嘎查共损失牲畜3638头

① 内蒙古党委政策研究室:《内蒙古自治区农村牧区社会经济典型调查综合报告》,内蒙古党委政策研究室编:《内蒙古自治区农村牧区社会经济典型调查材料汇编》(上册),1985年,第13—14页;中共锡林郭勒盟委员会调研室、中共阿巴嘎旗委员会调研室:《宝格都乌拉苏木社会经济调查综合报告》,内蒙古党委政策研究室编:《内蒙古自治区农村牧区社会经济典型调查材料汇编》(上册),1985年,第135页。

② 中共锡林郭勒盟委员会调研室、中共阿巴嘎旗委员会调研室:《莎如塔拉巴嘎畜牧业经济情况的调查》,内蒙古党委政策研究室编:《内蒙古自治区农村牧区社会经济典型调查材料汇编》(上册),1985年,第229页。

③ 内蒙古党委政策研究室:《内蒙古自治区农村牧区社会经济典型调查综合报告》,内蒙古党委政策研究室编:《内蒙古自治区农村牧区社会经济典型调查材料汇编》(上册),1985年,第14页。

④ 内蒙古党委政策研究室:《内蒙古自治区农村牧区社会经济典型调查综合报告》,内蒙古党委政策研究室编:《内蒙古自治区农村牧区社会经济典型调查材料汇编》(上册),1985年,第13—14页。

（只），占牲畜总头数的42.2%。①

还有一些地区存在认识上的片面性，对"草原划片承包"还未认真落实。主要表现在：一是对边界争议多的地方认为没法划，怕引起矛盾；二是水源草场少的地方不好划，怕麻烦；三是草原面积大的地方认为不需要划。②因这些认识，草原承包不落实，没有群众性的草原保护与建设，也是引起畜草矛盾的一个原因。

2. 畜群管理混乱问题

实施"草畜双承包"中的牲畜作价归户时，一些地区尽管根据牧民的经营能力、草原特点，对归户的畜群作了某些调整，但多数地区仍还是按照牧民家庭人口、劳力按比例分畜到户，形成各户牲畜数量不多、品种齐全的局面，小而全，马牛羊齐养，公母畜、土良种共牧，给牧民饲养管理带来很大困难。主要表现在以下几点：

其一，原先单群管理的种公畜随群分散放牧，特别是种公羊，结果形成土良种回交乱配，过早产仔，有的甚至四季产羔的局面，严重影响了畜种的改良工作。例如，巴彦淖尔盟乌拉特中旗巴音哈太苏木，从1958年以来搞绵羊改良，经过20多年的辛勤培育、改良畜已占到绵羊头数的93.6%。由于这样混群放牧，改良牲畜头数减少退化。

其二，畜群小而多，占用劳力过多，饲养管理不便。以阿拉善盟阿左旗锡林高勒苏木为例，1984年有牲畜29917头（只）按劳力承担能力计算，全苏木只需100个群，有200个劳力即可；实行分户自营后，全苏木户户有畜群，甚至一户有两种或几种畜群，1985年全苏木有320个畜群，增加50%多，畜群最大的200头（只），最小的仅40—50头（只），放牧占用劳力300多人，劳力有效利用率仅有75%。而且由于畜群分散，不利于草原利用。③

其三，母畜减少，牲畜头数下降。发展畜牧业生产是在稳定增长的前提下，提高总增，加快出栏，增加商品率。广大牧民为了扩大再生产，购买草原建设基础设施而多出售一些牲畜，或在草原超载过牧的情况下，为了减轻草

① 中共呼伦贝尔盟委员会政研室、中共鄂温克族自治旗旗委员会联合调查组：《斡日切希嘎查社会经济综合调查报告》，内蒙古党委政策研究室编：《内蒙古自治区农村牧区社会经济典型调查材料汇编》（上册），1985年，第215页。

② 内蒙古党委政策研究室：《内蒙古自治区农村牧区社会经济典型调查综合报告》，内蒙古党委政策研究室编：《内蒙古自治区农村牧区社会经济典型调查材料汇编》（上册），1985年，第14页。

③ 内蒙古党委政策研究室编：《内蒙古自治区农村牧区社会经济典型调查材料汇编》（上册），1985年，第31页。

场压力而多处理一些老弱畜,这些都是发展商品生产所必需的。但是"草畜双承包"责任制实施后在部分地区(如呼伦贝尔盟、哲里木盟、赤峰等地)牲畜头数都出现了明显的下降趋势。[①]

造成牲畜下降的原因:①因为这些地区遭受自然灾害,如呼伦贝尔盟的白灾,鄂温克族自治旗1984年冬长达150天地面覆盖积雪二尺以上,造成牲畜大批死亡。②出栏增多,一些地区因牲畜作价归户私有,畜价抬高,牧民抢市卖畜,甚至把适龄母畜也卖掉,如呼伦贝尔盟出栏1985年比1984年增多172000头(只)。③因母畜减少,产仔率下降,如呼伦贝尔盟1985年母畜比1984年减少309000头(只),哲里木盟1985年母畜比1984年减少133000头(只),赤峰昭乌达盟1985年母畜比1984年减少240000头(只),此外因母畜下降,公母比例失调,影响配种和产仔。④社会化服务跟不上,管理不好,畜疫、出售均无人过问。⑤行政干预减少,宏观控制减弱,牧区实行"草畜双承包"责任制后,基本上以家庭经营为主。[②]

3.牲畜疫病蔓延问题

牲畜作价归户后,由于牲畜疫病防治费用由牧民自己负担,而牧民一般多有侥幸心里,不到万不得已,对畜疫往往不能及时医治;加之原巴嘎的兽医也放下药包,经营牧业,承包了畜群和草片;特别是在牧业推行双承包后,原先的兽医防治体系不能适应改革变化了的新形势,致使最近以来一些牲畜疫病又有发生和蔓延。例如,阿巴嘎旗境内过去已经控制和消灭了的布病,炭疽、气肿疽等疾病重新出现,羊疥癣病又普遍蔓延。再如,乌拉特中旗边境一些苏木,春羔羊多数死于痢疾、羊疥癣病,病毒性的脑炎、狂犬病也有抬头。[③]这些都对畜牧业生产的发展带来了巨大的威胁。

4.承包草场不落实问题

在划分草场承包边界时,一般地区只划到浩特(聚居点),而且也只是按原来浩特的习惯、利用范围做了大概的划分,尚未做到承包,更未到户。由于牲畜较多的户和专业户牲畜发展较快,这样就形成多数牧户同牲畜多的户在草场利用上的矛盾。例如,阿巴嘎旗莎如塔拉巴嘎56户牧民中,有7户与本浩特或邻近浩特牧户发生争执。再如,乌拉特中旗巴音哈太苏木,

---

① 内蒙古党委政策研究室编:《内蒙古自治区农村牧区社会经济典型调查材料汇编》(上册),1985年,第31页。
② 内蒙古党委政策研究室编:《内蒙古自治区农村牧区社会经济典型调查材料汇编》(上册),1985年,第30—32页。
③ 内蒙古党委政策研究室编:《内蒙古自治区农村牧区社会经济典型调查材料汇编》(上册),1985年,第32页。

有个浩特的牧民因草场界限不清而发生殴斗,造成一人死亡,多人受伤的严重事故。①

牲畜是活动的动物,在游牧的情况下,哪里有草就到哪里吃,对它来说没有什么界限,如果承包草场界限不清,就很容易发生矛盾。此外,划片承包草原,只对牧民做了划分,对苏木和旗直各单位、苏木企事业有畜单位并未划分草场,而这些单位的牲畜因没有草场,只好四处游牧,必然要与牧民发生矛盾。例如,巴彦淖尔盟乌拉特中旗川井苏木所在地,部队养羊2000多只,派出所养羊700多只,苏木机关和煤矿都有羊群,共4000多只羊,而且还在发展。②这就不仅造成一些单位、企业同牧民在草场利用上的矛盾,而且因单位、企业的畜群的乱牧、乱食、乱采,严重破坏了草场植被。

5. 交通闭塞、能源匮乏

内蒙古牧区自治区地广人稀,交通不便,主要依靠公路运输,但公路密度很低,1985年仅为全国平均水平的1/3,而且绝大部分分布在农区和集镇,牧区只有一些自然路,交通运输十分困难。例如,呼伦贝尔盟鄂温克族自治旗辉苏木斡日切希嘎查到苏木往返60公里,到旗所在地往返410公里,无公路,每遇雨雪,自然路无法通行,救灾物资进不去,畜牧产品运不出去。③再如,以锡林郭勒盟阿巴嘎旗为例,1984年仅有在旗所在地修建的1公里黑色路面,其他全是草原公路,不仅破坏草场严重,已压坏草场100000多亩,而且路况不佳,车辆损坏率高,耗油量大,运输成本高。④

能源问题也很突出。1985年内蒙古牧区90%以上的牧户没有电,50%牧区旗为无电旗,风力发电牧区仅有2%—3%。214户牧民抽样调查结果显示,用电户60户,占28%,其中应用风力发电牧户56户,占26%。⑤

① 内蒙古党委政策研究室编:《内蒙古自治区农村牧区社会经济典型调查材料汇编》(上册),1985年,第33页。
② 内蒙古党委政策研究室编:《内蒙古自治区农村牧区社会经济典型调查材料汇编》(上册),1985年,第33页。
③ 内蒙古党委政策研究室:《内蒙古自治区农村牧区社会经济典型调查综合报告》,内蒙古党委政策研究室编:《内蒙古自治区农村牧区社会经济典型调查材料汇编》(上册),1985年,第16页。
④ 中共锡林郭勒盟委员会调研室、中共阿巴嘎旗委员会调研室:《宝格都乌拉苏木社会经济调查综合报告》,内蒙古党委政策研究室:《阿巴嘎旗社会经济调查综合报告》,内蒙古党委政策研究室编:《内蒙古自治区农村牧区社会经济典型调查材料汇编》(上册),1985年,第67页。
⑤ 内蒙古党委政策研究室:《内蒙古自治区农村牧区社会经济典型调查综合报告》,内蒙古党委政策研究室编:《内蒙古自治区农村牧区社会经济典型调查材料汇编》(上册),1985年,第16页。

6.牧区社会化服务问题

内蒙古牧区实行责任制后,生产单位由生产队变为家庭,生产单位数量猛增几十倍以至几百倍;尤其伴随着牧区产业结构的调整,生产部门的增多,生产领域的扩大,牧业生产越来越依赖于市场。这就要求准确及时,灵活多样,内容丰富的社会化的服务。但是在这方面却存在很多问题。

首先,牧区为牧业生产服务的机构、组织、人员太少。一方面多数苏木、巴嘎干部还是过去人民公社化时期老一批干部,还不适应商品生产发展的需要;另一方面,过去牧区建立起来的牧业技术推广、牧机修配以及畜牧、草原、兽医、配种、药浴等一套技术服务组织和设施,由于种种原因,日渐减少,而新的群众性的各种经济联合实体又未及时组织起来。结果就形成了牧业机械坏了没人修,一些基础设施无人管理,一些畜产品缺少加工和流通,一些已经控制了的畜疫又有蔓延的局面,畜群自由交配、近亲繁殖、品种混杂的现象时有发生。例如,锡林郭勒盟阿巴嘎旗多数巴嘎的兽医人员放下药包经营自家牲畜,旗、苏木畜牧兽医工作站国家畜牧兽医技术人员到生产第一线的较过去少了,畜病防治和牲畜配种改良工作有所放松,已经控制和消灭了的布病、炭疽、气肿疽等传染病已有零星复发,疥癣有所蔓延,改良种牲畜回交退化比较普遍。牧业机具维修和零配件供应不够及时,风力发电机坏了无人修理,零配件也缺乏。建草库伦的网围栏没有专门组织进货供应的单位,只好由牧民群众亲自到千里之外的呼市、包头等地联系购运。轻便车、鞍具和蒙古包等也存在供不应求和货不对路的问题,这些问题都在不同程度的影响着畜牧业生产的发展。以该旗宝格都乌拉苏木为实例,在公社改苏木后,党政分开了,却没有相应的经济组,缺少内外经济联系,牧业巴嘎又都取消了对原有畜牧、兽医人员的补贴,他们都离职回家养畜,结果不少牧户的改良羊连续两年回交退化;牧民围建草库伦的网围栏没有专门组织进货供应单位,经常需要牧民自己跑到千里之外的呼和浩特市、包头联系购运。①

其次,信息不灵,生产盲目,形成齐上齐下的生产局面。牧区由于服务网点太少,许多牧民商品信息不灵,不了解畜产品价格,低价出售畜产品。达布力图巴嘎牧民都格尔今年以60元1张牛皮卖给上门收购的小商贩,较商业部门收购价低25元。同时,直接为牧民生产、生活服务的产品普遍涨

---

① 内蒙古党委政策研究室:《内蒙古自治区农村牧区社会经济典型调查综合报告》,内蒙古党委政策研究室编:《内蒙古自治区农村牧区社会经济典型调查材料汇编》(上册),1985年,第15页。

价,并且远高于畜产品的提价幅度。①

7.文化、教育事业落后问题

据内蒙古党委政策研究室调查,1984年内蒙古全区299个牧区苏木中,仅有2%建立了文化站,电视覆盖率仅有28%。广大农村牧区教育状况也极为落后,小学教育普遍存在学校少、校舍缺、师资差、质量低、适龄儿童入学率低,出现新一代文盲。②例如,乌兰察布盟达茂联合旗都荣敖包苏木达布希力图巴嘎,1972年民办公助建立小学2所,1982年被撤销,全巴嘎儿童入学改到苏木小学就读。目前全苏木仅有一所全日制小学,牧民子弟入学路远困难。该巴嘎适龄儿童106人,入学仅有87人,入学率82%,16岁以上的264人中,有102人是文盲,有18人是新文盲;且牧民子女上学生活费、学杂费一年最少200元,负担较重。再如,伊克昭盟报乐浩晓巴嘎适龄儿童29人,入学率仅为72%,全巴嘎有50%是文盲。③

牧区医疗卫生条件差,缺医少药。例如,1984年,阿巴嘎旗莎如塔拉巴嘎既没有医疗所,又没有大夫,牧民看病只能到10公里以外的苏木卫生院;而苏木医院条件十分简陋,没有床位和交通工具。④

(二)内蒙古党委和政府治理问题的方针政策和措施

针对上述"草畜双承包"责任制实施、落实中出现的问题,内蒙古党委和政府,依据内蒙古牧区和畜牧业经济的实际情况,采取了如下一系列的治理措施。

首先,内蒙古党委、人民政府为了巩固和发展以"草畜双承包"为主要内容的畜牧业改革成果,促进牧区商品生产发展,加快牧区各项建设,1985年9月26日发布实施《关于加速发展畜牧业若干问题的决定》,特作13条规定,主要内容有:

---

① 内蒙古党委政策研究室:《内蒙古自治区农村牧区社会经济典型调查综合报告》,内蒙古党委政策研究室编:《内蒙古自治区农村牧区社会经济典型调查材料汇编》(上册),1985年,第15—16页。

② 内蒙古党委政策研究室:《内蒙古自治区农村牧区社会经济典型调查综合报告》,内蒙古党委政策研究室编:《内蒙古自治区农村牧区社会经济典型调查材料汇编》(上册),1985年,第17页。

③ 内蒙古党委政策研究室:《内蒙古自治区农村牧区社会经济典型调查综合报告》,内蒙古党委政策研究室编:《内蒙古自治区农村牧区社会经济典型调查材料汇编》(上册),1985年,第17页。

④ 内蒙古党委政策研究室:《内蒙古自治区农村牧区社会经济典型调查综合报告》,内蒙古党委政策研究室编:《内蒙古自治区农村牧区社会经济典型调查材料汇编》(上册),1985年,第17页。

（1）草场承包要因地制宜,对于那些离浩特过远、面积过大,无水及沙化严重,一时难以划分的草场,也应把使用权划分到苏木、嘎查。在划分使用权中,涉及边界纠纷,要按管理权限,由当地政府负责解决。地区间纠纷通过协商解决不了的,报上级政府裁决。已经确定的牲畜归户、私有私养以及其他各种形式牲畜承包责任制,要相对稳定,长期不变。(第1条)

（2）加强草原的管理和当前牧区产业结构调整的重点是加强草业。这是使畜牧业生产持续稳定发展的基础。对天然草牧场要进行科学的全面规划,合理利用。草原建设要坚持因地制宜,以小为主,以自力更生为主,讲究实效的方针,积极组织和扶持群众搞好畜群草库伦建设,要在二三年内,做到每个畜群或牧户都有一处或几处草库伦。认真贯彻《草原法》和自治区《草原管理条例》,禁止开荒,保护牧场。除在草库伦内和过去多年形成的饲料地外,一律不准开荒种地。对已经开垦的要限期还牧。对未经批准,到牧区搂发菜、挖药材的,要坚决禁止,对违者按《条例》的有关规定严肃处理。(第2条)

（3）大力保护和发展基础母畜。母畜是畜牧业基本生产资料之一。任何单位和个人,未经苏木政府核查、批准,不许宰杀适龄母畜。承包草牧场的牧民必须饲养一定数量的适龄母畜。对于饲养母畜比例高、繁殖成活率高的农牧民,各地要自定办法,进行奖励。凡向区外出售能繁殖的母畜或后备母牛、母羊,必须经旗县人民政府批准,凡未经批准而向区外出售的,由工商部门征收20%的管理费。(第6条)

（4）搞好畜禽品种改良和疫病防治工作。各级家畜改良站、兽医站都要坚持改革,加强自身的建设,端正业务指导思想,积极开展技术承包、技术咨询、技术服务活动。对技术人员的咨询服务报酬,由旗县自定试行。要继续坚持家畜改良,不断巩固扩大家畜改良和人工授精等技术成果。加强对优良种畜的管理,积极办好各级良种畜禽繁育场,逐步建立适应畜牧业大发展的良种繁育体系,旗、县、乡、苏木家畜改良、兽医站可以经营优良种公畜,向农牧民推广,既可以出租,也可以包给配种专业户经营。认真贯彻执行国务院《家畜家禽防疫条例》,做好牲畜疫病防治工作,加强牲畜及公共产品的出入境检疫,积极推广各种疫病防治责任制,特别是牲畜防治保险的办法,对拒绝防治或不经检疫,擅自引进畜禽和购入畜产品而导致传染性疾病流行的,要追究经济直至法律责任。(第7条)

（5）发展牧区文教、卫生、科技事业。各有关部门要继续帮助牧区发展文教、卫生、科技等事业。重视牧区各类技术人才的培训和提高,要鼓励各种科技人员、教师、医生等到牧区服务和工作。做到生活上照顾,不断帮助他们改善工作和生活条件,使他们安心于牧区工作。组织、人事部门要有计划地组织旗县以上机关干部、技术人员,不带户口、不带粮食关系,中期或短期到牧区苏木工作。(第11条)①

其次,1985年10月5日,内蒙古自治区人民政府发出《内蒙古自治区人民政府关于严禁到牧区搂发菜的紧急通告》指出,内蒙古自治区一些地区破坏草原建设的现象屡有发生,特别严重的是一些外地人员擅自涌入锡林郭勒盟、乌兰察布盟、伊克昭盟、阿拉善盟等牧区乱搂发菜,滥挖药材,致使草原植被和牧区建设遭到严重破坏。还有个别不法分子破坏牧民房舍、棚圈、草库伦、水井等设施,盗窃、抢劫牧民财产,偷杀牲畜,谩骂、殴打牧民和草原管理人员。这些问题的发生,干扰破坏了牧区的生产、生活秩序,扰乱了牧区的社会治安。在此基础上,为了迅速制止上述事件,保障牧区生产建设的顺利进行,根据《中华人民共和国草原法》和《内蒙古自治区草原管理条例》有关条款的规定如下:

(1)从本通告发布之日起,一律不准进入牧区搂发菜,挖药材。所有进入牧区搂发菜,挖药材的人员,必须立即撤离。对拒不执行本通告,逾期滞留者,各级政府有权没收其工具、车辆、发菜,并处以罚款。

(2)对破坏房舍、水井、网围栏等设施,偷盗、抢劫牧民财产、牲畜,殴打牧民和草原管理人员,破坏国家财产和社会治安的违法犯罪分子,要迅速查清,依法惩处。

(3)鉴于发菜产地多属荒漠、半荒漠草原伏沙地带,植被稀疏,风蚀沙化严重的实际情况,为有效地保护草原植被,自治区人民政府决定,在三年内禁止搂发菜。各有关旗人民政府可结合当地情况,制定保护、利用发菜和药材资源的具体规定。

(4)各有关旗人民政府要立即组织政法、交通、铁路、农牧、工商等部门和驻军采取联合清查措施,坚决制止乱搂发菜、滥挖药材等破坏草原的行为。各地可在主要交通路口,车站设立检查站。邻近发菜产区的旗县要积极教育和劝阻群众,不要进入牧区搂发菜,挖药材。对内外串通、纵容包庇到牧区乱搂发菜的单位和个人,要严肃批评教育,情节严重的要给以纪律处

---

① 内蒙古党委、人民政府:《关于加速发展畜牧业若干问题的决定》(1985年9月26日),内蒙古党委政策研究室、内蒙古自治区农业委员会编印:《内蒙古畜牧业文献资料选集》第四册,呼和浩特1987年版,第611—616页。

分,并追究有关领导责任。①

最后,内蒙古党委在1984年冬至1985年春期间,对1个牧区旗、3个牧区苏木、4个牧区嘎查进行了调查。根据调查,为进一步加快村牧区建设,搞活牧区经济,提出了如下的意见和措施。

(1)"草畜双承包"责任制的进一步落实和完善。"牲畜作价归户,草场分片承包"的"草畜双承包"责任制是内蒙古牧区实行的牧业生产责任制,是从自治区实际情况出发,建设有中国特色的社会主义草原畜牧业的一个创造。因此,内蒙古党委要求:一是要管好用好牲畜作价款、草原管理费和集体积累的资金。这些资金,除了搞公共福利长远建设外,其余均应有偿使用,长期周转。牲畜作价款、集体积累,都不允许平调;草原管理费,旗和苏木可作适当提留,但这项资金也要取之于牧,用之于牧,取之于草,用之于草。二是对于草原划片承包,要抓紧进行,但不要一刀切。对草场少、水源缺的地区可以划到浩特(聚居点),也可划到户;草场面积大的地方,可先把冬营地划到户,夏秋营盘,则可以共同使用,不必划到户;对于草场有纠纷的地方,可先把没有争议的地方划到户,鼓励群众搞建设。但不论何种形式,一定要通过草原承包做到,打破草原利用上的"大锅饭",逐渐落实到户,把草原使用上的责、权、利结合起来。并要在承包草原的基础上,把草原建设抓上去。②

(2)牧区产业结构的调整。"草茂畜旺",畜牧业发展的速度取决于草原建设的速度和效益。加强草原建设,中心是解决牲畜的"吃喝住"的问题,把天然草场保护好、利用好、建设好。为此,内蒙古党委指示,一是牧区重点要搞好种草、打草、贮草和科学饲养等工作,并要求力争三五年内使牧区每头畜达到半亩人工草场,畜均达到200斤贮草,从靠天养畜逐步走向建设养畜。二是调整牧业内部的结构,要逐步调整牲畜的数量和质量的关系,在稳步增加头数的基础上要以提高质量为主。具体要求要把母畜比重提高到50%—60%,各类牲畜良种和改良畜比例要争取提高到40%以上,以便扩大再生产能力。同时要逐步调整畜群,变"小而全"为"小而专",消除牲畜种类齐

① 《内蒙古自治区人民政府关于严禁到牧区搂发菜的紧急通告》(1985年10月5日),内蒙古党委政策研究室、内蒙古自治区农业委员会编印:《内蒙古畜牧业文献资料选集》第四册,呼和浩特1987年版,第476—477页。
② 内蒙古党委政策研究室:《内蒙古自治区农村牧区社会经济典型调查综合报告》,内蒙古党委政策研究室编:《内蒙古自治区农村牧区社会经济典型调查材料汇编》(上册),1985年,第20页。

全,不利于专业化和商品化生产的不利因素。①

（3）大力培养人才,积极发展文化科学教育事业。由于各种因素,知识分子、技术人员出现了从牧区到农区,从乡村到城市,从边疆到内地的不合理的流向,使得本来人才、技术紧缺的内蒙古牧区更为缺乏。对于这种局面,一方面,根据内蒙古牧区和边境地区的艰难困苦的情况,采取一些优惠政策,切实解决实际问题,稳定现有人才;另一方面,积极组织各级专业部门、学校、开办各种培训班,大力培养人才,使有一定的文化基础知识的人才成为从事各类生产的专业户。

（4）做好改革中的服务工作。牧区经济体制改革的深入发展,迫切要求各级领导机关和广大干部大力改进领导作风,面向基层、面向生产、面向群众,做好服务,认真为群众、为基层排忧解难。一要深入调查研究,及时了解所属地区和部门执行党的政策的情况、经验和问题,从实际情况出发,实施正确的领导,要做好各地区经济发展战略研究,做到在宏观上控制,微观上搞活。二要搞好经济技术服务中心建设,牧区应以"四站"（草原、改良、兽医、经营管理）为中心,自下而上建立技术服务体系,开展多种服务。三要大力发展交通运输和能源,要积极发展合作运输和个体运输,要根据各地情况汽车、拖拉机、马车一齐上。对牧区要尽快发展"载畜专用车",把"赶运"收购牲畜改变为"拉运"收购牲畜。并要积极试产鲜奶冷藏运输车以及在边远地区建立中心冷库,采取就地屠宰就地加工冷藏的办法。牧区地广人稀,日照长,风力资源丰富,要积极发展风能和太阳能源,争取基本解决生产和生活用电。

（5）做好扶贫工作。党的十一届三中全会之后,内蒙古牧区畜牧业生产有很大发展,牧民生活有明显改善。但是由于自然条件、灾害以及历史的原因,当时不少地区仍有一些牧民的温饱问题还未得到解决,在衣、食、住、饮水等基本生活条件方面还存在很多困难。为此,在大力发展商品生产中狠抓扶贫工作。具体对于一些无畜户,可以推行有偿拨给流动畜群的办法。同时,实行了干部包干制度,确定扶贫对象、扶贫项目等。

（三）牧区嘎查、苏木、旗事例

如上所述,针对实施"草畜双承包"责任制过程中出现的问题内蒙古党委和政府采取各项政策与措施的同时,内蒙古牧区嘎查、苏木、旗,根据本地

---

① 内蒙古党委政策研究室:《内蒙古自治区农村牧区社会经济典型调查综合报告》,内蒙古党委政策研究室:《内蒙古自治区农村牧区社会经济典型调查材料汇编》(上册),1985年,第21—22页。

区的实际情况,各自采取积极具体有效的措施。具体实例如下:

1.达布希力图嘎查事例

如前所述,随着"草畜双承包"责任制的实施,乌兰察布盟达茂联合旗达布希力图嘎查,虽然畜牧业生产得到发展,牧民生活水平得到了提高。但是,在另一方面出现许多没有能够适应不断变化的形势的问题。其中,最为突出的有:①教育落后,小学生升学率低,文盲比例高。②交通不便,流通不畅,信息不灵。该嘎查有两条公路,但都离牧户居住地远,牧民购买生活用品主要靠胶轮车或骑马。③缺医少药。实施"草畜双承包"责任制前,嘎查有两名"赤脚"医生。但实施"草畜双承包"责任制之后,两名医生都承包了牲畜,所以牧民看病就医都得到旗所在地医院。④缺少为生产服务的组织。⑤在追求牲畜数量时,没有能够重视草牧场的建设与保护,草牧场退化、沙化严重。1964年每亩草场的产量是69斤,1975年是43斤,减少了37.6%,1983年是33斤,减少了52.2%。[①]

针对这些问题,达布希力图嘎查在达茂旗党委和政府领导下,采取了以下几个方面的举措。首先,根据嘎查草牧场狭窄的实际情况,加快草场的建设速度,避免牧民争抢围建草甸草库伦的现象的发生,把草牧场的管理权、使用权尽快落实到户。在草牧场的管理使用上要明确宣布谁使用、谁保护、谁建设,谁受益。

其次,为加快调整生产结构的步伐:①调整畜群结构,繁殖母畜比重最低要占牲畜总数的55%—60%,良种、改良种牲畜达到70%以上;②加快畜产品加工业的步伐,把产品变为商品出售,提高经济效益;③在发展生产的基础上,提倡牧户与旗内外有关部门和单位挂钩进行牧贸、牧工直接交易,以流通促生产;④充分发挥苏木供销社的作用,打破了经营分工的界限。

再次,加强了畜牧业生产中牲畜产前产后服务。加强充实苏木畜种改良,加强疫病防治防止病疫蔓延影响牧业生产的稳定发展。同时,以苏木为主建立综合服务中心和各种服务站,为牧民提供多种服务和各种信息。

最后,加强基础教育,切实解决牧民子女入学难的问题,解决新文盲的扫盲问题。[②]

---

① 达茂联合旗牧区社会经济调查组:《达布希力图嘎查社会经济调查综合报告》,内蒙古党委政策研究室编:《内蒙古自治区农村牧区社会经济典型调查材料汇编》(上册),1985年,第236—237页。

② 达茂联合旗牧区社会经济调查组:《达布希力图嘎查社会经济调查综合报告》,内蒙古党委政策研究室编:《内蒙古自治区农村牧区社会经济典型调查材料汇编》(上册),1985年,第238—240页。

2.宝格都乌拉苏木事例

锡林郭勒盟阿巴嘎旗宝格都乌拉苏木的主体经济是畜牧业。如前所述,随着经济体制改革深入,"草畜双承包"的实施,牧民的思想、生产、生活水平发生了巨大的变化,牧业生产得到迅速的恢复和发展,牧民收入得到提高。但是由于长期以来的单一畜牧业经济结构,在发展商品生产、提高经济效益等方面存在影响生产发展的问题:①畜牧业生产赖以发展的主要物质基础——草牧场退化较严重,约占全苏木草牧场面积的40%—50%。②畜群结构不合理,饲养期长,周转慢。据1984年6月末统计,母畜在牲畜总头数中的比重占43%,其中小畜母畜比重为46%,育成畜占的比重更大,因此周转慢,出栏率低,经济效益不高。③人民公社体制改革后,没有建立相应的系统的、有力的经济组织,缺乏较统一的内外联系渠道。因取消了对原有畜牧兽医技术人员的补贴,他们都离开原职养畜,所以不少牧户的改良羊连续退化。④牲畜承包到户与草牧场不承包到户的矛盾已经显露,多数都是按原来浩特的习惯利用范围做了一般的划分,实际并未承包,更没有到户。由于专业户、养畜大户的不断发展增多,在草牧场的使用、建设上已出现了矛盾。该苏木沙如塔拉巴嘎56个牧户中已有7户与本浩特或邻近浩特的牧户发生争、挑草场的纠纷。据苏木反映,多数牧民愿意把草场划分到户,但因巴嘎干部有顾虑,迟迟动不起来。他们的顾虑主要是:一怕麻烦困难,二怕弄不好得罪人,三怕因资金缺乏影响一部分牧户的近期生产——因划分完成后得有相当一部分牧户新搞水井和棚圈设施。[1]

针对上述问题,宝格都乌拉苏木在锡林郭勒盟、阿巴嘎旗党委和政府领导下,结合本地实际情况,关于如何稳定优质地发展畜牧业生产,进一步繁荣牧区经济问题进行了研究与探讨,制定了发展规划的同时,为提高牲畜的产品率和商品率,采取了具体的措施。首先,调整了畜群结构,加快了畜牧业经济的周转速度。引导牧民合理保护和选育母畜,在畜群中保持一定数量的繁殖母畜,使畜牧业经济在稳定发展的基础上,依据草原畜牧业的特点和扩大再生产的规律,合理地调整畜群结构,提高繁殖母畜比重。把大畜母畜比重提高到40%以上,小畜(绵羊)母畜比重提高到60%以上,逐步提高当年肥羔出栏率,提高商品率,加速畜群周转,提高经济效益。

其次,致力于提高牲畜质量,抓紧牲畜改良和选育,提高畜产品的产品

---

① 中共锡林郭勒盟委员会调研室、中共阿巴嘎旗委员会调研室:《宝格都乌拉苏木社会经济调查综合报告》,内蒙古党委政策研究室:《内蒙古自治区农村牧区社会经济典型调查综合报告》,内蒙古党委政策研究室编:《内蒙古自治区农村牧区社会经济典型调查材料汇编》(上册),1985年,第136页。

率。依据草场载畜潜力和改良畜比重不大的实际情况,积极进行了牲畜改良工作。一方面做好了群众的思想工作,引导他们多算经济账,不要单纯地搞"头数"畜牧业;另一方面苏木和巴嘎认真积极地把为畜牧业生产服务的生产、技术体系尽快筹建起来。把苏木中的技术员和民间的配种员组织起来,实行经济责任制,进行分片、分点承包。

再次,进行草牧场的合理利用和建设。以浩特为基础单位,划分固定好草牧场使用权,要依据生产的要求和群众的要求,把草牧场使用权真正落实到浩特,并规定相应的保护、利用和建设职责。根据牧业专业户和大户的要求,可将草场划分到户。不论分到浩特或户都要发使用证,落实使用权,明确使用、管理、建设的职责,多方集资加快草库伦建设。

最后,建立了一套为畜牧业生产和牧民生活服务的体系,把苏木的畜牧兽医、经营、供销等部门组织起来,成立畜牧经济技术服务咨询公司,为本苏木所属的各巴嘎畜牧业生产中牲畜产前、产中、产后进行具体技术指导和服务,帮助进行经济核算分析,协助沟通交换渠道,提供经济信息,制定经济计划,使其成为服务于牧民生产、生活的一个服务体系。[①]

3.乌布林苏木事例

党的十一届三中全会之后,在党的路线、方针、政策指导下,乌布林苏木经历了深刻的社会变化。1983年开始实施了"草畜双承包"责任制,牧民的积极性得到了发挥,畜牧业生产得到发展,牧民生活水平得到了大大提高。但是面临的问题和矛盾也不少。主要有如下几点:一是畜牧业经营单一,商品经济不发达。在总产值中畜牧业占98.8%;在总收入中畜牧业占89.4%,其他各业只占10.6%。随着商品经济的发展,丰富的畜产品资源与单一的畜牧业经济的矛盾越来越突出。二是传统游牧,经营粗放。由于草原缺乏建设,定居轮牧的条件尚不成熟,一般居住点距游牧点有三四百里。这种集中居住和远征游牧的生产方式,给牧民家庭生活带来了许多困难。三是交通闭塞,能源匮乏。苏木所在地和五个苏嘎查都不通公共汽车,不通电,交通和能源问题已成为牧区商品生产发展的致命障碍。四是科技落后,人才匮乏。据1984年统计,文盲和半文盲有1500人,占总人口的44.5%,在文盲中30岁以下的青少年占20%。[②]

---

① 中共锡盟委员会调研室、中共阿巴嘎旗委员会调研室:《宝格都乌拉苏木社会经济调查综合报告》,内蒙古党委政策研究室编:《内蒙古自治区农村牧区社会经济典型调查材料汇编》(上册),1985年,第137—138页。

② 兴安盟社会经济调查组:《勿布林苏木社会经济调查综合报告》,内蒙古党委政策研究室编:《内蒙古自治区农村牧区社会经济典型调查材料汇编》(上册),1985年,第121—122页。

针对上述问题，乌布林苏木在兴安盟、科右前旗两级党委和政府领导下，从实际出发，因地制宜地进行采取了一系列切实有效的措施。

第一，坚持"以牧为主"，变单一经营为多种经营。制定了1984年至1987年的畜牧业发展计划：到1987年大小牲畜发展到105600头（只），比1984年提高14.4%。其中大畜130000000头（匹），提高17.1%，每年递增5.4%；小畜92600只，提高14.0%，每年递增4.5%。同时，围绕畜牧业和当地野生资源发展多种经营，发展商品生产，增加牧民收入。到1987年社会经济总收入由1984年的2386000元，增加到3629000元，增加52.1%，每年递增15.0%；牧民的人均收入达到755.22元，提高40.5%，每年人均增加72.56元。

第二，大力发展种草业，变传统游牧为建设养畜。为了逐步改变远征游牧和粗放经营，利于畜牧业的稳定、优质、高速度发展现状，制定实施了如下具体计划：①大力提倡人工种树种草，发展草业，有规划地开垦一部分饲料地，发展青贮；积极鼓励牧民向草牧场投资，建设草、水、林、舍、机结合配套的基本草牧场。到1987年，人工种草由1984年的2500亩，增加到7500亩。大力兴建网围栏，到1987年，由现在的14处125000亩，发展到50处225000亩，增加80%，为逐步向定居轮牧创造条件。②大搞棚圈建设，到1987年，由1984年的96处12500平方米，发展到110处49500平方米，逐步做到使种畜和一部分良种畜有棚有舍。③发展饲草、饲料加工业，提高牧草的综合利用率。

第三，大力发展家庭牧场，变远征游牧为定居轮牧。为加速传统畜牧业向现代畜牧业转化的步伐，改变粗放经营的方式，使畜牧业生产在稳定、优质、高速度的健康轨道上更快地向前发展。具体制定实施了如下计划：把兴办家庭牧场或家庭联合牧场作为发展畜牧业的一项根本措施，争取用三至五年的时间，使家庭牧场由1984年的24个，发展到1987年的100个，并建成一批有标准住宅、棚圈、网围栏，有机电井、风力发电机和一定加工、运输能力的比较现代化的家庭牧场。

第四，调整畜牧业结构，提高经济效益。畜牧业产业结构不合理，经济效益低，是当时突出的问题。大畜少（只占12%）、基础母畜少（牛占45%、羊占50%左右）、良种畜和改良畜少（羊占65%左右，牛基本未改良）。因此，采取的具体措施：①根据当地的气候、草场等自然特点，要把牛作为今后发展的重点，由1984年的8800头，发展到1987年的11800头，每年递增10.3%。②牛的改良以肉用型或肉乳兼用型为主；羊的改良以肉用型或肉毛兼用型为主，增加个体产值，提高经济效益。③保护发展基础母畜，力争在二三年内使牛和羊的基础母畜分别达到50%和60%，使畜牧业产业结构逐渐趋于合理，以促进商品生产的发展。

第五,发展交通、能源,解决流通不畅、能源匮乏问题。为发展交通、能源,采取了国家、集体、个人一齐上的方针,采取群众集资、代金,民办公助,以及军民共建等多种形式,使苏木所在地通公共汽车,通电,修建草原路。把当地的畜产品、土特产品等运出去,把需要的物资运进来,促进内外交流,搞活商品流通。

第六,发展科技文化。积极引进技术、人才、资金,进行人才培养、技术培训。同时,要着重于从当地牧民和知识青年中,通过多种形式、多种渠道,培养、训练自己急需的各类人才,特别要注意为专业户、牧业大户和家庭牧场培训人才。

第七,建立经济贸易中心,搞活牧区商品流通。根据乌布林苏木地处偏远,交通不便,流通不畅,信息不灵,经济基础薄弱,商品经济不发达等特点,联合商业、供销、金融等部门以供销社为主,试办了群众性的合作经济组织,包括商业、供销、信用社、信息服务等综合性的经济贸易发展中心,承担产、供、销、收、储、贷等项业务,开展咨询、信息服务,扶持生产,方便生活。并通过设栈、布点,发展个体工商户、运销户等形式,形成一个多种层次、多种成分、多种行业,遍及草原的商业服务网络,搞活了流通,搞活了牧区商品经济。

第八,采取优惠政策,给予特殊扶持。鉴于乌布林牧区偏远、交通不畅,经济文化落后等情况,国家对牧区在资金、物资等方面应采取一些特殊政策和措施,从各方面给以扶持。对草原基本建设,发展交通、能源、文教、卫生等事业,给了一些专项投资。

第九,为适应牧区改革和建设的需要,苏木对干部实行了招聘制,在现有13名干部中招聘的有8名,占61.5%。还出现了一批充满生机与活力的牧业大户和家庭牧场。牧区改革的深入发展,牧业大户和家庭牧场的不断涌现,有力地冲击了封闭式的传统牧业经济,以家庭牧场取代了粗放经营的游牧方式;封闭式的牧区经济为开放式的商品经济所代替。[①]

4.锡林高勒苏木事例

阿拉善盟阿左旗锡林高勒苏木总人口为1993人,其中蒙古族554人;总劳力814人,其中男劳力484人,女劳力330人,大专以上文化程度的1人,占总劳力0.12%,高中文化程度67人,占总劳力8.23%,初中文化程度的139人,占总劳力17.08%,小学文化程度553人,占总劳力67.94%,文盲半文盲178人,占总劳力21.87%,其中30岁以下的青少年文盲55人,占文盲总数

① 兴安盟社会经济调查组:《勿布林苏木社会经济调查综合报告》,内蒙古党委政策研究室编:《内蒙古自治区农村牧区社会经济典型调查材料汇编》(上册),1985年,第121—126页。

的 30.40%。^①

苏木有完全小学 1 所,教职工 23 名,在校学生 331 人。设小学教学班 10 个,专任教师 21 人,学生 231 人,其中蒙古语授课班 5 个,学生 62 人,附设初中班 1 个,学生 100 人,专任教师 6 人。住宿生 150 人,其中一年级生 20 多人,配 1 名保育员。1984 年全苏木适龄儿童数 274 人,其中入学儿童 224 人,入学率 81.75%,普及率 92.5%。^②

党的十一届三中全会以来,学校教学出现了新的变化:一是师资力量得到加强,学校注重充实教师队伍,增加教师 11 人,并选送教师 2 人到大学深造。二是蒙古语教学成绩突出,1979—1984 年连续六年,蒙古语授课班升初中统考名次均名列全旗前三名。三是教学和后勤管理条件有所改善,学校的教室、桌椅、宿舍不断更新修缮,住宿生的伙食水准逐年提高。^③

但是在教育方面存在不少的问题。尤其是学生入学率下降。例如,1978 年学校行政管理、教学管理、后勤管理等方面条件改善了,牧民生活水平提高了,但学生入学率 1984 年却比 1978 年下降了 9.25%。随着学生入学率的降低,新文盲将不断涌现。1985 年全苏木 18.25% 的适龄儿童没有上学,30 岁以下的青少年文盲半文盲多达 55 人,占总劳力 6.76%。^④

其原因,一是牧民经济基础差,生活底子薄,供孩子上学感到很吃力。目前全苏木仍有长期贫困户 66 户,350 人没有脱贫,这些户的孩子失学辍学的比例很大。据抽查,14 个贫困户 22 名适龄儿童,1984 年失学辍学率达 8%。二是相当一部分牧民由于旧的传统观念的影响,对文化科学、技术在新形势下的重要作用认识不足。他们认为:"牧民的孩子,终究还是归牧,念不念书都一样,念了高中考不上大学,当不上干部,还不如趁早回家当牧民,既省钱,又可帮大人干点活。"如此认识,阻碍了一部分儿童的上学。三是实行牲畜作价归户责任制后,畜群结构复杂,一户多群,占用劳力多,因而一些牧民为了便于经营管理,迫使孩子弃学从牧;定场游牧,远离学校,儿童上学不便,造成失学辍学。四是学校教学质量差,家长不满意,学生上学的积极性

---

① 《锡林高勒苏木教育情况调查》,内蒙古党委政策研究室编:《内蒙古自治区农村牧区社会经济典型调查材料汇编》(上册),1985 年,第 170 页。

② 《锡林高勒苏木教育情况调查》,内蒙古党委政策研究室编:《内蒙古自治区农村牧区社会经济典型调查材料汇编》(上册),1985 年,第 171 页。

③ 《锡林高勒苏木教育情况调查》,内蒙古党委政策研究室编:《内蒙古自治区农村牧区社会经济典型调查材料汇编》(上册),1985 年,第 170 页。

④ 《锡林高勒苏木教育情况调查》,内蒙古党委政策研究室编:《内蒙古自治区农村牧区社会经济典型调查材料汇编》(上册),1985 年,第 171—173 页。

不高,造成一部分孩子的失学。造成学校教学质量不高的主要原因:一是一部分教师片面追求学历,为了争取进修,教学责任心下降,精力分散,放松了对学生管理工作,有的甚至为了自学应考,不批改作业,不备课,严重地影响了正常教学工作;二是一部分教师家在城镇,嫌苏木住宅、饮食条件差,文化生活单调而不安心任教;三是上级教育部门对教师调动把关不严,调动频繁,仅1984年一年调出教师8人,造成教师思想普遍不稳定;四是新上任的领导班子内部意见不一致,工作抓的不得力,甚至拉伙闹纠纷等。诸多不良现象影响了教学质量。①

针对上述问题,锡林高勒苏木在阿拉善盟、阿左旗两级党委和政府指导下,首先,采取发展牧区学校教育措施:①根据牧民收入不高(1984年牧区人均收入294元)的实际情况,开展勤工俭学,并使牧民子女入学免费,减轻牧民负担,提高入学率,普及牧区教育。②加强民族教育,实行寄宿制为主,蒙汉逐步分校分设,提高牧区学生的生活条件和教学质量。③进一步落实知识分子政策,改善教师的工作、生活和学习条件,保持教师队伍的相对稳定,不断提高教学质量,真正调动教师的教学积极性。④筹集资金,试行"奖学金"制度。对"三好学生"和学习成绩显著的学生以及考取中等专业学校以上的学生给予奖励,一方面鼓励学生的学习积极性,另一方面相对减轻部分牧民的经济负担。

其次,在成人教育方面,为了建设和开辟新的产业,发展商品生产,繁荣牧区经济,输送科技人才,用公办或民办公助多渠道筹资的办法,创办了职业中学或职业教学班,积极开展职业教育,开办职业中学或职业教育、技能培训班。同时,干部利用牧闲时间,办起夜校,进行了集中扫盲。②

5. 阿巴嘎旗事例

改革开放初期,锡林郭勒盟阿巴嘎旗教育事业有了很大发展,1985年有中小学27所,其中不完全小学4所,完全小学9所,八年制蒙古文学校3所,八年制汉文学校4所,八年制蒙汉文合校2所,蒙古文完全中学1所,汉文完全中学1所,不完全中学1所,教师进修学校1所,蒙古族幼儿园1所。中小学教师536人,其中小学教师358人,中学教师178人。中学在校生1797人,其中蒙古文授课生778人。小学在校生4730人,其中蒙古文授课的1971

① 《锡林高勒苏木教育情况调查》,内蒙古党委政策研究室编:《内蒙古自治区农村牧区社会经济典型调查材料汇编》(上册),1985年,第171—172页。
② 《锡林高勒苏木教育情况调查》,内蒙古党委政策研究室编:《内蒙古自治区农村牧区社会经济典型调查材料汇编》(上册),1985年,第173—174页。

人。幼儿园儿童53人。①

教育事业虽然有发展，但是存在"三低"问题，即教育质量低、升大中专率低、适龄儿童入学率低。例如，1981—1984年阿巴嘎旗学生高考入学率连续4年为零，考中专入学率也仅是5.4%。适龄儿童入学率近几年逐年下降，由1979年的92%，1984年下降到84%。②

产生"三低"的主要原因有如下6点：①教师素质差。全旗中小学教师总数的78%没有受过专业学校教育。大中专以上文化程度的教师只有12人，占教师总数的2%。1982年锡林郭勒盟教师文化水平统一考试，阿巴嘎旗小学教师合格率为58%，初中教师合格率80%，高中教师合格率70%。②大中专毕业生外流多。1972年以前全旗只有1所完全小学，有教师38人，其中30人是大专以上毕业生，大部分已调走，到1984只剩下4人也不再任教。教师外流的原因是落实知识分子政策不及时，教师工作、生活条件较差，子女升学、就业难等问题影响了教师队伍的稳定。③校舍、教学设备不足。中小学教室、宿舍普遍不够，有的小学在一间宿舍住学生12人，有些年久失修的土房倒塌，无力修建。有的中学没有化学、物理实验室，有的学校虽有实验室，但设备不齐全。房屋、设备不足的原因在于教育经费缺乏。④撤销队办小学，集中到苏木办学以来，有些刚入学的儿童，因离家很远，不易照料而不入校，或停学回家。⑤牧区实行畜草双承包以后，有些牧户缺乏劳力，让在校子女退学回家放牧牲畜。⑥学生入学费用较高，一个小学生一年仅生活费少者150元，多者180元。有的牧户在校生4—5人，一年需学生生活费600—900元。还有些牧户为照料小学生，在苏木所在地租房、买房花费达1000多元。所以有些牧民供不起子女读书。③上述种种原因，导致了阿巴嘎旗教学质量差、升学率低、入学率下降。

针对这些问题，从1984年开始进行了如下的一系列的改革措施：第一，层层建立教育岗位责任制。苏木和巴嘎负责适龄儿童入学率，学校负责在校生的巩固率，教师负责学生合格率。第二，下放权力。决定实行苏木学校苏木办，由苏木全面负责领导所在地的学校，旗教育局负责计划和业务指导。第三，按照国务院对基层学校实行民办公助的原则，阿巴嘎旗采取社会

---

① 《阿巴嘎旗进行教育改革的调查》，内蒙古党委政策研究室编：《内蒙古自治区农村牧区社会经济典型调查材料汇编》（上册），1985年，第75页。

② 《阿巴嘎旗进行教育改革的调查》，内蒙古党委政策研究室编：《内蒙古自治区农村牧区社会经济典型调查材料汇编》（上册），1985年，第75页。

③ 《阿巴嘎旗进行教育改革的调查》，内蒙古党委政策研究室编：《内蒙古自治区农村牧区社会经济典型调查材料汇编》（上册），1985年，第75—76页。

办学,全民支持办学的新措施,投牧民全年总收入和职工全年工资总额的1%筹款,哪个苏木筹集多少资金,旗再以同额给予补助。一定三年,每年可筹资200000元,以解决一部分教育经费不足的困难。第四,实行教师招聘制。经过文化和教学能力考核,对中小学教师采取招聘录用。同时,广泛从旗外地区招聘教师,给予优惠待遇。今年已从锡盟进修学院聘入三名数理化教师,订立合同后已在旗蒙古文中学授课,每月除工资外,补贴36元。对旗内未被招聘录用的教师,不适宜教学的调离学校,分配到其他部门工作。适宜教学文化水平低的在本旗轮流培训,或者送外地学习深造。第五,落实知识分子政策,解决教师生活中的实际困难,通过努力创造条件,逐步解决了知识分子住房困难和子女就业难的问题。[1]

这些措施的采取,稳定了知识分子,要求调走的知识分子减少了。多数已全身心投入牧区的教育事业。所以学校教学质量开始好转,适龄儿童入学率开始回升。如汉乌拉苏木适龄儿童入学率由1984年的70%,1985年已达90%。同时,还积极开展扫盲工作,对40岁以下的中青年进行普遍考试,对其中不合格的进行分期培训。到1985年,在无文化的中青年中已扫盲50%。[2]

上述内蒙古自治区以及基层单位的对推行"草畜双承包"责任制过程中出现的问题的各项措施,使"草畜双承包"得到了进一步的完善。不仅有效地保护了草原资源,而且激发了牧民建设草原、改造自然、发展畜牧业生产的积极性。他们积极兴建草库伦,同时科学划分营地,组织合理轮放,给传统畜牧业注入了新的活力。

第一,内蒙古畜牧业生产稳步发展。1985年与1980年相比,牲畜总增率增加到22.7%,增加3.1个百分点;牲畜出栏率增加到23.5%,增加9.2个百分点,其中出卖率增加到15%,增加8.9个百分点,出栏率和出卖率都是新中国成立以来最高的年份,标志着商品生产的发展。畜牧业产值达到40.20亿元(1990年不变价),增长48.04%。肉类总产量达到349300吨,增长46.6%;鲜奶总产量达到258600吨,增长267.9%;毛绒总产量达到53100吨,增长21.51%。[3]同时,牧民家庭人均收入,从1980年的265元,1985年增加

① 《阿巴嘎旗进行教育改革的调查》,内蒙古党委政策研究室编:《内蒙古自治区农村牧区社会经济典型调查材料汇编》(上册),1985年,第76—77页。

② 《阿巴嘎旗进行教育改革的调查》,内蒙古党委政策研究室编:《内蒙古自治区农村牧区社会经济典型调查材料汇编》(上册),1985年,第77—78页。

③ 内蒙古自治区畜牧业厅修志编史委员会编著:《内蒙古畜牧业发展史》,内蒙古人民出版社2000年版,第251页。

到649元,增长了144.9%。①

第二,"畜草双承包"责任制的全面实行,极大地调动了农牧民保护、管理和建设草原的积极性,草原建设的速度和规模大大提高。1985年与1980年相比,全区人工种草面积425300公顷,增长217.4%;围建草库伦面积280300公顷,增长45.2%;改良草场面积230300公顷,增长1627.5%;种植灌木面积116000公顷,增长141.7%。②

第三,一系列行政的、经济的、技术的措施保证了畜种改良的迅速发展,家畜改良配种规模增大。1985年与1980年相比,改良配种牲畜达到6850000头,增长28.46%;良种改良种大牲畜和羊达到10418000头,占大牲畜和羊总头数的36.5%,提高3.9%。③

第四,兽医防治工作得到加强。1985年,免疫家畜64894100头次,免疫家禽32476300头次,比1980年分别提高2.25%、80.73%;检疫家畜3932100头,检疫肉类79648.17吨,检疫皮张4677500张,比1980年分别提高366.93%、140.84%、113.48%;马鼻疽、马传贫、结核、副结核、布氏杆菌病、猪囊虫病、黏膜病等主要传染病的检出率为0.59%,比1980年下降1.38个百分点,大部分传染病得到控制和基本控制,牲畜因病死亡率大幅度下降。④

第五,学校教育的教学质量差、升学率低、入学率下降等问题得到了初步的解决,成人扫盲取得了显著成就。

小　结

综前所述,党的十一届三中全会以后,内蒙古牧区同全国其他农村牧区同样进入了当代历史上一个重大的变革时代。畜群大包干责任制和"草畜双承包"责任制的实施是内蒙古牧区进行一系列所有制与经营管理体制改革的第一步。实现了传统的畜牧业管理体制上的突破,畜牧业经营方式由"保本承包,仔畜分成"的"畜群大包干"责任制,发展到牲畜"作价归户,私有

---

① 内蒙古统计局:《辉煌的五十年(1947—1997)》,中国统计出版社1997年版,第145页。

② 内蒙古自治区畜牧业厅修志编史委员会编著:《内蒙古畜牧业发展史》,内蒙古人民出版社2000年版,第252—253页。

③ 内蒙古自治区畜牧业厅修志编史委员会编著:《内蒙古畜牧业发展史》,内蒙古人民出版社2000年版,第254页。

④ 内蒙古自治区畜牧业厅修志编史委员会编著:《内蒙古畜牧业发展史》,内蒙古人民出版社2000年版,1985年,第254页。

其养"和草原"划片承包"的"草畜双承包"责任制。

畜群大包干责任制的实施,把集体利益和个人利益联系到了一起,提高了牧民的积极性和责任心,发挥了补助劳动力的作用,减少了非生产人员,消除了后勤啃牧业的现象并大幅度降低了生产成本;实现了畜群、棚舍、草牧场的三固定,实现了畜群管理和草牧场管理建设的统一。

"草畜双承包"责任制,把人、畜、草和责、权、利结合起来,它把畜牧业的第一性生产和第二性生产统一起来,对滥垦、滥占、滥砍、滥搂、滥挖草原的各种破坏活动,进行有利的干预,保护了草原资源,从根本上解决了长期以来草原吃"大锅饭"的问题,第一次把畜牧业的经营自主权完全交给了牧民。所产生的经济效益和社会效益是巨大的,不仅有效地保护了草原资源,而且激发了牧民建设草原、改造自然的积极性。他们积极兴建草库伦,同时科学划分营地,合理组织轮放,给传统畜牧业注入了新的活力。据统计,1978—1987年10年间,内蒙古自治区拥有牲畜头数、存栏率、商品率以及羊毛、牛羊肉、牛奶等畜产品都创当时历史最高水平。[1]

这一历史意义的举措,是继牧区民主改革实行"自由放牧""三不两利"政策和"稳、宽、长"原则,废除封建王公对草原的特权后,在草原管理体制上的又一个重大改革,使牧民占据了生产和经营的主导地位,形成了内蒙古畜牧业发展的一次大跨越。虽然在实施"双权一制"的过程中,出现了草畜矛盾、社会化服务、文化教育落后、畜群管理混乱、牲畜疫病蔓延、承包草场不落实等问题,但经过对其完善,为其后草原"双权一制"的实施奠定了基础。

---

[1] 《内蒙古日报》2007年5月25日。

第五章　内蒙古牧区社会变革经验启示

第一节　内蒙古牧区民主改革经验

内蒙古自治政府成立以前，由于近代以来国内外帝国主义、封建势力的压迫、剥削与掠夺，严重影响了内蒙古牧区社会的发展。特别是日本帝国主义的掠夺和破坏，内蒙古牧区牲畜数量急剧减少。例如，呼伦贝尔盟在1919年有羊1200000只，牛400000头，但到抗日战争胜利的1945年时，羊只剩400000只，牛不及100000头。[①]再如，据调查，新巴尔虎左旗新保利格苏木384户牧民的牲畜由1931年的159894头（只）减少到1945年的93297头（只），减少了40.7%。[②]

1945年至1947年间，由于受战争的影响与地方匪帮的抢掠，内蒙古牧区牲畜也遭到严重的损失，到1948年牧区的牲畜还很少增殖，个别地区则还在继续下降。内蒙古牧区民主改革初期，内蒙古党委曾在部分旗、嘎查进行试点，由于搬套农村土改做法，出现了分斗、划阶级等"左"的偏差。

针对这种情况，当时内蒙古共产党工作委员会和内蒙古自治政府提出"在牧区的一切工作要以有利于恢复和发展牧区畜牧业生产、改善牧区牧民生活为出发点，发展包括牧主经济在内的牧区畜牧业经济"的总方针和"人畜两旺"的号召，制定实行了"自由放牧，增畜保畜"及对牧主经济"三不两利"等政策，废除一切封建特权，建立了各级人民政权，为牧区社会稳定和畜牧业生产的发展和恢复奠定了基础。

上述方针、政策、号召及措施，是根据内蒙古牧区社会的传统、历史和现状以及阶级关系特点，并吸取了一些地区用发生分斗牧主而破坏牧区经

---

① 《内蒙古自治区畜牧业的恢复发展及经验》，《内蒙古日报》1953年1月1日。
② 《内蒙古自治区畜牧业的恢复发展及经验》，《内蒙古日报》1953年1月1日。

济的恢复和发展经验、教训的基础上制定实施的。这是因为：第一，在内蒙古牧区民主改革初期，发展和恢复包括牧主经济在内的整个牧区畜牧业经济，是牧区工作的首要任务。第二，牧区民主改革目的，是废除一切封建特权及其剥削制度，改善生产关系，解放生产力。第三，由于王公、贵族、牧主等封建统治阶级在牧区群众中的影响力，所以牧区民主改革先废除封建制度和特权及超经济剥削。同时，对王公、贵族、牧主等封建统治阶级适当安排政治待遇，并进行团结、改造。第四，牧主对牧民的经济剥削，采用限制政策。①

值得一提的是，为什么对牧主的经济剥削，只能采用限制的政策，不是剥夺它的政策？其原因可归纳为以下几点：①反封建的牧区民主改革主要任务是废除封建特权、超经济剥削，不是反对一般的剥削；②因为牧区畜牧业经济有其脆弱性，历史教训表明对牧主进行分斗，畜牧业生产就遭到破坏；③因牧主占有的牲畜数量有限，即使平分了牧主的牲畜也不能解决牧民的贫困问题及其要求；④当时，保护和发展牧主经济，有利于牧区社会的稳定和畜牧业经济的发展；⑤牧主经济的经营方式带有一定的资本主义性质，通过提高牧工工资、改善牧工生活的办法，能使牧区畜牧业经济得到稳定发展；⑥以贷款、贷畜的方式，人民政府辅助贫困牧民。②

另一方面，内蒙古党委和政府，采取了诸多发展畜牧业生产的措施：防治牲畜疫病，扑灭狼害，防御风雪灾害，组织定期交配拨群接羔，改进饲养管理，实行扶助生产，建立国营牧场与种畜场、采取了轻税政策等，牧区畜牧业生产得到恢复与发展。③牧区畜牧业生产的发展，使牧区各阶层人民的生活情况有了显著变化，贫困牧民生活水平普遍得到提高，中等牧民数量增加迅

---

① 《关于内蒙古畜牧业生产与社会主义改造若干政策问题——王铎同志在西北地区民族工作会议上的汇报》1961年7月24日，内蒙古党委政策研究室、内蒙古自治区农业委员会编印：《内蒙古畜牧业文献资料选集》第二卷（下册），呼和浩特1987年版，第20页。

② 例如，1949—1954年对牧区的贷款达7500000元，其中母畜、种畜贷款占55%，使12700多户牧民得到383000多只母畜［《关于内蒙古畜牧业生产与社会主义改造若干政策问题——王铎同志在西北地区民族工作会议上的汇报》1961年7月24日，内蒙古党委政策研究室、内蒙古自治区农业委员会编印：《内蒙古畜牧业文献资料选集》第二卷（下册），呼和浩特1987年版，第20页］。

③ 例如，内蒙古东部区四盟从1948—1952年增加了110.35%，东部发展最快的呼伦贝尔盟牧区，从1947—1952年增加了193.4%；纯牧区的牲畜总头数解放以来已经增加了一倍（《内蒙古自治区畜牧业的恢复发展及经验》，《内蒙古日报》1953年1月1日）。

速,富裕牧民和牧主的数量也有了一定的增加。[①]

中共中央内蒙古分局和内蒙古自治区人民政府在领导恢复发展畜牧业生产上取得上述成绩,但这并不是说在这一过程中一切都是一帆风顺。相反,在恢复发展畜牧业中克服了曾经遇到的很多困难,改正了曾经发生的缺点和错误,积累了丰富的经验。主要经验可归纳为以下几点:

第一,制定牧区民主改革的工作方针、政策,必须从牧区的实际情况和牧民的迫切要求出发,不能生搬硬套。

在内蒙古牧区民主改革进程中制定实施的"自由放牧,增畜保畜"及"不斗、不分、不划阶级,牧工牧主两利"的政策,是在吸取经验教训的基础上形成的。在牧区民主改革初期,有些地区的有些干部把农区土地改革办法照搬到牧区,提出"牧者有其畜"的平分牲畜的口号,在昭乌达盟、乌兰察布盟、锡林郭勒盟的一部分牧区平分了牲畜,结果给牧区畜牧业生产带来很大的损失。因此,内蒙古共产党工作委员会和内蒙古自治政府,综合分析牧区畜牧业经济特点及其脆弱性,牧民群众消灭封建特权的迫切要求,牧主经济的特殊性及其性质,以及在总结经验教训的基础上,制定实施了既能消灭封建特权又能保存牧主经济的"自由放牧,增畜保畜""不斗、不分、不划阶级,牧工牧主两利"的政策,使内蒙古牧区畜牧业生产得到稳定的发展。

在牧区民主改革期间,内蒙古牧区畜牧业的稳定发展和牧民群众生活水平提高的事实,证明"不斗、不分、不划阶级,牧工牧主两利"政策是正确的。但是也并不是说在贯彻执行这一政策方针的过程中一切都是顺利的。事实证明,在牧区中有不少干部容易犯急躁和强迫命令的问题。例如,"自由放牧"政策,是为了消除封建制度的束缚,牧民自由自主地劳动并改善饲养管理和放牧方法,发展畜牧业生产。因此,具体用合群、分群还是轮流等放牧方法,应由牧民群众根据实际需要,因地制宜地去选择。但在实际工作中,有些干部往往从自己的主观愿望出发,采取了强迫、命令的作法。例如,呼伦贝尔盟牧区曾经为了行政领导的便利,强迫群众以巴嘎为单位集体游动放牧;昭乌达盟牧区为了提倡合群放牧,曾经有一时期不管任何牲畜都要

---

① 据呼纳盟新巴尔虎右翼旗的调查,在1948—1952年的四年间,没有牲畜的赤贫户由原占人口的0.21%减少到0.07%;占有210头牲畜以下的贫困牧户,由原占人口的42.91%减少到23.88%;占有2100头牲畜以下的中等牧户,由原占人口54%上升到67.08%;占有2100头以上牲畜的富裕牧户和牧主,由原占人口的2.87%,上升到8.97%[《关于内蒙古畜牧业生产与社会主义改造若干政策问题——王铎同志在西北地区民族工作会议上的汇报》1961年7月24日,内蒙古党委政策研究室、内蒙古自治区农业委员会编印:《内蒙古畜牧业文献资料选集》第二卷(下册),呼和浩特1987年版,第20页]。

强迫实行合群放牧。①其结果,必然严重影响了牧民群众发展畜牧业生产的积极性,也影响了生产效益。

第二,在内蒙古牧区民主改革中,必须及时纠正"左"的错误倾向,才能保证民主改革的顺利完成。

内蒙古牧区民主改革初期,由于一些干部思想存在教条主义的倾向,生搬硬套农村土地改革的做法,导致牧区民主改革出现了"左"的偏差,违背了恢复和发展畜牧业、改善牧民生活的根本目的,造成较大的损失和不良影响。例如,一些地区依照农村土地改革"耕者有其田"的口号,错误地提出"牧者有其畜""彻底消灭封建""黑黄封建(指王公、贵族和上层僧侣)一齐消灭"等"左"的口号。再如,察哈尔盟提出"牧主的牲畜一律没收""清算并没收庙产",甚至把做官与否作为划阶级的依据。哲里木盟在划阶级时,规定以3岁牛作为一头标准畜,10只羊为一头标准畜;人均不足一头者划为贫雇牧民,人均2—3头牛者划为中牧,人均4头牛者划为富牧,人均5头牛以上者划为牧主。②

在划分阶级以后,发动群众对牧主展开斗争,被斗争的牧民有些是中牧以下的牧民,被错划为富牧、牧主的。例如,在昭乌达盟部分牧区被划为牧主、富牧的牧民占这些牧区人口总数的20%以上,远远超过牧主实际的比例;哲里木盟科左中旗的打击面占总人口的23%。有的地区发动牧民斗牧主时,提出"群众要怎么办就怎么办"的口号,使运动出现了失控的现象;有的地区对牧主的牲畜和财产一律予以没收,平均分配;有的地区将牧主和召庙的牲畜、财产集中起来,采取牧民抓阄的办法进行分配;有的地区不同程度地采用了简单、粗暴、侵犯人权的做法,强迫牧主"扫地出门",甚至乱打乱杀,强迫僧侣还俗,毁坏寺庙等极"左"行为。③

斗争牧主扩大了打击面,将一些不是牧主的基本群众列入斗争对象,严重挫伤了牧民参加改革和发展生产的积极性,使社会出现混乱局面。强迫僧侣还俗、毁坏寺庙、平分召庙土地牲畜,破坏了党的宗教信仰自由政策。平分牲畜拆分了原来稳定的畜群,出现了对畜群的管理不善、劳动力的浪费

---

① 《内蒙古自治区畜牧业的恢复发展及经验》,《内蒙古日报》,1953年1月1日。

② 钱占元:《内蒙古牧区实行"三不两利"政策和"稳宽长"方针历程与经验》,内蒙古自治区政协文史资料委员会:《"三不两利"与"稳宽长":思考与回忆》(内蒙古文史资料第59辑),第195—196页。

③ 钱占元:《内蒙古牧区实行"三不两利"政策和"稳宽长"方针历程与经验》,内蒙古自治区政协文史资料委员会:《"三不两利"与"稳宽长":思考与回忆》(内蒙古文史资料第59辑),第196页。

及任意宰杀、出卖、转移牲畜的现象。不少地区对牛羊的食用增加,导致种畜头数减少,牲畜头数急剧下降,畜牧业经济受到严重破坏。据昭乌达盟统计,1946年全盟牲畜总数为1430000头(只),1948年下降至930000头(只),损失了500000多头(只),其中林西县12个村、嘎查平分牲畜前有羊9250只,平分后只剩下2770只,损失了70.1%。再如,锡林郭勒盟正镶白旗和正蓝旗民主改革开始仅仅几个月就损失牲畜50000多头(只)。①牧区民主改革初期,出现的严重的"左"的偏差,极大地影响了民主改革的进程。

与此相反,兴安盟、呼伦贝尔盟牧区,由于从牧区经济特点出发,没有采取"左"的做法,执行了由政府扶助贫困牧民发展生产的政策,畜牧业不但未受损失,而且广大牧民收入增加了,生活得到了改善。例如,1947—1952年间,呼伦贝尔盟牧区牲畜总数增长了120.9%;兴安盟科尔沁右翼前旗乌兰毛都努图克牲畜,由1946年的24000头(只),增长到1949年的45000头(只)。②

内蒙古党委和自治区政府为纠正"左"的偏差,要求严格执行"三不两利"的政策,迅速扭转了被动局面,使改革步入正轨。"三不两利"政策是在实践中总结正反两方面的经验和教训后制定的,它的成功实践是内蒙古党委创造性执行党的民族政策的正确范例。

第三,必须始终把发展生产和改善牧民生活作为牧区民主改革的出发点和归宿。

内蒙古党委和人民政府在领导牧区民主改革中,始终把打破束缚生产力的因素,恢复和发展畜牧业生产,改善牧民的生活作为制定改革和改造的方针政策、检验执行的结果以及成败的出发点和归宿。

首先,牧区民主改革期间,内蒙古党委和政府对牧区贫困牧民采取了贷畜、贷款以及发放救济款的措施,扶助牧区贫困牧民发展生产,增加牲畜,提高生活水平。例如1951年,绥远省为抗灾保畜,给牧民发放人民币1400000元的抗灾保畜救济款,使牧民安全度过了当年风雪自然灾害。③另一方面,

---

① 钱占元:《内蒙古牧区实行"三不两利"政策和"稳宽长"方针历程与经验》,内蒙古自治区政协文史资料委员会:《"三不两利"与"稳宽长":思考与回忆》(内蒙古文史资料第59辑),第196页。

② 钱占元:《内蒙古牧区实行"三不两利"政策和"稳宽长"方针历程与经验》,内蒙古自治区政协文史资料委员会:《"三不两利"与"稳宽长":思考与回忆》(内蒙古文史资料第59辑),第196—197页。

③ 钱占元:《内蒙古牧区实行"三不两利"政策和"稳宽长"方针历程与经验》,内蒙古自治区政协文史资料委员会:《"三不两利"与"稳宽长":思考与回忆》(内蒙古文史资料第59辑),第196页。

内蒙古党委和政府1952年开始在牧区组建牧业生产互助组和试办牧业生产合作社,至1955年参加互助组和合作社的牧户达到全区总牧户的41.37%,牧区牲畜总头数达15829000头(只),比1952年的11970000头(只)增长32.2%,使大部分贫困牧户上升为中等牧户,生活有了很大改善。①

其次,在牧区实行轻税政策和为广大牧民服务的贸易政策,是合乎牧区群众的迫切要求的,对发展畜牧业生产起了很大的推动作用。例如,1953年内蒙古自治区人民政府制定了牧区减免税收政策,即确定了牧区免征点与累进税的最高额——为0.5%—5%,而政府为发展牧区畜牧业所投资费用,远远超过了牧业税收入。例如,锡林郭勒盟1950—1952年间税收总额仅是1952年总支出的71.3%,缺额部分由国家来补贴。②这一措施一方面安定了牧民的生产情绪,同时也使牧民感到了国家对他们的无限温暖与关怀,爱国情绪空前高涨。

自内蒙古自治政府成立以来,为了适应畜牧业生产的发展,制定、调整了贸易方针和政策,缩小了工业农业产品和牧业产品之间剪刀差,彻底消除了近代以来的旅蒙商的超经济剥削,实现等价交换。在内蒙古牧区民主改革期间,在传统的物物交换中,牧业产品价格已经有了很大的提升。例如,1只绵羊1948年只能换2块砖茶,1949年可换3块,1950年可换5.6块,1952年增至6块,四年内增加了两倍。③再如,1头犍牛1947年仅能换1匹"五福"牌布,1950年可换4.19匹,1952年可换5匹,五年内提高了四倍。1斤羊毛1949年仅可换"五福"牌布1.33尺,1950年即可换1.93尺,1951年可换4.6尺,三年内提高了3.45倍。其他如牛羊皮、奶制品等,在这几年中价格也都提高了数倍。④牲畜及畜产品价格的提高,极大地激发了牧民发展畜牧业生产积极性,成为内蒙古牧区能够得到发展的要素之一。

最后,工业、农业和牧业的相互支援与互补,也是促进牧区畜牧业发展的要素之一。发展畜牧业的主要内容之一就是增加牲畜,而增加牲畜要从两方面着手,即一方面多多繁殖,另一方面就要设法减少损失与消耗。牧区民主改革之前,内蒙古牧区牧民的主食是肉类,所以每年需要宰杀数量很多的牲畜。实现民主改革之后,政府每年向牧区调剂相当数量的粮食。

---

① 钱占元:《内蒙古牧区实行"三不两利"政策和"稳宽长"方针历程与经验》,内蒙古自治区政协文史资料委员会:《"三不两利"与"稳宽长":思考与回忆》(内蒙古文史资料第59辑),第196页。

② 《内蒙古自治区畜牧业的恢复发展及经验》,《内蒙古日报》1953年1月1日。

③ 《内蒙古自治区畜牧业的恢复发展及经验》,《内蒙古日报》1953年1月1日。

④ 《内蒙古自治区畜牧业的恢复发展及经验》,《内蒙古日报》1953年1月1日。

例如,1952年政府调剂到锡林郭勒盟牧区的粮食已达5500000斤,牧区每人平均可得粮食110余斤。[1]这些粮食成为牧区牧民的主食,就很大程度地减少了牧区牲畜的宰杀数量,有助于牧区牲畜头(只)的增长。同时,牧区为农区提供了大量的役畜,为工业生产提供了皮毛等工业原料,支援了农业、工业生产。

第二节　内蒙古牧区社会主义改造启示

一、内蒙古牧区社会主义改造进程分析

1958年7月,实现了内蒙古牧区畜牧业社会主义改造。通过社会主义改造建立的牧业生产互助组、合作社,实现了统一经营和计划、统一支配和调节劳动力,促进了牧业生产的发展。例如,1955年,锡林郭勒盟牧民一般情况下每人平均放牧牲畜的数量有300—1000头(只)不一,也有放牧极少数牲畜的情况。[2]实际上,当时牧区牧民每人放牧牲畜的数量200—300头(只)最为合理,而每人放牧过多的牲畜是因牧区劳动力不足,每人放牧过少的牲畜是浪费劳动力。所以通过社会主义改造建立起来的牧业生产互助组、生产合作社内部统一生产,合理地调节劳动力。

客观上能否促进牧区畜牧业生产的发展,是衡量牧区畜牧业社会主义改造的核心标准。1954年12月30日,乌兰夫在全国统战、民族工作会议上指出,在少数民族地区的一切改革和改造的目的都是为了发展生产力。[3]内蒙古牧区畜牧业社会主义改造,同样是为了发展内蒙古牧区畜牧业生产。

内蒙古牧区畜牧业社会主义改造时期的主要任务是,保护和发展包括牧主经济在内的整个牧区畜牧业生产,增加牲畜及畜产品数量,提高牲畜及畜产品的质量。[4]1957年8月颁布的《内蒙古畜业生产合作社示范章程(草案)》相关条款中,关于牧业生产合作社做了如下的明确规定:牧业生产合作

① 《内蒙古自治区畜牧业的恢复发展及经验》,《内蒙古日报》1953年1月1日。
② 乌兰夫:《在内蒙古发展农牧业互助组》,《内蒙古日报》1955年11月17日。
③ 乌兰夫:《当前民族工作中几个重要问题》(1954年12月30日),内蒙古乌兰夫研究会编:《乌兰夫论民族工作》,中共党史出版社1997年版,第192页。
④ 《进一步建设内蒙古自治区——乌兰夫主席在庆祝自治区成立六周年干部大会上的讲话》(1953年5月1日),内蒙古党委政策研究室、内蒙古自治区农业委员会编印:《内蒙古畜牧业文献资料选集》第二卷(上册),呼和浩特1987年版,第77页。

社是劳动牧民的集体经济组织,组织社员共同劳动,统一分配社员的共同劳动成果,逐步提高社员的劳动报酬;建立牧业生产合作社的目的是,使畜牧业生产得到高度发展,使牧民富裕起来;牧业生产合作社必须不断地增加牲畜和畜产品、提高牲畜和畜产品质量。①

综观1947—1957年间内蒙古全区牲畜牧业发展情况,首先从牲畜数量来看,1947年8281837头(只),1948年8437191头(只),1949年9103233头(只),1950年10499000头(只),1951年12669498头(只),1952年15720387头(只),1953年19127564头(只),1954年21998390头(只),1955年22791800头(只),1956年24357168头(只),1957年22394510头(只)。②

其次,从纯增殖率看,1948年为1.9%,1949年为7.9%,1950年为15.3%,1951为20.7%,1952年为24.1%,1953年为21.4%,1954年为15.0%,1955年为3.6%,1956年为6.9%,1957年为-8.1%。③可知,1947—1954年牲畜增长速度较快,纯增殖率较高。1954—1956年牲畜头(只)数依然增加,但是纯增殖率有上下波动。1957年的牲畜头(只)数比1956年减少1962658头(只),其中因自然灾害减少1200000头(只)。④

最后,从1957年内蒙古各地牲畜增减状况来看,巴音淖尔盟的牲畜增加了7%,锡林郭勒盟的牲畜增加了1.7%,察哈尔盟减少23%,平地泉减少15%,伊

① 内蒙古党委政策研究室、内蒙古自治区农业委员会编印:《内蒙古畜牧业文献资料选集》第二卷(上册),呼和浩特1987年版,第312页。

② 《关于畜牧业生产政策及社会主义改造规划的意见——高增培同志在内蒙古党委全体委员会(扩大)第四次会议上的报告》(1957年10月17日),内蒙古党委政策研究室、内蒙古自治区农业委员会编印:《内蒙古畜牧业文献资料选集》第二卷(上册),呼和浩特1987年版,第344—345页;《内蒙古党委关于第五次牧区工作会议向中央的报告》(1957年10月24日),内蒙古党委政策研究室、内蒙古自治区农业委员会编印:《内蒙古畜牧业文献资料选集》第二卷(上册),呼和浩特1987年版,第365页。

③ 《关于畜牧业生产政策及社会主义改造规划的意见——高增培同志在内蒙古党委全体委员会(扩大)第四次会议上的报告》(1957年10月17日),内蒙古党委政策研究室、内蒙古自治区农业委员会编印:《内蒙古畜牧业文献资料选集》第二卷(上册),呼和浩特1987年版,第344—345页;《内蒙古党委关于第五次牧区工作会议向中央的报告》(1957年10月24日),内蒙古党委政策研究室、内蒙古自治区农业委员会编印:《内蒙古畜牧业文献资料选集》第二卷(上册),呼和浩特1987年版,第365页。

④ 《关于畜牧业生产政策及社会主义改造规划的意见——高增培同志在内蒙古党委全体委员会(扩大)第四次会议上的报告》(1957年10月17日),内蒙古党委政策研究室、内蒙古自治区农业委员会编印:《内蒙古畜牧业文献资料选集》第二卷(上册),呼和浩特1987年版,第344—345页;《内蒙古党委关于第五次牧区工作会议向中央的报告》(1957年10月24日),内蒙古党委政策研究室、内蒙古自治区农业委员会编印:《内蒙古畜牧业文献资料选集》第二卷(上册),呼和浩特1987年版,第365页。

克昭盟减少13%,河套地区减少10%,呼伦贝尔盟减少10%,乌兰察布减少10%,哲里木盟减少6%,昭乌达盟减少5%。从牲畜品种来看,除马和骆驼略有增加外,其他牲畜都减少了。从农区、牧区、半农半牧区分别来看,农区减少1090000多头(只),较上一年减少153;半农半牧区减少350000多头(只),较上一年减少3.23%;牧区减少510000多头(只),较上一年减少8.27%。[①]

造成如上所述内蒙古牲畜增长率下降的原因是多方面的,最重要的原因可归纳如下几个方面。

第一,在执行畜牧业社会主义改造方针、政策方面上的问题。在农业区和半农半牧区没有全面正确贯彻执行"在稳定发展生产的基础上,逐步实现对畜牧业的社会主义改造"的方针,忽视了内蒙古地区农牧交错,民族杂居,有很多蒙汉农民习惯经营畜牧业,并且畜牧业占相当比重的特点。违反自愿原则,强迫对牲畜一律采取作价入社的办法,结果引起了农牧民非正常的宰杀和畜卖牲畜。牲畜入社后,合作社又缺乏集体饲养管理经验,牲畜瘦弱死亡现象曾一度很严重。例如,乌兰察布盟牲畜入社后,因经营管理不当而损失牲畜250000头(只),占半农半牧区牲畜总头数的18%。[②]另一方面,有不少合作社的经营方针没有贯彻公私兼顾的精神,只许合作社牧养公有牲畜,不允许社员自养牲畜,也没有真正贯彻帮助社员发展畜牧业精神,卡得太死,使社员在组织放牧、饲草料和劳动时间上都发生了困难。在粮食统购中,对牲畜的饲料未加照顾。这些都影响了农区、半农半牧区的畜牧业发展。

牧区社会主义改造,基本上贯彻了在稳定发展生产的基础上进行社会主义改造的方针,牧业合作社化是健康的,成绩也是巨大的。但是有的地方,主要是靠近农区的地方,不顾牧民的觉悟水平,盲目地采取了高级形式,在分配中不贯彻互利政策而用"割肥补瘦"的办法,影响了一部分牲畜多的牧户生产积极性。在价格政策上,牲畜和畜产品价格较低,对畜牧业生产的

---

① 《关于畜牧业生产政策及社会主义改造规划的意见——高增培同志在内蒙古党委全体委员会(扩大)第四次会议上的报告》(1957年10月17日),内蒙古党委政策研究室、内蒙古自治区农业委员会编印:《内蒙古畜牧业文献资料选集》第二卷(上册),呼和浩特1987年版,第345页。

② 《关于畜牧业生产政策及社会主义改造规划的意见——高增培同志在内蒙古党委全体委员会(扩大)第四次会议上的报告》(1957年10月17日),内蒙古党委政策研究室、内蒙古自治区农业委员会编印:《内蒙古畜牧业文献资料选集》第二卷(上册),呼和浩特1987年版,第344—345页;《内蒙古党委关于第五次牧区工作会议向中央的报告》(1957年10月24日),内蒙古党委政策研究室、内蒙古自治区农业委员会编印:《内蒙古畜牧业文献资料选集》第二卷(上册),呼和浩特1987年版,第345页。

发展也有一定影响。

第二，各地遭受各种自然灾害的破坏较大。1954—1957年，呼伦贝尔盟、锡林郭勒盟、伊克昭盟、乌兰察布盟、昭乌达盟遭受了严重的雪灾、虫灾、旱灾等自然灾害。据1957年统计，因各种灾害死亡牲畜：1952年死亡540000头（只），死亡率为3.44%，1953年死亡940000头（只），死亡率为4.91%，1954年死亡1800000头（只），死亡率为8.18%，1955年死亡2510000头（只），死亡率为11.05%，1956年死亡2170000头（只），死亡率为8.94%。即1952—1956年，因各种灾害损失的牲畜达7960000头（只）（见表5—1）。

其中，1956年损失牲畜当中大部分因风雪灾害、疫病、狼害。其他灾害分别损失470000头（只）、940000头（只）、70000头（只）、690000头（只）。[①]

表5—1　1952—1953年因灾害牲畜死亡数字

年份	死亡牲畜数[(头)只]	死亡率(%)
1952	540000	3.44
1953	940000	4.91
1954	1800000	8.18
1955	2510000	11.05
1956	2170000	8.94

资料来源：《关于畜牧业生产政策及社会主义改造规划的意见——高增培同志在内蒙古党委全体委员会（扩大）第四次会议上的报告》（1957年10月17日），内蒙古党委政策研究室、内蒙古自治区农业委员会编印：《内蒙古畜牧业文献资料选集》第二卷（上册），呼和浩特1987年版，第346页。

第三，人民群众牲畜消费量的增加。农牧民群众的肉食量的增加，使牲畜宰杀和卖出的数量增多。例如，昭乌达盟牧区牧民每人平均消费肉食牲畜数量，由1953年的1.9头（只），增加到1956年的3.6头（只）。其中，呼伦贝尔盟、锡林郭勒盟等地区牧区牧民每人平均消费肉食牲畜数量达6—8头（只）。[②]

[①]　《关于畜牧业生产政策及社会主义改造规划的意见——高增培同志在内蒙古党委全体委员会（扩大）第四次会议上的报告》（1957年10月17日），内蒙古党委政策研究室、内蒙古自治区农业委员会编印：《内蒙古畜牧业文献资料选集》第二卷（上册），呼和浩特1987年版，第347页。

[②]　《关于畜牧业生产政策及社会主义改造规划的意见——高增培同志在内蒙古党委全体委员会（扩大）第四次会议上的报告》（1957年10月17日），内蒙古党委政策研究室、内蒙古自治区农业委员会编印：《内蒙古畜牧业文献资料选集》第二卷（上册），呼和浩特1987年版，第347页。

按社会主义改造之前历年统计数据,内蒙古牲畜总增率为约30%,消耗情况是:损失约3%—5%,食用6%—8%,出卖约10%、最高达11%—12%。[①]但据1952—1956年统计数据,牲畜及皮张收购数(见表5—2)和群众宰杀牲畜数字(详见表5—3)都超过了以往常规数量。即从畜牧业生产和消费比例上看也存在着问题,即牲畜的各种消耗数量是增长很快的,特别是群众的屠宰量过大。

表5—2　1952—1956年收购牲畜和皮张数字

年份	收购大小牲畜数[(头)只]	占当年牲畜总数的比例(%)	收购皮张数(张)	占当年牲畜总数的比例%
1952	361085	2.29	319468	2.30
1953	484608	2.53	622344	3.95
1954	723957	3.29	1568257	7.12
1955	1075342	4.76	2521311	11.00
1956	2058676	8.54	29181047	11.90

资料来源:《关于畜牧业生产政策及社会主义改造规划的意见——高增培同志在内蒙古党委全体委员会(扩大)第四次会议上的报告》(1957年10月17日),内蒙古党委政策研究室、内蒙古自治区农业委员会编印:《内蒙古畜牧业文献资料选集》第二卷(上册),呼和浩特1987年版,第348页。

表5—3　1952—1956年群众宰杀牲畜数字

年份	宰杀牲畜数[(头)只]	占当年牲畜总数的比例(%)
1952	634044	5.0
1953	1265403	8.0
1954	1842067	9.6
1955	2724388	12.9
1956	2716621	11.9

资料来源:《关于畜牧业生产政策及社会主义改造规划的意见——高增培同志在内蒙古党委全体委员会(扩大)第四次会议上的报告》(1957年10月17日),内蒙古党委政策研究室、内蒙古自治区农业委员会编印:《内蒙古畜牧业文献资料选集》第二卷(上册),呼和浩特1987年版,第348页。

第四,部分地区草牧场不够,水源困难,影响载畜量。例如,河套地区草牧场困难;伊克昭盟草牧场不好,1954—1957年牲畜数量波动约4000000头

---

① 《内蒙古党委关于第五次牧区工作会议向中央的报告》(1957年10月24日),内蒙古党委政策研究室、内蒙古自治区农业委员会编印:《内蒙古畜牧业文献资料选集》第二卷(上册),呼和浩特1987年版,第366页。

（只）①；部分农区耕地面积扩大，草牧场面积缩小，草牧场不足甚至有些草牧场逐渐退化等。在牲畜头（只）数快速增加的情况下，如果生产技术措施的改进工作做得好，是可以改变和缓和的。但是草牧场改良、开辟水源、牲畜疫病防治、畜种改良等方面一系列生产技术改进工作落后于生产的发展。在一定条件下，这些也成为导致畜牧业生产下降的一个因素。

二、内蒙古牧区社会主义改造的经验与启示

如前所述，内蒙古牧区合作化运动取得了一定的成绩，凡是牧业生产合作社办得好的地方，都显示出巨大的优越性。大部分牧业社的生产得到了发展，牲畜头数增加，社员的收入增加、生活水平有了提高；牧区劳动力的作用得到了充分发挥，种植了饲料、粮食，初步实现了多种经营；改进了牧业生产技术，进行了品种改良，加强了兽疫防治工作；推行了定居游牧，有利于人畜两旺。同时，合作化带动了互助组的发展和对牧主经济的改造，锻炼了干部，提高了领导水平，取得了经验。但是出现了不少缺点和错误，甚至是严重的错误。其基本经验与启示，主要有以下几个方面。

（1）内蒙古畜牧业社会主义改造的方针、政策及措施，必须适合畜牧业生产的特点，必须发挥农牧民群众发展畜牧业生产的积极性

内蒙古牧区畜牧业生产具有很大的脆弱性和不稳定性。所以，必须从实际出发，因地制宜地积极采取措施，使脆弱的、不稳定的畜牧业逐步改变为可以稳定发展的畜牧业。历史教训是农牧民对发展畜牧业的积极性有任何降低，都足以造成巨大的损失。例如，在内蒙古农区和半农半牧区畜牧业合作化过程中，畜牧业经济的特点被忽视，在稳定发展生产的基础上进行社会主义改造的方针未能得到贯彻执行，违反自愿原则，不加区别地对牲畜一律采用作价入社的办法，农牧民发展畜牧业的积极性受到严重挫伤，发生了农牧民非正常大量宰杀和出卖牲畜的现象。以平地泉行政区为例，1956年6月有牲畜2600000头（只），到年末减少1／3，到1957年6月，用新繁殖的幼畜补偿后，还比1956年6月末减少了490000头（只）。农区牲畜1957年比

---

① 《内蒙古党委关于第五次牧区工作会议向中央的报告》（1957年10月24日），内蒙古党委政策研究室、内蒙古自治区农业委员会编印：《内蒙古畜牧业文献资料选集》第二卷（上册），呼和浩特1987年版，第366页。

1956年减少1090000头（只），下降了15.3%。①实践证明，这些受损失严重地区，没有两三年的时间是恢复不了的。

（2）对个体牧民的经济改造必须贯彻自愿互利原则，必须妥善照顾社员的生活需要和自留牲畜的要求；对牧主的改造办法应由他们自由选择；必须坚持贯彻保护宗教信仰自由的政策

内蒙古牧区在全国范围的社会主义改造高潮的推动下，展开了畜牧业生产合作化运动。内蒙古牧区各地根据内蒙古党委提出的个体牧民社会主义改造的自愿互利原则，在举办牧业合作社以前反复地向牧民宣传党在过渡时期的总路线、牧业合作化的方针、政策、办法及其优越性，使牧民有了充分的思想认识准备。同时，各地党委和政府加强对各类互助组的领导，在原有互助组的基础上建立合作社的试点。牧业生产合作社建立之后，如何解决自愿互利问题的重要性越来越明显了。事实证明，牧业社在处理牲畜入社和收益分配工作上，必须认真执行自愿互利原则，必须从当地实际情况出发，照顾劳畜两方的收益。大多数牧业生产合作社都执行了这一原则，使劳力多牲畜少的户和牲畜多劳力少的户都满意。但是，个别的牧业合作社曾出现过不顾条件，强迫命令，急躁冒进等现象，结果是违背了牧民意愿，造成社内工作混乱。

同时，必须妥善照顾社员的生活需要和自留牲畜的要求。即必须妥善解决社员的乘马、奶畜、肉畜、运输役畜、祭祀用等方面牲畜的需求。这一需求不能忽视，不能对社员自留牲畜扣得太紧，给社员的生产和生活带来不便，影响牧民群众发展畜牧业生产的积极性。

对牧主经济进行社会主义改造的目的是为了发展牧区畜牧业生产，所以，对牧主的社会主义改造继续执行"不斗、不分、不划阶级，牧工牧主两利"政策。牧主社会主义改造的具体办法，由牧主自由选择，既可以加入公私合营牧场，也可以参加牧业生产合作社，还可以经营新"苏鲁克"。如果，牧主对这些办法都不愿意，还可以自己雇工经营；牧主在生产上有困难，国家还给予帮助。这些都是对牧主经济进行社会主义改造的新办法，受到牧主们的欢迎。在建立公私合营牧场、入牧业生产合作社的初期，党和政府反复向牧主交代政策，充分协商，消除他们顾虑，并且妥善解决清产核资、估产作价等经济问题。协商同意才办，不同意就不办。1956年，内蒙古牧区试办了

① 《内蒙古自治区第一个五年计划畜牧业生产执行情况和今后工作打算——程海洲同志在全国畜牧业工作会议上的发言》（1957年12月20日），内蒙古党委政策研究室、内蒙古自治区农业委员会编印：《内蒙古畜牧业资料选编》第二卷（上册），呼和浩特1987年版，第381页。

13个公私合营牧场,同时12户牧主参加了牧业生产合作社。对加入公私合营牧场和参加牧业合作社的牧主,在经济方面给予了合理的利息;税收方面给予了照顾;生活方面允许留有较多自留牲畜;在政治上方面让牧主担任公私合营牧场场长、副场长等职务。这样,既激发了牧主发展畜牧业生产的积极性,推广了生产经验,又能使牧主经济改造成为社会主义集体经济。

(3)如果各项基本建设和技术措施跟不上畜牧业生产的发展,就很难保证大量增加牲畜

1953—1957年内蒙古遭遇自然灾害,畜牧业生产遭受严重损失。其间,内蒙古牧区因自然灾害损失的牲畜达6700000头(只),其中大牲畜1100000头,小牲畜5600000只,平均每年损失1340000头(只)。[①]牲畜头(只)数如此剧减的要因是,因为畜牧业生产基础建设滞后,抗灾能力弱,生产方式落后以及畜牧业生产的不稳定性和脆弱性。所以必须进行牧区水利建设和草原勘察规划、保护工作,加强牲畜改良、提高牲畜质量和加强兽疫防治等工作。

1953—1957年,牧区因各种灾害损失的牲畜达6700000头(只),如果按大牲畜平均每头值50元,小牲畜值10元计算,价值1亿元以上,损失是十分巨大的。如果多搞一点基本建设,把抵御自然灾害和病害的能力提高一步,使牲畜的损失减少1/4或1/3是可能的。[②]同时,在为牧区的畜牧业发展方向服务的农业生产区,建立、巩固人工饲料基地,以保证牧区畜牧业的稳定发展。从1957年春季的风雪灾害中可以看出,凡是建立了饲料基地的牧业社,牲畜的死亡率比一般低一半以上。[③]

(4)必须加强经济工作,加强相关经济部门间密切配合工作,以便妥当掌握牲畜出卖率和屠宰率,保持消耗和积累的正常比例

事实教训告诉我们,如果有关经济工作做不好,就不能使畜牧业生产

---

① 《内蒙古自治区第一个五年计划畜牧业生产执行情况和今后工作打算——程海洲同志在全国畜牧业工作会议上的发言》(1957年12月20日),内蒙古党委政策研究室、内蒙古自治区农业委员会编印:《内蒙古畜牧业资料选编》第二卷(上册),呼和浩特1987年版,第382页。

② 内蒙古自治区第一个五年计划畜牧业生产执行情况和今后工作打算——程海洲同志在全国畜牧业工作会议上的发言》(1957年12月20日),内蒙古党委政策研究室、内蒙古自治区农业委员会编印:《内蒙古畜牧业资料选编》第二卷(上册),呼和浩特1987年版,第382页。

③ 《内蒙古自治区第一个五年计划畜牧业生产执行情况和今后工作打算——程海洲同志在全国畜牧业工作会议上的发言》(1957年12月20日),内蒙古党委政策研究室、内蒙古自治区农业委员会编印:《内蒙古畜牧业文献资料选集》第二卷(上册),呼和浩特1987年版,第384页。

得到正常发展。例如,交通方便的地区收购过多,就直接影响牲畜增殖,商业政策是否恰当,也影响牲畜的增殖。呼伦贝尔盟新巴尔虎右旗1955年末共有牲畜476000头(只),1956年消耗(出卖、宰杀)177000头(只),占牲畜总数的37.5%;新巴尔虎左旗1956年消耗牲畜235000头(只),占牲畜总数的39.5%,但是全年总增殖牲畜184000头(只),消耗数量大大超过了增殖数量。[①]

积累与消耗保持一个正常比例是非常必要的,因为这是扩大再生产的基础。据1957年之前的统计,适龄母畜占牲畜总数45%以上时,牲畜繁殖成活率一般都可以保持70%以上,牲畜增殖率可达到30%以上。[②]为了保持一定的纯增率,除了力争把损失减少到最小外,主要应该在出卖和宰杀率上做文章。1953年全区共收购牲畜480000头(只),1956年收购数量达到2000000多头(只),占牲畜总量的8.54%。1953年群众自宰牲畜1260000头(只),1957年达到2850000头(只),占牲畜总数的12.7%。[③]出卖和屠宰的数字都显得过高,两项合起来已超过牲畜总数的21%以上。如果再加上每年不可避免的灾害损失(一般都在8%左右),就不可能有什么增殖了。

(5)牧区合作化的速度和合作社的规模要适合牧区实际情况,速度不宜过快,规模不宜过大

1956年,中共内蒙古自治区委员会对各牧区提出了几项原则:要求保证在分配中做到牲畜多劳力少、劳力多牲畜少的户都能得到合理利益,要求占牧业收入中的80%—90%分配给社员,保证绝大多数社员、争取所有社员都能增加收入。[④]这些要求,大部分合作社已经做到了。但在分配中也

---

① 《内蒙古自治区第一个五年计划畜牧业生产执行情况和今后工作打算——程海洲同志在全国畜牧业工作会议上的发言》(1957年12月20日),内蒙古党委政策研究室、内蒙古自治区农业委员会编印:《内蒙古畜牧业资料选编》第二卷(上册),呼和浩特1987年版,第282页。

② 《内蒙古自治区第一个五年计划畜牧业生产执行情况和今后工作打算——程海洲同志在全国畜牧业工作会议上的发言》(1957年12月20日),内蒙古党委政策研究室、内蒙古自治区农业委员会编印:《内蒙古畜牧业资料选编》第二卷(上册),呼和浩特1987年版,第383页。

③ 《内蒙古自治区第一个五年计划畜牧业生产执行情况和今后工作打算——程海洲同志在全国畜牧业工作会议上的发言》(1957年12月20日),内蒙古党委政策研究室、内蒙古自治区农业委员会编印:《内蒙古畜牧业资料选编》第二卷(上册),呼和浩特1987年版,第384页。

④ 《内蒙古党委负责人谈畜牧业改造的经验》,1957年2月9日,内蒙古党委政策研究室、内蒙古自治区农业委员会编印:《内蒙古畜牧业文献资料选集》第二卷(上册),呼和浩特1987年版,第266页。

曾发生过一些偏向。例如，有的地方"割肥补瘦"的平均主义分配思想，就会使一部分牧民吃亏。内蒙古牧业合作社的形式、发展速度和规模怎样才能合适？由于牧业社举办时间不长、经验不足，一般还只办初级，不提倡办高级。在考虑合作化速度时，首先应该考虑的是能否促进牧业生产的发展。即由畜牧业生产是否有稳定发展趋势，来决定畜牧业合作化速度的快与慢。同时，根据各地的具体实际情况，牧业合作社化的速度因地而异，可有慢有快，以避免不必要的损失。内蒙古牧区牧业社的规模，由于牧区辽阔、居住分散、干部条件差，所以游牧区的牧业合作社一般在10—20户为宜，最大不能超过30户；定居区的牧业合作社一般在20—30户为宜，最大不能不超过40户。[①]

（6）从领导思想上检查，由于对我区畜牧业迅速发展后所出现的新情况和新问题认识不足，未能深入钻研和及时解决问题

必须克制不根据具体情况生搬硬套的做法，尽量使畜牧业生产在社会变革中不遭受损失并使畜牧业生产稳定发展。特别是克服"忽视民族特点、地区特点，脱离实际、脱离群众"做法。[②]

第三节　内蒙古牧区人民公社化经验

在"大跃进"和人民公社化运动之前，内蒙古党委和政府坚持从内蒙古牧区的民族特点、地区特点、历史特点和牧区经济的特殊性出发，制定实施了适合内蒙古牧区实际的民主改革、社会主义改造和牧区经济建设的一系列方针、政策及措施，使内蒙古牧区工作取得辉煌成就。

但是一方面，在"大跃进"运动中，未能全面正确理解"以农业为基础"方针，脱离内蒙古牧区的民族、地区、历史、经济等各方面的特点和自然条件，大办农业，迎来了大量开垦草原的高潮。其结果，不但没有能够使粮食增产，反而使粮食减产。同时，因过度开垦，草原遭到严重破坏，给内蒙古牧区也带来了一系列严重的生态问题和社会问题。

---

① 《内蒙古党委负责人谈畜牧业改造的经验》，1957年2月9日，内蒙古党委政策研究室、内蒙古自治区农业委员会编印：《内蒙古畜牧业文献资料选集》第二卷（上册），呼和浩特1987年版，第266页。

② 《乌兰夫同志在八届三中全会上关于畜牧业生产的发言》（1957年10月），内蒙古党委政策研究室、内蒙古自治区农业委员会编印：《内蒙古畜牧业文献资料选集》第二卷（上册），呼和浩特1987年版，第341页。

另一方面,内蒙古牧区人民公社化运动中,"一大二公"的管理制度破坏了牧区生产力,"一平二调""大锅饭"的平均主义严重挫伤了广大牧民群众的劳动积极性,严重阻碍了畜牧业生产的发展。

20世纪60年代国民经济调整期间,内蒙古党委和政府制定实施了保护草原生态环境的一系列的方针、政策、原则,规定相关的条例,并采取措施封闭了已经开垦的草原,使"大跃进"运动期间的破坏草原生态环境问题基本上得到纠正和解决,为内蒙古牧区畜牧业生产的发展创造了客观环境条件。另一方面,对内蒙古牧区人民公社的体制和规模进行了调整,并通过执行按劳分配原则和建立生产责任制,使内蒙古畜牧业得到了稳定、持续的发展,支援了困难时期国家建设和其他省区。其基本经验可总结为以下几点。

第一,生产关系的变革,不能超越生产力的发展和历史发展阶段。实践证明,生产关系阻碍生产力发展的时候必须改变,使之适应生产力的发展;反之,生产关系适应生产力发展的时候,超越生产力的发展去改变生产关系,也会阻碍甚至破坏生产力的发展。1958年内蒙古牧区人民公社化运动中,生产关系的变革超越了生产力的发展和要求。特别是"一大二公""一平二调"极大地挫伤了广大牧民的生产积极性,严重阻碍了畜牧业生产的发展。尤其是收益分配上吃"大锅饭"的问题比较严重:①农牧民之间吃"大锅饭"。在内蒙古牧区除了牧业队,还有一些农业队,这些农业队有的和牧业队统一核算,农业队收入少,开支大,用工多,所以共了牧业队的产。②盲目流入人员和当地牧民在吃肉、用皮毛、分配上吃"大锅饭",就影响了当地牧民的生活。例如,据1956年内蒙古10个牧业旗100户牧民典型调查,户均收入为1506元,人均收入386元,户均生活费共计1323元。但是1959年内蒙古牧区人民公社牧民人均收入117.3元。[①]③按人口分配实物,人口多劳动力少和人口少劳动力多的牧户,劳动好和劳动差的劳动力一样吃"大锅饭"。④牲产品和工业产品价格剪刀差很大,而且畜产品收购上的压等压价的存在,结果工业、商业和牧业吃"大锅饭"。⑤积累偏高,使用不当,损失浪费大。⑥由于财务管理不健全,挤占集体经济的现象严重。⑦机关、团体和个人到牧区廉价购买畜产品,牧民的经济利益受到损失。⑧生产责任制不完善,定产指标不合理,奖励偏低,各工种之间计工不平等,也造成多劳不能多得,少劳又不少得,甚至不劳而得的"大锅饭"现象。⑨外单位抢占生产队的草牧场、林木以及强行在生产队的草牧场上砍柴、

---

① 巴图巴根:《肃清"左"的影响,加快牧区经济发展》(1981年5月27日),巴图巴根著:《农村牧区工作文集》,内蒙古人民出版社2006年版,第281页。

搂草、采挖药材等。

第二，不能盲目地追求牲畜数量，违背畜牧业经济规律。在"大跃进"运动期间，片面地要求增加牲畜头（只）数，强调高速发展畜牧业生产，是内蒙古社会主义建设事业中一项极为重要的任务。1958年7月，提出"十年计划五年完成"的口号，要求每年的牲畜头（只）数量递增速度达20%—25%。①这些过快的增长速度，不仅违背了内蒙古畜牧业生产经济规律，而且根本不可能实现、脱离实际的生产计划。

为了达到上述目标，规定了吃七卖八的低水平周转率，于是卖牲畜限制口齿，凡母畜不能宰杀，不能卖出。结果出现了多处理大畜，少处理小牲畜；吃大畜留小畜，使大畜的绝对数和比重下降。同时，牲畜出栏率和商品率一直不高，影响了正常周转，减少了对国家的贡献，影响了社员收入，草场载畜量过重，瘦弱牲畜增多，抗灾经费逐年增加。

第三，从内蒙古牧区农牧关系来看，在牧区贯彻执行"以牧为主，农牧结合多种经营"的方针，发展农业是必要的，但在牧区发展农业的目的，首先应该服务于畜牧业生产的发展。在牧区发展农业和畜牧业，有相互结合、互相促进的一面，但也有相互矛盾的另一方面。特别是在牧区，发展农业和发展畜牧业的矛盾常常表现在开垦牧场种地和保护牧场问题上，处理不好，必然发生两者之间的矛盾甚至民族之间的矛盾。

1960年有些牧区大办农业，国营农牧场大量开荒，有的把不应开的草原也给开了，引起了农牧矛盾，发现后及时做了纠正。牧区发展农业都必须经过群众充分酝酿讨论，在农牧之间进行合理布局，全面规划，不得盲目的、无计划的开垦草牧场。发展农业开垦草牧场，必须为畜牧业生产服务，不许争夺牧场，破坏草场，影响畜牧业生产；开垦草牧场，必须在有水利或保墒条件的陡坡地，以免水土流失，造成沙荒；生产队使用草牧场时，必须经过生产大队或生产队的同意，不许乱垦生产大队或生产队的草牧场，侵犯他们的利益。同时，必须消除"牧业落后论""牧区发展的前途是农业""农业重要，牧业不重要"等忽视畜牧业的错误思想。牧区的发展前途不是把牧业改为农业，把牧区改变为农区，而是发展畜牧业，把落后的牧区建设成为新牧区。

---

① 《内蒙古党委关于高速度发展畜牧业生产的指示》（1958年7月31日），内蒙古党委学习编委会编印：《学习》（党内刊物）第262期，第41—44页。

第四节 改革开放初期内蒙古牧区体制改革启示

中国共产党十一届三中全会之后，内蒙古各族人民在党的领导下，在改革开放的实践中结合内蒙古的实际，不断探索，开拓进取，开辟了内蒙古历史发展的新时期，全区经济与社会发生了历史性的变化，呈现了繁荣景象。其中，内蒙古畜牧业战线的成绩是十分显著的。例如，1979年，内蒙古全区牲畜总数达39020000头（只），总增率达25.2%，纯增3520000头（只），纯增率达9.9%；全区86个旗县中有79个旗县增产；良种和改良牲畜也有较大发展，其中良种改良绵羊达11100000只，占绵羊总数的50%多；全区草库伦面积已达28000000多亩，其中高产稳产的基本草牧场达4000000多亩；据16个旗的统计，牧区造林面积187500亩。①再如，1983年，内蒙古全区畜牧业生产值达到12.6亿元，比1949年增长了10.6倍；牲畜头数比1949年的8410000头（只），发展到1983年的35397000头（只）。②1947—1983年，内蒙古自治区累计饲养了牲畜11亿头（只），向国家提供各类肉畜和役畜70000000头（只），毛、绒15亿斤，皮张1.2亿张；畜牧业累计产值100多亿元。③随之牧民收入增加，牧民生活水平大大提高。

内蒙古牧区工作走过了曲折的道路。在1957年以前，畜牧业发展速度一直很快，平均每年递增牲畜9%以上。1957年以后，牲畜增长速度虽然开始放慢，但除1957年入社和1966年牧区因特大自然灾害外遭受一些损失外，其他年份还都是上升的，其间平均每年递增牲畜5%以上。但是1966年"文化大革命"以后，主要是受极"左"路线的干扰和破坏，再加上牧区工作上的失误，1966—1979年的13年间内蒙古全区牲畜总头数不仅没有增加，反而下降了15%。这期间，内蒙古畜牧业牲畜头（只）数大的减产就有六次之多，几乎每隔二三年就减产一次，形成了年度之间的恶性循环。④可知，极"左"路线对内蒙古牧区畜牧业经济的破坏是十分严重的。其经验与启示可归纳为以下几点。

---

① 《杰尔格勒同志在全区畜牧业工作会议上的讲话》（1979年11月14日），扎鲁特旗档案馆藏，资料号：23—2—60。

② 扎那：《建设繁荣昌盛的内蒙古，大力发展畜牧业》，《红旗》1984年第18期，第12页。

③ 周惠：《谈谈固定草原使用权的意义》，《红旗》1984年第10期，第6页。

④ 《杰尔格勒同志在全区畜牧业工作会议上的讲话》（1979年11月14日），扎鲁特旗档案馆藏，资料号：23—2—60。

第一,发展畜牧业生产和进行牧区建设的重要前提条件是一定要有安定团结、和谐稳定的社会环境。"文化大革命"期间在极"左"路线影响下,违背了马克思主义哲学基本观点,只讲对立,不讲统一;只讲斗争,不讲团结。其结果是以阶级斗争为纲,政治运动连续不断,人民内部斗争不止,从而伤害了广大牧区干部和群众,破坏了团结和安定,严重地阻碍了畜牧业生产的发展。党的十一届三中全会以后,内蒙古牧区畜牧业之所以能够得到恢复和发展,是因为对阶级斗争问题进行了正确的、实事求是的、客观的判断,恢复了牧区的政治稳定和社会的安定与和谐,为牧区经发展提供了良好的社会环境。同时,对在"文化大革命"期间实行的"三不两利"政策,畜牧业社会主义改造进程中实行的"稳、宽、长"原则,对牧主经济实行的"和平改造"政策,社会主义建设时期实行的五项方针和十一项政策等,都予以恢复名誉,重申其正确性,保证了生产力和生产关系不致遭到破坏,畜牧业生产能够顺利、不断的发展。

第二,制定牧区工作和畜牧业的方针、政策一定要坚持理论联系实际的原则,一定要一切从实际出发,一切从大多数人民群众的利益出发。自内蒙古自治政府成立之后的牧区民主改革、社会主义改造至全面建设社会主义时期,党在牧区和畜牧业方面的方针、政策的最基本出发点,是团结一切可以团结的力量,调动一切积极因素,充分发挥广大牧民群众的生产积极性,促进畜牧业生产的发展;基本观点是"千条万条,发展牲畜是第一条"。在这一出发点与观点指导下,大部分时期内蒙古牧区生产是不断上升、持续发展的。即使在"文化大革命"时期,在周恩来总理和邓小平主持中央工作期间,内蒙古牧区畜牧业生产也是上升的。但是由于林彪、"四人帮"极"左"路线破坏了党的正确路线、方针政策的实施工作,错误政策又长期得不到澄清和纠正,结果内蒙古畜牧业生产出现了停滞甚至倒退问题。实践证明,党的牧区政策及其落实,就是党的牧区工作的生命线,党的方针政策得到正确的落实,畜牧业生产就能得到稳定持续的发展,反之,畜牧业生产就遭到损失和破坏。

第三,一定要重视畜牧业生产在国民经济中的重要地位和作用。"文化大革命"期间,内蒙古牧区畜牧业经济没有能够摆到应有的位置,这是畜牧业生产不能稳定、持续发展的重要原因。其间没有能够认真、实事求是地研究牧区和畜牧业工作,事实上也不可能进行这种研究。国家对畜牧业的物质技术支持也不够,而且没有充分生效,尤其是再次出现了盲目开垦草原,破坏牧场和以农挤牧、以农代牧等不正常现象。这不仅损害了畜牧业经济本身,同时也损害农业经济和其他经济。实践证明,内蒙古这样风沙大、十年九旱的地区,如果忽视了畜牧业,忽视了林业,也就是没有了农业。单纯地追求粮食生产,是不可能成功的。

第四,一定要大搞草牧场的基本建设和基础设施建设,解决牲畜吃、喝、住的问题,这是改变畜牧业生产低而不稳定的基本条件。1966—1979年内蒙古牲畜总头数下降了15%,13年有6个年度牲畜减产。其原因除了人为因素,草牧场基本建设差,畜牧业抗灾能力低,是导致夏饱、秋肥、冬瘦、春死亡的恶性循环的重要原因之一。

第五,一定要切实加强党对畜牧业工作的领导。第一把手一定要抓畜牧业,要研究畜牧业,提倡畜牧业,要严格按照自然规律和经济规律办事,不断研究和吸取国内外的先进经验,改进技术和管理,实现科学养畜。实践证明,这是畜牧业的现代化建设必不可少的条件。

第六,内蒙古自治区的生产建设实行"以牧为主,农牧林结合,因地制宜,各有侧重,多种经营,全面发展"的方针,是改变农牧业经济结构,切实加强农牧业基础作用的一个重大改革。其中,牧区实行"以牧为主"方针是总结历史经验,并根据自治区客观实际而决定的。内蒙古自治区地处亚寒带,降水量少,旱、涝、冬自然灾害频繁,农业生产极不稳定,大部地区宜牧不易农,全区草原面积达13亿亩(1979年),占全国草原总面积的1/3,发展畜牧业的自然资源丰富。各族牧民有从事畜牧业生产的悠久历史和丰富的实践经验,发展畜牧业生产有较好的基础。

第七,畜牧业生产责任制必须不进行改进和完善。畜牧业生产责任制作为经营管理模式,属于生产关系范畴,生产关系应当根据生产力发展的要求,创造出与之相适应和有利于继续发展的生产关系具体形式。内蒙古畜牧业生产责任制中"两定一奖"实行于"文革"之前,废止于"文革"之中,十一届三中全会之后重新得到恢复实施,并在实践中发挥了积极的作用。但随着历史的发展,"两定一奖"责任制显露了它的弊端。其一,各种承包指标过于复杂,不但有产量、工分、费用和超减产奖罚比例的指标,而且每一项指标中又分解为若干具体指标(如产量指标中有"成畜保育率""仔畜繁殖成活率""畜产品产量"等)。其二,各种指标难以定的合理,难以体现按劳分配原则。其三,生产经营权基本掌握在干部手里,牧民缺乏较大的经营自主权,只是在短期内(一般是一年)有一点经营权,很难做出长期考虑和安排。其四,承包牲畜不平衡,一般以畜群为单位承包,由于集体畜群有限有些牧民难以承包到畜群。

由于"两定一奖"的弊端,内蒙古牧区实行了畜群大包干责任制。即集体将牲畜根据种类、数量、质量,按人口或劳动力平均承包给各户牧民,实行成畜保本,仔畜比例分成,期限一般为3—5年或更长。其特点是:方法简便易行,牧民易于掌握并有较大的生产经营自主权,绝大部分生产项目由牧民自主地经营,利益比较直接,适应当时畜牧业的特点和生产发展需要;分配方面,实行以产量计酬的比例分成制,不再通过集体以工分值进行分配,使劳动报酬与劳动成果紧密地联系起来,兼顾了国家、集体、个人三者利益。因此,这一责任制的实施,收到了显著的效果,受到了广大牧民的欢迎。但是另一方面值得指出的是,畜群承包到户以后,由于存在着集体牲畜与自留牲畜的两种经济成分,而承包后二者又难以截然分开,所以有些矛盾也难以解决。例如,人们往往容易把好的、壮的、优质的牲畜算作自留畜,而把差的、弱的、劣质牲畜算作集体牲畜;出卖、宰杀、死亡的也容易记在集体账上。所以畜群大包干责任制需要进一步完善,存在的问题加以妥善解决。

继畜群大包干责任制以后,实行了"牲畜作价承包"责任制。其具体做法和要求是:集体将已经或尚未承包到户的牲畜,逐头(只)按质作价承包给牧民,承包期限一般为5年或更长,成畜作价保值,仔畜、开支、积累三项作价提成。承包期间,集体和牧民按照合同规定,担负提成的羊单位数不变,划分到户的草牧场不变。集体从承包的牧户当年收入中,按规定以现金提取各项提成。牧民在执行合同,按规定上缴提成的基础上,对生产实行完全独立、自主的经营,包括牲畜选优去劣。对一些大型项目,例如,牲畜改良、疫病防治、草场建设等集体给予组织,并在技术、资金方面予以指导和帮助。"牲畜作价承包"责任制,是在"包畜到户"的基础上,对牲畜的承包方式和结算方式的调整和改革,实质上是"包畜到户"的一种完善形式。把"包畜到户"成畜保本、仔畜比例分成,用实物兑现的办法,改为牲畜作价保值、提留包干,用现金兑现。简而言之,是用价值形式的管理代替了实物形态的管理。这样,既保留了"包畜到户"责任制的优点和长处,又克服了"包畜到户"的弊端和弱点,使畜牧业生产经营管理方式更加适应生产力发展的需要。即从改革开放到1983年6月实行的集中生产责任制的特点及其发展、变化过程来看,"两定一奖"由"包畜到户"所代替,而"包畜到户"经过"牲畜作价归户"趋于稳定完善。

另一方面,在草原开发、利用、保护、建设等方面的责、权、利没有协调起来,造成了滥牧、滥垦、滥占、滥挖、滥砍、滥搂、吃草原"大锅饭"的严重后果。因此,在推行"牲畜作价归户"的同时,又推行了"草场公有,承包经营"的办法,统称"畜草双承包"责任制。"草畜双承包"制度,是从牧区以牧为主、按群经营以及居住分散等特点出发,既包括牲畜又包括草原的一种新的畜牧业经营管理形式——"牲畜作价归户和草原分片承包"。具体来说,对基层每一个单位、承包户、个体户的草原使用界限进行落实，做到四至清楚，范围明确，登记造册，由旗县人民政府发给草场使用证。在此基础上，建立草牧场管理委员会，制定了草原管理公约，明确了国家、集体、个人的权利和义务，建立合理利用草原的制度。"草畜双承包"责任制，把人、畜、草和责、权、利结合起来，它把畜牧业的第一性生产和第二性生产统一起来，对滥垦、滥占、滥砍、滥搂、滥挖草原的各种破坏活动，进行有利的干预，保护了草原资源，从根本上解决了长期以来草原吃"大锅饭"的问题，第一次把畜牧业的经营自主权完全交给了牧民。同时，它更适合于牧区生产力发展水平，更有利于按自然规律和经济规律办事，更能充分调动牧区群众的积极性，从而推动了牧区畜牧业生产的迅速发展。

上述经验教训，是广大牧民群众长期实践的结晶，是实现畜牧业现代化建设、发展畜牧业生产，值得吸取的宝贵经验。畜牧业是国民经济的基础，也是轻工业原料、国家建设资金积累、对外贸易物资的重要来源。同时，发展草原畜牧业，对于繁荣少数民族经济，促进自治区各民族团结，加强国防建设，都有重要意义。

结　论

内蒙古自治区是我国第一个民族自治地方。自内蒙古自治政府成立以来，内蒙古牧区各族人民在中国共产党领导下，成功地完成了20世纪40—50年代的牧区民主改革和牧区社会主义过渡，使牧区工作取得了开创性成就，被誉为"我国少数民族区域自治的良好榜样"。同样，在改革开放历史进程中，内蒙古牧区在全国五大牧区中率先创造性地落实了一系列举措，实现了牧区经济体制改革，牧区各项事业取得了空前的发展。

第一，1947—1952年的内蒙古牧区民主改革期间，内蒙古党委和政府根据内蒙古牧区的社会特点、地区特点、民族特点、历史特点、阶级状况、剥削形式等重要因素，以及牧区畜牧业经济的特点和牧主经济的特殊性，实施了牧区民主改革的一系列的方针与政策。首先，制定实施了承认内蒙古的牧场为蒙古族所公有，废除封建的牧场所有制；废除封建阶级的一切特权，废除奴隶制度；牧区实行保护牧民群众，保护牧场，放牧自由，在牧民与牧主两利的前提下，有步骤地改善牧民的经济生活，发展畜牧业的基本政策。其次，确定、贯彻了"依靠劳动牧民，团结一切可能团结的力量，从上而下地进行和平改造和从下而上地放手发动群众，废除封建特权，发展包括牧主经济在内的畜牧业生产"的牧区民主改革的总方针。再次，执行了"牧场公有，自由放牧"和保护牧主经济与增加牧工收入的"不斗、不分、不划阶级，牧工牧主两利"（"三不两利"）政策。上述方针、政策的贯彻落实，成功完成了牧区民主改革，不仅使牧民发挥了发展牲畜的积极性，而且也激发了牧主发展畜牧业的积极性，使内蒙古牧区畜牧业生产得到了恢复和快速发展。

第二，经过1949—1952年的国民经济恢复、社会主义过渡时期党在内蒙古牧区工作和民族问题方面的核心任务是，实现畜牧业的社会主义改造。1953—1958年牧区社会主义改造过程中，内蒙古党委和政府从牧区的畜牧业的恢复和发展状况、牧区阶级阶层及其变化状况、牧主经营的重要性，客观地分析、总结了内蒙古畜牧业社会主义改造过程中出现的问题及其原因，贯彻执行了"依靠劳动牧民，团结一切可以团结的力量，在稳定发展生产的基础上,逐步实现对畜牧业的社会主义改造"的方针。继续贯彻"不斗、不分,不划阶级与牧工牧主两利"政策的同时,再次创造性地制定实施了"稳、宽、长"原则。对个体牧民经济进行了互助合作社化,使个体牧民经济转变为牧业合作社集体经济;对牧主经营进行类似对国家资本主义的改造方法改变为国家所有制,组织牧主加入公私合营牧场,对牧主加入公私合营牧场的牲畜价款每年支付定息。

这些方针、办法、措施的实施,使内蒙古牧区畜牧业生产得到了稳定、持续的发展,不仅使牧民生活得到改善,而且为其他省区提供了大量的役畜、肉畜,为国家工业建设提供了大量毛绒等工业原材料。另一方面,通过社会主义改造建立的牧业生产合作社,把分散的个体牧业经济转变为合作社集体经济,充分发挥了牧民群众的生产积极性和劳动潜力,改善了经营管理办法,提高了科学饲养技术,提高了牲畜增殖率,完善了分工分业的规划,能充分发挥劳动潜力,增强防疫和抗灾保畜工作能力,显出牧业合作社的优越性。

第三,在内蒙古牧区人民公社化运动初期,内蒙古党委决定1958年不建设牧区人民公社。但是实际上内蒙古牧区人民公社化迅速发展,短短的几个月内实现了牧区人民公社化。其背景与要因:其一,是"鼓足干劲,力争上游,多快好省地建设社会主义"总路线指导下的全国农业地区掀起了人民公社化的高潮。其二,少数民族广大干部和群众强烈希望在经济和文化上也能迅速地改变落后状态。其三,是执行"多、快、好、省"的路线,还是执行"少、慢、差、费"的路线的政治上和思想上的强大压力。内蒙古牧区人民公社的第一个特点,是母畜计头数入社,劳动力、牲畜按比例分益和"苏鲁克"等办法,牲畜折股或评分入社,牲畜股报酬按劳动力、牲畜的比例分益等独特的组织方法和收益分配办法,第二个特点,是自留畜的比例高于农区的自留地。

内蒙古牧区人民公社化运动中,出现了平均主义、"共产风"问题和公社供给制、"瞎指挥"风、强迫命令、"一平二调"等问题。国民经济调整期间,内蒙古党委采取了积极的步骤,纠正了这些"左"倾错误。调整牧区人民公社体制为"三级所有,队为基础,是现阶段牧区人民公社的根本制度",并对内蒙古牧区人民公社的体制与规模等作出了详细、具体的调整。同时,执行按劳分配原则和建立生产责任制。内蒙古党委和政府实施了各项有效的方针、政策以及措施,基本上解决了人民公社化中出现的诸问题,使内蒙古畜牧业得到了稳定、全面、高速发展,不仅使广大牧民的生活水平有了提高,同时也支援了国家建设,援助了其他省区。

第四，党的十一届三中全会以后，我国农村牧区同样进入了当代历史上一个重大的变革时代。畜群大包干责任制和"草畜双承包"责任制的实施是内蒙古牧区进行了一系列所有制与经营管理体制改革的第一步。畜群大包干责任制的实施，把集体利益和个人利益联系到了一起，提高了牧民的积极性和责任心，发挥了补助劳动力的作用，减少了非生产人员，消除了后勤啃牧业的现象并大幅度降低生产成本；实现了畜群、棚舍、草牧场的三固定，实现了畜群管理和草牧场管理建设统一起来。"草畜双承包"责任制，把人、畜、草和责、权、利结合起来，它把畜牧业的第一性生产和第二性生产统一起来，对滥垦、滥占、滥砍、滥搂、滥挖草原的各种破坏活动，进行有利的干预，保护了草原资源，从根本上解决了长期以来草原吃"大锅饭"的问题，第一次把畜牧业的经营自主权完全交给了牧民。所产生的经济效益和社会效益是巨大的，不仅有效地保护了草原资源，而且激发了牧民建设草原、改造自然的积极性。他们积极兴建草库伦，同时科学划分营地，组织合理轮放，给传统畜牧业注入了新的活力。这一历史意义的举措，是继牧区民主改革实行"自由放牧""三不两利"政策和"稳、宽、长"原则，废除封建王公对草原的特权后，在草原管理体制上的又一个重大改革，使牧民占据了生产和经营的主导地位，形成了内蒙古畜牧业发展的一次大跨越。虽然在实施"双权一制"的过程中，出现了草畜矛盾，社会化服务、文化教育落后，畜群管理混乱，牲畜疫病蔓延，承包草场不落实等问题，但经过对其完善，为其后草原"双权一制"的实施奠定了基础。

第五，在内蒙古牧区社会重大变革的历程中，吸取了经验教训，积累了丰富经验与启示：牧区民主改革、社会主义改造、经济体制改革等一系列社会变革，必须从内蒙古牧区的实际出发；必须同内蒙古牧区地区、民族、经济特点等结合起来；必须因地制宜，不能照搬或生搬硬套；始终把发展生产和改善牧民生活作为牧区社会变革的出发点和归宿，充分调动牧民群众的积极性；必须重视和认识到畜牧业是广大牧民赖以生存的核心产业；必须加强牧区各项基本建设，积极采取技术措施，是大量增加牲畜的保证；生产关系的变革，不能超越生产力的发展和历史发展阶段；发展畜牧业生产，不能盲目地追求牲畜数量，不能违背畜牧业经济规律；发展畜牧业生产和进行牧区建设的重要前提条件是一定要有安定团结、和谐稳定的社会环境；一定要重视畜牧业生产在国民经济中的重要地位和作用等。

第六，综观内蒙古自治政府成立至改革开放初期一系列社会重大变革，其主要动因是为了消除阻碍畜牧业生产力发展的制度、体制等诸多因素，解放生产力，调整生产力和生产关系之间的关系；其主要动力是牧民群众发展畜牧业生产,提高生活水平的愿望和需求。内蒙古牧区民主改革的动因在于消灭封建制度,建立民主制度,废除一切封建特权,消除严重阻碍了畜牧业经济、社会的发展的王公、贵族、大牧主等封建势力的政治上的压迫和经济上的剥削。其动力在于广大牧民在政治上、经济上的翻身,发展畜牧业生产,解决生活上的困难的迫切要求。内蒙古牧区畜牧业社会主义改造的动因在于把个体的、游牧的、落后的畜牧业经济改造成为合作化、现代化的社会主义畜牧业经济,改革开放初期的生产责任制推行的动力在于解放生产力,调解生产力和生产关系,推动牧区经济和牧区社会的发展。

在内蒙古牧区社会变革的进程中,内蒙古党委的领导起到了指导性的重要作用,牧民群众的实践创造是最基础的原动力,当地政府的创新起到了承上启下的作用。例如,在内蒙古农牧区民主改革过程中,根据内蒙古党委的指示,科尔沁右翼前旗旗长杰尔格勒领导科右前旗乌兰毛都努图克进行改革试点工作,并提出的创造性的建议对制定内蒙古牧区民主改革"三不两利"起到了促进和借鉴的作用。内蒙古社会变革的历程中,内蒙古党委的正确领导,地方政府的积极创新,牧民群众的实践创造,三者的有机结合推动了内蒙古牧区社会变革和内蒙古牧区社会发展。

总之,生产关系必须适应生产力发展是一条客观基本规律,符合这条规律,经济就发展,违背这条规律,经济发展就受挫,停滞徘徊,乃至倒退;只有根据内蒙古的民族特点、地区特点和经济特点,只有从经济效益、生态效益出发,才能得到全面顺利的发展,有助于促进牧区各项事业的发展与各民族的进步繁荣。当前,我国进入全面建成小康社会决胜阶段,开启全面建设社会主义现代化国家的新征程,加快牧区工作的发展具有十分重要的战略地位。牧区工作的研究,日益引起学术界的广泛重视。本研究成果,希望能够为筑牢北疆安全稳定和生态屏障大局,为践行内蒙古打造北疆亮丽风景线现实需要提供可借鉴的历史经验;能够对牧区同类课题提供可参考的思路,对我国当代牧区工作史研究的缺失有所弥补。

附　录

一、档案馆(局)所藏史料

1.1952年乌兰毛都努图克乌兰毛都嘎查巴音扎拉嘎屯各阶层牲畜占有情况表

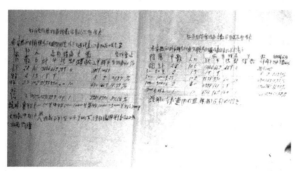

资料来源:《牧区典型村屯经济统计表——乌兰毛都努图克乌兰毛都嘎查白音扎拉嘎屯》(1952年),科右前旗档案馆藏。

2.1952年乌兰毛都努图克乌兰毛都嘎查巴音扎拉嘎屯各阶层生产情况表

资料来源:乌兰毛都努图克公所:《牧区各阶层牲畜头数占有状况整理表》(1952年),科右前旗档案馆藏。

3.1952年乌兰毛都努图克乌兰毛都嘎查巴音扎拉嘎屯各阶层收支情况表

资料来源:《牧区典型村屯经济统计表——乌兰毛都努图克乌兰毛都嘎查白音扎拉嘎屯》(1952年),科右前旗档案馆藏。

4.察哈尔盟牧工牧主两利政策资料(1953年7月)

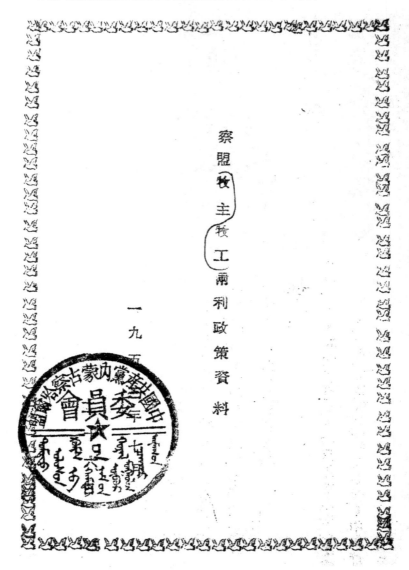

察盟牧主牧工两利政策资料

一九五

- 266 -

一、過去和現在的牧主牧工情況

察盟牧區在解放前，僱工放牧形式大致有三種：牧主的羊馬全部僱工放牧，中等牧民多數是合羣

羣僱工，少數是自己放牧，（所謂僱工只是羊羣僱工，其他牲畜自牧 多是散放不管）。剛解放的幷

畜及少數牧主牲畜放牧蘇魯克。

工資有如下幾種。放羊二百頭以上者每月一隻羊，牧主管飯夏季給「少部興」（羊毛斗篷）一件

冬季給「塔哈」一件（兩張山羊皮斗篷），放馬三百匹以上者每年工資三歲或四歲牛頭，中牧合羣

僱工的工資。羊三百頭以上每月一隻羊或兩隻小羊，毡皮斗篷各一件。但牧工放牧中丟失或狼害幷

畜由工資賠償。在政治上牧主對牧工的壓迫也是很殘酷的，如隨便打罵和扣留工資開除等。

放蘇魯克每年得百分之卅到五十的毛羊與奶食並每年有定量的向牧主做黃油扣奶食每戶牧 主住

地有兩戶以上的貧僱牧民給牧主無償勞役。男的放牲畜，女的給牧主做針線、擠奶、伺候牧主等，

實際是奴隸和奴隸主的關係。

四九年察盟全境解放，經過幾年來的社會民主改革封建特權已廢除。同時，大力貫徹了「自

由放牧增畜保畜」「不分不鬥不劃階級」牧主牧工兩利政策，特別實行了牧主牧工兩利政策。是保

護了牧工利益，提高牧工待遇，改善牧民生活。這樣幾年來還得了一定成績，但工資仍然較低需要

有計劃有步驟的逐步提高牧工工資。

幾年來由於黨的正確領導和牧業生產政策的具體實行做牧業得到了大的發展，由過去散漫無人

管。到有人專管放牧，進行了「三打三防」工作性畜的繁殖和成活增多，牧民生活日益提高，中牧

成分佔了主要地位，隨着僱工的也增多了。現在僱工形式來看有以下幾種：(1)牧主單獨僱工，(2)一

般牧戶合群僱工者佔多數，(3)互助組內少數的僱工。

現在工資數額很不平衡，發地皆不一致，隨季度降昇不一，綜合起來大致有三種。

第一、商鹿、正白及其他的大部份，羊二百隻以上的每月工資二歲，綿羊一隻半合款十五萬元收工

吃收主。羊三百隻以上至五百隻以上的牧工工資一年除羊官本身消耗（每年布鞋三雙共價值七萬五千元氈疙瘩

實際工資放二百隻羊以上的牧工工資一年除羊官本身消耗（綿羊兩隻合款二十萬元收工

一雙合款十萬元，棉衣一身十八萬元單衣一身七、八萬元，皮衣一身卅萬元（比值二年平均每年十

五萬元）皮帽一頂二萬元）五、四、五萬元外尚餘二三五萬元能養一人。放三百隻以上者除工上述

消毫外實得工資年計一八五萬元，將能養活大小兩口人。

牛工在牧區多是多春兩季僱人放牧每群一二○頭以下每頭每月校面一斤（每斤面合券民幣八○

○元）牧工吃收主，年計實際工資除牧工本人消耗（單、棉皮衣及鞋帽）五十四萬名元外六一、二萬

萬元能養牛口多人不到一人。有的牛工牧主管吃穿每年實得工資三歲牛一頭合款約七○萬元。

馬一五○以上至二百四用牧工兩人吃穿自己，每年工資兩頭為（每匹價值二三○萬元）騎

牧主馬。實際工資除吃牧面每日二斤半（包括鹽、得茶、肉）年計牧面九○○斤穿單、綿、皮衣及

靴帽一三六萬元外八十六萬元能養一人。

以上工資額數為一般情况較普遍。

- 268 -

第二、馬二百至三百四者用牧工兩人，吃穿自己每人每年大小各一匹合款三百萬元除牧工吃穿消耗一三六萬元外實工資一六六萬元。

牛一二〇頭左右為一群牧工吃穿牧主每月每頭工資皮面斤半，年計實得工資皮面二、一六〇斤

商廂旗個別牛群有七〇頭者每月每頭三斤皮面按季放牧。

這類工資是察盟較高工資除馬佔少部份外遣樣牛的工資是極少數的。

第三、牧牛百餘頭吃穿牧主每年實際工資三歲或四歲牛一頭，合款約七十萬元，只放多春羊二〇〇隻至三〇〇隻吃穿牧主每年實際工資二歲羊十二隻合款約百餘萬元。這類在牧當中較多，但整個牧區來看佔少數。

二、今後意見

(一)察盟牧區牧工工資季度變動較大。工資沒有一定標準。放羊二百至三百隻的工資合款年計二百四十萬至三百萬元。(二)三歲羊十五隻至二十四隻放牛一二〇頭年計工資皮面一、四四〇斤每斤役面合款八〇〇元共一一五萬元。特別低的，牧主管吃穿每年給工資三歲牛一頭，馬二百四以上兩個牧工每年工資兩匹騍馬每月每人工資合款二百二十萬(除馬外羊牛牧工牧主管飯)上述一般工資是低的以國營牧場工人一般工資每月一一〇分(每分值二、廿卅卅四八八元)(福利、衛生、家屬補助除外)與其對比低於三分之一，有的將近二分之一，在不生搬硬套強求劃一的原則下保護牧工利益。改善牧工生活適當提高牧工工資。固定工人積累放牧經驗，作好放牧工作，避免工人流動太大造成失業。糾正不按牲畜頭數、放於技術、不分季節、不算吃飯工資制度，根據當地牧業的

發展及人民生活的提高以各種牲畜頭數、放牧技術與季節通過勞資協商規定合理的工資制度。實行

牲主牧工兩利政策。按現時情況，在所得工資一兩個人的基礎上提高到養三個人為適宜。羊二百

隻至三五〇支每月工資應提高到二、三歲綿羊兩隻，牛一百二卅頭左右者每月每頭被面二斤，馬約

二百四以上者每年工資馬四匹（馬用兩個牧工）。這樣又合理並能發揮牧工收放積極性。

（四）、發動牧民組織生產合作，逐步養成勞動習慣，主要力爭加牧業生產是主要的問題。我盟五

旗牲工放牧佔主要地位，其原因是：大部牧民從歷史上勞動觀點差，再加幾年來的資敵業的發展，牧

民生活的提高，向資本主義道路發展，有些牧民脫離勞動，因牲畜少而又不願組織起來，主要勞力

搞一些經便的副業，牲畜合群僱工放牧如明太旗十八萬頭牲畜經大部份牲畜僱工放牧，該旗三佐第

三「十戶」牲畜有二十五群全是從外地僱工來放牧，僅在今夏有四群牛牧民自己組織起來輪放。這

一問題的嚴重存在是對發展牧業不利的，這須要經常的進行教育，樹立「勞動光榮」的思想，尤其

重要的是適當提高工資貴徹牲主牧工兩利政策組織合作互助——合群放牧，牧副分工進行生產。但

這一工作必須穩步前進，逐步改變不願勞動的習慣，防止急燥強迫命令放任自流現象發生。

（五）、我盟牧區有數個常年互助組，多因牲畜多，勞力不足與勞動力科學分工不夠，有部分的僱工

放牧。如關旗青吉斯互助組六戶，男勞六名，女勞七名，女半勞一名，共有牲畜一〇四五頭（敵

貸羊不在內）牛二六九頭分開輪用四人放牧，山羊八六七隻分開輪用四人放牧，互助組員一名並僱敵

工一人放綿羊二六九支，在家女勞力還有四個半經營效畜，拾糞、做飯、料理家務，再加上婦佐會

讓與組內青、婦、民兵會議，更顯得勞力不足，與沒有放綿羊的經驗即僱工一名。這問題的解決是

關乎發展方向問題，必須要加強前途教育克服農業主義思想，科學調劑勞動力，現在與僱工並做

的組員已有些放綿羊經驗，殷牛組員中抽出一勞力跟養牧，在窩個牛女勞力中抽出未小孩的勞力投

入牛的輪放工作即可解決；吸收勞力多些畜少的貧牧自願入組。

（四）察盟：蘇魯克制度解放後，已專人僱工專放。現在牲畜有很大增加，同時，牧主有放蘇克

的要求，應提倡新蘇魯克制度，使貧、破放蘇克增加收入，改善生活，發展牧業經濟，達到增畜

保畜的目的。實行新工資制度及新蘇魯克制度，牧主與牧工雙方具體商量，在合理兼顧的條件下，

訂立合同，由政府監督，執行為妥當。

（盟委註）察盟牧區的牧工工資一般的偏低，但與農業地區相比，則不是低而顯高，因而漢民顧

到牧區作牧工。又因過去牧區分散，所以工資形式不同，解放後工人從政治上得到了，自由，工

資略提高了一些，但部分低的現象仍然存在。

究竟在目前察盟這樣一具體環境，多少的工資較為妥當呢？我們認為，二百隻羊以上的牧工，

每月能收入二十五萬元左右，牧主供吃飯即合於實際。遭樣二十五萬元每月平均有五萬元可夠個人

穿衣與零用每月資餘十五至二十萬元可夠一個牛人的生活但雨衣與皮衣應由牧主供給或借給。（自

己買不起）羊多者依此標準，適當增加。牧馬工資因為比放羊困難是個專門技術。一月的工資卅

萬元至卅五萬比較妥當。太佐旗目川慕近農區工資一般偏低，而每月四百斤夜面，合月二萬元，因

此放馬工資每月應不低於卅萬元（是技工）放午的工資可依羊的工資比例計算一般比較合理。

適當的提高牧工工資對發展牧業是有利的，如二百隻以上的羊群，每年可以產四百斤毛，可生

一百五十支以上小羊，如每年應支三百萬元左右的工資，只羊毛一項即可夠用如用羊的話只要十六

支至二十支即解決問題。約佔鸞殖數的十分之一強。

適當的提高牧工工資。切忌用強迫命令的方法解決。五○年曾提出過解決牧工工資的方案規定

了中下遊發生強迫命令的作法還引起牧民不滿還產生怕鬥怕分的顧慮，當時還提倡

過「牧民自己勞動光榮」的名號，也發生過解僱人牧工的事發生剝起民族之間的團結問題還需北

牧工工資問題再沒有進行過調整。值到現在。

在目前的工資如與國營牧場的工人工資相比，是低一些假若與農業區牧工相比則又略高些，

漢地有些工人還顧到牧區當工人，這就說明自己掙了咅。滋滋發展幾年之後工人變成牧民，變成

為雇主，這樣在農民算起來，比種地合算的，農區每逢年頭不好就有些勞力流入牧區，正因為這樣

牧區工人絕大部分是漢人，也是牧區僱用工人多的一個原因。在這樣的情況下領導上為再提出增加

工資。將更刺激農區勞力流向牧區，對牧民來說，也易使他覺得用現在的價錢可以僱到工人，為什

麼還增工資呢？也易使他感到不應再增了。那麼究竟在牧主牧工兩利政策，現在還需要解決一個什

麼問題呢？我們認為目前應該是這樣的。

（1）目前牧區工資是高低不平的如何使現在高低不平工資更趨向平衡合理，使偏低的工資適當的

加以提高，即可解決牧主牧工的雙方的問題。解決的方法，應通過具體事實，說明增加牧工工資，

對發展牧業的好處，這樣不容易引起牧主懷疑，不要採取一般號召，而應是深入的宣傳動員打通思

想，切實的加以有效的掌握。

（2）牧主與牧工之間關係，過去是壓迫與被壓迫的關係，今天在政治上取消了壓迫，但在經濟上剝削仍然存在，是當前要加以解決的問題。欠工人的牲畜托欠不給，欠大的還小的，在合作社買的東西，十元買來十五元賣給工人，飯不給工人吃飽，給工人吃稀飯，吃不好的飯，這還方面嚴重的影響了牧主與牧工的關係。因而有些牧工不給好好放，在牲畜下羔風雪天氣等，不給好好的照顧，無形中減少了牧業的損亡，這也是要解決的問題之一。

（3）牧區是一個分散的環境地區特殊，對這些工人應用什麼組織形式團結教育，我們認為也是一個問題。過去牧工間有些地方不協調，旗佐領導上召開過牧工會議，進行發展生產與牧主牧工兩利政策的教育，將牧工的意見也通過一定的形式傳達給牧主，這樣是加強了團結密切了關係，確又對牧業生產上有很大的好處，成立工會牧區看還不可能採取什麼組織形式團結的程度，應加以考慮。

（4）今後牧區的牧工，根據生產發展的需要還不可能在短時間達到取消的程度，這要比農業區拖的更長一些，因牧民勞力缺乏和缺少勞動習慣，僱用工人成為歷史性社會性的問題。在目前情況下，牧民走組織起來的道略是自然的要減少工人，這是一方面。另方面由於牲畜的發展，互助組內部也將發生非僱工不可的情況，如蘭旗的吉吉瑪互助組。道種僱工目前採用蘇魯克的形式還可解決問題，僱工形式還要存在，這當然也是一個較長期的問題。

因而目前勞資兩利的蘇魯克制可以發展。另方面等到一定時間之後群眾小牧經濟普遍的得到發展，僱

（右側豎排字）
續打蘇
牧剝卜

5.科尔沁右翼前旗乌兰毛都努图克:《乌兰奥都牧业生产合作社施行章程(草案)》(1954年3月8日)

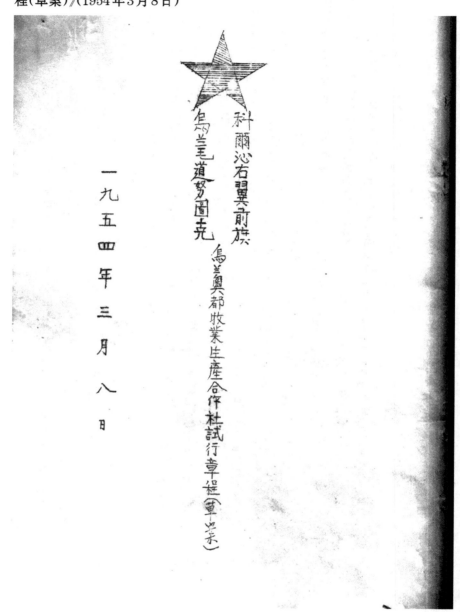

乌什奥都亩畜牧业生产合作社试行章程（草案）

一、总则

一、本社是以劳动牧民在私有财产基础上，实行畜牧投入社，继续畜头数比例合理报酬，统一经营，集体联合生产，按劳取酬为原则，它是建立在改区互动合作运动的高级形式参，逐渐稳定罢留实，奥社会主义的过渡形参。

二、本社是以自愿互助的原则组织起来的，因此入社自愿退社自由，並压实民主管理，充分发挥劳动积极性，提高生产劲能。

三、本社以畜牧业生产为主，在为畜牧业生产服务前提下，适当的结合农业生产，以达到发展畜牧生产，支援国家经济建设；改进放牧方法，高提牲畜质量，改善社员的生活为目的。

二、社员

四、凡年满十六岁以上的男女劳动牧民，在政悦上没有问题，自願遵守社章，並缴买所缴费，加社内劳动者，均得再收買。

五、社員入社本人自願申請或有其他社員介紹，經社員大會討論
通过方可入社，社員退社須在半年後繼續聚後，通過社員大會可退
社。

六、社員權利、義務，在社內享有加入社員大會，討論知道本
社一切問題的權利，並有選舉權、被選舉權和辭退議、承加各
種公共活動及享受由社舉辦的各種福利事業等權利，同時社
員有遵守社章、社規和執行決議、保護公共財產等義務。

三、高效投入社知分配

七、依據芽一條牲畜及生產工具的入社；
(一)以社員所有之繁殖适令母綿山羊定全入社、統一经营，綿羊羔
以保育率的百分之三十：山羊羔百分之四十歸社，入社母綿山羊毛和羊
年漸全归社，按劳取酬。入社母綿小羊實为管理不当而預
失者，社方賠賞三分之三。（雖高報酬以取酬劳後為期，而後損失

社方概不负责）
(一)使用後畫：段半回社經用、牽寫另社羽個人自购不補歉。

（三）車輛、買作價歸社，及有銀行利息緩期退還。

（四）社員所有之設備（生產器具等）分別出資，由公金由社內作價收歸，但各種公有資產之價歸收歸，及設原有的「錄（核）羊」仍移為不社經營，收益由社員經營勞動日取酬。

八，分配、按勞取酬為主，兼顧數為原則，在12作費縫收（中社內必要公共开支外，全部分給社員，採取子時記賬，在年終評估」之勞動日報酬。根據社員需要可進行經營預分，在年終清結賬目。

四，公積金與公益金

九，全年收任數入中唯留百分的積金，百分之二的公益金（如有特殊情況可以增減），公積金使用於購買工具、社內公益金用於社員及其福利事業等等，但使用公積金、公益金時必須事出作出計划，經社員大會通過。

十、社員退社時、除公益金外、用公積金以及由社員集本資辦買之
貨商、工具、及其他基本建設，如禅断舊发、退給其应得之部分。

十一、本社以民主集中制为组织原则。社員個人服從社的组織；少數服
從多数；部分组织（如生産隊）服從統一領導。

五、组织

十二、本社以社員大会为社的最高權力机关，而对下的职權。
(一)选举正付主席，産生管理委員会。
(二)审核批准全社生産計划。
(三)审核批准财務計划及公積金、公益金的扣除比例数量和动用
事项。
(四)批核新、社員入社和对社員的奖励和废。

社員大会每半年召开一次，必要畤可临畤召开。社員大会有
半數以上社員到会始得开会，并可成立决議。

事、管理委員会，在主任領导下，行使下列职權：(1)执行社員大会的
决議，並擬訂生産計划，提交社員大会通过。(2)處理日常事项

志　直　求

事務，管理委員的任期為一年，連選連任。

委社廣擴生產需要，把全社所有勞動力和半勞動力，組成做你要店

三個生產隊。隊委分組誅。細专經民主選舉產生。

本社根據生產情況，在社內經紿男女、按員勞力、文化、鼓之技術

及政技操訣，无芬要經常進行愛國主義、社會主義和集體主義、愛

教育，提高覺悟，以便從經濟上、組織之思想上草固合作社。

本社生產管理委員會以九個人徹，其職務合之和致標範圍如

下：

主任委員一名：領導與掌握社的全盤工作，組織計劃、佈置計劃、

　　　　　　　　督促、結經工作。

付主任委員二名：協助主任委員料理社內一切事宜。

政業委員一名：計劃領導社內公私牲畜飼養管理工作。

付業委員一名：領導社員搞好刘刘的副業為好任務生產之作。

財务委員一名：負責社內財貝之清理及平衡範圍蒸事宜。

保管委員一名：保管過公共財產及佈圍之的秋室工作。

纪生委员一名：领导搞好卫生纪生工作。

防疫委员一名：检查督促防疫工作、搞好环境防和抗疗之作。

文化委员一名：计划领导社团文化学习及娱乐活动。

六、财务制度

十三、公共财产所有权为全体社员，社员均有爱护公共财产之义务。财产确定为个人负责管理。社员（如有特殊）在家庭团结立军辆、工具等……必须经过保管委员批准，在使用期限如有损失（坏）则批西赔偿。

十四、会计必须按月经查结清账目，经半年结账，生产管委员会审查批准，逐次向社员公佈财务开支范围批准稣利，社团公英开三百元以下有三名委员右意可以使用，三千元以上……经生产管理委员通过才可使用，五百元以上社员大会通过。

十五、根据社团收入情况、社员家庭而特殊需要，应不影响饮食生产条件下，理采男动情况预支一部分款，最多列得预还三十方元为水。保经生产管理委员会的同意方准给借。

七、奖励与惩办

凡生产劳动之积极，爱护公财产，团结互助，超额完成工作，压缩提高技术之有显著成绩者，通过社员大会予以口头表扬奖励，演给历奖赏品。

凡不爱护学习纪律，虚报制度，怠工偷闲者予以批评，加强教育不改，於生产有损害，违情节轻重，经社大会通过本人会意劳者处理，并以开支处分。

八、细则

本章程修正权属於社员大会。但经上级人民政府批准之後有效。

本章程自公布之日起开始实行。

一九五四年三月八日

签发：乌兰奥都牧业生产合作社全体社员

资料来源：科尔沁右翼前旗乌兰毛都努图克：《乌兰奥都牧业生产合作社实行章程（草案）》（1954年3月8日），科右前旗档案馆藏。

6.科尔沁右翼前旗乌兰毛都努图克:《红星牧业生产合作社施行条例》
（1954年3月8日）

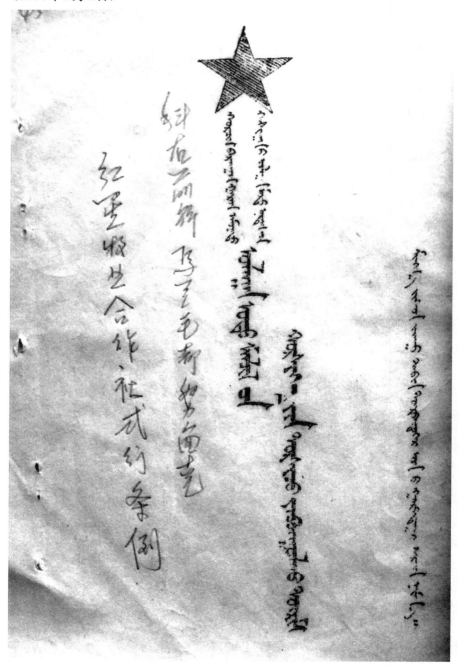

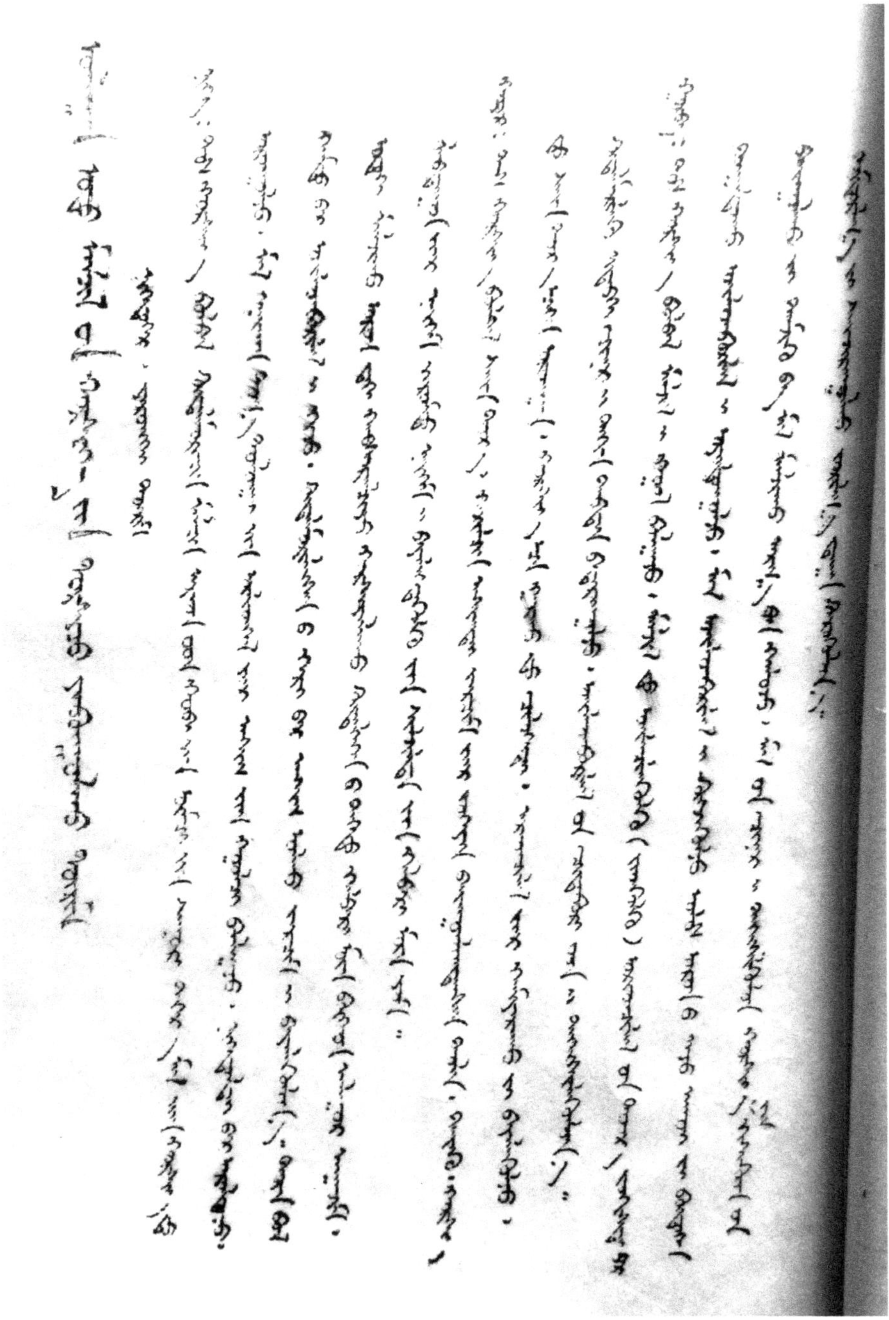

ᠱᡳ᠌᠋᠌ᠠᠨ

ᠵᠢᠷᠤᠭ ᠲᠤ᠂ ᠲᠡᠷᠡ ᠬᠡᠷ᠎ᠡ ᠶᠢᠨ ᠲᠤᠬᠠᠢ᠂ ᠲᠡᠭᠦᠨ ᠢ

ᠳᠥᠷᠪᠡᠳᠥᠭᠡᠷ ᠬᠡᠰᠡᠭ ᠄ ᠨᠢᠭᠡ ᠂

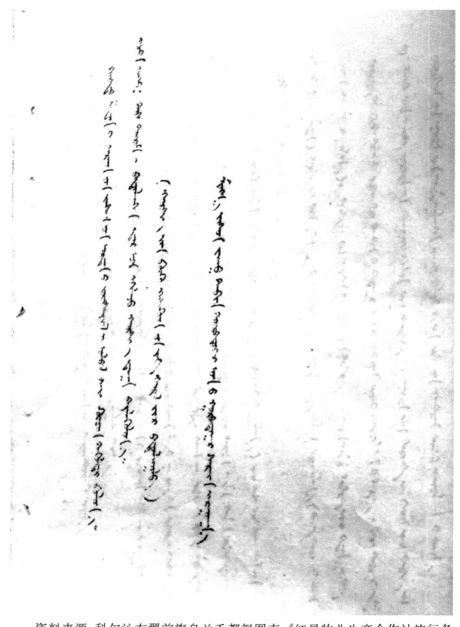

资料来源:科尔沁右翼前旗乌兰毛都努图克:《红星牧业生产合作社施行条例》(1954年3月8日),科右前旗档案馆藏。

7.中共科右前旗乌兰毛都努图克牧业建社工作组:《乌兰毛都努图克宝音和希格牧业互助组转社总结报告》(1954年3月9日)

乌兰毛都努图克宝音和希格牧业互助组转社总结报告

宝音和希格牧业互助组是在一九四九年建社起来的临时性的接羔小组，逐年发展到今年已经有三个多月至四的牧业常年组，全组共有十五户，人口七七（男四十四、女三三）劳动力三个

（男一九個半、女二個半）牲畜：牛二老米、高头之牤羊一三五三支、山羊五大美、公无、财产

一、牲畜草料各一台，存气四個。

该组此年来宝和人民政府的重视领导和人力的支持下，很快的发展和成了赶先的成绩，在生产之发展了欧着的成绩，改进了牧畜、增加了牲高头数，改进了生活、董养成了候就在产管理上和生产计别上都有新加强。

因为一是劳动的习惯，组织有五组劳动，其中党员四人、团员一名，这些在生产之都

技术提嗯，在各個生产季度之中，都作求计划、压取了告中还著而还度计别。因而，该组望

度延一破另组和组单干部的好。每個劳平平均收入三十关支和三〇方元现金。从而组员深

深的体会到「组织起来」的好属。德为格务感动地说：「我今过了三年，还永远合十一年的收入！」

组四孩哑学劲的强讨和求辨能力，合理的调配、董菜取了简单的讨之法，提高了生产

综合十一月开始建立牧业之产合作社的要不。在一月下旬请方面哀委記该么，初对为地方干的江召信求

该组告干部在都该妻人到现地审查陪伴、进行报供思想教育，加以对方地写入社的方法善问题。後於二月三十合東部

No.2

区党委农村财贸工作部门前，和新老党委干部新老领导干部的关系已基本建立，该处农财贸工作部，配合写各位及记第三名干部到该经带助他们建立了七队农贸生产合作社。在建设方法上自始至终掌握了发动会员的"积极领导、慎重稳步前进"的方针和依靠群众的作方法。预建社的经还和经恳字在下达：

一、派干部为掌握情况一思想，明确边作着手和读会干人员一同开会，了解生产情况和思想情况，研究决定了一派步骤。

(一) 召开、动员大会。会上除本经依迁迁区男女经员全部参加外，盖邀请本队嘉经的老牛和青年男女自颜参加，主要进行了以下几条内容的传述报告；

1. 国家过渡时期总路线总任务（其中着重解决了社会主义社会的景画与优越的好处，和民接国家工业化的责任）

2. 社代迁备那些条件和入社需要什么手续等问题。

3. 略还本经的发展经迁和试性；

4. 会作社的性质发展方向和四合作、加社伴伴，营经方针及其目的。

(2) 自颜报名登记，经迁审查

- 294 -

經員們對合作社有了正確的認識以後，就爭姑報名登記，說明登記是保證入社的積

規定了登記地點和時間，在登記前，給了一個的改變時間，方進行登記的，但他們的入

社勁大是很高的，在登記那一天早晨有二十人還沒有洗臉就到登記處，上報名。效散了報

的臨差以苔，有的給組長，組員的給愛人留了社的話，結果報名的十入戶（其中有

小組的三），羅社員二十三名，女社員八名，合計四十名。（其中組外的二名）其中貧

四名，中貧二名，積極份子五名，勞模二名。

（3）產來選奉委員，擬定社章，規定生產計劃，通過社員大會。入社員都是以後，

通過悉九九名委員（其中秀政府一名為委一名委一名），組成了籌委會，入了討論

研究了社章、若干具體問題的規定。主四十的生產計劃等問題。經過要多的繁行

反覆研究，擬定了社章草案及若干問題的解決的話，五四十年產就劃和初步意見，

通過社員大會。

（二）社員大會，討論社章和具何些的規定，籌委會社社章和每項規定是慎重

改變、反覆研究意見一致以後方提交大會通過，因此，社章和各項重大問題

定基件之心滿意足，認為合情合理，在大的討論中如提出了一些不合理的意見

（六室是社中互利而勤）經大會討論均得到適當調整和解決。

（5）婚姻自主进行选举委员，成立生产管理委员，通过……

……社……组……于……方……大会，候选人名单，说明了选举的意义
和委……方法，经过一届半天的充分酝酿、讨论、投票，选出九名委员，其
中……三名第一名，……委员三名，其他……每个委员……了……意见。大家
……选……立……和每个委员……以及……范围……选……大会的……意见、大家……
四月……业务同意，……调查意见……五……年的……初步……规则

……社…………的……体会。

……产……结合……中心工作，着重解决劳动管理中存在的……问题……利

……因此我们开始分了……解决……度和……，引好了性质，有方
……识的……讨……经纪之……斗争新情理疑目，强调……量必须抵制……影响……
生活……提高……建设……三天内每个……一个……那都谁了……
不知……经纪多少……，……影响……最气……派和信息渗透体……三是"高利贷前需清"，
……是……期……四期……主……会……之……电相动利…

……生……委……本研究投资入社会……引为婚……争妈问结凑了……了……
的……纷虑……安慰……情婚……娟的……加……达社。

（2）建立委会的组织形象，是建立（作出的群众选的）作方法，何時
做以等群众行小群的积极性，造送，事小证明，尽管尊重会的选意
做熟，意见一致的向动，在大会之朱於意应或小决小，小是小通过尊重
会成有决，意见的向动，大会之也尽男通过机说去小尽，原理尊也并众会的慎
以立单时，三张而民虎而夹无论尊会会或有关人（原经要和当尤研
先和尊查，固而漏得小来一部后话後人的应尊参加，结果左大会愿交意见，
经实於小一候，透入名单程送中或们保小係余到做改，尽小保调遣要的和积极的一部
尽行小尽的尽改尽多方，透易的领波一提发小小领分小数小代表人物尽小小领尊经政
尽非常小尽的也尽固惯教窗多教，宗好怀尽要一线。
（3）入社方便的小创制，会理积尽尽尽尽先意尽产会小社建立後丽分等
群尽积极性和小望兴起高的美谈，经尽便人就依面的财产，和尽初强即小
等，何小小尽尽尽人谈从大，手动小尽个小尽尽美小流，面如小原是尽组生左名加以助
之有美及个理的尽影向下，左各项的助认论中，尽的特小尽尽尽小尽，牧尚多尊尤
尽少尽尽大往，意和争论多尽小乃是『小向助的会理尽决。左尽呀尽尽尽的
川尽尽尽方住，意和尽论多尽尽尽不一尽初社谈话小
也尽尽一個的秒土尽小尽不研尽尽向尽尽，牧尽尽尽尽尽多尽不一等初社谈话小

资料来源：中共科右前旗乌兰毛都努图克牧业建社工作组：《乌兰毛都努图克宝音和希格牧业互助组转社总结报告》（1954 年 3 月 9 日），科右前旗档案馆藏。

8.中共乌兰毛都努图克党委:《关于整顿牧业社的几点意见》(1956年5月2日)

ᠲᠡᠷᠡ ᠵᠢᠯ ᠤᠨ ᠡᠪᠦᠯ ᠪᠢ ᠦᠨᠡᠬᠡᠷ ᠠᠶᠤᠮᠰᠢᠭᠲᠠᠢ ᠶᠠᠪᠤᠳᠠᠯ ᠢ ᠦᠵᠡᠭᠰᠡᠨ ᠶᠤᠮ ᠃ ᠲᠡᠷᠡ ᠦᠶ᠎ᠡ ᠳᠤ ᠪᠢ ᠠᠷᠪᠠᠨ ᠨᠠᠰᠤᠲᠠᠢ ᠪᠠᠢᠭᠰᠠᠨ ᠪᠢᠯᠡ ᠃

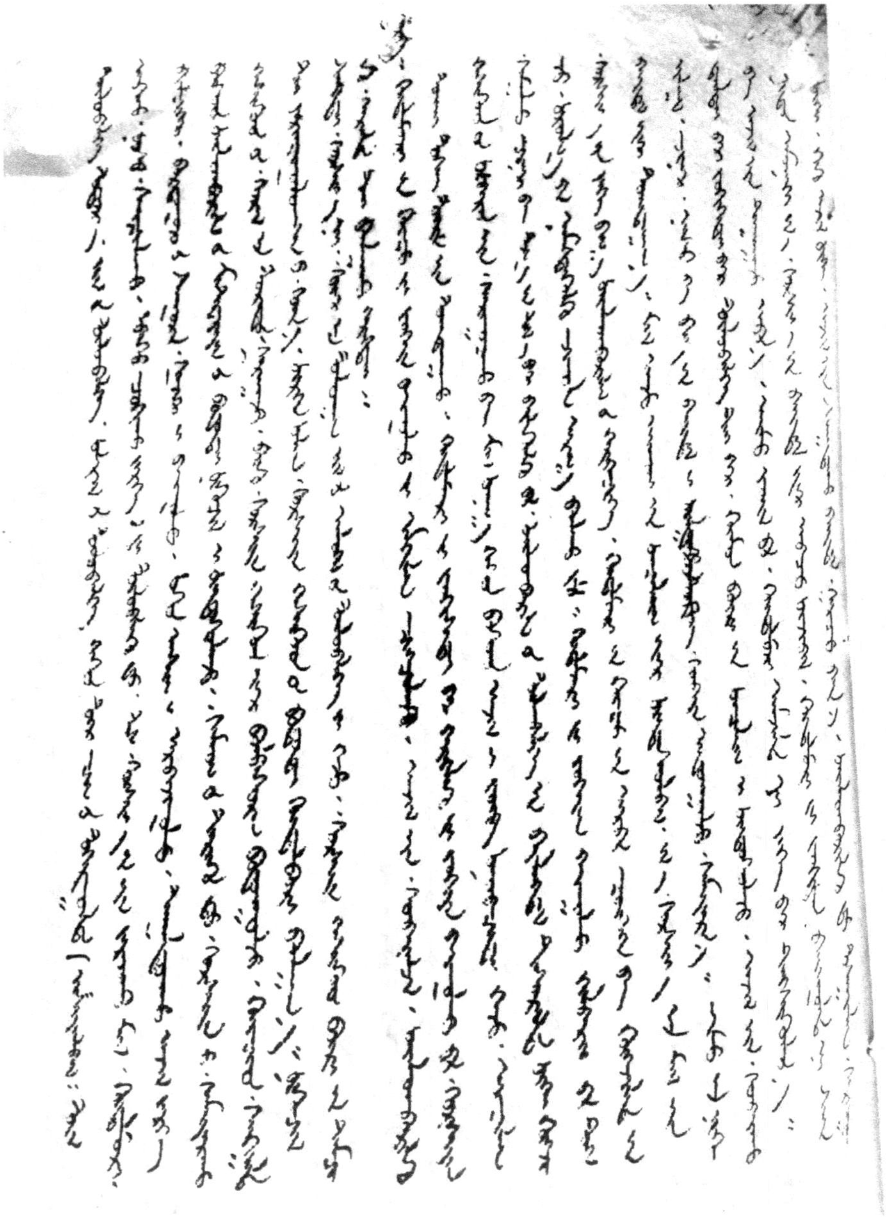

ᠲᠤᠰ ᠪᠢᠴᠢᠭ ᠦᠨ ᠳᠠᠷᠤᠮᠠᠯ ᠡᠬᠡ ᠪᠠᠷ ᠮᠤᠩᠭᠤᠯ ᠪᠢᠴᠢᠭ ᠦᠨ ᠭᠠᠷ ᠪᠢᠴᠢᠮᠡᠯ ᠡᠬᠡ ᠪᠠᠷ ᠪᠠᠶᠢᠨ᠎ᠠ᠃

ᠨᠢᠭᠡ

ᠪᠠᠢᠨ᠎ᠠ᠃

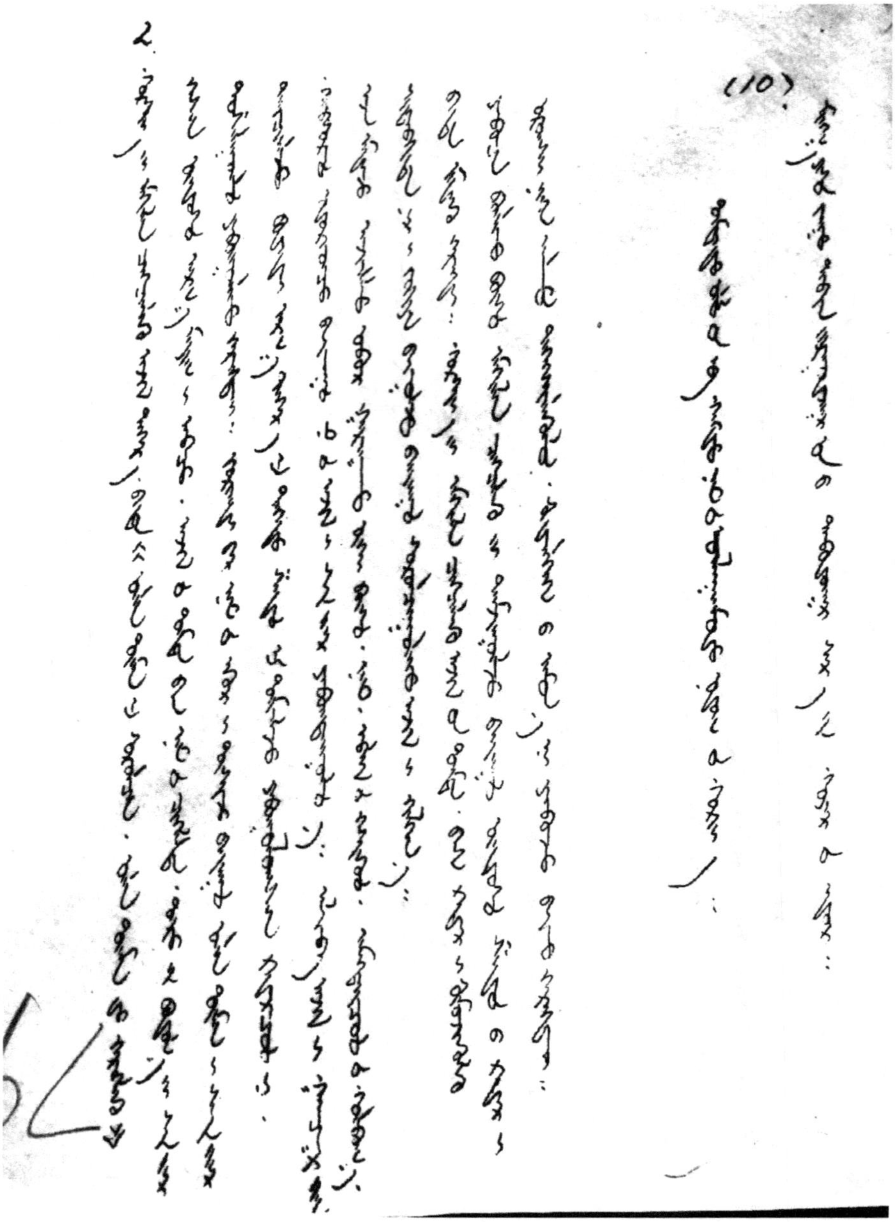

资料来源：中共乌兰毛都努图克党委：《关于整顿牧业社的几点意见》(1956年5月2日)，科右前旗档案馆藏。

9.中共科右前旗乌兰毛都苏木委员会:《乌兰毛都苏木定居游牧的典型经验》(1958年8月9日)

乌兰毛都苏木定居游牧的典型经验

在50年前,我区还是纯牧区过着自由游牧生活。由于内外统治阶级的黑暗统治,侵占了辽阔的牧场,使广大劳动牧民被迫在狭小的牧场上定居下来。通过三十年的漫长岁月,到现在基本上实现了定居游牧的生活。

一、自由游牧到定居游牧的演变过程

1.在内外统治阶级的逼迫下

由于旧社会的封建统治阶级——王公、贵族和封建军伐勾结起来,侵占了辽阔的牧场,赶走了牧民。进行移民垦荒,把宽阔的草原变成农田,使广大牧民失去自由放牧、牧场。特别是日本帝国主义侵占祖国的土地东北、内蒙地区后,在我牧区造立了侵略别国的军事基地,侵占了广大的牧场,赶走牧民。使得牧民没有过游牧生活的出路,被迫的在狭小山窝里逐渐定居下来过生活。

2.在毗邻地区的影响下:

牧业生产不能脱离农业的支援,所以在三十年前,牧民和邻近农区进行着紧密的经济来往,并经常到洮南、齐齐哈尔等城市进行商业贸易,从而给牧民们很来的印象。因此就有部分牧民,在蒙古包里搭炕,贫困牧民也编柳条篱墙(象蒙古包园型的),逐渐的定居下来,基本上是由游牧到季节性的定居,又由季节性的定居到长年的定居过程,而定居下来。

在旧社会的统治下,定居是被迫的,并且那种定居方式是落后的,单纯进行定居而不游牧,因此在当时的条件对畜牧业发展是有很大影响,并且牲畜头数逐年减少,牧民的生活也一年不如一年。解放的当时仅剩下2 4000多头牲畜。

3.有了共产党和毛主席的领导实现了真正的定居游牧生活。

解放后十几年来,在党的领导下,废除了封建特权,使广大劳动牧民成为国家的主人,施行了自由放牧的政策,因而牧民有了自己的放牧场。特别是通过合作化以后,更鼓舞了牧民们生产高潮,从而合理的划分四季

牧场，并进行有计划的轮牧，保证牲畜的抓膘，在辽阔的牧场上载满牧民滿膘、肉肥的牛、馬、羊，現已有155.495头牲畜。牧民生活日益提高，在各定居点也出現质量较好的土、石結构的平房，百分之百的牧民住上新房，建立了饲料基地，从根本上改变原来面貌，实現真正的先进定居游牧生活。牧民們欢顏党和毛主席，只有共产党毛主席才有今天幸福的生活。

二、定居游牧为人畜两旺奠定巩固发展的保障

（一）为脆弱的畜牧业生产打下稳固发展的基础

1.真正的实現以牧为主，农牧结合，开展多种經营的方針，有力的推动和促进畜牧业生产更快速度的发展。

过去牧民們的主要生活来源是依靠牧业生产来維持生活。人吃的粮食牲畜的饲料完全依靠农区的帮助，用牲畜换。这对农业的发展和发揮所有劳力是不利的。随着农业合作化高潮的到来，在我牧区实現了全区牧业合作化，从而扭轉这种不利于发展畜牧业的情况，認真执行了"以牧为主，农牧结合，开展多种經营"的方針。加强对农业生产的領导，同时有計划的大力发展农业生产和付业生产。合作化的头一年（56年）就抽出一部分人力、畜力开荒地300垧，加上原有熟地共种630垧地，当年打粮1.800石，解决牧区三分之一的食粮，除搞农业生产之外，还到林区拉蚕子，組織牧民打勃勒車、打猎等付业生产，共收入9万元，农业、付业收入的总合可折合羊8.400只。这就改变过去单純依靠牧业收入的經济来源，大大减少牲畜的消耗量，提高牲畜純增率（56—57年純增172％以上），同时增加了牧业社和社員的实际收入。几年来深深体驗到农牧结合，开展多种經营的好处，不但不能消掉牧业，反而有力的推动和促进畜牧业生产快速的发展。

在57年因水灾农业没有得到收入，58年我苏木和其他地区一样，出現畜牧业生产大跃进的形势，掀起热火朝天的生产高潮，全区种一千多垧地，爭取本年度粮食饲料自給自足，并卖給国家千石粮的口号，根

—2—

1.为文化生活开辟了道路

过去的游牧生活，不便于设立学校。所以95%的适令儿童不能入学，就是入学念书也得跑到外区去，因此大部分劳动牧民的子弟不能上学念书，就更谈不到成年人学文化，自从解放后在党的领导下，才实现了真正的定居游牧生活。在全牧区设立二处完小、九处初小、五处民办学校，95%的适令儿童都入了学，90%男女青年都参加民校学习。现在牧区基本上扫除了文盲，达到人人都识字、看书报（蒙文）。在牧区也成立了俱乐部和业余剧团，活跃了牧民的文化生活。

2.为开展卫生事业创造条件

随着生产关系的改变，生活条件的提高，卫生事业也开展起来，在牧区已设立牧民医院一所，保健站一处，控制各种传染病的发生。对各种疾病进行了治疗。特别是在1953年在盟中心医院的配合下治疗了由旧社会遗传下来的危害牧民繁荣的性病、梅毒等。经过几年来的治疗，现基本上消灭牧区的性病，使患者恢复健康，过去没有生过小孩的妇女现在已抱上小娃娃，如牧民喜吉勒特，结婚后30多岁没生过小孩，经过治疗，现在已生二、三个小孩。在旧社会疫病多，死亡大，牧民有病得不到及时治疗。而现在牧民有病能得到及时治疗，并很快的恢复健康，保证牧区人口不断增长，在解放后的1949年我区仅有2,685人，经过十年来已发展到3,953人（从农区搬进一部分），增加82.1％这充分的说明旧社会是为人民遭殃，而共产党是为人民造福。所以牧民们歌颂共产党、毛主席是牧民的大救星。

中共科右前旗乌兰毛都苏木委员会
1958年8月9日

资料来源：中共科右前旗乌兰毛都苏木委员会《乌兰毛都苏木定居游牧的典型经验》（1958年8月9日），科右前旗档案馆藏。

10.《内蒙古党委关于牧区人民公社若干问题的指示》(1959年1月9日)

内蒙古党委关于牧区
人民公社若干问题的指示
（一九五九年一月九日）

牧区的人民公社运动发展的很快。从1958年9、10月间开始，到12月底，八万多户牧民已有七万多户加入了人民公社。入公社的牧户已占牧区总牧户的91·5%，除巴彦淖尔盟牧区正在建社以外，其他牧区的牧民已全部加入了人民公社。至此，牧区已经基本上实现了人民公社化。

一年多以来，牧区经过整风、反右派，总路线宣传和社会主义与共产主义教育等一系列的政治运动；特别是内蒙古党委第七次牧区工作会议以后，使党的建设社会主义总路线在牧区各项工作中得到了具体贯彻，在广大干部和群众中，普遍深入地开展了两条道路、两条路线和两种作风的斗争，牧区人民的社会主义觉悟空前提高，分清了社会主义与资本主义的大是大非，从而坚定了走社会主义道路的信心和决心。这是牧区能够迅速实现人民公社化的主要政治基础和思想基础。

牧区畜牧业生产和各项建设事业的全面大跃进，是牧区迅速实现人民公社化的一个重要因素。牧区人民在经济上、政治上、思想上基本上战胜了资本主义道路之后，牧业合作化得到了进一步的巩固，广大牧民的劳动热情空前高涨，因而在广大牧区掀起了空前规模的生产大跃进。这种形势更促进了人们的思想大解放，牧区高速度发展畜牧业生产、搞多种经营的要求、以及实现机械化、电气化和工业化的要求，越来越加迫切，这就要求更大的发挥集体力量和投入更多的劳动力。很显然，在这种情况下，牧区原有的那种十几户和几十户的小社已经不能适应大跃进的需要；再加上农村人民公社化和工农业大跃进的影响，这就使得牧区的人民公社运动迅速地、普遍地开展了起来。

牧区能够如此迅速地实现人民公社化，是我国和自治区经济、政治、思想发展的必然结果，这是牧区的一次具有历史意义的伟大的社会变革，也是我党民族政策的又一次辉煌的胜利。它对于从根本上改变牧区面貌，加速牧区各项社会主义建设事业，具有极为深远而巨大的意义。

牧区的人民公社在性质上是基本上与农村的人民公社相同的。它是我国社会主义社会结构的工农政商学兵相结合的基层单位，同时又是政权的基层组织。它将成为畜牧业由集体所有制过渡到全民所有制和牧区由社会主义社会过渡到共产主义社会的最好的形式。但由于牧区是在初级合作化基础上实现公社化的，其情况与农村的人民公社有所不同。当前牧区的人民公社大体上有两种情况，即一种由牧业生产合作社变为公社时，取消了畜股报酬，已经成为较完全的社会主义集体所有制。另一种是在变为人民公社时还保留多少不等的畜股报酬，因之还是不完全的社会主义集体所有制，它是向完全的社会主义集体所有制的过渡形式，它将在一定条件下逐步转为完全的社会主义集体所有制。但无论那一种情况，其基本性质都是社会主义的。

由于牧区人民公社和基层政权合而为一，由于牧区原有的全民所有制的银行、商店，国营农牧场和其他企业下放到人民公社管理等等，使牧区的公社也带上了若干全民所有制的成分。

应当认识，目前牧区的人民公社还是刚刚建立起来，各项组织制度还不健全，多数公社的经济问题也还没有来得及处理。人民公社建立后的生产、分配、生活福利、经营管理等方面的问题，也没有得到系统的解决。特别是牧区的人民公社和农区的人民公社，有种种不同的情况和特点，要切忌把农业区人民公社的一套办法，原封不动的搬到牧区，这就需要我们根据党的政策和从牧区的具体情况出发，来解决牧区公社中存在的一系列的问题。

第一，关于牲畜加入公社的办法问题

牧区牲畜加入公社的办法，应当根据牧区畜牧业生产的特点、牧民的生活习惯和群众的自愿来进行。总的原则是要有利于生产。牧区和农区有所不同，牧区实现初级合作化还不久，从党和群众的基础来看，一般说牧区比农区也比较薄弱，再加上牧区生产资料和生活资料主要是活的牲畜这个特点，因之在牧区处理牲畜入社这类问题时，必须采取慎重的态度，必须采取既积极又稳妥的办法。

在原则上社员加入公社时，应当将作为生产资料的牲畜和其他主要生产资料转为公社统一经营，但必须根据社员的自愿来进行。由于牧区的人民公社化运动是在初级合

—16—

作化基础上开展的，因之应根据当前群众的觉悟水平，采取若干的过渡办法。

目前牧区牲畜入社的办法，计有四种：

1、牲畜作价或评分入社，进行比例分益；

2、牲畜作价入社，付给固定利息；

3、牲畜作价保本入社，不付利息，按劳分配，退社时准予抽回原本；

4、牲畜作价入社，分期偿还。

这几种办法都是可以的，也还可以采取其他一些过渡办法。这种精神应当向群众作交代，使群众有选择的自由。

目前牧区牲畜加入人民公社所以需要采取上述一些办法，是从牧区的互助合作基础和当前的群众觉悟水平出发的。待生产有所发展和群众的觉悟水平有所提高以后，各项社会福利事业有所发展，使群众感到取消畜股报酬，对发展生产更有利，群众认为不需要保留畜股报酬时，即可很自然的过渡到完全的集体所有制。

群众所必需的乘用、役用和少量的食用牲畜一般应留给牧民，自留牲畜的数量应根据群众习惯、地区情况按需要留给群众，不要过少，也不要过多。在自愿原则下，自留牲畜可由社统一放牧，社员出若干放牧费。

牧民的蒙古包、挤奶用具、马鞍子、车辆子等都是生活资料，都不入社，但社员有多余，而公社又很需要的情况下，征得社员同意，可以用租用、现款收买等办法统一由社调剂使用。尚未定居的地方，社员拉水和搬家用的车辆要入社，如果社内因生产急需时，可以在不影响社员生活的原则下，与社员充分协商，统一规划调剂使用。

社员的金银首饰、银行存款（包括窖财）、衣服等一律不入社。对这些财物进行登记的作法也是错误的。

第二，关于牧区人民公社
发展生产的方针问题

中央所规定的"根据国家统一计划和因地制宜的原则，根据勤俭办社的原则，实行工业和农业同时并举，自给性生产和商品性生产同时并举"的人民公社发展生产的方针，作为总的和长远的方针，对于牧区人民公社也是适合的。因为方针里所说的农业是包括畜牧业的。为了正确执行这一方针，根据牧区当前的具体情况和生产特点，牧区人民公社的具体生产方针应当是：以牧为主，农牧林相结合，大办工业，发展多种经济。

就目前情况来看，畜牧业的发展速度还远远不能满足工、农业发展和人民生活提高的需要。作为"全国一盘棋"的一个分工，我们内蒙古自治区应当在发展畜牧业方面对祖国大家庭作出应有的贡献。因此，高速度的发展畜牧业生产，不但应成为牧区人民公社的首要任务，就是在农区人民公社中也应当成为一项主要任务。

实现高速度的发展畜牧业生产，应创造必需的物质条件，主要应当抓：提高牲畜繁殖成活率，改良畜种，合理利用和改良草原，预防建设饲草、饲料基地，兴修水利，修治棚圈，改良工具，加强饲养管理，防治畜疫等增产措。不论牧区和半农半牧区都应适当地发展农业生产，并力争在最短时期内达到饲料、粮食自给。为了进一步促进农牧业的发展，满足人民生活上的各项需要，也要积极发展工业、手工业生产，特别要着重发展农畜产品加工和农牧业生产资料的工业生产。

牧区人民公社的规模，应与公社发展生产的方针相适应。目前各地以苏木为单位建立人民公社，是比较适宜的，有个别地区公社的规模超过了一个苏木的范围，应切实的加以了解，如果有利于发展生产，又便于领导的也应允许，如果确实不利于生产和领导，应加以调整。

第三，关于牧区国营农牧场、公私合营牧场和庙仓经济的处理问题

牧区国营农牧场如何办公社的问题，应按"内蒙古党委关于地方国营农牧林场办公社的指示"处理。

公私合营牧场应加入附近以国营农牧场为主建立起来的公社或加入附近牧民建立的人民公社。合营牧场加入公社后一般应按公社的经济管理和分配制度办事，但也可以在公社统一领导下实行单独经济核算。

牧主入社以后一般均可做为正式社员，个别表现好的可吸收参加社务委员会。牧主牲畜的定息，原则上不予取消。牧主原担任场长、付场长职务领取工资的，在不担任职务时，其工资应予取消。

喇嘛必须参加生产劳动，走人民公社的道路。庙仓的畜及其他生产资料应加入该庙仓所在地的人民公社，并给予适当的定息。已在其他合作社入社或放"苏鲁克"的

在原则上全部就地归入公社，同牧主的牲畜作同样的处理。对于那些失去劳动能力的依靠庙仓生活的老喇嘛可由公社给予"五保"待遇。

第四，关于分配问题

牧区人民公社应当在勤俭办社的原则下，正确地分配自己的收入。为了迅速地发展生产，在从总收入中扣除生产费用、管理费用和缴纳税款之后，应适当的提高积累比例。在发展生产的基础上，应当使收入中用于社员个人消费和集体消费的部分（包括用于公共福利、文化教育等事业的部分）逐年有所增加，使人民的生活逐年有所改善。

分配的程序应该是：

（一）缴纳国家税收；

（二）扣除下年的生产费用；

（三）提取公共积累。由于牧区基本建设的需要较大，建社后仍应坚持贯彻勤俭办社的精神，在保证多数社员收入每年都有增加的情况下，适当扩大公共积累。

（四）在分配社员个人消费的部分时，仍执行按劳分配的原则，目前应以原有的常年包工，按季包工，以产定工，死分活值等计酬办法为主，定期预支，年终结算；工资制和供给制相结合的分配制度，由于我们还没有经验，目前在牧区不宜普遍推行，各地可以选择一、两个基础较好的公社进行试点，摸索经验，在试点时可以采取以下两种办法：(1)实行粮食、肉食或主要伙食供给制，其余部分按劳动日付酬，按月支付或定期预支，年终结算；但社员

－2－

并根据劳力强弱劳动态度和技术能力，采取评定工资的办法，工资的悬殊不要过大，级别不要过多。（2）实行粮食、肉食或全部伙食供给制，其余部分按基本工资加奖励制付支。

1958年的分配办法，应按原来的小社来进行，但也要扣除必需的公共积累和生产费用。

第五，关于生活问题

根据党中央的指示，作为广大牧民的生产和生活组织者的牧区人民公社，应当以极大的力量来关心社员的生活问题。要在继续提高劳动出勤率和劳动效率的同时，保证社员有必要的睡眠和休息时间，而且应有适当的学习时间。一定要保证妇女在产前产后的充分休息，在怀孕期间应给予适当照顾，在月经期间要让妇女得到必要的休息，不作重活、不下冷水、不熬夜。为了不断的提高劳动效率，要积极的搞好工具改革和改善劳动组织；要坚决反对那种单纯依靠延长劳动时间来解决劳动力不足的作法。

由于牧区居住分散和生产劳动不如农区那样集中等等特点，牧区公社的公共食堂、托儿所、幼儿园、敬老院等福利事业，不必忙于举办，应先选择基础较好的人民公社根据生产生活的需要，根据群众的自愿，在照客和需客的指导下进行试点，摸索经验。各种文化、卫生、福利事业，例如：小学校、畜牧技术学校、中专学校、图书馆、俱乐部、医务所、缝纫组、理发室、公共浴池等等，应在生产发展的基础上，根据需要和可能条件，因地制宜的逐步

－21－

的举办，以便把牧民引向更幸福的集体生活，培养和锻炼牧民群众的集体主义思想。但举办这些福利事业时，也同样必须经过试点，待取得经验后再普遍推广。

有计划的在牧区建设定居点，使广大游牧和半游牧的牧民逐步定居下来，住上新式房屋，以便从根本上改善牧民的生活和改变牧区面貌。这是一个必须迅速完成的历史任务。这就需要牧区各级党委下很大力量做好分期分批建设定居点的规划，并要经过群众的充分的讨论，在定居点的建设和规划方面，应把当前的和长远的分开来进行。当前应以生产队为单位，先建设必要的住宅、牲畜棚圈、菜园子、饲料基地等，在整个公社范围内应以队应统筹需原则建设一些必要的公共福利设施。至于长远的定居规划，应该以族为单位有一个统一的布局。规划的内容应包括住宅、公共食堂、托儿所、幼儿园、敬老院、工厂、畜舍、牧圈、商店、邮电所、食堂、学校、医院、俱乐部、浴室、厕所，以及定居点的园林化等等。这一工作必须有计划的逐步来进行。各盟可先选择一个点进行试点，摸索经验，给牧民作出样子。

第六，关于经营管理问题

人民公社的组织原则是民主集中制。无论在生产管理方面、收入分配方面，社员生活福利方面，以及一切其他方面，都必须贯彻这个原则。

人民公社应实行统一领导、分级管理的制度。

公社管理机构的设置，以力求简化为原则。一般在社

— 2 —

委员会下，可设生产建设、文教卫生（包括福利）、财贸、政法（公安）、武装等部、计委和一个办公室，各地也可视其社的规模大小酌情增减所设部门。

公社的生产管理组织，可推行两级或三级制。在目前一般的应该是两级制，即公社是一级，在公社管理委员会下设生产队，生产队既是一级经济核算单位（规模很小的还可以不做为一级核算单位），也是基本的管理生产组织劳动的单位。生产队下可分若干个生产小组。规模较大的社，也可以采取三级制，即公社管理委员会——管理区（生产大队）——生产队。管理区（生产大队）是一级经济核算的单位，盈亏统一由公社负责。生产队是组织劳动的基本单位。在实行两级制或三级制的公社中，各级的管理权限应有适当的划分。在公社管理委员会的统一领导下，应本大集中小分管的精神，留给管理区（生产大队）或生产队一定的机动权，以发挥其生产积极性。

牧区公社建立起来以后的主要问题，是经营管理问题。由于这是一个新问题，我们在这方面还十分缺乏经验，需要各地领导上认真的摸透一两个公社，总结经验，加以推广。

牧区公社的经营管理问题中，除体制和机构问题需要迅速确定下来以外，当前一个很重要的环节是要很好的抓一下计划问题。在一个公社内不但要有全年的和长期的计划，还必须有短期的和具体的安排，除要把畜牧业生产首先计划和安排好以外，工农商学兵，农林牧付渔，都需要有一个统一的計划和安排，不然步驟就会紊乱，群众就会无所适从。

劳動組織是經營管理中的一个重大問題，由于牧区的互助合作基础比农区要薄弱的多，因之在組織集体劳動和組織大生产方面，一般都缺乏实际經驗，这一情况是很值得引起各級領导上注意的。根据已有的經驗，搞好劳動組織的关鍵是要进行层层負責的責任制度。社与队应提倡三包办法，即包任务，包財务，包收入，对超額完成的队应給予分成奖励。

在畜群管理方面，社与队应提倡"八固定"，即定領导、定劳動力、定畜群（畜群过大的应适当划小）、定工具和設备、定役畜、定繁殖成活率、定畜膘、定放牧制度。队与放牧員应提倡"七固定"，即定放牧方法、定飲水次数、定喂盐碱次数、定补飼、定防疫措施、定放牧时間、定队盘。总的精神是提倡事事有人負責。由于畜群管理是发展畜牧业生产的决定性环節，要求放牧員都应当由政治上可靠的和有放牧經驗的真正劳動牧民来担任，并要切实固定下来，不要輕易調換。

財务管理在公社的經營管理中占有极重要的地位，因之这一工作应从公社建立时起就抓起来，并要按期向社員公布賬目。在公社尚无完整的財务制度以前，应先因地制宜的采取一些簡便可行的办法，但要严防貪污行

第七，关于抓緊时間整頓巩固人民公社問題

目前牧区人民公社的普遍情况，是刚刚建立起来，有许许多多的具体问题急待解决。

由于牧区建立公社的时期，正是紧张的过冬过春准备工作时期，因此，由于成立公社而产生的关于生产、分配、生活福利、经营管理等方面的新问题，都还没有系统的得到解决。目前我们对于如何办好和发展牧区的人民公社的经验还十分缺乏，政策的宣传也欠深透，干部和群众中对于在牧区办公社问题的认识还参差不齐。因之目前迫切的任务就是要。迅速地整顿好人民公社，使其能够完满地担负起发展生产的任务。

根据中央八届六中全会"关于人民公社若干问题的决议"精神，牧区也必须抓紧今年1月到5月五个月的时间，紧密结合过冬过春、抗灾、接羔、采育等生产工作，对所有牧区公社进行一次认真的整顿工作。

在整社中首先要抓思想工作。凡是社会主义和共产主义教育运动未很好展开的地区，要迅速地开展群众性的宣传教育运动。要根据中央"关于人民公社若干问题的决议"精神，结合牧区的具体情况，把群众思想上存在的疑虑问题，细致的解释清楚，使之安心生产。当前有不少公社社员对什么是社会主义和共产主义有误解，平均主义和依赖思想有所发展，有的社员对公社的牲畜不够爱护，有的劳动不积极，有的大吃二喝，有的对生活资料是否永远属个人所有还有怀疑，有的认为信仰宗教有自由了，要针对这些思想，根据中央"关于人民公社若干问题的决议"和党的政策，向群众作广泛而深入的宣传教育，说明牧区人民公社的社会主义性质和按劳分配的原则，说明生活资料是永远属于个人所有的，说明宗教信仰还是自由的，说明不积极劳动生产和大吃二喝对公社和对自己都是不利的。要在向群众进行说服教育的同时，对那些造谣破坏企图引起群众思想混乱的分子和行为，必须进行徹底的揭露和坚决的打击。

在两条道路，两条路线、两种作风的斗争进行得不彻底的地区，特别是在苏木一级干部当中要继续开展斗争，要把社会主义和共产主义的红旗插遍牧区的每一个角落，要把政治思想上各种各样的白旗都彻底拔掉。在开展这一斗争时要充分发动群众，进行大鸣、大放、大辩论，要反对任何压服的办法。

生产工作是公社的中心工作。因之整社必须紧密的结合生产来进行，牧区公社的生产工作应首先抓牲畜的放牧管理，要保证牲畜能够安全过冬，当前牧区的主要工作是抗灾和接羔保育；今年的过冬过春准备工作，虽比往年做得充分，但还远远赶不上需要，因之要坚决反对任何的自满情绪和"差不多了"的思想。今年配种改良的绵羊达二百多万只，所生的改良羊羔比土种羊羔的抵抗能力要弱的多，因之今年的接羔保育工作要比往年艰巨很多，这一点必须有足够的警惕，在接羔季节到来以前，应在棚圈、劳力、组织、防疫、饲料等方面作好充分的准备，而且领导上应预先作好切实的检查。以保

－26－

証今年的接羔保育工作获得全胜。

牧区春季的风雪灾害年年都有，要反对任何的侥幸心理，要求原訂的牧区冬季基本建設任务，要坚决发动群众，按期完成，有旱灾的地区要切实解决牲畜飲水問題，以保証牲畜安全渡过冬春。

在当前的生产工作中，除要抓好畜牧业生产工作以外，还必須下很大力量抓一下工业和付业生产，因为工业和付业生产对牧区公社增加收入有很大作用，因之对巩固公社的意义很大，应引起各級領导上的足夠重视。

社員的生活問題，是公社中的重大問題。在整頓公社中应給予极大的关心，凡是社員感到不方便的地方，应切实听取社員的意見，应該改正的要立卽改正。凡是社員的生活必需品供应不足的地方，应設法改善供应工作，确实做不到时，应向社員作充分的解釋，使社員了解全面情况，以免引起誤会。凡是肉食控制过紧引起群众不滿的地方，应經过群众討論，适当放寬，要使牧区广大干部都了解，社員的生活問題是与生产大跃进相联系的，不适当的搞好社員的生活，就不可能有生产上的大跃进。就是有一时的跃进，也不可能是持久的。

由于牧区人民公社建立的时間还不久，有許多政策还貫徹的不深不透，因之在整社过程中应普遍的进行一次鍍补課工作，要將人民公社中的一些經济政策向群众讲深讲透，并在群众中进行辯論，在有些經济問題的基礎上如果大多数社員認为不合适时，应經过辯論，加以纠正。

最后在整社中要普遍整顿干部作风和党团组织，要有计划地吸收大跃进和公社化运动中受过考验，合乎党团员标准的优秀分子入党入团，以壮大牧区党、团组织力量。

在牧区整顿公社的工作，大家的经验都不足，要求盟、旗级党委不仅要抽调大批干部，而且要求领导干部要亲自动手，先搞试点、取得经验，再全面铺开，以保证通过这一次整顿，把所有的牧区人民公社普遍提高一步。

第八，加强党的领导

办好人民公社的根本问题是：加强党的领导，在各项工作中实行政治挂帅。因此在发展人民公社运动的同时，必须把社会主义与共产主义教育和党的方针政策的教育，贯彻到干部和广大牧民群众中去，必须用鸣放辩论的方法，继续进行两条道路、两条路线和两种作风的斗争，反对各种错误倾向。只有这样才能充分发挥党的领导的作用，才能保证正确执行党的路线和政策，才能充分发扬群众路线和实事求是的优良作风。

群众路线是党的工作的生命线。八届六中全会"关于人民公社若干问题的决议"中指出："党的群众路线的工作方法是人民公社的生命；没有群众路线，没有群众对党和人民政府的充分信任，没有群众的革命积极性，人民公社的建立和巩固是不可能的。因此，公社的各级领导工作人员，在任何工作中，都必须彻底执行群众路线，必须把自己看成是一个普通的劳动者，对于社员群众采取同志式的态度。严格禁止用那种压服群众的国民党作风、资产阶级作风来对待群众"。现在牧区有一些干部不愿意耐心地进行说服教育工作，这种思想是和中央的指示精神不相容的，必须防止。

必须坚持实事求是的工作作风。"党的任何工作中都必须坚持革命热情和科学精神相结合的原则"。全体牧区工作的同志都必须在实际工作中去贯彻这种观点和方法。一方面要有充沛的革命热情，冲天的革命干劲，充分的发挥人的主观能动作用；另一方面又要保持冷静的头脑，科学分析的精神，不断认识和掌握客观规律。这样才能正确地观察和处理问题，任何浮夸和不实事求是的作风，都必须坚决反对。

牧区人民公社化运动是一个广大人民的群众性运动。又是一项带有根本性质的社会变革。因此，在领导这一运动和在今后继续巩固提高人民公社的工作中，必须以阶级分析的观点和方法来继续执行"依靠劳动牧民，团结一切可以团结的力量，在稳定发展生产的基础上，逐步实现对畜牧业的社会主义改造"的方针；贯彻执行依靠广大贫困牧民和尚不富裕的牧民，团结中等牧民和大部分赞成公社化的富裕牧民，克服另一部分富裕牧民，打击坏分子的造谣破坏的阶级路线。

为了直接加强党对公社的领导，牧区党组织应下决

—29—

资料来源:《内蒙古党委关于牧区人民公社若干问题的指示》(1959年1月9日),内蒙古档案馆藏。

11. 内蒙古党委、呼伦贝尔盟牧业生产调查组:《呼伦贝尔盟牧区人民公社牲畜入社形式、畜股报酬和实行定息情况的报告》(1959年6月13日)

来电机关 内蒙古党委、呼盟盟委牧业生产检查团　收发　字　号

總号(59)盟293号　　　　　　　　　等级 平

已
分
发

主办机关(人): 农牧部

有关机关(人): 各常委、常、畜牧厅党组，周、书办，存。

本传　頁 共印21份　内蒙古党委办公廳秘書处 1959年6月23日印发

呼盟牧区人民公社牲畜入社形式、
畜股报酬和实行定息情况的报告

内蒙古党委:

在这次整社过程中，对牲畜作价归社不計报酬，不付定息的作法已作了纠正。这对进一步稳定牧民生产情绪，增加社员收入，进一步巩固和发展人民公社将起积极作用。现将我們所了解的情况和問题报告如下:

一、牲畜入社形式和畜股报酬問题:

(1)西新巴旗和陈巴尔虎旗，在社員入社問题上是四种形式同时存在，就是在一个公社里也采取了几种不同形式。如西旗达寶人民公社的三个生产队，各自采取了不同的入社形式:第一生产队是按中等户(500只羊折100头大畜)折合标准牲畜作价入股，超过标准的另付定息不足的不补。第二生产队是采取

－1－

－ 328 －

了牲畜平均計头入股，不給畜股报酬的办法。因为这个生产队是实行半工资半供給制的試点队，社員不交自留畜的代管費。第三生产队是农付业队，多数社員是汉族和外旗搬来的蒙古族社員，沒有或只有很少的牧畜。对原来专为賠派輸的役畜（三头以下），采取了作价入股分期还本的办法，三头以上定息。陈旗完工人民公社采用两种形式：大部分社的牲畜是作价入股付息2%，有的队付息3%（正在研究改为2%），但对少数有优良品种牲畜的社員（汉族多），也采取了牲畜作价入股分期还本，不留自留畜等办法。

（2）鄂温克族和东新巴旗是一律采取牲畜作价入股的形式，对一般社員年付畜股报酬2%～～2.5%，个别的也有3%的；对牧主牲畜年付定息1～～1.5%。至于对加入人民公社的牧主，一般的定息标准与加入牧坊的相同，个别的则达到3%，但也有根据牲畜多少的具体情况，采取分别对待办法，一般牧主和社員定息大体相等，而对个别的大牧主只給年息1%。如东旗吉布胡郎图公社的牧主普日布，入股牲畜1万头折价20万元，年付定息1%，計得定息2,000元。

二、畜股作价問題：东新巴旗将各类牲畜分为三等九级，或按成年、育成、幼畜三级作价。乳牛每头核价50元，辖牛、驟馬、驼为120元，役馬180元。塔日根諾尔公社是按牲畜分类不分大小平均作价計算的，山羊每只7元，綿羊10元，牛50元，馬100～～120元，驼100元。现在，又改为略低于现行市价重新作价马150～220元，母马120～170元，小马50～80元。牛110～150元，乳牛60～80元，散牛20～40元。羊12～15元，母羊10～12元，幼羊4～6元。山羊10～12元，母山羊8～10元，幼羊4～5元。鄂族把入股牲畜折成绵羊计算，最高价格每只绵羊核价17元，一般为15元，并对优良种公畜和役畜作价上给予了适当照顾，但各族牲畜作价均按去年建社时的计算价格，共低于市价15～20%，对比除群众有意见的作了个别调整外，一般的均按公社化时原来评定价格未动，只计算了定息价款。

三、对畜股报酬和定息的认识问题，对这项政策规定的宣传贯彻和群众的认识上都比较明确，但是由于牧区各阶层、各阶级间的立场，思想和经济基础的不同，他们的理解程度也各不相同，在一部分牧民中间还有错误认识，牧主和喇嘛当中也有一些人借机歪曲政策精神，故意模糊阶级界线的表现。比如贫苦牧民对定息不感兴趣，他们比较注意的是劳动收入，中等以上的牧户有的就心要了畜股报酬，将来当白旗被批判，有的牧主将畜股报酬和定息混为一谈，故意不承认自己有剥削成份的存在，因此有的要求付给定息越高、越多越好。如提出每年要7～10%的定息，就是其中的一个例子。

总之，基本群众则是注意劳动工分有多少，每分之

-3-

值是多少，而富裕牧户以上的则要求多定息、高工资
这是建社中的尖锐斗争的一个方面。

内蒙古党委、呼盟盟委牧业生产检查团
1959年6月13日

（六月二十三日上午收到～～秘书处）

资料来源：内蒙古党委、呼伦贝尔盟牧业生产调查组：《呼伦贝尔盟牧区人民公社牲畜入社形式、畜股报酬和实行定息情况的报告》（1959年6月13日），内蒙古档案馆藏。

12.乌兰夫:《关于呼伦贝尔盟牧区工作问题的报告》(1962年7月17日)

关于呼伦贝尔盟牧区工作问题的报告

中央书记处並总理、雪峰同志、华北局:（已电发）

这次我在呼伦贝尔盟修改牧区工作四十条期间，来自牧区的干部反映，牧业旗部分牧民有政治不稳准备外逃的情绪。据他们分析，这种现象除与修正主义特别是蒙古人民共和国修正主义的宣传活动有关外，和一九六〇年在牧区大开荒，盲目办国营农场造成严重农牧矛盾，及对牧区供应工作上存在的缺点有重大关系。现将我的初步了解和解决意见，向中央作一简要报告。

一、一九六〇年以来，在呼伦贝尔盟大兴安岭以北牧区开垦草原二百六十万亩，由于缺乏通盘筹划，忽视牧区特点，不走群众路线，没有执行"以牧为主"的方针，有些地方造成严重的农牧矛盾，严重地影响了民族关系。当一九六〇年九月我在呼伦贝尔盟检查工作时，发现了这一问题，並与有关同志研究提出了在牧区开垦草原必须遵守的七条规定，当即经内蒙古党委批转盟、市、旗、县委，並向中央作了报告。现

- 332 -

在看来，这些规定有关部门和呼盟並未認真研究貫彻执行，內蒙古党委也疏于檢查，因之呼盟开垦草原产生的問題拖到现在沒有得到解决。有些多營牧場被开掉了，开了不少土質磽薄的山坡地和沙地，在靠近水源开垦的一部分土地中，由于原來都是較好的牧場，影响了畜牧业生产，同时由于开荒缺乏計划，一些飲牲畜的道路被堵塞了，牧民意見很大。加之在开垦草原之前与开垦过程中，都未同当地干部和牧民作过充分商量，牧民認为牧場被破坏，草場被霸占；反过來牲畜經常进入农田，农牧場認为破坏了他們的庄稼，打坏砍伤牲畜的事件經常发生。

　　二、由于农牧場的大发展，一九六〇年以来，呼盟大兴安岭以北四个牧业旗的人口隨之大量增加。两年來，国營农牧場的职工和家属增加了3、5万余人，占一九五九年这四个旗全部人口5、9万多人的将近60％。有些地方因牧場縮小，农牧矛盾严重，牧民难以継续牧养牲畜而搬了家。如鄂溫克自治旗政府所在地南屯附近，开垦牧場十一万余亩。再加海拉尔市各机关团体在南屯附近也开垦了許多蔬菜地和飼料地，致使农牧間的矛盾十分突出，連供小牛犢吃的好牧場都沒有了，飲水道也被堵死了，打伤、扣留牲畜的冲突事件，二年多以来发生数十起。牧民感到在南屯一带不能牧养牲畜了，加上还有其它原因，已搬往他处的牧民有二十多戶。陈巴尔虎旗，西新巴旗也有因开垦了牧民历来放牧的草埸，而发生牧民搬家的情况。

人口大量增加，农牧埸对职工的民族政策教育工作没跟上去，加上自由流入人口中混进来的反坏分子借机搞乱，致使牧区过去一直都比較平靜的社会秩序混乱起来，偷盗事件經常发生，打架斗殴事件增多，牧民对此极为不满。新建农牧埸的干部来自各方，多数对牧区情况不夠了解，对党的民族政策不懂，有些干部缺乏群众观点，作了一些伤害民族感情的事。所有这些，大大損害了民族关系，影响了民族团結。如鄂温克自治旗境內的国营851农牧埸，于一九六〇年秋在白香套海公社紅旗大队打草埸上开地时，有四十多万斤已經打下来的草尚未堆完大垛，当时公社党委书記巴其同志要求等垛完大垛再开，可是农牧埸的干部却說："这是上級命令，完不成任务不行"。就这样四十多万斤草都被埋到地里；該埸职工家属把附近野生的菓树都砍光当柴燒了；該埸拖拉机两年內还失誤压死該公社两个社員。牧民反映說："汉人逼得我們寸步难行，沒有立足之地了"，"我們惹不起，只有搬家躱开"，等等。类似情况，在其它牧业旗也有反映。目前，开垦的一部分土地已有沙化現象，这些土地卽使封閉之后，草原更新恢复原貌也需要十年左右时间。因此，对这部分土地在封闭之后还必须作好平整、种草等善后工作，促进草原更新。由于呼盟牧区处于同蒙古、苏联交界地带，据了解，有一部分原来与蒙古和布利亚特蒙古自治共和国有亲戚朋友关系的牧民，要求到他们那里去。根据鄂温克族自治旗掌握的材料，提出申请到布利亚特蒙古自治共和国和赤塔州等地探亲的已有１００多名，另外还有２００左右人有此打算。西新巴旗也有此类情况。据了解，东新巴旗有的人准备了好马，打算一旦有什么风吹草动，即进入蒙古。这种情况的出现，当然还有其它原因，如我们供应的物资少，他们生活上有一些困难，但民族关系上的问题则是其中的重要因素之一。目前，类此情况虽然还不是大量的，但这种苗头是很值得注意的，有必要采取有力措施，防止此类情况的继续发生。

三、所以发生上述问题，最根本的原因是许多干部包括一部分盟旗级主要负责干部在内，对党的民族政策学习不够，理解不深；对呼伦贝尔盟大兴安岭以北牧区的地区特点、民族特点理解不深；对于在牧区必须执行"以牧为主"的方针体会不够；对于党的民族工作的长期性与复杂性认识不足。因此，解决这些问题，主要的办法是以党的方针政策，特别是以党的民族政策教育干部，提高思想，总结经验，统一认识。

·４·

为了摸清情况，彻底解决存在的问题，现已将各牧业旗和各国营农牧场的主要负责人召集到海拉尔开会。会议第一阶段，着重学习党的民族政策，把中央批转民族工作会议和西北民族工作会议的报告等三个文件，印发大家学习。向大家反复讲明，此次会议的目的是总结经验，统一认识，增强团结，改进工作，并在统一认识的基础上，结合精简，调整企业，鼓足干劲，发展生产。关于已经开垦了的土地，中央批转西北地区第一次民族工作会议纪要中关于处理这一问题提出了三项原则，我们认为这是基本上符合内蒙古牧区当前情况的。即：(1)严重妨碍畜牧业生产的耕地一律封闭；(2)对畜牧业妨碍不大，牧民意见不多的，经过同当地群众商量，在有利于发展畜牧业生产的原则下，适当地收缩和调整；(3)对畜牧业无妨碍的，在有利于发展畜牧业生产的原则下，争取办好。对弃耕的土地，那个单位开垦的，由那个单位负责平整，有条件的要种上牧草，以利草原更新。我们打算根据这些原则加以处理。并在此次会议上，讨论制订实施方案和研究今后在牧区举办国营牧场的方针政策问题。在贯彻这些方针政策和实施方案的过程中，各牧业旗召开旗人民代表大会和公社社员代表大会，作充分讨论，并结合检查几年来民族政策的执行情况，以便统一各方面的认识，顺利解决存在的问题。我们认为，这样做了之后，一九六〇年以来在呼伦贝尔盟牧区大量开垦草原所产生的农牧矛盾和民族关系上的一些问题，是可以逐步得到解决的。

鉴于呼伦贝尔盟牧区几年来发生的问题，内蒙古自治区有必要把今年五一节以前已经开始的民族政策的检查进一步深入。我们准备在今年八、九月分召开一次民族工作会议，根据中央批转关于民族工作会议的报告精神，检查解决存在的问题。

四、牧区干部、群众反映，近几年来对于牧区收购和生产资料、生活资料的供应上，存在不少问题。牲畜和畜产品收购过头，啃青现象严重（收购幼畜多），相反，对牧区的供应却很不足，牧民意见很大。在生产资料方面，主要是车辆、棚圈所需的木材供应不足，做游动棚圈需要的帆布，几年来一直没有得到解决，所以不能有效地抵御冬季风雪灾害的侵袭。在生活资料供应方面，主要是一些特需商品和一些从事畜牧业生产所必须具备的日用品，得不到适当供应，在一定程度上，影响着畜牧业生产。如生产中不能够缺少的马靴、鞍具、雨衣和胶鞋，特需商品中的烟、茶、酒、蒙古包用品等，都有供应不足、不及时和不适合需要的现象。在粮食供应方面，一九六〇年以来，玉米面比重太大。在布正供应上，近几年来下降幅度过大，对一些穿衣确有困难的牧户照顾不够。上述这些商品和物资，有一些是自治区有力量解决的，有一些则需要中央有关部门作专项安排才能解决。我国少数民族牧业区多数地处边疆，作好对牧区特别是边境牧区的供应工作，不仅有促进畜牧业生产发展的重要作用，而且对巩固国防也有重要的政治意义。望中央责成有关部门认真安排解决。

不安之处请指示。

乌 兰 夫

一九六二年七月十七日于海拉尔

（原电已直发中央）

已发：各常委，沈、吴、武、石、阎、蔚然、志浩、周明，存。 　（共印25份）

资料来源：乌兰夫：《关于呼伦贝尔盟牧区工作问题的报告》（1962年7月17日），内蒙古档案馆藏。

13.乌兰毛都公社管委会:《关于实行畜牧业生产责任制的暂行办法(讨论稿)》(1983年5月10日)

乌兰毛都公社管委会
关于实行畜牧业生产责任制的暂行办法
(讨论稿)

近两年来我公社牧业生产全部实行了小组畜群大包干责任制。此责任制在调动积极性发展生产体现按劳分配解决后劲啃牧业等方面。起到了积极作用。并为实行畜群包到户责任制奠定了良好的基础。但从两年来的实践中我们体验到凡是两三户以上组成小组承包畜群的都不同程度地存在着"大锅饭"变为"二锅饭"的问题。凡是一家一户或以一户为主承包畜群的就不存在这类问题。因此。我们遵照自治区党委和旗委的指示精神。结合我公社的实际。就实行畜群包到户责任制问题提出以下几点意见:

一、几项原则

根据中央和上级党委的有关指示。我们在实行畜群包到户责任制时必须坚持以下几条原则:

1.坚持多种形式的责任制同时并存。现已以户承包的不必再动。现有小组的成员愿意继续以小组承包的也不必变动。

2.畜群、草牧场、土地、永久性设施场、水利设施等基本生产资料的所有权仍归集体。不准买卖、出租、转让,否则集体有权收回;社员无力经营或兼营他业时应退还集体。

3.不准以户、人口、畜股和所有劳力平分牲畜。现已从事农业的劳力和铁、木、毡、瓦、窑匠以及人医、兽医、车夫、司机等专业户不得包畜群。承包畜群要首先考虑那些多年坚持在牧业第一线有经营经验有能力

= 1 =

承包并能完成各项任务的牧民。

4、不得混类承包，要以畜类分别承包。

5、牲畜的出售权一律在队场。不经队场批准不得随意出售牲畜。对随意出售牲畜者视其情节加倍罚款直至追究法律责任。

二、以户承包畜群的具体方法

1、现有牧业劳力在现有畜群组内以正式男劳力分牲畜。

2、现有承包组是由一户组成或以一户为主的可以不动。如果其中的不属一家的人本人要求个人承包的。可以按第一条分畜办法解决。组内虽属一家人但已分户另过的。其合同一律与各户签定。

3、以户承包之后一定要实行联户经管。目前各队场无法添置更多的生产工具（包、车牧畜）也无力新建各户所需的接羔场。畜牧物也不可能一下子得到合理的安排。因此以户承包之后实行在现在的小组内联户经管。保证畜群的稳定。如果某些组内实在不和无法解决其矛盾时经队场批准。方可到其它组但不允许改良与本地。不同畜类之间混类经管。

4、绵羊育种核心群。最好由一户承包。一户不能承包时必须分户承包。联户经管的办法。也可以在配种、育种、鉴羊剪毛体测时坚持统一进行。

三、必须作到五统一

五统一是。草原建设统一规划。疫病防治统一组织。改良育种统一路线。游牧移动统一安排。种公畜统一管理调剂使用。

草原建设统一规划主要是指。种树种草。打棚盖圈。打井修渠。新建接羔棚。围建草库伦等项生产必须服从社队的统一规划安排；

疫病防治统一组织。主要是指。各畜群的驱虫。药浴。予防注射。必须

－2－

按照社队和业务部门的安排统一组织进行。把绝抽驱虫、药浴、予防注射的户或组每漏作一次钉款100元。如因兽医责任脱抽兽医人员，每漏一辟罚10元。全漏一种予防钉200元。

改良育种统一要求主要是指，绵羊改良和兴安细毛羊的培育、攻关、黄牛改良、马匹改良等项工作按照社队的统一要求进行。绵羊改良和兴安细毛羊的培育、攻关工作必须遵照公社管委会发的（1983）第　专文件规定办。严禁改良羊和核心群混交乱配，放本地种公，是由领导安排的扣其补贴的5%。是承包户的责任，就罚承包户100元。黄牛改良工作、集体、个人一齐上要努力完成国家下达的任务。

游牧移场统一安排主要是指，夏季游牧的各群必须于六月十日之前进入夏营地。秋季于十月一日之后方可进入接羔场十一月十日前必须进入冬营点。更不准在村屯附近。接羔场附近长驻不离。不按上述规定游牧移场的过十天的罚50—100元。超过规定时间20天的（特别是夏季游牧）收回畜群和一切财产。

种公畜统一管理调剂使用。主要是指绵山羊种畜和一部分良种牛。马种的管理、调剂、使用。绵山羊种畜要分土种、良种分别包给专业户管理严禁散放种群。要与专业户签定合同，合情合理地定好仔头指标，超产奖励、减产受罚，畜产品全归承包者后其劳动报酬和管理费的不足部分从队场的当年收入中适当支付。今后良种畜的进行、调剂、使用管理的费用和权力均属各队场。

四、合同的签定法

签定承包合同是一项十分重要的工作。它如何顾国家、集体、个人三
=3=

着利益的具体杠杆。合同一经签定就具有法律效力，因此一定要严肃认真地对待。为了简便易行，我们将过去的保本、保值、保纯增的办法改为成畜按比例存栏保值，仔畜以适令母畜为基础比例分成，畜产品及一切收入归承包者。牧业税和一切费用自负。向队场交纳一定的积累和义务工按亩均，实收实，畜群三固定，长期稳定一年一结算的办法。

成畜（小畜）年对年的存栏率为75--77%，三消比例为23至25%，三消部分不用仔畜补齐。超产全归己，减产用自留畜补或以1.5的系数用仔畜补齐；保值主要是指承包畜群的原本原值，品种质量。等畜比例每只能提高不准下降。

仔畜的分成法是，以现有适令母畜为基础，承包者向集体交45-50%的仔畜，其余全归承包者，交不齐时作价赔偿。成畜的存栏数和仔畜的提取经过细算帐之后最低要求以群体性畜不出赤字为标准。

承包者除交一定比例的仔畜外还应当提交适当的现金积累和义务工。按畜场的折旧金每年提交总价的5—10%。各项积累（公益金、公积金、管理费）加起来每只小畜摊一角五分钱。每头大畜六角钱。提到一齐收来之后会计再分科目下帐。

每个正式劳动力每年摊5—10个义务工。不出勤时每工交四元。此款用于基建建设、民兵训练、修桥铺路、扑火、维修校舍等。

打畜任务必须写进合同。打畜脱缰任务小畜每只三百斤。大畜每头五百斤。改良种和核心群的种畜任务也应按照公社下达的任务写进合同。

国家的征购任务和税收应当根据公社下达的任务和税收政策必须写进合同。

承包土地的农业劳力、手艺匠艺人和专业户。专业劳力因不交税金也没有汇购任务因此其各项负担应比去年略加提高。承包土地者每亩向集体提交四元钱。其它专业人员可根据其承包的专业规定新提交的税款。但每劳力最低不得少于一百五十元。义务工同农业劳力一样摊担。

双方必须信守合同的各项规定。合同的各项指标小灾不减。中灾经公社批准酌情少减。如遇人力不可抵抗的灾害，应集中人力、物力、畜力抗灾。合同的兑现另行再议。在执行合同期间双方不得任意更改任何一项。

合同应于每年五月末六月一日之间结算调整。每年结算合同之时如有不合理的项目，经公社批准可以调整某些项目。大畜的承包于今年十月分再再发。

五、大型固定财产及生产用具问题

大型固定财产和生产用具是从事农牧业生产的基本条件。千万不能乱拉私分。不能无政府状态。必须得到合情合理的安排。

拖拉机必须分别其质量和年限合理作价收其折旧金。其折旧金联户的各户分摊；

打搂坐机在现阶段也应当实行各户交纳折旧金的办法。原来已作价。准备3—5年偿还的。将其偿还的款从其原价中扣除。再以5—10％的幅度提取折旧金。

役畜（役牛、骡马）和车辆应以一户为单位。根据各队的实际情况分给1—2头（匹）役畜。一次作价三年内收回；车辆也应当分包给各户。一次作价三年内收回。

六、原组内的债权债务问题

原组内债权。债务，用于本组内生产上的按分得的牲畜头数分摊。用

=5=

于个人生活上的自己偿还，将其分摊的情况由队场负责报营业所或信用社一分。原组内购置的财产，在组内协商，由队场领导合理裁决。

七、干部、兽医、人医的补贴问题。

队场干部只留书记、主任、会计三人。（资方厂场例外）。其余副职带职包畜。书记、主任、会计三人以半劳力为标准分包牲畜或土地。其每年的补贴视其工作量大小定为400—500元。于年终根据其全队场生产的增减和工作状况有所增减。其增减的幅度为5—15％。

兽医在牧业第一线每天补一元二角钱。不深入牧业第一线无补贴。驱虫药浴、予防注射每次小畜二分钱。大畜每次一角钱。猪鸡每次一角钱此款可以由队里统一与各户结算。也可以兽医本人与各户结算。也可以采取大包干的办法。

人医深入牧业第一线每天也补一元二角。除此而外应参照卫生院的包干办法和去年的办法进行包干。

八、加强自留畜管理

普遍实行畜群包到户责任制之后自留畜的管理是一件大事。不加强自留畜的管理，将会出现较多的麻烦。因此在自留畜的管理上提出如下几点要求：

1、继续坚持不限数量不限品种的政策。

2、按照自治区人民政府规定交纳税金。

3、绵山羊15只以上。乳牛两头以的户同样承担国家派购任务。

4、自留畜应交纳草牧场建设费和管理费。其标准最多不要超过小畜一角五分。大畜六角钱。

＝6＝

5、自留畜的改良、育种防疫必须服从队场的统一安排。

九、去年合同的结算

我公社小组大包干的合同是于去年十月中旬签定的。其结算时间是今年的十月分。但根据众群的要求和现实情况。合同应结算在五月末。因此对去年的合同应当有个合理的结算法。对此应当：将其成畜损失率再加2%。将其仔畜损失率再加3%。之后其它比例按原定数结算其一年的合同。

十、进一步加强领导

加强领导是落实责任制的关键所在。加强领导我们必须从以下几方面下力量。

1、要提高领导艺术。坚持一切从实际出发。不搞一刀切。一个模式。应根据上级的指示。结合本队场的实际。因地制宜地实行各种责任制。

2、要加强统计监督。对畜种的种类。公母比例。改良本地情况。去势结算数。秋季分群数。春季进点数。必须有个详细的掌握。

3、对各个季节的生产。必须做到统一组织安排。千万不可大撒手。

4、秋季交结牲畜的数额一定要经过队场的结算再报公社领取"交售牲畜批准通知书"。不然一律不准出售。

= 7 =

资料来源:乌兰毛都公社管委会:《关于实行畜牧业生产责任制的暂行办法（讨论稿）》(1983年5月10日),科右前旗档案馆藏。

14. 内蒙古党委办公厅:《关于偿还牧民畜股报酬及支付原牧主定息的通知》

中共科右前旗委办公室文件

旗党办发〔1984〕41号

———————★———————

转发内蒙古党委办公厅《关于偿还牧民畜股
报酬及支付原牧主定息的通知》的
通　　　知

各乡、苏木、镇（场）党委，旗直各有关部、室、委、局：

现将内蒙古党委办公厅《关于偿还牧民畜股报酬及支付原牧主定息的通知》转发给你们，望认真贯彻执行。

此通知

一九八四年七月十三日

抄送：人大、政府、政协、纪委党组。

————————————————

中共科右前旗委办公室　一九八四年七月十三日印发

（共印６０份）

内蒙古党委办公厅文件

内党办发〔1984〕91号

☆

〔秘密〕

关于偿还牧民畜股报酬
及支付原牧主定息的通知

各盟市、旗县委：

人民公社化时期，自治区党委规定，对牧民入社牲畜价款每年偿还百分之二至五，叫畜股报酬，对原牧主入公私合营牧场或入社牲畜价款每年支付百分之一至四的利息，叫定息。"文革"期间，由于"左"的错误而停止执行。党的十一届三中全会以来，这两项政策逐步恢复，但各地恢复程度和执行情况不尽相同。为此，经自治区党委同意，作如下通知。

一、关于畜股报酬问题

㈠畜股报酬是对牧民入社牲畜部分价款的返还，因此，应当逐年还本，直至还完其入社牲畜价款为止。

㈡偿还办法，应按原定比例付给，也可作一次性

~ 1 ~

或几次偿还。有积累的，可从积累中偿还，无偿还能力的，可从今后提留中逐步偿清。既可付现金，也可用现有集体畜作价顶还。加入公私合营牧场（后转为国营农牧场）牧民的畜股报酬，也照此办理。

（三）对于非劳动牧民成份者的入社牲畜，如当时确定和劳动牧民一样给予畜股报酬的，亦按上述精神办理。

二、关于原牧主定息问题

（一）我区对原牧主采取了比资本家更宽些的赎买政策。国家对资本家累计支付到其私股作价款总额的百分之五十即停止支付。因此，对原牧主定息，应累计支付到其入场、入社牲畜价款总额的百分之六十时即停止支付。

（二）支付定息应实行谁接收牲畜谁支付的原则，按原定息率支付。要以支付现金为主。有条件的，可以一次性或几次支付，也可以用现有牲畜逐年顶支。原牧主死亡，其直系亲属（或法定继承人）可以领取。

（三）按国家干部工资标准定级担任公私合营牧场职务的原牧主，其工资照发，已停发的要补发。如因组老体弱已离开原职的，可参照同级国家干部退职退休标准发给生活费。

四庙仓、民族上层、宗教上层入场、入社的牲畜，凡当时付给定息的，仍按原规定执行。庙仓定息，应用于解决喇嘛生产生活困难。

内蒙古党委办公厅
一九八四年四月十日

资料来源：内蒙古党委办公厅《关于偿还牧民畜股报酬及支付原牧主定息的通知》(1984年4月19日)，科右前旗档案馆藏。

15.乌兰察布盟委中后旗牧区工作调查组:《乌兰察布盟中后旗五努图克46户牧民对合作化的人适合态度调查报告》(1956年6月6日)

在中后旗五努４８户牧民对合作化的
认识和态度的调查报告

随着我盟农业合作化的实现，手工业和私人资本主义工商业的社会主义改造亦进入高潮的形势下。牧区也出现了一个新的形势。自从盟在元月召开的牧区四级干部会议后，近几月内向牧民群众进行了声势浩大地大张旗鼓的宣传，並大量测验了各种类型的互助组。同时试办了三个牧业生产合作社。在原有的基础上建立了７７个常年组，训练了建社干部，培养了不少的积极分子，从而使合作化影响曾及牧区每个角落，並已深入人心。使牧区进入了空前的动荡时期。合作化已形成社会舆论。到处可以听到群众要求组织起来的呼声，生产情绪也很高。倔各阶层对合作化的认识及其态度却不一样。如对入不入社呢？为什么要入社呢？入社好不好呢？不入社怎么办呢等问题。他们都从自已的角度来考虑合作化。盟委被调查组在中后旗五努调查了４８户的思想动态和生产情况（富裕户和「巴普」１０户，中等牧户２０户，贫牧１５户），此外还召开了不同形式的刊谈会。分别了解了老牛青年、妇女、喇嘛的思想情况。他们的思想极为复杂。生产情绪也不一样。今将具体情况分述如下：

第一级级拥护热情迎接合作化的。並深深感到合作化是他们的唯一道路的有１４户（包括参加常年组的１０户其中６户是贫苦牧民，４户是还及宽裕的中等牧民）。他们几乎都在党的领导下朝鲜常年互助组。亲身体验了互助合作的好处。经过长期的共同劳动，统一经营提高了劳动效率，战生了灾害，改善了技术，增加了牲畜，增加了收入，生活已有改善。因而他们对合作化是灵及拥护的。如达希拉常年组在５２年建组时５户共有大小牲畜３００头（只），现在已发展到

1,200只，增加了6——8倍，他们热情地对我们说，「只有组织起来才对我们有好处。去春有大灾只组内遭一头牲畜也来损失，死绝减牧歧」「你们看看我们组的羊群和羊羔吧！今年普遍检查的羊死了不少，我们组内死的很少，又良问我们为什么上级不准我们组社呢？不让我们走社会主义呢」？该组幼畜成活率已达到94．2%而普遍检查的幼畜成活率平均只达到80%，由此证明他们对合作化的要求不是盲目的。他们早就在思想上和组织上作了准备，同时对合作化也有足够的认识。因而他们的要求是自觉的。当有搞合作化的政策和进行试典后，他们都自找对象，串连互教，再三向乡级申请。另有4户单干牧民，虽未参加互助组，但他们在解放以后，政治上、经济上都得到了翻身。过去生活贫困现在富足了，过去没有牲畜的现在有了自己的牲畜了。过去有少数牲畜的人现在已有所增加。如桑木尔兄嫂蒙受五〇年没有牲畜，现已有羊394只。拉希50年只有7只羊，现已有40 4只。伶日喜桥格50年只有88只羊，现已有087只羊20头牛。牧区人但是又发展起合作化的。同时生产热情很高。他们认为合作化危克有好处。现在他们中有不满有顾虑。解放以来党所采取的各项政策都有效，有力发走了生产，改善了他们的生活。在实践中体会到党对他们的关怀和爱护，使得他们逐渐懂得和毛主席所指出的方向走是不会错。但对入社身成牲办法仍很顾虑。因而也有顾虑。如伶日喜桥格、「机器研究是好的，用东西是好的。我究为关怀下我的生活由党调整搞了它们，我感到，生产规模合作化。

—2—

今年的羊羔子百分之百都成活啦，不過因自己會多些沒有牲畜愛操心，所以聽說高級社，牲畜作價歸社，也有些心痛。有的牧民雖然相信黨，但捨不得牲畜歸社，因而想搬到暫不建社的地方去，或搬到自己親戚跟前，準備一旦辦大社也歸在自己內部。

從上述十四戶的情況看，他們是對合作化很擁護，但惟怕牲畜作價歸社和轉高級社。

第二、是代表多數人的思想：他們看到農村已經合作化，城市手工業和私人資本主義工商業也進入社會主義改造的高潮，也贊成要合作化，因而他們也跟著喊叫合作社，見了幹部忙著表示自己也要入社，表面上非常擁護合作化，實際上對入社還有意願：如入社吧！怕吃虧，不入吧！又怕別人說他落后，或當牧主，壞人看待。因而思想猶豫不定，或到親朋家哭訴衷情。這類戶多系生活較富裕的中等牧戶還包括一个生活貧苦但窮景好的上戶及一兩戶是單幹或已參加互助組的富裕牧民，這類人過去少沒有思想顧慮，有些人傾有階級報復情緒而想社會變革。因為全國形勢變化太快，加上我們在牧區大張旗鼓的宣傳合作化很突然，因此他們都失去了主見，雖然也贊成合作化，但思想上還有很多顧慮。

第三、是極少數人的思想：他們聽到合作化后，既怕合作化又怕敢革誤事宜，他們感到責任很大，思想總感不安，加之我們對合作化的方針、政策、辦法宣傳不够透徹及有毛病，因而增加了他們的恐慌情緒，對政策有了懷疑。這些人主要是「巴貴」戶和較富裕的上層牧民，並包括一些對幹上層，這類戶在六十戶中確有三戶。他們過去會想為社會主義在牧區是一、二十年后的事情，不想高潮來的這樣快，同時農區很快就實現了合作社，因而他們感到牧區合作化也慢不了，感到十分緊張。由於我們合作化是與改造蕃后事同時進行的，因而他們也怀疑牧区合作化是否也要斗争。所以放弃了牲畜的饲养管理，甚至还有破坏生产的现象。如五努富牧拉布登的二百只当年幼羔中就死了1,10余只，並解僱了二个牧工，现在有1,20头牛無人管理，700多只羊满山死亡，据他自己说只死了50多只大羊，据别人反映不只此数。又如「巴音户阿有希，今年的羔子死了1,50只。额介数必力格今年的羔子死了80多只主要是冻死和饿死的。这些人表面上很拥护社会主义，开口就说合作化好，再就是交牲畜，他们認為合作化就是将大堆或归公牧区不分、不斗、不划阶级的政策变卦，因而思想消极，甚至破坏生产。另一部分較富裕的牧民和「巴音户同样对牧叶合作化政策有怀疑，但党在牧区所采取的各项政策和措施对他们的教育很大，他们都是心服口服，同时这些人在解放前虽然生活較富裕，但在政治上曾受过内外统治阶级的压迫和摧残，解放后在经济上上升，在政治上有些地位，数年当中曾受到了人民政府的各种奖励，政治認識有所提高，对不分不斗不划阶级的政策有些怀疑，同时从私人资本主义工商户的改造中和对「加合羔中进一步调和平过政策摸底了。因而生产上积极：如「巴音户巴图今年有绵羊羔204只，只死了一只，同时治好了各种病羔90多只。又如「巴音户比敦今年的羔羊成活率達到113%。这些人和前者不同，他们感到自己已有路可走，同时参加合作社和合營牧场也完全可以解决劳动力不足的困难。但因未能验过，因而对后果还是很忧虑的，他们最怕给自己加上什么罪名，也怕改造后弄的一无所有，生活失去保障；如巴处长相嘲保的牧庙，虽然经再三要求参加合营牧场，但批准后，思想顾虑仍很大，因而想尽可能多留点自留畜。从上述情况来看：第一类较积极拥护合作化的占48户的30、4％；第二类随大流相嘲摇摆不定的占53、8％；第三类思想顾虑很大，生产消极，甚至破坏生产的占0、6％；此外思想仍有顾感，犹心将来生活无保障的占15、2％，总之，一般老年人对合作化的政策和嘲功法不捉彻的思想还有顾感，他们认为合作化就是牲畜归大堆或归公，入社就以为为公，自己年老不能参加牲畜劳动，牲畜入社后生活怎么办等等，他们甚干部直先问「年老人不能劳动入社怎么办呢？」有些老年人说：「我的儿大牲畜归社也不怕，我有两个儿子可以养活我」，他们较关心的是个人的生活问题，自从听了毛主席所指出的在合作化里有五保，他们特别高兴说：毛主席倒真是人民的大救星，他什么也想的到，连我们老年人的生活和死后的事情都给解决了，因而表示感谢。一般妇女群众对入社的各项问题都不太关心，或根本不过问，但对奶牛母羊入社后应如何处理，今后是否可以吃到足够的奶等顾感很多。一般青壮年人对合作化没有什么顾虑，他们认为自己身强力壮，不怕劳动，可以拿自己劳动换得幸福生活，但同样感到牲畜归社后，对自己的子弟上学和年老人的生活也很关心。其四从喇嘛界的情况看，一般是恐惧不安，特别是上层喇嘛，认为合作化后对其生活无保障，怕合作化后寺庙收入来源断绝，又怕今后群众再不送子弟当喇嘛，而现在的青年喇嘛想还俗，因而怕喇嘛断了根子，所以，想借建社为名，企图把牲畜拴到自己手里。如从五户经社营草户情况看，苏登兵连从去中就抽回不少牲畜，同时减少了顾

－5－

有头数，从今年还有 造謠、破坏合作化 和生产的活动，他们向群众说：「共产党什么都好，但对西北每不好」（意即对佛不好），因而有批拆合作化的现象。第五，从牧区干部情况看，对合作化很重视。热情很高，他认为全国农村、城市都合作化啦，而牧区还很落后，由于这种思想动机支配，都想现在多办些社，建的快些，想一下就把牧区合作化了，因而普遍发现组先争的现象。甚至有些同志认为现在迎头赶上农区的良机已到。我们的领导干部也有这种情绪。他们几年来虽对牧区工作有一定经验，但对牧业经济不同于农业；牧区落后于农区，工作基础也差等缺乏全面认识。特别是对牧业经济的复杂性，不稳定性以及牲畜是牧民的生产资料，又是生活资料等认识不足。因此，有些干部拿农业合作化的速度来要求牧业合作化也可加快，也想用农区不经过初级社也可直接高级社的经验。把牧区也一下高级化了他。由于这在此次干部会议上，为了打破右倾顾多的分析了有利条件，所以有些同志就不再估计困难条件，在新的形势面前，缺乏充分、全面的分析研究，仅仅满足于群众的呼声，盲目群众化。他们认为大势已定，总之，做得再猛些，牧区这几个人也反不了天，认为过去因束手束脚，忧虑过多犯了错误，今天应该毫无顾虑，大放手，猛、猛快快干他一场，而忽视了对牧业经济的改造、必须谨慎的原则。大胆放手不等于放弃领导，同时也忽视了合作化本身就是阶级斗争这一事实。因而过去对办社看得非常慎重，现在又认为非常简单，且自此次干部会议以来虽对合作化的方针、政策、办法　　（上接7）

，步驟等有了进一步的了解和领会，但至到如今（包括参加試典干部）多数干部都还未弄清牲畜入社的几种办法。在宣傳当中也有不少毛病，如将三种入股办法误认为是高、中、初三类社的标准。还有的去登記牧民的碗筷子；有醱宣傳有債戶不能入社，不讓﹝巴 富﹞戶入社，說你們另有你們的路。由於宣傳工作的不够全面甚至错誤，致使﹝巴富﹞戶和一般牧民增加了很多不必要的顾虑，並給生产带来了损失。仝时在宣傳中单純强調第三种入股办法如何好，而很少提到第一种办法的好处或坏处，仝时把自愿和入社机械的分开。有不少干部死搬硬套文件公式，不看当地具体情况和群众要求，他們认为所謂貫彻政策只是口头宣傳而已，对建社过程即体現政策过程重視不够。对建社中所发现的重大經济問題既不深入研究，又不考虑其对外界的影响，很多的干部都错誤认为建社就是把人畜糊个坯堆。由於牧区干部一般考虑問題不愿用脑子习慣於一般化工作作风，因而对不但建好社而且还要办好社，搞好生产以及所采用的入股办法是否适合实际等問題从不考虑，因此虽建立了三个牧业社和許多常年組，但旗务領导对具体情况了解很差，甚至旗委书記都不知道自己旗內有几个常年組。此外在建社速度問題上也认为群众要求多少，我們即建多少，否則即不能满足群众要求而犯右傾错誤等，所以旗委再三通知暂停建社，他們还說領导有右傾，並且在建社中不结合生产，脱离实际，脱离群众的現象十分严重，虽經多次纠正，但这种思想情緒仍然存在。产生上述現象的主要原因：是对牧业經济必須在稳定发展生产的基础上逐步实現合作化这一方針认識不足；对实际条件和当前生产的重要性以及如何满足群众增加生产增加收入的要求，不做认眞研究。对乌兰夫主席所指示的﹝衡量工作的标准就看你是否完成和超额完成生产计划来决定，有不少全旗还缺乏队职。第六，正因为我们的工作没有赶上，对合作化的方针，政策未交待清楚，给牧民增加了不少顾虑，並给坏人造成进行造謠的空隙，如五努的一个喇嘛从五当召回来说：「合作化是把牲畜交給大家，把牲畜赶快卖了吧，不要归堆」；有的喇嘛說：「这事５７年孙悟空下世才能解决」；还說：「将把牲畜归国营牧场，一切生活用具都归文化館。只留一个碗筷子」，类似情况各努都曾发现，因而也增加了部份后进群众的思想顾虑，或多或少的影响着生产。

盟委中后旗牧区工作检查组

１９５６．６．６

资料来源：乌兰察布盟委中后旗牧区工作调查组：《乌兰察布盟中后旗五努图克46户牧民对合作化的人适合态度调查报告》(1956年6月6日)，内蒙古档案馆藏。

16.旗、社两级调查组:《乌兰毛都公社牧业生产责任制的调查报告》
（1982年9月11日）

乌兰毛都公社
牧业生产责任制的调查报告

旗委、旗政府：

根据旗委、旗政府的指示精神，由会副长带领旗经管局和公社的有关领导深入到乌兰毛都公社以白音乌拉、阿其郎图两个队为重点又到浩恩绍、努力宗等大队和游牧邻一线。召集基层干部和牧民群众，开了座谈会。讨论会低形式对现行生产责任制进行了调查。现将调查的情况报告如下：

一、现行责任制的基本情况

党的三中全会以来。特别是中共中央75号、1号文件下达以来乌兰毛都公社结合自己的特点，调整落实了经济政策，普遍建立了各种形式的生产责任制。改进了劳动计酬办法，纠正了分配中的平均主义，有效地调动了社员的劳动积极性。

这些生产责任制的形式，大体上有以下两种：

1、三定一奖或两定一奖，即：定工、定产、定费用超产奖励或定工、定产超产奖励。这种形式，又可分为：分季结算、年终结算两样。其奖罚办法也有比例奖罚、全奖全罚、超咍奖咍、折钱奖罚等。三定一奖或两定一奖只对畜牧放牧圈舍。其它后勤生产都是定额计酬或小段包工与牧业生产的好坏并不直接相联。这种责任制，在乌兰毛都实行了多年，对生产的发展起到推动积极的作用。现仍然实行这种形式他还有十个牧业队，二百一十五群牲畜占全公社牧业队的50%。二和群的牲畜。

2、牧业大包干制。这是一种新的责任制。概括起来就是：在畜群、草牧场等生产资料的所有权不变。不以劳力、人口、户、畜散平分牲畜，不拆散原有畜群的前提下。将集体牲畜按群包干给自愿结合的畜群组经营。实行"三保"、"三固定"，一包三年，一年一结算。三保是：保本、保值、保纯增。三固定是固定畜群、草场、棚圈。队里不计工。不投费用。畜产品收入金归组。一切费用由组承担。牧业税和牲畜。畜产品的收购任务。由公社大队依照国家任务。下达给各承包组去完成。除役畜和接羔场外的生产用具作价归承包组。价款在三至五年内还清。役畜作价归承包组使用。损失赔偿。老弱时经准许可以调换。接羔场按适当的造价交纳一定比例的折旧费。畜疫防治工作由集体统一组织进行。防疫费和平时的治疗费由畜群组承付。绵山羊种畜由集体统一管理。改良和育种方向也由集体统一规划。

这种责任制于去年十月分公社党委在阿林一合、乌兰敖都大队经过试点。而后又根据旗委的指示精神，以公社管委会的名义制定了一个《试行新苏鲁克制的具体意见（讨论稿）》一文。到目前为止已有十个队场试行了这种责任制。试行时间最长的已有十一个月最短的还不到六个月。不论六个月时间的那个队是属（半路出家）即临时下放的情况下放的。这种形式占全公社牧业队的50%一百柒拾九群牲畜其中羊群一百四十四。牛群二十一。马群一十四。

∞ 2 ∞

- 359 -

试行牧业大包干责任制的队今年丰收的两个队。平产的一个队减产的七个队。丰收的群134个占74.5%。平产的群20个占13.5%。减产的有25个群占12%。

下面把调查白音乌拉。阿其都图两个大队的牧业大包干制情况叙述一下：

1. 白音乌拉大队有420个人口。80户人家。170名劳力有各类牲畜16231头（只）。人均占有33.8头（只）草场占有面积为67500亩。有八处砖石结构的棚羊圈。打搂草机十六台。拖拉机一台。放牧车九十辆。胶轮车三辆。近三年的平均总收入为十一万元。总支出为两万七千元。人均收入为140元。劳动日值为1.90元。

今年二月分在干部群众的一直要求下经公社党委批准这个大队实行了大包干责任制。

他们的作法是：在不拆散原畜群。不以户。劳、人口平分牲畜。不以畜股分牲畜。承包后的畜群。草牧场的所有权仍归集体的畜群下将集体的一群混合畜（幼母各令畜组成）。包给自愿结合的由4—6人组成的小组。实行三保、三固定。一包三年。一年一结算。从事畜牧业外的其它劳力如同农区一样都包种了适量土地实行了大包干制。

三保的办法是：全年三消规定为20%。规定指标内的消耗可用当年母仔畜补齐这叫保本；按大队的统一要求进行改良育种。畜群

∞3∞

中的成畜不得少于30%这叫保值；向大队交4—10％的纯增这叫保纯增。队里不统一核算，不统一分配。承包者三保之后其余子畜和成畜以及畜产品全部归承包者，一切费用、用工全由承包者承担，自然灾害也由承包者承担。收购任务，依照合同经大队和公社批准后由承包者去完成。

□□定的办法是：根据多年延用的情况，将畜群、草牧场、棚舍固定到组，长期不变。棚舍按照造价收折旧费。

畜包、放牧车等生产用具作价归承包者，分期尚还。役畜作价归承包者使役，不准交易，损失赔偿。

种畜（绵山羊）由队里统一管理包给专业户。疫病防治由队里统一组织，药物我防疫费承包者拿。对兽医人员每年补800元。对单身五保户每月补1 5元，对其它五保户每月每人□补助8元。

这种责任制受到了白音乌拉大队干部、群众的欢迎，较有效地调动了干部、群众的积极性出现了生产发展、生活提高，牲畜增加的新局面。下面以具体实例加以说明：

今年在风雪灾害和严重秋旱的情况下各类牲畜由去年□的15649头（只）发展到了16231头（只）纯增率为3.7％，繁殖成活率达到了34.5％，总增率达到19％，成畜保头率达到了90％。承包的十七群牲畜全面增□，□动的最早，打的最起劲，予计将比去年多打一百万斤草，总贮草量能达到五百万斤。

— 4 —

（历年采绒在四百斤以下）。

生产费用大幅度下降。到目前为止。每个承包组的费用不超过五百元。全大队不到八千元。在承包以前的三年内队里平均每年支出为两万七千元。占总收入的25%。与此相比今年的费用支出下降了70%。全大队的绒毛产量比去年的11637斤增加了5,063斤达到了16,700斤。绒毛收入又比去年的20600元增加了4,400元。达到了25,000多元。今年全大队总收入为13259400元。人均收入达到306.00元。比去年的157.00元提高了95%布和巴雅尔的承包组包了788头（只）的一群羊。纯毛收入达到了1,446.00元。结算合同后得大羊93只。得羔羊219只。全年的支出为150.00元。劳均收入达到1,719.20元。人均收入达到了350.00元。（这是最好的一个）。铁柱的承包组包了一群693只羊。绒毛收入为1,190.00元。结算合同后得大羊41只。羔羊135只。全年支出80.00元。劳均收入达到1,021.20元。人均收入达到了243.14元（这是最差的）。

从以上情况可以看出生产发展了社员收入多了。那么集体经济有没有发展呢。请看下列数字：今年大队的收入有：提留的纯绒609头（只）。马21匹。牛19头。农业积累480元。两挂马车积累800元。折旧金800元。拖拉机搞付业1000元。出售169只羊收入约5570元。卖六匹马收入三千元。计总收入为11650元。总支出有：干部报酬2100元。兽医人医补助600元。五保户抚养费860元，拖拉机油料零件司机工资付出五千二百元，旅差费支出506元。计全年支出为8820元。把各项费用都支出后不但积累2830元资金，而且还积累了四百只羊、二十五匹马、十九头牛。

2．同美路的大队有672口人，102户人家，182名劳力，各类牲畜有25620头（只）人均占有838.1头（只），草牧场占有面积十二万亩，有八处永久性接羔场，打草单机三十七台，拖拉机四台，可利用机电井三眼放牧车120台，胶轮大车六台。近三年来的总收入平均为二十四万元，平均总支出为八万四千元，费用支出占总收入的35％，人均收入为一百七十七元，劳动日值为两元。

该大队于去年十月分，在群众的一直要求下，在公社的试点工作未结束之前实行了牧业大包干责任制，他们的具体办法大体上与公社制定的办法一样，不一样的地方有五个：一是畜群组包的畜群多至五群中等的三群，少的则一群；最大的畜群组有五群牲畜3008头（只）十三户人家，牟三名劳力，七十口人，相当于一个小生产队，小的只有九百多只羊，五名劳力，六口人。二是纯增高达20％，少的只有2％；三是有些牧民还不知道什么情况就加入了畜群组；四是役畜分配不合理，有的组役畜不够用从农区租牛，有的多余闲着；五是良种畜队里统一管理，本地种畜都分给了各组。

－ 6 －

对这种责任制，他们的干部、群众有两种反映：一是认为这种办法不行不如大队统一核算时的三定一奖制，其理由是后勤供应费工费时无法保证，纯增要求过高无法实现。特别是今年由于有灾缺草。干了一年不但不得反而倒搭钱；二是认为只要调整那些不合理的东西—群—组包下去的话这种办法还是可行的。不然没人上牧包。混饭吃的人太多，积极性调动不起来。

今年阿其郎图大队年景不佳。各类牲畜由去年的26234头（只）减少到25620头（只）。减少2.3%。仔畜成活率74%繁殖成活率60%。从其减产的幅度来讲并不大。按道理起码有80%的畜群有所增产有产可超。但由于搞了个"五个不一样"只有一个组增产多得。有两个组不倒搭钱。（人均收入低于前几年）其余都倒搭钱（当然与其经营也有关）。下面请看得、平、欠三个表：

7

阿某邮图大队三个畜群组一九八三年收入支出情况统计表

项目	甲	乙	丙
人均收入	(十)324	(十)181	(→)119
劳均收入	(十)1746	(十)1070	(一)320
总收入	(十)12730	(十)5350	(一)1898
支出	3540	770	1238
其它收入	/	/	/
受畜收入		100	/
纯毛收入	8000	3100	1300
应发行畜 金额	9180	2920	(一)1960
应发行畜 头数	459	146	(一)98
临产成畜 金额	9060	/	/
临产成畜 头数	302	(一)5	(一)65
共资金额	541	145	148
%	18	20	18
牲畜生育数	1300	300	128
产仔成活数	300	150	250
成畜存活数	602	145	185
纯毛水收	3008	728	928

由于该大队地理位置所决定他们有两个后勤点和两个第一线各点相距二百华里。后勤供应是个大问题。今年虽然各组自己承担后勤运输。但队里拿出了一万三千多元钱（将年积累的存款）给各组运药品、畜盐、畜料。还给各组购买了苫布、打搂草机等。这些加起来各组欠队里的一千多元。今年接羔结束后。夏季游牧生产抓得比较好药浴和予防注射都按时完成了任务。各类牲畜膘度好于往年同期的水平约有九成以上。秋季打草生产有的个别组因畜力。机械等原因进度慢一些。但大多数小组还比较好。该大队的冬春营地塔日巴嘎沟（旱瀚子沟）地表水严重不足。打有六眼机电深井可用的三眼。因大包干各组用不起。队里准备用起来但其费用各组不愿承担。因而今春牲畜饮水不足。据反映有的畜群半个多月来喝上水。这也是欠产的主要原因之一。

以上是白音乌拉、阿其郎图两个大队实行大包干制的基本情况。

二。利害关系的分析

实行大包干制收到的效果：

一。牧民的积极性高了。责任心强了。集体利益和个人利益联到一起了。比如不用象过去那样三反五次地动员干活。到时社员积极主动抢着干。游牧抓膘不象原先那样死包安排牧场。到时自找水草丰美的地方去了。社员自食不用象原来那样规定死指标卡也卡不住。现在自觉主动少吃。白音乌拉大队的乌云必力格的畜群组五个劳力二十二个人口自承包至今自食才七头。丢失、混群、新群事故不发生了。保畜率显著增加。白音乌拉的夏季膘头率与去年同期相

∞ 9 ∞

比上升了百分之五点一（去年夏季损失数为974头（只）。今年才180头（只）去年夏季保头率为93.8%，今年却98.9%）。又如草根台、阿拉坦敖都等大队将提前半个月超额完成打草任务。

二、社员得的实惠多了

三、进一步发挥了辅助劳力的作用。大包干之后"退休"多年的老牧民重返了游牧第一线。当"小老头"专搞家庭副业的人也都上第一线了。

四、生产费用大幅度下降。白音乌拉大队由原来的31,521.00元降到了九千五百元。阿其郎图由原来的81,590.00元降到了三万五千元。所有大包干的地方都出现了一个增产节约的好现象。

五、较好地体现了按劳分配多劳多得的政策。一包下去后社员心里就明白只要没有毁灭性灾害，只要我们好好干一年能得多少钱。不象原来统一分配的那样不知每分值多少钱。比如公社牧场的那些多年坚持在游牧第一线勤勤恳恳埋头苦干的牧民今年在有灾缺草的情况下仍然获得了丰收。人均收入都在273.40元以上。反而那些混天评分、巧取工分的人，责任临头尽不到责任，有的倒搭了钱。有的人均只得了29.75元。同样条件下发生如此悬殊。就是一个干没干干对没干对、干好没干好的问题。其结果就是多劳多得，少劳少得甚至不得。

六、这种责任制由于做到了畜群、棚舍、草牧场的三固定。所以将畜群管理和草牧场的管理建设统一起来了。因此调动了群众保护、利用建设草牧场的积极性。今年所有大包干的队场的，接羔场上都有专人看护接羔场和打草场。接羔场的一根木头没有运完。打草场上没有畜群路。白音乌拉大队的五个畜群组在春羔场上建了两间住房。草根台大队的两个畜群组都建了土墙接羔场（每个组一个），还搭了一座单栏子。

七、执行大包干之后，非生产人员减少，最少的都减少了三个人。

八、后勤不啃牧业了。如公社牧场在大包干之前有46名后勤劳力每年的劳动报酬和费用达到五千元，纯收入仅有一千元。包干之后不但搭钱了而且场子还能收入各项积累三千元。

实行这一新的责任制，对社队两级干部和广大牧民来讲是一个新的问题。同时这项工作是一个重大的变革。而且又在很短的时间内完成的。所以不论在其领导工作方面，实际问题方面，方法措施方面难免出现这样那样的问题。这些存在的问题归纳起来有以下几点：

一、在大包干的队场，都程度不同地存在着组织涣散，政治思想工作无人过问，不开支部会，不开群众会的现象。个别队班子已处于半瘫痪状态。有些领导放弃领导，认为，都包下去了再也一轮算就收，无需管那么多事。所以很少深入第一线，组织生产指挥生产。也有部分群众认为，都包下来了，无需领导人员来管理，因而自行其事。这些问题根本问题还是一个认识问题。通过加强教育，整顿提高还是可以解决的。

二、包产指标中的纯增比例偏高无法实现。（队太小提出的例子）

三、因地制宜该统的没统起来。如：（1）。象阿其郎图那样的两个后勤点同两个第一线各点相隔二百华里的地方。不把后勤供应统起来，各组都勤勤去运输是不可行的。（2）。又象阿其郎图的将日巴嘎沟那样的严重缺水（某些地方是无水）而冬春营地上有潜机井不用大牲畜喝不上水是不行的。（3）。特布格日勒六队那样把羊羔一直放到羊群中接拉社羊也是不行的。（4）。其他组，修理了房屋库棚都应当由队里统起来。如羊草。新建砖石结构接羔场等。（5）。疾病防治应当由队里统一组织药浴和打针。（6）。各个季节的生产活动应由队里统一组织安排。不能象桃合木牧场和公社牧场那样七月十日才出游牧。又践踏草场。又抓不上膘。以上六件事都是由于该统的没统没统好而出现的问题。对这些我们不能硬统死统应当统而有法。把它统起来包下去。以其利并其身。这样又方便了群众。又会促进生产。

四、有些队的畜群组规模过大。如阿其郎图。好力宝，特布格日勒等。这类畜群组如同小生产队。其内部还有牧业组长。后勤组长。会计员。统计员等。这类组与大队签定大包干合同。组内又没有用三定一奖的考办法往各群上落实指标任务。这些都是同采惯不好管理的事。也是继续吃大锅饭的现象。

五、畜群组内人心不合。特别是减少的组这类问题多。有的找别的组。有的干脆不干了。有的争组长权。由于不合各项生产就不能协调。游牧第一线有人干后勤生产就不起劲。

六、象阿林一合、桃合木等农业生产比重较大的队包地的社员由于今年雨水洞合到秋后他们的收入可能是超过包牧业的牧民。这是一个刺激人们弃牧经农的恩炎。在阿林一合大队还出现了。承包牧业的组兼营农业的情况。这又是一个扩大开荒。破坏草原以农挤牧的不良倾向。

七、实行牧业大包干的队场除了纯增。种地管理费。折旧金以外没有其它积累。要搞共公性事业很难办。

八、极个别重承包专辑后。不经批准随食出售牲畜。如阿林一合大队的某个承包组的无故缺少的羊就达121只。据反映随便出售的数字占相当细比重。

五、几点意见

目前。责任制问题在乌兰毛都公社来讲是个带有根本性的大事。对此千万不能草率从事。一定要从畜牧业生产和乌兰毛都的特点出发。牧业生产周期长。季节性强。流动大。对大自然较依靠。生产对象是活物而又属第二性生产。因而具有一定的脆弱性和不稳定性。乌兰毛都公社又与其它牧区不同。是属定居游牧。季节性游牧。其游牧生产对后勤的依赖性大。后勤生产摊大又杂。因此。落实生产责任制。一定要综合各种有关因素。反复分析。趋利避害。慎重决策。稳步前进。决不能大动大变。从这一指导思想出发。对乌兰毛都公社的牧业生产责任制和大包干责任制提出以下几点意见:

一、一定要"稳"字当头。要稳定。完善现行责任制。今秋在一般情况下不能扩大牧业大包干责任制范围。原则上也不能把大包干责任制改为三定一奖。今秋要组织几个强有力的工作组整顿，完善大包干责任制，解决现存在的问题。对三定一奖责任制也要进一步完善，着重解决其高指标问题，使各项指标要求定得合理，使社员有产可超。

不论实行哪一种责任制，都应当根据大多数群众的自愿，不能与群顶牛，要尊重群众的首创精神，切不可凭主观好恶办事，既犯重复一刀切的错误，也不能撒手不管，任其自流。

二、对牧业大包干责任制的意见：

一、几项原则

要反复宣传坚持社会主义道路，基本生产资料公有制长期不变集体经济内部实行责任制长期不变的道理。同时要抓好"三爱服"教育，对牧民不断地灌输社会主义思想，在具体问题上应当作到。

1．畜群、草牧场、土地等基本生产资料的所有权仍归集体，不准买卖，不准出租，不准转让，不准荒废，否则集体有权收回；社员无力经营或转营他业时应退还集体。

2．让组或户承包时，不准拆散畜群，不准以户、人口、劳力、畜数平分，不分民族，不分语言社员，应经过社员大会民主讨论，经大队批准方可承包。但首先应当考虑那些多年坚持在牧业第一线有经验有能力能承包一群完成各项任务的牧民。

3．承包组的组成一定要自愿结合。方法可以采取插旗招兵的

-- 14 --

办法，如果打乱，因难较多包括了算以一步包一群。

4．牲畜归出售权一律在大队，不经队场批准随意出售牲畜。对随意出售者视其情节加合同或直送进完法惩办。

二．具体办法

1．以牧户只准养包一群牲畜。承包者要作到保本、保值、保纯增。一切畜产品归承包者，超过规定指标的部分（子畜、成畜）全部归承包者，一切费用开支承包者自负。队里不记工、不投资、不投工；由队场给承包者固定畜群、棚舍、草牧场、劳力等。将游牧生产和后勤生产化为一体，按照一定的指标签发签定合同。一包三年，一年一结算，每年结算时都要报请公社管委会批准。每年结算后在签定下一年合同时可以调整某些不合理的指标。

2．从我公社的实际出发在一般情况下每群小畜规模为700至800，定4—5名劳力，改良群（包括核心群）最多不能超过700只，定5—7名劳力，牛马群最多不超过180头，定3—4名劳力为宜。

3．将自食、损失、出售等三消比例，以所承包的成畜数为基础，按照吃七亏八。损失五的基本规律（指羊群）一次下列畜群订得进合同。如果少吃少亏他就可以多卖多得。这20%的部分结算合同时用每存畜要补齐。如果超过了20%，可用两种办法解决。一是将其超过部分以1.2的系数折合原存畜从其子畜中扣回。二是用其自留畜补齐，牛马群的这一比例可定在87—90%的范围内

‥18‥

其折合成畜的系数为二。为了发展大畜，也可采取，把承包者所得的仔畜作价付钱，肉畜归集体的办法。但必须把繁殖成活率准确地定下来。这是保本的办法，还是保值的办法。

4。承包者要依照队里的统一计划进行改良育种，不准混交乱配。成约畜要按各自的比例结算，不准以小顶大。绵山羊也按各自的比例结算不得混一齐。

5。承包者要按照承包增总头数按一定比例提交纯增。从我公社实际出发，各类群的纯增比例暂时规定如下：本地群4—7%；一般改良羊5—8%，核心群6—8%为宜。交不齐纯增时可用自留畜补，也可折成钱用绒毛收入补。这是保纯增的办法。

6。队场提取纯增外，为了搞好共公事业（卫生、教育等），义务劳动（如扑火、修路、民兵训练等）和一些长远建设，还应当从各承包组提取适当的公益金，义务工，管理费，草原建设费等。特别是草原建设费不论是集体牲畜（承包者给）还是自留畜都要按牲畜头数交纳。

7。除永久性接羔场，役畜以外的生产用具如套包，放牧车，套包内的小型用具，可以用三种办法包下去：一是作价定使用年限归承包者使用，损失照价赔，更换集体负责，二是作价归承包者使用收取折旧费，更新集体负责，三是作价归承包者使用其价款几年偿还更新自负。役畜应当作价归承包者使用不准卖买、出租。老弱时经批准可以更新；永久性接羔场落实到承包组使用。所有权在大队，根据其造价每年提取5—10%的折旧金。当年维修承包者自

∞16∞

负：临时性棚舍。承包者自建自用。用工及费用承包者自负。

8。种畜必须由队场统一管理。（主要是绵山羊种畜）种畜的引进。调剂。使用。饲养等要由队场统一掌握。绵羊种畜又必须分成土种。良种单独管理。把种畜单独组群后。最好是包给专业户。如人为损失让其赔偿。是病死或衰弱死亡交皮张就可。其报酬毛钱不足时可根据各组使用种畜的头数和天数收取费用补给种畜饲养者。

9。疫病防治工作必须由队场统一组织进行。为了贯彻好"予防为主。积极治疗"的方针。为了调动兽医人员的积极性。每年队里给兽医补200-300元药浴、驱虫。予防注射和平时的治疗都要收取合理的费用。此费用全都归兽医。药浴、驱虫。予防注射。小畜每只每次交2—5分钱。大畜10—15分钱。此款可以由队场统一结算。给兽医。也可以兽医人员直接与各组结算。

10。后勤供应可因地制宜地搞。象阿其部图那样后勤运输的队场经群众讨论同意可以由队里统一管起来。让牲畜群组纳合理的费用。也可以将一年的几个重要季节的运输写进合同双方承担各自的义务。

11。大型机具的管理也应当本着因地制宜的原则能统一管理的可以统一管理起来。能够包下去而且还不影响生产的可以包下去。严重缺水的地方必须把机井统一管理起来。按照用水时间和用水牲畜的头数收款。打搂草机可以作价归承包组。价款按年偿还。汽车、拖拉机根据车况在所有权不变的前提下可以采取大包干的办法包给司机。但必须严格审定车况状况。不得缩短寿命。

∞17∞

12、其它各业的责任制。牧业大包干之后，原来队里经营的企业和种植业如烘炉、砖厂、毡毛、木工辑、饲料蔬菜地等都要实行专业承包或大包干。不再统一核算、统一分配。队里与承包者定合同收取管理费和积累，其余金归己。包种土地的户不准随便扩大耕地。如随意扩大，每一亩罚款一百元；承包土地者，必要时必须全部种草或部分种草交队场顶心理费。目前收的管理费过低，有待调查研究适当调整。

13、大队的义务权利

（1）、统一组织各季节的生产，如游牧、疫病防治、配种、接羔、打草等；

（2）、检查督促、统计监督各组的生产、财务等；

（3）、编制全大队发展规划和当年生产计划；

（4）、监督执行合同，对违背合同者有权收回畜群和固定财产；

（5）、按照国家计划，向各组下达国家任务和税收任务，各组必须无条件地去完成；

（6）、有权提出并执行增产措施，有权推广先进的科学技术；

（7）、有出售牲畜的批准权。在合同期内批准出售或杀吃的牲畜在结算合同时应算在队的提留部分里。

14、承包组的义务权利

（1）、有权采取一切增产措施改进放牧管理；

（2）、有权拒绝不符合合同要求的不合理的负担行为；

（3）、在组内有权合理支配所得收入；

∞ 18 ∞

（4）、在结算合同之后，在完成国家任务交足集体提留之后其余多得的牲畜经过批准可以自行处理；

（5）、必须服从队里的统一指挥安排；

（6）、必须积极完成国家任务和税收；

（7）、必须按照合同要求积极，及时地交足集体的各项提留；

15、干部的设置，补贴及职责可根据各队的规模大小和牲畜的多少设3-4名干部，书记一人、主任、副主任一人或二人、会计一人，每年可补700~900元，其它干部误工付钱。对干部的补贴每年年终可根据其工作好坏，由群众评议，有所增减。队场干部的职责应该是：（1）、宣传贯彻党的方针、政策作好政治思想工作，传达贯彻上级布置的各项任务。（2）、签署合同，稽查履行合同核实产量。（3）、完成国家任务。（4）、组织推广先进技术。（5）、统一规划草原建设。（6）、带头执行党的各项方针政策。（7）、抓好民兵训练，解决民事纠纷，抓好社会治安，安排好五保户、军烈属困难户生活。（8）、积极组织各种经营家庭付业。（9）、办好集体福利，管好集体财产，正确使用集体积累。（10）、经营深入畜群，调查研究，准确及时掌握情况，按时结算合同。

16、清理和管好财务

实行大包干责任制之后，集体的财产发生了很大的变化，财务管理也应与新形势相适应有个新的要求和办法。

（1）、要清理好集体财产，逐项逐件登记建册，做到件件有着落。固定到组使用的工具也要登记造册，由使用者签名，记入帐内，集体房屋确实用不起来的可以作价卖给社员。也可包给企业专业户使用收取折旧金。不允许任何人乘大包干之机哄抢私分集体的财产。

（（2）。要逐项清理内外部往来，集体欠国家的贷款仍由集体偿还；社员欠集体的款。要与各户签定逐年偿还的合同。逐年扣回；集体未兑现的社员存款要积极地用实物和现金兑现；多年来的集体积累和股分·基金。不准分掉或变相退给社员个人。

（3）。牧主的畜股报酬一律给到66年九月。贫下中牧的已给到80年的不能再给。未给的给到80年。

（4）。队场收缴的各项积累必须以其科目记入帐户存入信用社。专款专用。不得随意支取。更不准利用职权侵占挪用。每年由公社统一组织人力清理。整顿一至两次。对违犯财经纪律者。要严肃处理。

（5）。集体提留的草原建设费。公益金。管理费等项现金积累加起来最多不要超过每头牲畜一角五分钱的标准；劳动积累和义务工每个男劳力留5个工。不愿推工的每工交4.00元。

（6）承包组出售绒毛。牲畜等一律非现金结算。承包组出售绒毛。牲畜之后持大队介绍信到信用社存或取。无大队介绍信不准存取。

（7）。春季接完羔后。由队场负责概算各组的收益情况。如果不是灾疫原因。交不齐纯增时。可在剪完毛后。从绒毛收入中扣留一部分钱。

∞20∞

（8）、年终算完毛后、各组向队里交纳应交各项现金积累的50%，秋季出售牲畜后交齐。

（9）、每年秋季交售牲畜时、由队场的会计员持各承包组的合同和初步清点概算的表格。到公社领取"交售牲畜批准通知书"。领到者方可出售。无此书的不准以任何理由出售牲畜。

（10）各组都要有一名不脱产的记账员（组长兼也可）。记好往来、收支、出工等情况。

（11）、公社经营站和信用社。应根据以上各条制定一个《牧业大包干之后的财务管理细则》。

1、其它

（1）、由于种种原因有些劳力即不包畜群、也不包土地。对这种人队里每年照样收取适当的管理费。也可根据其处理劳动收入按比例收费。

（2）、小灾不减指标。中灾经公社批准视情少减。如遇人力不可抵抗的自然灾害。应集中人力、物力、运输力、机械力等力救灾。合同的片面应酌情处理。

（3）、按照上述各项内容。大队与承包组（户）签定合同。在合同期内不准随意更改。合同期满后、经群众讨论大队批准。对下一年的各项指标可以调整。

（4）、除统一规划种树种草开地以外、不准任何人以任何借口开荒种地。

∽ 21 ∽

（5）、集体旅不准分给社员。要由集体继续管好。并年年增造。

以上是对乌兰毛都公社牧业生产责任制实行大包干责任制的意见。

我们调查组认为。不论实行什么样的责任制。首先必须把班子加强起来。当前在队场干部中存在着两种思想倾向。一是实行包干制队场的干部认为：这回省事了。不用象原来那样东跑西点了。一是搞三定一奖制队场的干部有点管不过来了的思想。对此。一定要通过宣传教育。提高他们的思想认识和管理水平。不然很难适应新形势的要求。

以上是我们调查组的粗浅意见。仅供讨论和参考。

                    旗、社两级调查组

                    一九八二年九月十一日

                    ∽22∽

资料来源：旗、社两级调查组：《乌兰毛都公社牧业生产责任制的调查报告》（1982年9月11日），科右前旗档案馆藏。

二、内蒙古牧区民间所藏档案史料

1.《锡林郭勒盟镶黄旗塔拉乌苏巴嘎无偿分给个牧户的各类牲畜头（只）数表》

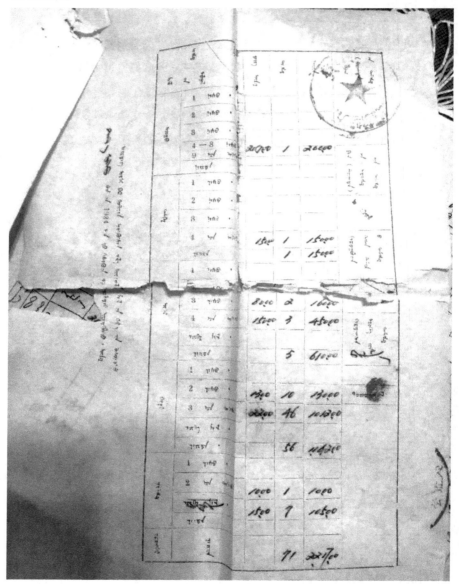

资料来源：内蒙古牧区民间所藏。

2.《锡林郭勒盟镶黄旗1959年入股牧区人民公社各类牲畜牲畜头(只)数表》

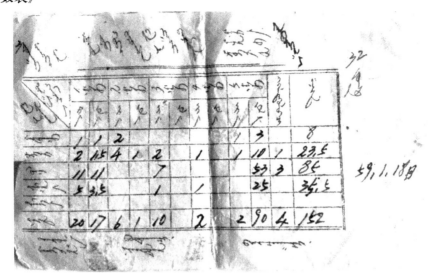

资料来源:内蒙古牧区民间所藏。

3.《锡林郭勒盟镶黄旗牧户(阿拉坦巴干)入股牧区人民公社的各类牲畜头(只)数表》

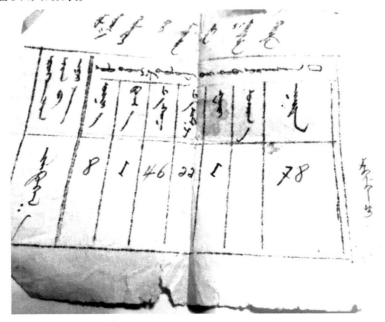

资料来源:内蒙古牧区民间所藏。

三、调查资料

1. 中共锡林郭勒盟委员会调研室、中共阿巴嘎旗委员会调研室:《宝格都乌拉社会经济调查综合报告》

宝格都乌拉苏木社会经济调查综合报告

中共锡盟委员会调研室
中共阿巴嘎旗委员会调研室

一、概 况:

宝格都乌拉苏木位于阿巴嘎旗西北部,距旗所在地45公里。西与苏尼特左旗接壤,锡赛公路横穿其西南部。全苏木总土地面积为3,000平方公里,其中可利用草场面积2,550平方公里。草场类型属中温型典型草原,植被盖度65%。地势平坦广阔,海拔1,000—1,100米。地下水位低,一般在60—150米。境内没有河流和长年性湖泊。年平均气温1—2℃,无霜期100天左右,年平均降水量240毫米。

总人口1,689人,其中蒙古族1,143人,占77.7%,汉族546人,占32.3%。总户数387户,其中牧业281户。整半劳力751人,其中牧业劳力624人。

全苏木有五个牧业巴嘎,只有苏木所在地是个小集镇。商业性设置有供销社、粮站两个门市部。乡镇企业有乳品厂、机械修配厂、手工业社(制毡、熟皮、泥瓦工)三个单位,计有职工32人。国家设立的服务部门有银行、邮电所、医院、兽医站、牧业经营站五个部门。

二、经济结构及发展变化情况

一九八四年全苏木总收入127万元,其中牧业120万元,工副业 7 万元。

畜牧业是全苏木的主体经济。七七年的特大雪灾使全苏木牲畜由灾前的 1 0 万头（只），降到0.8万头（只），几乎全部损失，给全苏木的干部、群众，特别是牧民群众的精神、生产、生活上造成了难以想象的痛苦和困难。三中全会以来的六年，是该苏木在上级党委、政府的领导下，团结一致，群策群力战胜铁灾带来巨大困难，恢复和发展生产的六年。在三中全会精神的鼓舞下，随着党的一系列方针政策的宣传贯彻，牧区经济管理体制改革的不断深入，人们的思想、生产、生活水平发生了很大变化。

1、畜牧业得到了迅速的恢复和发展。牲畜头数由七八年初的0.8万头（只），到八四年六月末达到 7 万头（只）。其中大畜 1 万头、良杂种畜1.46万头（只），分别占14.3%和20.8%。

2、牧民收入大大提高。八四年畜牧业总收入达 1 2 0 万元，牧民人均收入达 9 2 5 元，最高的5,000元，最低的为 2 0 0 元，比灾前收入最高的七六年增长三倍半。随着收入的增加，牧民的生活条件也发生了很大的变化，有 6 4 个浩特的 2 3 9 户牧民安上了风力发电机，占35%，手表、收音机家家都有。有相当数量的牧户准备购买收录机、电视机、发电机、摩托等高档商品。

3、为牧业生产服务的基本建设有了很大发展，现已有永久性畜棚 7 0 座，1,820平方米，圈 9 8 处，29,801平米，基本实现了棚圈化；有深机井 7 眼，简井 1 4 7 眼，达到人畜四季饮水井网化；大汽车 9 台，拖拉机 1 4 台，小四轮 7 台，胶车 2 9 台，搂草机 7 台。并已建草库伦44,071亩，其中网围栏8,000亩。

4、牲畜作价无偿归户后，随着经营能力，劳动技术水平的差异，牧户之间占有牲畜和收入水平也明显地拉开了距离，全苏木人均牲畜最少的为２０头，收入２００元，约占牧户的９％。最多的人均１３０头（只），收入5,300元，占牧户的15％，养畜超过500头（只）的有７户。收入万元以上的１７户。由于经济的发展，客观条件的变化，牧民对商品生产的概念增强了，家家户户都开始算经济帐了。约有20％的牧户积极要求向专业化、商品化方向发展，以便合理使用劳力、资金、设备、技术，取得更大的经济效益。

三、影响生产发展的问题

根据开发、开放、大力发展商品生产，搞活经济的要求看，该苏木地下矿藏资源不富，地上可供采集的野生植物资源亦不多，而富有的是广阔的天然牧场和广大干部群众传统的经营畜牧业的经验和能力。由于这些条件形成了长期以来的单一畜牧业经济结构。但就畜牧业如何大力发展商品性生产，持续不继地提高其经济效益来衡量，还有不少问题阻碍着它的发展。

１、赖以发展畜牧业的主要物质基础——草场，退化比较严重，约占全苏木的４０—５０％。去年是雨水较好的一年，全苏木实陈打草146万斤，畜均贮草２７斤。近几年虽围建了4.4万亩草库伦，但一是数量少，二是只能解决封育，难于大面积、大幅度地提高产草量。八四年初以来上级一再号召和部署种草种树，实际上是种草种树并没有进展。

２、畜群结构不合理，饲养期长，周转慢。据八四年六月未统计,母畜在牲畜总头数中的比重占43％,其中小畜母畜比重为46％,育成畜占的比重很大，因此周转慢，出栏率低，经济效益不高。

3、人民公社体改后，只是党政分开了，没有建立起相应的系统的、有力的经济组织，缺乏比较统一的对内外联系渠道，具体指导工作跟不上去。苏木直属的三个企业松散无力，牧业巴嘎又取销了对原有的畜牧兽医技术人员的补贴，他们都离开原职养畜，因而使本来改良畜比重不算大的地区，不少牧户的改良羊都连续两年回交退化。

4、乡镇企业问题突出。该苏木仅有的三个乡镇企业由于长期无人管理，以致在公社体改中全部散摊。并且都遗留下不少经济问题。其中最突出的是乳品厂，该厂于一九七六年贷款9.6万元建成，只在七七年生产一季后因灾害中断后再未恢复生产。现在土建、设备无人管，债务（本利相加达16.48万元）无人清还。其次，修配点是当年普及三级修造网点时民办公助建成的。除拥有土建拖拉机（带拖车）外，仅发电机就有７５马力的一台，３０马力的２台和相应的车床、电焊机等。据反映这里能用得上的除一台发电机供苏木照明外，其它都坏的坏，被个人无偿占用得占用，苏木无人过问。

5、牲畜到户与草牧场不到户的矛盾已显露出来。该苏木的草牧场承包，多数都是按原来浩特的习惯利用范围做了一般的划分，实际并未承包，更没有到户。由于专业户、养畜大户的不断发展增多，在草牧场的使用、建设上已出现了矛盾。据沙如塔拉巴嘎反映，全巴嘎５６个牧户中已有７户与本浩特或邻近浩特的牧户发生争、挑草场的纠纷。据苏木反映，多数牧民愿意把草场划分到户，但因巴嘎干部有顾虑，迟迟动不起来。他们的顾虑主要是：一怕麻烦困难，二怕弄不好得罪人，三怕因资金缺乏影响一部分牧户的近期生产——因划分后就得有相当一部分牧户新搞水井和棚圈设施。

四、今后发展畜牧业经济的设想

宝格都苏木在深入贯彻落实中央〔85〕一号文件的同时，结合实际研究解决如何稳定优质地发展畜牧业生产，进一步繁荣牧区经济的问题，并提出到八七年牲畜发展到七万五千头（只）。在稳定发展数量的同时，力求提高牲畜的产品率和商品率，把牲畜发展速度和提高牲畜质量的速度调整到相应的水平上，主要采取以下几项措施：

1、调整畜群结构，加快畜牧业经济的周转速度。引导牧民合理保护和选育母畜，在畜群中保持一定数量的繁殖母畜，使畜牧业经济稳定发展的基础上，依据草原畜牧业的特点和扩大再生产的规律，合理地调整畜群结构，提高繁殖母畜比重，把大畜提高到40%以上，小畜（绵羊）提高到60%以上，逐步推行当年肥羔出栏，提高商品率，加速畜群周转，提高经济效益。

2、努力提高牲畜质量，抓紧牲畜改良和选育，提高畜产品的产品率。依据草场载畜潜力不大和改良畜比重不大的实际，积极抓好牲畜改良工作。一方面要做好群众的思想工作，引导他们多算经济帐，不要单纯地搞"头数"畜牧业；另一方面苏木和巴嘎要认真积极地把为畜牧业生产服务的生产、技术体系尽快筹建起来。把苏木中的技术员和民间的配种员组织起来，实行经济责任制，进行分片、分点承包。同时要有计划地引进优良种畜，选优汰劣，定向培育，力争八七年改良牲畜达到半数以上，为牧业翻番垫定基础。

3、抓好草牧场的合理利用和建设。今年要以浩特为基础，划分固定好草牧场使用权，要依据生产的要求和群众的要求，把草牧场使用权真正落实到浩特，并规定相应的保护、利用和建设职责。根据牧业专业户和大户的要求，可将草场划分到户。不论分到浩特或户都要发使用证，落实使用权，明确使用、管理、建设的职责。

多方集资加快草库伦建设。以个人或联户自筹，信用社贷款，或把现有集体存款以无息办法借给牧户的办法，从今年起，每年搞五万亩，力争到八七年建设基本草牧场２０万亩，达到畜均二亩多草库伦，畜均过冬贮草２００斤。

４、建立一套为畜牧业生产和牧民生活服务的体系，为牧民的生产生活排忧解难。把苏木的畜牧兽医、经营、供销等部门组织起来，成立畜牧经济技术服务咨询公司，为本苏木所属的各巴嘎畜牧业生产的产前、产中、产后进行具体技术指导和服务，帮助进行经济核算分析，协助沟通交换渠道，提供经济信息，制定经济计划，使其成为服务于牧民生产、生活的一个服务体系，为建设稳定优质高产的畜牧业做出贡献。

资料来源:内蒙古党委政策研究室编:《内蒙古自治区农村牧区社会经济典型调查草料汇编》内部材料(上册),1985年6月。

2.《巴图户传》

巴 图 户 传

巴图，４２岁，中共党员，小学文化，宝格都乌拉苏木白音杭盖巴嘎牧民。全家八口人，他和妻子，四个孩子，并收养了两个五保老人，有四个男劳力，一个女劳力。固定资产有拖拉机１台，打草机３台，搂草机１台，柴油机１台，摩托车１辆，轻便车３辆，蒙古包２顶，房子１间，仓库３间，牲畜棚圈３５间，各类小型牧具基本齐全，生产性固定资产总额约达２.５万元。

巴图从一九六一年至一九六二年当生产队会计，一九七〇年至今担任巴嘎党支部书记，曾当选为四届、五届全国人大代表，多次被评为自治区、盟、旗劳动模范。

巴图同志既是一名出色的基层干部，又是组织群众生产，积极发展畜牧业经济的实干家。党的十一届三中全会以后，他带领群众积极贯彻执行党在牧区的各项政策，冲破旧的集体管理模式，于八一年在全巴嘎推行了牧业大包干责任制，实行了牲畜无偿归户，家庭经营，按浩特承包草场，落实了草场使用和管理权。政策的落实，调动了广大牧民群众发展生产，治穷致富的积极性。

在党的富民政策的鼓舞下，他努力发展家庭畜牧业商品生产，带头勤劳致富，带领全家人凭着苦干实干加巧干的精神，坚持跟群放牧，早出晚归，保证牲畜吃饱饮足，不失时机抓膘保膘。特别是在接产仔畜时，日夜轮流守候在临产母畜旁，随时接产保仔，力求多生多活，千方百计地提高成幼畜保育率和成活率。八五年小畜繁殖成活率获得"百母超百仔"的好成绩。

在抓好畜牧业生产的同时，放开手脚，经牧又经副，以副促牧，不断增加收入。去年,他家卖草一项收入３，０００元，短途运输收入５００元，卖牛粪收入约１，０００元,现尚存牛粪约１００汽车,价值达７，０００元。巴图一家经过两年的艰苦奋斗，去年，他家牲畜总头数达９１３头（只），其中牛９７头，人均占有牲畜１１４头（只），共出售牲畜３２６头（只），其中出售牛１６头，人均出售牲畜４０.７头，商品率达３５％；全年总收入21,950元，扣除各项生产支出２,８６３元（费用占总收入的１３％）纯收入１９,０８７元，人均收入２,３８６元。各业收入占总收入比例为：牧业收入１６,６２０元，占７５.７％，副业收入４,７３０元，占２１.６％，干部补贴６００元，占２.７％。他家的养畜量、牲畜商品率、总收入、纯收入、各业收入比重，人均收入以及投入与产出之比，都达到较高水平，成为全苏木闻名的"牧业大户"。

巴图在致富过程中，一没向国家伸手，二不揩集体的油，三不以权谋私，他靠政策，凭勤劳、动脑筋由穷变富，成了名符其实的万元户。

巴图致富不忘群众，关心牧民生活，巴嘎有两位五保老人无人照管，去年，巴图毅然把他们接回自己家里一起生活，并把户口与自己迁在一起做为自己的家庭成员。给两位老人买了蒙古包，换了新衣服和被褥。全家人对"二老"关怀备致，时常有人陪伴，料理生活，使他们安心愉快地度过晚年。他与汉族牧户褚有德同居一个浩特，两家团结互助，和睦相处，协作生产，共同致富。在巴图帮助指导下，老褚也由穷变富了，去年全家收入九千多元，人均七百多元。

资料来源:内蒙古党委政策研究室编:《内蒙古自治区农村牧区社会经济典型调查草料汇编》内部材料(上册),1985年6月。

3.哈日夫、宝音:《合作经济的胚胎——牧民浩特》

合作经济的胚胎 —— 牧民浩特
哈日夫　宝　音

我们在莎如塔拉巴嘎调查中发现，古老的牧民浩特在新的历史条件下，在牧区生产、生活中发挥着巨大作用。特别是推行"双承包制"以来，使浩特有了新的含义、新的生命力。所以对今天的牧区浩特进行剖析，对于研究草原畜牧业生产、牧民生活，具有重要现实意义。

浩 特 的 历 史 状 况

长期以来，浩特是牧区特定环境下，由人们的社会、生产、生活需要而产生的生产、生活实体，一般由 1 —— 6 户牧户组成。随着各个历史时期变革，浩特的作用和结构也相继发生了变化。

在生产资料私有制的旧社会，广大贫苦牧民在"三座大山"的压迫下给牧主、富牧当长、短工，以出卖劳动力被雇佣的形式谋求生存，牧主或富牧和被雇佣的几户贫苦牧民构成一个浩特，他们之间是剥削与被剥削，压迫与被压迫的关系。

解放后，在合作化时期,浩特结构发生了根本性的变化。牧民在平等互利、自愿结合的原则下组成了新型的浩特。新的浩特结构使牧民有了主人翁的自豪感，生产积极性大大提高，经营管理得到改善，使畜牧业生产迅速发展。

但是在历次的政治运动中，新型的浩特结构受到了冲击。在公社化"大集体"的压力下，以强迫命令形式，对原来浩特的人员、劳力、经营方式、水源、草场、生产设施等方面进行了强制性的"合并调整"，搞了"一大二公"。特别是在文化大革命时期，集中十几户牧民经营各式各样生产，打乱了历来形成的生产结构、生活方式、风俗习惯，使浩特逐渐变成了人心不齐，相互推拖，平均分配的大集体下边的小集体"畜群组"，严重挫伤了牧民的积极性，影响了畜牧业生产的发展。

目前浩特的变化

莎如塔拉巴嘎从去年三月份开始实行"双承包制"，实现了牧民多年的愿望，广大牧民摆脱了种种束缚，能够按照自愿自主，相互协作，重新组成了浩特。根据现有的水源、草牧场共组建了15个浩特。其中，第一片在扎拉哈木尔水源有2个浩特9户，第二片在巴嘎照哈水源有5个浩特13户，第三片在伊和照哈水源有2个浩特8户，第四片在格吉格水源有4个浩特18户，第五片在豪朱乌苏水源有2个浩特5户。

现在浩特的组成有以下几种特点：

1、以亲属关系结成浩特。浩特内部的以强劳力为主扶助老弱病残共同组成，以亲属为主。如达木丁浩特五户全属亲属关系，现有19人，其中男整劳力只有4个，女整劳力2个，其中有5名55岁以上的老人。有大小畜1,090头（只）（其中大畜275头），牛羊各一群，由有强劳力的户轮牧。浩特自筹资金购买了一台拖拉机。该浩特八三年总收入达22,734元，户均4,546.8元，人均1,196.5元。其中收入最高的户7,310元，收入最少的户2,208元。

2、依据家庭人口、劳动力、生活水平、经营方式等条件基本相同的牧户，以换工互助的形式组成一个浩特。如高特布浩特现有5户，其中蒙族4户18人，汉族1户7人，劳力11名。现有牲畜1，389头(只)，其中大畜322头，83年总收入达21，824元，户均4，365元，人均872元，其中户均收入最高6，689元，最低2,172元。由于浩特成员齐心合力互相协作，使生产经营活动有了明显的改善。浩特自筹资金购买了一辆马车，由汉族牧民郭有赶车，其余牧户为郭有代放牲畜。全浩特5户都准备盖两间土木结构的房屋，今年浩特种了150棵榆树，打算逐年扩大苗圃；今年准备自筹资金建1,000亩的网围栏草库伦，并计划建6间仔畜暖棚。

③、经营能力差、生活水平低的牧户依靠经验丰富、勤劳能干的老牧民组成浩特。如萨珠浩特4户中，蒙族3户15人，汉族1户5人，劳力7名，其中女劳力5名。在这四户中一户是无男劳力，还有汉族牧民杨吉，生活较困难。浩特现有牲畜994头(只)，其中大畜176头。老牧民萨珠放牛经验丰富，他自己专放牛群，其它三户轮放羊群。由于全浩特男女老少的辛勤劳动，八三年全浩特总收入达14,048元，户均3,512元，人均702.40元，其中户收入最高达5,102元，最低2,237元。

（四）单家独户自成浩特。如牧民巴杰尔五口人，2个劳力，利用原浩特水源、草场的条件，夫妻二人放牛羊各一群，其中牛76头，羊190只。83年卖了不少牲畜，总收入达6,382元，人均总收入1,276元。但面临着棚圈条件差，劳力不足等困难。

对新浩特经营的分析

1、浩特内部牧户间的关系

浩特牧户间是同等的换工关系，不涉及收益分配。在发展畜种、数量和多种经营方面牧户有自主权，几个牧户以换工的形式经营各业，互帮互助，从事生产，对水源、草牧场有平等的使用、保护、建设权；出售牲畜、畜产品，购买生产、生活资料，收入开支，均由各户自己作主。

2、生产经营形式

牧户在浩特经营畜牧业生产的过程中，各户之间，劳动力推行换工，其形式是：

（1）马群由几个浩特合并雇请专人放养，牧户按匹数交纳放牧费。

（2）每个浩特牛、羊各一群，逐户轮牧，或有劳力的代无劳力的替放。

（3）牛群由某一户专放，羊群由其它几户轮放。

（4）浩特集资购买的拖拉机和马车由浩特内指定专人经营，为浩特生产、生活服务，其牲畜由别户代放。

（5）搭棚、盖圈、打井、搞维修等基本建设，由全浩特集资备料，各户闲散劳力都参加。

（6）接羔、剪羊毛、驱虫、药浴、预防注射等工种，实行相互帮工，互相合作。

以上是由于生产条件、生产能力、生产工具的落后，牧民尚未富起来的现阶段，自然形成的浩特内部换工互助形式。

3、浩特互助合作形式的优点

（1）莎如拉塔拉巴嘎只有五处水源，草牧场以水划分为五大片，按浩特划片承包四季草场。由于水源所限，每个浩特牧户同用1——2眼井，草场再无法分下去，这样以浩特形式承包草场，对于保护、利用和建设草牧场起积极作用。

（2）现阶段牧民尚未富起来，要搞棚圈、草库伦等建设缺乏资金，因此以浩特集资搞草牧场建设，可以充分利用原有棚圈、草库伦等设施。

（3）能合理安排和使用劳力，为畜牧业生产服务或搞多种经营创造条件，也可以在抵抗灾害时发挥大家的力量。

（4）经过劳力、技术、资金的合作，有助于加快畜牧业生产专业化、商品化的发展。随着牲畜头数的发展，牧民对畜草矛盾和草原建设的必要性越感迫切，在浩特内部以劳力、技术、资金等方面进行合作，大搞草原基本建设，促进了牧区商品生产的发展。

浩 特 经 营 前 景

随着草畜"双承包"责任制的实施和生产的发展，生活的提高，在商品经济的刺激下，现有的部分浩特很可能要分化瓦解，重新组成。浩特的这些组成形式，以及浩特内部所出现的新的合作经济萌芽，还会存在，并且随着商品生产的发展还会充实、提高、完善。其原因是：

1、在鼓励牧民致富的政策鼓舞下，牧民将摆脱过去行政命令，死搬硬套的束缚，按照自然条件和社会需要，自由选择符合自己心愿、特长的各种经营项目，而这种自由经营又必然要按传统形式，结成浩特，并且以互助合作从事各种生产活动。

2、由于现阶段畜牧业生产尚未摆脱靠天养畜的落后传统，以及畜牧业生产过程本身需要多渠道服务，加上疫情、灾害等原因，那种独家独户"小而全"的经营是很有困难的，因此牧民在经营畜牧业生产时，必然要在自愿互利的前提下，以换工合作的形式联合起来进行生产，势必需要组织新浩特。

3、"八仙过海各显其能"。不少牧业能手，利用他们的技术、资金或劳力能够吸附其他一些经营能力差，资金、劳力不足的户，结成浩特。

在草原畜牧业地区，实行牲畜作价归户、草场承包以后，畜牧业生产基本上属于以户为单位经营。但畜牧业生产的特殊性，要求经营者在一定范围之内相互合作。这种合作自古以来就以浩特形式存在，仅管各个时期性质不一样，然而它是畜牧业生产所需要的。所以，积极扶持，引导浩特为单位的畜牧业经济实体，向合作经营的道路发展，是发展畜牧业商品生产，进一步完善责任制的重要途径。

一九八五年六月

资料来源：内蒙古党委政策研究室编《内蒙古自治区农村牧区社会经济典型调查草料汇编》内部材料（上册），1985年6月。

4.《阿巴嘎旗进行教育改革的调查》

阿巴嘎旗进行教育改革的调查

  解放以后，阿巴嘎旗教育事业有了很大发展，已有中小学二十七所，（其中不完全小学四所，完全小学九所，八年制蒙文学校三所，八年制汉文学校四所，八年制蒙汉文合校二所，蒙文完全中学一所，汉文完全中学一所，不完全中学一所，教师进修学校一所，蒙古族幼儿园一所）中小学教师五百三十六名，其中小学教师三百五十八名，中学教师一百七十八名。中学在校生一千七百九十七名，其中蒙文授课生七百七十八名。小学在校生四千七百三十名，其中蒙文授课的一千九百七十一名。幼儿园儿童五十三人。教育事业虽然有发展，但是存在"三低"问题。即：教育质量低、升大中专率低、适龄儿童入学率低。如八一年至八四年在本旗学生高考入学率连续四年为零，考中专入学率也仅是５．４％。适龄儿童入学率年逐渐下降，由七九年的９２％，八四年下降到８４％。产生"三低"的主要原因有：

  １、教师素质差。全旗中小学教师总数的７８％没有受过专业教育。大中专以上文化程度的教师只有１２名，占教师总数的。前几年没经严格文化考核，将二百多名代课教员转成正式教据八二年全盟教师文化水平统一考试，阿巴嘎旗小学教师合格８％，初中教师合格率８０％，高中教师合格率７０％。

  ２、大中专毕业生外流多。七二年以前全旗只有一所完全小有三十八名教师，其中三十名是大专以上毕业生，大部分已调只剩四名，也不再任教。近几年分配来十几名大学生，也几乎走光。教师外流的原因是，落实知识分子政策不及时，教师工作、生活条件较差，子女升学、就业难。现在多数教职工住房面积不到四十平米。从八〇年实行经费包干制到八四年，旗教育系统八三年发一次年终经费节余奖，人均二十元，在全旗也是最低的。这些影响了教师队伍的稳定。

3）校舍、教学设备不足。中小学教室、宿舍普遍不够，有的小学在一间宿舍住12名学生，有些多年的土房倒塌，无力修建。有的中学没化学、物理实验室，有的学校虽有实验室，但设备不齐全。房屋、设备不足的原因在于教育经费缺乏。

4）撤销队办小学，集中到苏木办学以来，有些刚入学的儿童，因离家很远，不易照料而不入校，或停学回家。

5、牧区实行畜草双承包以后，有些牧户缺乏劳力，让校子女退学回家放牧牲畜。

6、学生入学费用较高，一个小学生一年仅生活费少者50元，多者180元，有的牧户在校生四、五名，一年需学生生活费六百元至九百元。还有些牧户为照料小学生，在苏木所在地租房、买房花费多达上千元。因而有些牧民供不起子女读书。

上述种种原因，导致了阿巴嘎旗教学质量差、升学率低　入学率下降。为尽快解决这些存在问题，办好牧区教育，改变教育落后状况，阿巴嘎旗党委和政府为了实现八七年在全旗牧区普及小学教育，城市普及初中教育的目标，提高升学率，大力培养牧区"四化"建设人才，从去年以来对教育采取了一些改革措施。

1、层层建立教育岗位责任制。苏木和巴嘎负责适龄儿童入学率，学校负责在校生的巩固率，教师负责学生合格率。

2、下放权利。决定实行苏木学校苏木办，由苏木全面负责领所在地的学校，旗教育局负责计划和业务指导。

3、按照国务院对基层学校实行民办公助的原则，阿巴嘎旗采社会办学，全民支持办学的新措施，按牧民全年总收入和职工全年工资总额的1％筹款，哪个苏木筹集多少资金，旗再以同额给予补助。一定三年，每年可筹资二十万元，以解决一部分教育经费不足的困难。

4、实行教师招聘制。经过文化和教学能力考核，对中小学教师采取招聘录用。同时，广泛从旗外地区招聘教师，给予优惠待遇今年已从锡盟进修学院聘入三名数理化教师，订立合同后已在旗蒙

的教师，不适宜教学的调离学校，分配到其它部门工作。适宜教学文化水平低的在本旗轮流培训，或者送外地学习深造。

5、落实知识分子政策，解决教师生活中的实际困难。对有真才实学，努力工作的知识分子从政治上热心关怀和重用，对积极要求入党，已够条件的教师及时发展入党。认真、妥善地解决好他们的历史遗留问题。通过努力创造条件，逐步解决了知识分子住房困难和子女就业难的问题。两年之间已给一部分在文化革命前毕业的大学生和有技术职称的科技人员安排了子女就业，一部分已住进了三间新房。

采取这些措施以来，知识分子比较稳定了，要求调走的减少了。多数已一心投入牧区的教育事业和"四化"建设，积极做贡献。学校教学质量开始好转，文明建校活动收到了明显效果，适龄儿童入学率开始回升。如汉乌拉苏木适龄儿童入学率由去年的

７０％，今年已达９０％。还通过开展一个多月的"文明教育"宣传活动，学校秩序，学生纪律显著好转。这个苏木不仅抓紧学校教育，还积极开展扫盲工作，对四十岁以下的中青年进行普遍考试，对其中不合格的进行分期培训，现已培训２５人，经考试２２人合格。到目前在无文化的中青年中已扫盲５０％，到八七年实现无文盲苏木。

资料来源：内蒙古党委政策研究室编《内蒙古自治区农村牧区社会经济典型调查草料汇编》内部材料(上册)，1985年6月。

5.《萨仁台巴嘎贫苦户的调查》

萨仁台巴嘎贫困户的调查

乌布林苏木萨仁台嘎查，现有１０３户，６７５人。其中蒙古族
１００户，６５９口人，占总人口的９７.６％。一九八四年人均收
入２７４元，其中收入４００元以上，生活比较富裕的有４５户，
占４３.７％；２５０元左右，生活居中等水平的有３０户，占
２９.１％；１５０元上下，生活比较贫困的有２３户，占22.3％；
另外，还有５户"五保户"。在全苏木五个嘎查中是人均占有
牲畜最少、收入最低、贫困户最多的一个嘎查。

（一）

这个嘎查贫困户这样多，原因是多方面的，既有历史的，又有
现实的，既有家庭的内在因素，也有工作上的问题。

一、体制多变，挫伤积极性。一九五六年，这里建立了公私合
营牧场，当时只有十几户牧民，四户牧主，六千多头牲畜，两名牧
主当副场长，定为行政１８级，牧民改为牧工，实行"牧工、牧主
两利"。牧场建设由国家投资，并从农村迁进一些农户搞"后勤"，
承担盖房子、搭棚圈、打烧柴、买粮分粮等劳务，不论场子经营好
坏，个人干多干少，大家都有饭吃有房子住，没有后顾之忧；一九
五九年下半年由合营变为国营，成为国营特门牧场的一个分场，牧
工按七个等级领取工资；一九六三年又恢复合营牧场，实行定额工
资制，既不同于国营牧场，又不同于生产队，成了一种特殊的管理
体制；六六年直至八〇年，学习大寨的模式，实行评工记分，"死

分活评，年终结算"，类似人民公社的计酬形式和管理体制。二十多年来，由于体制多变，几经折腾，把人心搞散了，把分配搞乱了，大家同吃"大锅饭"，同住公建房，劳动一起混，摞在一块穷，生产停滞不前，生活越来越贫困。

二、基本生产资料不足，人均占有牲畜偏少。牲畜是牧区的基本生产资料，也是牧民收入的主要来源。牲畜的多寡，既是衡量生活富裕的尺度，又决定着扩大再生产的潜力。人均牲畜头数少，是这个嘎查目前贫穷的主要原因之一，也是今后脱贫致富的主要障碍。一九八四年牧业年度，全嘎查共有大小牲畜10,480头（只），人均不到１６头（只），是全苏木人均牲畜头数的一半；年末为6,400头（只），人均不到１０头（只）。由于集体牲畜数量少，八四年春季实行"作价归户"时，把集体牲畜按人（口）劳（力）三七的比例，作价卖给了当时跟群放牧的34户牧民，只占总户数的33％。而其它户，每户只作价卖给一头大畜。适当照顾会经营、善管理的牧户，使牲畜向养畜能手相对集中是对的，但要有一个过程，应从大多数户的生产、生活实际出发。这种工作上的失误人为地造成了有些户牲畜多，有的户牲畜少，以致多数牲畜少的户生产、生活出现了困难。

三、内函条件不足，收入少支出多。一是劳力少、人口多的有１２户，占贫困户的５２.２％。比如牧民玉海，今年５２岁，全家１０口人，老少三代，有6个姑娘，儿子才９岁，现有４头牛、２０只羊，去年靠挖药材、采山杏核、拣蘑菇收入３００多元，民政部门救济３００元，生活很困难。二是体弱多病，入不敷出的有７户，在贫困户中占３０.４％。例如阿拉坦巴根，全家１０口人，

8个子女，大女儿19岁，大儿子3岁，夫妇多病，不能参加重体力劳动。去年光医药费就支出400多元，现有一头犍牛，去年挖药材收入200多元，连最低的生活水平都难以维持。三是不会经营，比较懒惰的有4户，占贫困户的17.4％。过去搞"大帮哄"时，在别人的带动下，还可以参加一些简单劳动，现在独立经营，就显得缺少办法，别人富了也不心急，这种人为数虽少，但比较难办。

（二）

目前，绝大多数困难户，脱贫致富的心情很迫切，只要正确引导，稍加扶持，有的户在一二年内，有的户在二三年内，便可摆脱贫困状态，走上致富道路。

一、坚持"以牧为主"、发展畜牧业。目前多数户都有饲养牲畜、发展牧业的愿望，而且有条件富裕起来。全嘎查有草场112,000多亩，水草丰美，只要抓好种树种草，辅之以必要的基本建设，载畜量可增加一倍以上，对牲畜少或基本无畜，又有饲养条件的户，应帮助他们解决牲畜来源问题。比如用集体收回的牲畜作价款买一部分牲畜，或用贷款买一部分牲畜，或从牲畜多的户调剂一部分牲畜，给贫困户代放，按比例分成，或采取流动畜群扶贫办法，几年以后就可以打下发展的基础。坚持走"以牧为主"的路子，大力发展畜牧业是这个嘎查由贫转富的主要途径。

二、广开生产门路，发展多种经营。对人口多、劳力少，主要劳力伤病体弱的户，应因人、因户制宜，帮助他们开辟生产门路，发展多种经营。如养猪、养鸡、养兔、采集山杏核、蘑菇等，发展生产，增加收入。目前有10户要求养猪，2户要求养鸡，而这些户辅助劳力又比较多，条件比较好，要支持他们尽快改变贫困状态。

三、兴办建筑业、加工业和第三产业。由于历史的原因，有些户长期从事"后勤"劳动。养畜放牧的经验不足，搭棚圈，搞建筑是内行。要把这些人组织起来，为牧业大户、家庭牧场等搞建设，或者建桥、修路、搞运输，兴办服务业和新兴产业，以及为牧业生产服务的种植业、加工业，不断开辟新的生产领域，开拓新的致富门路，在生产发展的基础上，使生活逐步得到改善。

四、团结互助，以富带贫。这个嘎查贫困户虽多，先富户也不少，有些户的人均收入已达到８００多元，有些牲畜多，劳力多的户成了牧业大户，有的办起了家庭牧场，目前已有两户购买了"解放牌"汽车，三户有六型拖拉机，要发扬团结合作、互助友爱的精神，在自愿互利的条件下，先富户带动后富户，实现共同富裕。

五、定向投贷，定户扶持。大多数贫困户，困难是暂时的，有的是人口多、子女小，有的虽体弱多病，但辅助劳力多。对这样一些户只要给予具体扶持，情况将会很快好转。从少数贫困户来看，主要是缺少牲畜。民政、农行等有关部门，可给一些贴息或低息定向贷款。帮助贫困户购买牛、羊、猪、鸡等畜禽，对扶贫工作应引起高度重视，要加强领导，落实措施，有专人抓，苏木政府今年准备用贫投贷款。重点扶持１０户，发展生产，经过二、三年的时间，即可使大多数贫困户摆脱贫困。

资料来源：内蒙古党委政策研究室编《内蒙古自治区农村牧区社会经济典型调查草料汇编》内部材料(上册)，1985年6月。

6.《劳布户传》

劳 布 户 传

劳布，现年七十一岁，是乌布林苏木草根台巴嘎的老牧民，全家现有十三口人，六个男女劳力（四个儿子二个姑娘）。大儿子努力玛，三十五岁，初中文化，是苏木会计；二儿子巴冷，三十二岁，小学文化，是家里的主要劳动力；三儿子道尔吉，二十九岁，初中文化，既是放牧的好手，又懂得简单的畜牧兽医常识，对牲畜的常见病能进行预防和治疗；四儿子苏达那木，二十五岁，高中文化，毕业后一直从事牧业劳动。

党的十一届三中全会以后，农村牧区推行联产承包生产责任制，劳布一跃成了这个苏木的养牛大户，现有牛四百二十头，马二十五匹，羊五十只。今年接羔已基本结束，由于精心饲养管理，牲畜没有一头死亡，成活率达到了百分之百。

实行责任制以前，劳布家一年从集体得到的收入只有两千多元，人均二百元左右。八二年牧区推行"包群到组"责任制，劳布和另外两户牧民组成一个小组，合包一群牲畜，仅仅两年时间，人均收入增加到六百多元。八四年春季集体牲畜"包群到组"改为"作价归户"，劳布家从集体买到一百头牛，十二匹马，作价款合计二万六千元；到年底，加上原有的自留畜，他家的牛发展到三百四十头，马二十四匹，羊三十只。这一年他家出售老、弱牛和犍牛二十四头，马一匹，羊毛六十多斤，收入一万三千一百五十多元，人均一千余元。

劳布家劳力多，文化水平较高；牲畜头数多，大畜多，是一个很有发展前途的家庭牧场。现有接羔场一处，风力发电机一台，勒勒车四辆，钢轴车一辆，畜力打草机二台，畜力搂草机一台，包括现有牲畜，拥有固定资产金额可达二十多万元。他准备今年建成五间砖石结构的住房，四百平方米棚圈，围建一千五百亩草库伦，并打算引进三河种公牛和冷冻精液改良畜群，提高牛的质量，增加收入，力争到八七年人均收入达到二千五百元，建成标准化的家庭牧场。

资料来源：内蒙古党委政策研究室编《内蒙古自治区农村牧区社会经济典型调查草料汇编》内部材料（上册），1985年6月。

参考文献

档案史料

察盟工委:《关于察盟发展生产等政策在盟各界人代会上的报告》,1950年7月18日,内蒙古档案馆藏,资料号:11—4—27。

察盟工委:《关于察盟发展生产等政策在盟各界人代会上的报告》,1950年7月18日,内蒙古档案馆藏,资料号:11—4—27。

锡察行政委员会:《关于开展锡盟群众工作决定》,1947年9月12日,内蒙古档案馆藏,资料号:11—1—18。

《达茂联合旗第三努图克(即原茂明安旗)牧民生活情况调查报告》,1953年9月10日,内蒙古档案馆藏,资料号:11—7—70。

《东部区牧业及半农半牧区牧工工资情况——东部区牧业生产座谈会议参考资料(二)》,1952年9月15日,内蒙古档案馆藏,资料号:11—6—92。

《鼓足干劲,力争上游,多快好省地建设社会主义的新牧区——乌兰夫同志第七次牧区工作会议的总结报告》,1958年7月7日,内蒙古档案馆藏,资料号:11—12—146。

《呼伦贝尔盟人民政府四年来各项基本总结和1954年施政方针任务的报告》,1954年,内蒙古档案馆藏,资料号:11—8—166。

《加强草原建设,争取畜牧业持续跃进——赵会山同志的发言》,1963年3月,内蒙古档案馆藏,资料号:11—17—51。

《经民委向中央书记处汇报的有关牧区人民公社的几个数字》1962年11月16日,内蒙古档案馆藏,资料号:11—16—377。

《民族事务委员会党组《关于少数民族牧区工作和牧区人民公社若干政策的规定(草案)的报告》,1963年1月14日,内蒙古档案馆藏,资料号:11—17—374。

旗、社两级调查组:《乌兰毛都公社牧业生产责任制的调查报告》,1982年9月11日,科右前旗档案馆藏,资料号:67—1—134。

内蒙古党委、呼伦贝尔盟牧业生产调查组:《呼伦贝尔盟牧区人民公社处理自留畜情况的报告》,1959年6月12日,内蒙古档案馆藏,资料号:11—13—531。

内蒙古自治区党委农村牧区工作组:《内蒙古牧区人民公社参考资料》,1961年5月10日,内蒙古档案馆藏,资料号:11—15—207。

《内蒙古党委关于第六次牧区工作会议向中央的报告》(1958年3月20日),内蒙古档案馆藏,资料号:11—12—157。

《内蒙古党委关于牧区人民公社当前政策问题的若干规定——内蒙古党委第十二次全体委员(扩大)会议通过》,1960年12月4日,内蒙古档案馆藏,资料号:11—15—213。

《内蒙古党委关于牧区人民公社规模和体制的调整方案(草案)》,1961年4月22日,内蒙古档案馆藏,资料号:11—15—230。

《内蒙古自治区牧区人民公社工作条例(修正草案)》,1961年7月27日,内蒙古档案馆藏,资料号:11—15—228。

《内蒙古自治运动几个问题》,1947年1月,内蒙古档案馆藏,资料号:11—1—11。

内蒙古党委、呼伦贝尔盟牧业生产调查组:《呼伦贝尔盟牧区人民公社牲畜入社形式、畜股报酬和实行定息情况的报告(1959年6月13日)》,内蒙古档案馆藏,资料号:11—13—531。

内蒙古党委:《关于第七次牧区工作会议向中央的报告》,1958年7月31日,内蒙古档案馆藏,资料号:11—12—157。

内蒙古党委:《关于立即制止和纠正牧区人民公社乱调基本核算单位的生产资料和劳动力的通知》,1960年7月15日,内蒙古党档案馆藏,资料号:11—14—195。

内蒙古党委:《关于牧区人民公社的管理体制和若干政策问题的规定(修改稿)》,1959年3月26日,内蒙古档案馆藏,资料号:11—13—358。

《内蒙古党委关于牧区人民公社当前政策问题的若干规定——内蒙古党委第十二次全体委员(扩大)会议通过》,1960年12月4日,内蒙古档案馆藏,资料号:11—15—213。

内蒙古东部区党委:《内蒙东部区1950年畜牧业生产初步总结》,1951年1月10日,内蒙古档案馆藏,资料号:11—4—19。

内蒙古自治区党委:《关于立即制止和纠正牧区人民公社乱调基本核算单位的生产资料和劳动力的通知》,1960年7月15日,内蒙古档案馆藏,资料号:11—14—195。

内蒙古总路线宣传工作检查团:《关于一个月的总路线宣传与工作检查报告》,1958年7月30日,内蒙古档案馆藏,资料号:11—12—156。

内蒙古党委、内蒙古人委:《关于大力开展抗旱防灾斗争的紧急通知》,1962年6月19日,内蒙古档案馆藏,资料号:11—16—18。

内蒙古自治区畜牧厅:《关于当前牧区旱灾情况的报告》,1962年12月24日,内蒙古档案馆藏:资料号:11—16—196。

内蒙古自治区畜牧厅党组:《关于当前抗灾保畜工作的报告》,1962年1月10日,内蒙古档案馆藏,资料号:11—16—397。

中共内蒙古自治区委员会、内蒙古自治区人民委员会:《关于牧区雪灾情况的报告》,1962年2月19日,内蒙古档案馆藏,资料号:11—16—196。

内蒙古自治区党委、内蒙古自治区人委:《关于牧区冬旱情况的报告》,1962年12月28日,内蒙古档案馆藏,资料号:11—16—196。

内蒙古自治区党委:《必须千方百计战胜灾害,争取畜牧业增产,保证农业的丰收》,1962年1月27日,内蒙古档案馆藏,资料号:11—16—196。

内蒙古党委学习编委会编:《学习》,第249期(1958年3月10日),内蒙古档案馆藏。

内蒙古党委学习编委会编印:《学习》,第262期(1958年8月15日),内蒙古档案馆藏。

内蒙古党委学习编委会编:《学习》,第340期(1961年1月15日),内蒙古档案馆藏。

内蒙古党委学习编委会编:《学习》,第368期,内蒙古档案馆藏。

内蒙古自治区档案馆编:《内蒙古改革开放三十年重要档案文献》,中国档案出版社2009年版。

朋斯克、宝彦、高万宝扎布:《关于锡盟当前抗灾保畜情况和所采取措施的报告》,1962年1月5日,内蒙古档案馆藏,资料号:11—16—397。

科右前旗人民政府:《畜群大包干责任制试行规定》》(1982年10月26日),科右前旗档案馆藏,资料号:2—4—71。

《全党全民团结一致,继续高举三面红旗,争取自治区社会主义建设的新高潮而奋斗——中国共产党内蒙古自治区委员会向第二届一次党代表大会的报告》,1963年3月20日,内蒙古档案馆藏,资料号:11—17—16。

《赵会山关于四子王旗畜牧业生产情况报告》,1962年4月24日,内蒙古档案馆藏,资料号:11—16—371。

中共内蒙古自治区委员会、内蒙古自治区人民委员会:《关于牧区雪灾情况的报告》,1962年2月19日,内蒙古档案馆藏,资料号:11—16—196。

中共乌兰察布盟委员会:《乌盟盟委关于畜牧业灾情和当前抗灾保畜工作的情况报告(摘要)》,1962年1月24日,内蒙古档案馆藏,资料号:11—16—196。

中共昭乌达盟委员会:《关于继续加强畜牧业生产工作的领导,争取1962年畜牧业生产丰收的报告》,1962年1月30日,内蒙古档案馆藏,资料号:11—16—399。

中共锡林郭勒盟委:《关于给牧区农业队批拨部分生活救济的请示》,1962年2月22日,内蒙古档案馆藏,资料号:11—16—208。

中共锡林郭勒盟委员会:《关于畜牧业生产当前情况和今后意见的报告》,1962年1月8日,内蒙古档案馆藏,资料号:11—16—399。

《乌兰夫同志关于在牧区、林区贯彻执行以农业为基础的方针和开垦草原发展农业中应该注意的几个问题的意见》,1960年10月8日,内蒙古档案馆藏,资料号:11—14—165。

乌兰夫:《内蒙古自治区畜牧业的恢复发展经验》,1953年1月1日,《内蒙古日报》,1953年1月1日。

《乌兰夫同志关于在牧区、林区贯彻执行以农业为基础的方针和开垦草原发展农业中应该注意的几个问题的意见》,1960年10月8日,内蒙古档案馆藏,资料号:11—14—165。

《乌兰夫同志在全国牧区工作会议上的讲话提纲》,1963年5月10日,内蒙古档案馆藏,资料号:11—17—375。

乌兰毛都公社委员会:《关于畜群大包干责任制暂定办法》1982年9月30日,科右前旗档案馆藏,资料号:69—1—9。

乌兰毛都公社革委会:《关于全面实行两定一奖的具体办法》(1979年),科右前旗档案馆藏,资料号:67—1—85。

《云主席在锡察工作会议上的讲话摘要》,1950年1月24日,内蒙古档案馆藏,资料号:11—4—7。

《锡察行政委员会关于开展锡盟群众工作决定》,1947年9月12日,内蒙古档案馆藏,资料号:11—1—18。

《云主席在锡察工作会议上的讲话摘要》,1950年1月24日,内蒙古档案馆藏,资料号:11—4—7。

《在分局召集的区党委、各盟委负责同志座谈会上乌兰夫同志关于对牧主社会主义改造等几个政策问题的发言摘要》,1953年12月31日,内蒙古档案馆藏,资料号:11—7—64。

《在分局召集的区党委、各盟委负责同志座谈会上乌兰夫同志关于对牧主社会主义改造等几个政策问题的发言摘要》,1953年12月31日,内蒙古档案馆藏,资料号:11—7—64。

《争取整风全胜,克服右倾保守思想,掀起生产建设高潮——中国共产党内蒙古自治区委员会向内蒙古自治区第一届党代表大会第二次会议的工作报告》,内蒙古档案馆藏,资料号:11—12—9。

《中国共产党内蒙古自治区委员会关于高速发展畜牧业生产的指示》,1958年7月31日,内蒙古档案馆藏,资料号:11—12—145。

中共昭乌达盟盟委:《昭盟牧业生产和社会主义改造情况报告》,1958年6月28日,内蒙古档案馆藏,资料号:11—12—394。

《总结经验教训,贯彻生产方针,为更好的发展生产而奋斗——伊克昭盟第一书记暴彦巴图》,1963年3月,内蒙古档案馆藏,资料号:11—17—64。

中共呼伦贝尔盟委员会:《呼伦贝尔盟党委向内蒙古党委的报告》,1963年12月26日,内蒙古档案馆藏,11—17—218。

《中共中央、国务院批转全国牧区会议的三个文件》,1963年6月7日,内蒙古档案馆藏,资料号:11—17—375。

中共呼伦贝尔盟委员会:《牧区人民公社基本核算单位问题试点工作总结》,1962年8月20日,内蒙古档案馆藏,资料号:11—16—380。

中共呼纳盟地委会:《呼纳盟几年来牧业生产总结和今后意见》,1952年8月29日,内蒙古档案馆藏,11—6—96。

中共昭乌达盟盟委:《昭盟牧业生产和社会主义改造情况报告》,1958年6月28日,内蒙古档案馆藏,资料号:11—12—394。

中国共产党锡林郭勒盟盟委会:《察哈尔盟牧工牧主两利政策资料》,1953年8月5日,内蒙古档案馆藏,资料号:11—7—67。

中共察右后旗委员会:《关于试建牧业生产合作社的方案》,1955年1月3日,内蒙古档案馆藏,资料号:11—9—100。

内部资料

内蒙古党委政策研究室、内蒙古自治区农业委员会编印:《内蒙古畜牧业资料选编》第一卷,呼和浩特1987年版。

内蒙古党委政策研究室、内蒙古自治区农业委员会编印:《内蒙古畜牧业资料选编》第四卷,呼和浩特1987年版。

内蒙古党委政策研究室、内蒙古自治区农业委员会编印:《内蒙古畜牧业资料选编》第一卷,呼和浩特1987年版。

内蒙古党委政策研究室、内蒙古自治区农业委员会编印:《内蒙古畜牧业文献资料选编》第二卷（下册），呼和浩特1987年版。

内蒙古党委政策研究室、内蒙古自治区农业委员会编印：《内蒙古畜牧业文献资料选编》第二卷（上册），呼和浩特1987年版。

内蒙古党委政策研究室、内蒙古自治区农业委员会编印：《内蒙古畜牧业资料选编》第七卷，呼和浩特1987年版。

内蒙古党委政策研究室编：《内蒙古自治区农村牧区社会经济典型调查材料汇编》（上下册），1985年。

内蒙古自治区家畜改良工作站编印：《内蒙古自治区家畜改良文献资料选编1949—1989》（上中下），1989年版。

内蒙古自治区家畜改良局编：《内蒙古自治区十年家畜改良文献资料选编1951—1960》（上下），1960年版。

内蒙古自治区革命委员会：《资料汇编》上中下，1977年版。

内蒙古自治区农业委员会：《内蒙古自治区农牧业经济基础资料（1987年）》，1988年。

内蒙古自治区农业委员会：《内蒙古自治区农牧业经济基础资料（1989）》，1990年版。

内蒙古农村牧区社会经济调查队编：《内蒙古畜牧业经济考评资料集（1949—1998年）》，1999年版。

内蒙古自治区农村牧区社会经济调查队：《1989年农村社会经济统计年报》，1989年版。

内蒙古自治区农村牧区社会经济调查队：《1990村社会经济统计年报》，1990年版。

统计资料

内蒙古统计局编：《改革开放30年的内蒙古（1978—2008）》，中国统计出版社2008年版。

内蒙古自治区统计局、内蒙古自治区人民政府调研室：《光辉的四十年》，1988年版。

内蒙古统计局：《辉煌的五十年1947—1997》，中国统计出版社1997年版。

内蒙古统计局编：《辉煌60年》，中国统计出版社2007年版。

内蒙古统计局：《奋进的内蒙古1947—1989》，中国统计出版社1989年版。

内蒙古自治区畜牧局：《畜牧业统计资料（1947—1986）》，1987年版。

内蒙古自治区统计局：《内蒙古自治区国民经济统计资料（1947—1985）》，内部资料。

内蒙古自治区统计局编印:《内蒙古自治区1956年工农牧业商品比价资料汇编》,1956年版。

内蒙古自治区统计局编印:《内蒙古自治区1957年工农牧业商品比价资料汇编》,1957年版。

内蒙古自治区统计局编印:《内蒙古自治区1958年工农牧业商品比价资料汇编》,1958年版。

内蒙古自治区统计局编印:《内蒙古自治区1959年工农牧业商品比价资料汇编》,1959年版。

内蒙古自治区统计局:《内蒙古自治区国民经济资料(1947—1958)》,1959年版。

内蒙古自治区统计局编:《内蒙古自治区国民经济统计提要(1957年),1958年版。

内蒙古自治区统计局:《农牧业生产统计资料(1947—1978)》第一册、第二册、第三册、第四册,1979年版。

内蒙古自治区畜牧局:《畜牧业统计资料(1947—1986)》,1988年版。

内蒙革委会统计局:《内蒙分旗(县)农牧业生产统计年报资料(1971—1972)》,1972年版。

内蒙革委会统计局:《1973年农牧业生产统计年报资料》,1973年版。

内蒙革委会统计局:《1974农牧业生产统计年报资料》,1974版。

内蒙革委会统计局:《1975年农牧业生产统计年报资料》,1975年版。

内蒙革委会统计局:《内蒙古自治区分旗县农牧业生产统计资料(1979—1975)》,1975年版。

内蒙革委会统计局:《1977年农牧业生产统计年报资料》,1977年版。

内蒙革委会统计局:《国民经济统计提要(1947—1981)》,1982年版。

内蒙古自治区统计局:《1985年农牧业生产统计年报资料》,1985年版。

内蒙古自治区革命委员会统计局:《1975年农村、牧区人民公社基本情况》,1975年版。

呼伦贝尔盟统计局:《国民经济统计资料》(1946—1975)内部资料。

内蒙古统计局编:《改革开放30年的内蒙古(1978—2008)》,中国统计出版社2008年版。

呼伦贝尔盟统计局:《国民经济统计资料》(1946—1975)内部资料。

锡林郭勒盟公署统计局:《内蒙古自治区锡林郭勒盟国民经济与社会发展统计资料(1976—1980年)》上下册,1985年版。

报刊资料

《广西日报》1958年9月16日。
《内蒙古日报》1949年5月1日。
《内蒙古日报》1952年5月6日。
《内蒙古日报》1953年1月1日。
《内蒙古日报》1955年11月17日。
《内蒙古日报》1958年11月1日。
《内蒙古日报》1958年7月20日。
《内蒙古日报》1958年9月27日。
《内蒙古日报》1959年1月19日。
《内蒙古日报》2007年5月25日。
内蒙古自治区人民政府办公厅编:《内蒙政报》1953年第5期。
农业杂志社:《中国农垦》1958年第2期。
农业杂志社:《中国农垦》1958年第3期。
农业杂志社:《中国农垦》1958年第5期。
《人民日报》1956年10月16日。
《人民日报》1957年5月1日。
《人民日报》1958年8月28日。
《人民日报》1958年10月24日。
《人民日报》1958年11月31日。
《人民日报》1958年12月19日。
绥远省人民政府办公厅编:《法令汇编》第六期,1953年2月。
绥远省人民政府办公厅编:《法令汇编》第七期,1954年2月。

其他资料

《当代中国的农业合作制》编辑室:《当代中国的农业合作制》,当代中国出版社2002年版。

《当代中国的民族工作》编辑部:《当代中国民族工作大事记1949—1988》,民族出版社1989年版。

《当代中国》丛书编辑部:《当代中国的民族工作》(上册),当代中国出版社1993年版。

《当代中国》丛书编辑部:《当代中国的民族工作》(下册),当代中国出版社1993年版。

国家民族事务委员会:《中国民族工作五十年》,民族出版社1999年版。

内蒙古自治区档案馆编:《中国第一个民族自治区诞生档案史料选编》,远方出版社1997年版。

《内蒙古自治区志(畜牧志)》,内蒙古人民出版社1999年版。

内蒙古自治区政协文史资料委员会编:《内蒙古文史资料集萃——农村牧区改革(第九卷)》,中国文史出版社2017年版。

中共中央文献研究室:《建国以来重要文献选编》(第十三册),中央文献出版社1996年版。

中共中央文献研究室编:《建国以来重要文献选编》(第二册),中央文献出版社1992年版。

中共中央文献研究室编:《建国以来重要文献选编》(第十一册),中央文献出版社1995年版。

中共内蒙古自治区党委党史研究室、内蒙古自治区民族事务委员会编:《内蒙古改革开放二十年》,内蒙古人民出版社1999年版。

《中国民族统计1949—1990》,中国统计出版社1991年版。

论著

艾云航:《深化牧区改革加快草原畜牧业发展——内蒙古牧区改革与发展调查》,《北方经济》1995年第5期。

敖仁其:《对合作放牧制度的实证与理论思考》,《内蒙古社会科学》2014年第6期。

敖仁其:《牧区新型合作经济组织初探》,《内蒙古财经学院学报》2011年第2期。

敖仁其等:《牧区政策与制度研究——以草原畜牧业生产方式变迁为主线》,内蒙古教育出版社2009年版。

敖日其楞:《内蒙古族问题研究与探索》,内蒙古教育出版社1993年版。

巴图巴根:《农村牧区工作文集》,内蒙古人民出版社2006年版。

包文忠、王焕平:《深化牧区改革完善草地管理制度》,《中国草业》1997年第4期。

包玉山、额尔敦扎布:《内蒙古牧区发展研究》,内蒙古大学出版社2011年版。

包玉山:《内蒙古草原畜牧业的历史与未来》,内蒙古人民出版社2003年版。

蔡常青主编:《内蒙古70年繁荣发展的经验与启示——守望相助团结

奋斗》，内蒙古人民出版社2017年版。

达古拉、麦拉苏：《草原畜牧业经营状况面临的问题——以锡林郭勒盟为例》，《中国畜牧杂志》2011年第24期。

达林太、刘湘波：《内蒙古牧区牧民的现实需求与牧区合作》，《北方经济》2009年第11期。

达林太、郑易生：《真过牧与假过牧——内蒙古草地过牧问题分析》，《中国农村经济》2012年第5期。

达林太、郑易生：《牧区与市场——牧民经济学》，社会科学文献出版社2010年版。

代琴、杨红：《草原承包经营制度功能间的矛盾与草原"三权分置"的法权构造》，《中国农村观察》2019年第1期。

额尔敦布和、恩和：《内蒙古草原荒漠化问题及其防治对策研究》，内蒙古大学出版社2002年版。

额尔敦布和等：《内蒙古草原畜牧业的可持续发展》，内蒙古大学出版社2011年版。

额尔敦等：《改革开放15年内蒙古经济发展回顾》，《北方经济》1994年第5期。

鄂云龙等：《牧业生产责任制的一种新形式——关于新巴尔虎左旗"牲畜作价归户"的调查》，《内蒙古社会科学》1984年第1期。

盖志毅等：《改革开放30年内蒙古牧区政策变迁研究》，《内蒙古师范大学学报》2008年第9期。

盖志毅：《新牧区建设与牧区政策调整——以内蒙古为例》，辽宁民族出版社2011年版。

高化民：《农业合作化运动始末》，中国青年出版社1999年版。

高靖：《论邓小平民族工作理论在内蒙古的伟大实践》，《前沿》1999年第1期。

郭勤积：《内蒙古牧区专业合作经济组织发展情况调查》，《现代农业》2016年第10期。

海山等：《内蒙古草原畜牧业在自然灾害中的"脆弱性"问题研究——以锡林郭勒盟牧区为例》，《灾害学》2009年第6期。

郝时远：《中国的民族与民族问题——论中国共产党解决民族问题的理论与实践》，江西人民出版社，1996年版。

郝时远等主编：《当代中国游牧业政策与实践》，社会科学文献出版社2013年版。

郝时远主编:《民族研究文汇——民族理论篇》,社会科学文献出版社2009年版。

郝维民主编:《内蒙古通史——第七卷(四)》,人民出版社2012年版。

郝维民:《内蒙古自治区史》,内蒙古大学出版社1991年版。

郝益东:《草原畜牧业生产力的新飞跃——内蒙古实施畜牧业"双增双提"战略的回顾与展望》,《中国农村经济》1999年第8期。

郝玉峰:《乌兰夫与三千孤儿》,内蒙古乌兰夫研究会1997年版。

浩帆主编:《内蒙古蒙古族的社会主义过渡》,内蒙古人民出版社1987年版。

呼伦贝尔盟史志编辑办公室编:《呼伦贝尔盟牧区民主改革》,内蒙古文化出版社1994年版。

黄占兵:《坚持思想解放、实事求是,继续推进改革开放——内蒙古实现70年繁荣发展的初步探析》,《北方经济》2017年第6期。

菅光耀、李晓峰主编:《穿越风沙线:内蒙古生态备忘录》,中国档案出版社2001年版。

孔德帅、胡振通:《牧民草原畜牧业经营代际传递意愿及其影响因素分析——基于内蒙古自治区344个嘎查的调查》,《中国农村观察》2016年第1期。

李大勇:《六十年代初期国民经济调整的历史局限》,《中共党史研究》1989年第5期。

李玉伟、张新伟:《试论内蒙古关于牧主和牧主经济的民主改革》,《前沿》2013年第5期。

栗林等:《内蒙古农村牧区经济发展存在问题与对策》,《畜牧与饲料科学》2014年第12期。

刘景平:《内蒙古自治区经济发展概要》,内蒙古人民出版社1979年版。

刘景疏:《"牲畜作价归户"是牧业生产上的一个突破——乌兰毛都苏木实行"牲畜作价归户"责任制的调查》,《理论研究》1985年第10期。

鲁震祥:《试论毛泽东在二十世纪六十年代国民经济调整中的地位和作用》,《中共党史研究》2003年第6期。

孟慧君、富志宏:《牧区新型合作经济:类型、问题、成因、对策》,《内蒙古师范大学》2010年第5期。

那顺巴雅尔等:《内蒙古牧区社会变迁研究》,内蒙古大学出版社2011年版。

内蒙古农牧业厅:《内蒙古自治区农牧业改革开放40年》,《北方经济》

2018年第12期。

内蒙古社会科学院牧区发展研究所课题组:《内蒙古牧区草牧场"三权分置"试点调查报告——以鄂托克前旗为例》,《北方经济》2018年第Z1期。

内蒙古自治区畜牧厅修志编史委员会编:《内蒙古畜牧业大事记》,内蒙古人民出版社1997年版。

内蒙古自治区畜牧厅修志编史委员会编:《内蒙古自治区志:畜牧志》,内蒙古人民出版社1999年版。

内蒙古自治区畜牧业厅修志编史委员会编著:《内蒙古畜牧业发展史》,内蒙古人民出版社2000年版。

内蒙古自治区党委党史研究室编:《六十年代国民经济调整（内蒙古卷）》,中共党史出版社2001年版。

内蒙古自治区党委宣传部编:《内蒙古自治区改革开放30周年理论研讨会文集——思想解放天地宽》,内蒙古人民出版社2009年版。

内蒙古自治区党委宣传部编:《内蒙古70年理论研究丛书》（《内蒙古经济建设70年:发展是硬道理》等共8册）,内蒙古人民出版社2017年版。

内蒙古自治区蒙古族经济史研究组编印:《蒙古族经济发展史研究》第2集,1988年版。

内蒙古自治区民族事务委员会、中共内蒙古自治区党史研究室编:《内蒙古改革开放20年（1978—1998）》,内蒙古人民出版社1999年版。

内蒙古自治区政协文史资料委员会:《"三不两利"与"稳宽长"回忆与思考》（内蒙古文史资料第39辑）,2006年版。

庆格勒图:《内蒙古畜牧业的社会主义改造》,《中国共产党与少数民族地区的民主改革和社会主义改造》（下册）,中共党史出版社2001年版。

庆格勒图:《内蒙古牧区民主改革运动》,《内蒙古社会科学》1995年第6期。

赛航:《内蒙古牧区的民主改革》,《中国共产党与少数民族地区的民主改革和社会主义改造（上册）》,中共党史出版社2001年版。

宋迺工:《中国人口:内蒙古分册》,中国财政经济出版社1987年版。

孙敬之:《内蒙古自治区经济地理》,科学出版社1956年版。

塔米尔:《边疆地区蒙古族的畜牧业合作化生产——以新巴尔虎右旗巴尔虎蒙古族为个案》,《中国边疆史地研究》2018年第4期。

仁钦:《内蒙古畜牧业社会主义改造经验教训初探》,《中国民族学》2017年第19辑。

仁钦:《内蒙古畜牧业"草畜双承包"责任制论析》,《内陆亚洲历史文化研究》2018年第3期。

王德胜：《论"稳宽长"原则——重温内蒙古畜牧业社会主义改造的经验》，《内蒙古大学学报》（哲学社会科学版）1998年第5期。

王铎：《五十春秋——我做民族工作的经历》，内蒙古人民出版社1992年版。

王铎主编：《当代内蒙古简史》，当代中国出版社1998年版。

王关区等：《内蒙古牧区经济发展的成效、问题及其对策》，《北方经济》2016年第11期。

王淑琴：《探讨内蒙古畜牧业生产发展现状及解决问题对策》，《科技风》2017年第4期。

王双梅：《邓小平与20世纪60年代的国民经济调整》，《党的文献》2011年第5期。

王晓毅：《市场化、干旱与草原保护政策对牧民生计的影响：2000—2010年内蒙古牧区的经验分析》，《中国农村观察》2016年第1期。

文明等：《新型草原畜牧业经营主体发展现状及对策研究——以内蒙古牧区培育新型畜牧业经营主体为例》，《黑龙江畜牧兽医》2016年第7期（下）。

乌兰巴特尔、刘寿东：《内蒙古主要畜牧气象灾害减灾对策研究》，《自然灾害学报》2004年第6期。

乌仁格日乐：《畜牧业生产方式转变的经济学研究——基于内蒙古自治区牧区调查数据》，《内蒙古财经大学学报》2017年第5期。

乌日陶格套胡等：《内蒙古自治区牧区经济发展史研究》，人民出版社2018年版。

乌日陶格套胡等：《新牧区建设与牧业产业化发展研究——以内蒙古自治区为例》，人民出版社2015年版。

乌云娜、格日乐图：《浅谈内蒙古新巴尔虎左旗牧民增收问题》，《农家参谋》2017年第23期。

夏日：《以草原畜牧业经营管理方式变革推动农牧区第二次改革》，《实践》2002年第4期。

肖瑞玲、曹永年、赵之恒、于永：《明清内蒙古西部地区开发与土地沙化》，中华书局2006年版。

新华通讯社编印：《农村人民公社调查汇编》（上册），1960年版。

闫志辉：《内蒙古锡林郭勒盟退化、沙化草地现状及治理对策》，《草原与草业》2014年第2期。

叶扬兵：《中国农业合作化运动研究》，知识产权出版社2006年版。

于永：《内蒙古牧区雪灾的特点与抗灾的思考》，《内蒙古师范大学学报》（哲学社会科学版）2004年第4期。

袁俊芳：《思想理论方面的拨乱反正》，中共内蒙古自治区党史研究室编著：《拨乱反正：内蒙古卷》，中共党史出版社2008年版。

扎那：《建设繁荣昌盛的内蒙古，大力发展畜牧业》，《红旗》1984年第18期。

《当代中国》丛书编辑部：《当代中国农垦事业》，中国社会科学出版社1986年版。

张瑞荣等：《牧户加入牧民专业合作社的影响因素研究——以内蒙古牧区为例》，《中央民族大学学报》2018年第2期。

赵士刚：《"大跃进"和国民经济调整时期的陈云经济思想及其意义》，《当代中国史研究》2005年第3期。

中共内蒙古自治区党委党史研究室编：《六十年代国民经济调整（内蒙古卷）》中共党史出版社2001年版。

中共内蒙古自治区委员会党史研究室编：《"大跃进"和人民公社化运动》，中共党史出版社2008年版。

周含华、曾长秋：《对中国农业社会主义改造历史意义的再评价》，《湖南师范大学社会科学学报》，2002年第3期。

周惠：《谈谈固定草原使用权的意义》，《红旗》1984年第10期。

蒙古文论著

Öbör Monggol-un öbertegen jasaqu orun Sui yuan Köke nagur jerge gajar-un maljiqu orun-u mal aju aqui-yin tuqai ündüsün düng，Öbör Monggol-un arad-un keblel-ün qoriy-a，Kökeqota，1955on.

Mal aju aqui-yin qabsurul qorsiyalal-un tusalamji-du（2）Öbör Monggol-un arad-un keblel-ün qoriy-a，Kökeqota1957on.

仁钦：《内蒙古牧区牧主定息论析》，《中国蒙古学》（蒙古文版），2018年第6期。

仁钦：《论内蒙古牧区"双权一制"》，《内蒙古大学学报》（蒙古文版），2018年第2期。

仁钦：《改革开放初期乌兰毛都公社畜牧业大包干制度论述》，《内蒙古社会科学》（蒙古文版），2018年第1期。

仁钦：《论内蒙古草牧场完全承包制》，《内蒙古社会科学》（蒙古文版），2018年第1期。

日文论著

阿部治平:《内モンゴル牧畜業における新スルク制の登場と問題点》,《モンゴル研究》第7期,1984年。

小林弘二:《二〇世紀の農民革命と共産主義運動——中国における農業集団化政策の生成と瓦解》,勁草書房,1997年。

高明杰:《もう一つ脱構築的歴史過程——内蒙古自治政府の「三不両利」政策をめぐって》,《国際問題研究所紀要》第129期,2007年。

仁欽:《内モンゴルにおける1956年の民族政策の実施の点検について》,《中国研究論叢》第18期,2018年。

仁欽:《内モンゴルの牧畜業の放牧地と家畜の請負制の再検討》,《モンゴルと東北アジア研究》第3巻,2017年。

仁欽:《オラーンモド人民公社における全面請負制に関する考察》,《日本とモンゴル》第52巻第1期,2017年。

仁欽:《内モンゴルの牧畜業における撥乱反正に関する考察》,《爱知大学国際問題研究所紀要》第150期,2017年。

仁欽:《文化大革命期間の内モンゴルの牧畜業の検討》,《日本とモンゴル》第541巻第2期,2017年。

仁欽:《内モンゴルの民族活動における撥乱反正に関する検討》,《爱知大学国際問題研究所紀要》第149期,2017年。

仁欽:《"三不两利"政策の歴史的背景に関する考察》,《中国研究論叢》第16期,2016年。

仁欽:《内モンゴルの牧場主の社会主義的改造の検討》,《日本とモンゴル》第50巻第2期,2016年。

仁欽:《内モンゴルの牧畜業の社会主義的改造の再検討》,《アジア経済》第12期,2008年。

仁欽:《内モンゴルの牧畜業地域における人民公社化に関する一考察》,《言語・地域文化研究》第16期,2010年。

仁欽:《"大躍進"期の内モンゴルの放牧地開墾問題と人口問題》,《現代中国研究》第25期,2009年。

仁欽:《内モンゴルの牧畜業における"三面紅旗"政策に関する研究》,《中国研究月報》第2期,2008年。

后　记

　　本书是国家社科基金后期资助项目"内蒙古牧区社会变革若干重大史实研究"（批准号FMZB002）的最终成果。在本书撰写和出版过程中，科尔沁右翼前旗档案史志馆提供了宝贵的档案史料，内蒙古大学郝维民教授提供了相关文献，天津人民出版社岳勇先生为本书编辑出版付出了辛勤劳动，在此表示衷心的感谢！

仁　钦

2023年6月陋室谨记